ऐनीमेशन की तकनीक और शब्दावली के प्रणेता, ऐनीमेशन के बादशाह वॉल्ट डिज़्नी का बचपन बहुत संघर्षमय था। बाद में भी उसे कई परेशानियों का सामना करना पड़ा। मगर वह कभी अपने लक्ष्य से डिगा नहीं। जो ठान लेता वह करके रहता। उसने अपनी मेहनत और लगन से एक साम्राज्य खड़ा किया। दर्जनों ऐनीमेशन कार्टून फिल्में, डिज़्नी स्टूडियो, डिज़्नीलैंड, डिज़्नी आर्ट स्कूल, एक्सपेरिमेंटल प्रोटोटाइप सिटी ऑफ टुमारो, वेड एंटरप्राइजेज आदि उसकी उद्यमिता का प्रतिफल हैं।

वॉल्ट डिज़्नी ने गुणवत्ता (क्वालिटी) और संख्या (क्वांटिटी) दोनों उत्पन्न कीं। वह एक विजनरी-दैवी लीडर था। लोगों की प्रतिभा को पहचानने, उन्हें अपने यहाँ लाकर प्रशिक्षित करने और उनसे सर्वोत्कृष्ट कार्य करवा पाने के गुण उसे एक विशिष्ट लीडर बनाते हैं। अपने यहाँ काम करने वालों की सुख-सुविधा का ध्यान रखना, उन्हें काम के बेहतर अवसर एवं वातावरण प्रदान करना उसके स्वभाव का हिस्सा थे। टीम वर्क की कला में दक्ष वाल्ट ताजिन्दगी युवकोचित उत्साह से अपने कार्य में जुटा रहा।

लीडर होने के साथ-साथ वह एक पारिवारिक व्यक्ति, एक समर्पित पति और पिता भी था। उसने अपने मित्रों-परिवारजनों को काम में अपने साथ रखा। अमेरिका का एक प्रमुख उद्योगपति होते हुए भी उसका निजी जीवन तड़क-भड़क से कोसों दूर अत्यन्त सीधा-सादा था।

बच्चों की कल्पना में तार्किकता का कोई स्थान नहीं होता है। डिज़्नी के कार्टून भी तार्किकता से परे होते हैं। मनचाहा रूप धारण करने की लालसा हमारे अन्तस में गहराई से पैठी हुई है। डिज़्नी का काम हमारी आदिम भावनाओं को स्पर्श करता है। उसका काम 'बिगनर्स माइंड' का प्रतिफल है। वह हमें बन्धनमुक्त करता है। इसीलिए वॉल्ट डिज़्नी का काम बच्चों और वयस्कों, दोनों को समान रूप से लुभाता है।

वॉल्ट डिज़्नी : ऐनीमेशन का बादशाह

विजय शर्मा

वाणी प्रकाशन

पेपरबैक प्रथम संस्करण : 2023

वाणी प्रकाशन

4695, 21-ए, दरियागंज, नयी दिल्ली 110 002

फ़ोन : +91 11 23273167 फ़ैक्स : +91 11 23275710

शाखाएँ

अशोक राजपथ, पटना 800 004, बिहार

कॉफ़ी हाउस कैम्पस, महात्मा गांधी मार्ग, इलाहाबाद 211 001, उत्तर प्रदेश

महात्मा गांधी अन्तरराष्ट्रीय हिन्दी विश्वविद्यालय, वर्धा 442 001, महाराष्ट्र

36/ए, शेक्सपीयर सरणी, रानी बिरला गर्ल्स कॉलेज के पास, कोलकाता 700 017, प. बंगाल

www.vaniprakashan.com
marketing@vaniprakashan.in
sales@vaniprakashan.in

Walt Disney : Animation Ka Badshah
by Vijay Sharma

ISBN : 978-81-19014-12-5
Cinema

मूल्य : ₹ 425

आर. टेक ऑफ़सेट प्रिंटर्स, दिल्ली-110 032 में मुद्रित

वाणी प्रकाशन का लोगो मक़बूल फ़िदा हुसेन की कूची से

अपनी प्यारी बिट्टू अनघा को समर्पित,
जिसके साथ मिलकर वॉल्ट डिज़्नी की फ़िल्मों का मजा उठाया।

आभार

'वॉल्ट डिज़्नीः ऐनीमेशन का बादशाह' कई लोगों के परिश्रम, धैर्य, सहयोग का नतीजा है। इस अवसर पर उन सबको याद करना अच्छा लग रहा है। मित्र प्रो. मनीष सिंघल का आभार जिन्होंने कुछ डिज़्नी फ़िल्में मुहैया करायी। अर्पिता और प्रशान्त को प्रेम सहित याद करना अच्छा लग रहा है जिनसे डिज़्नी ही नहीं अन्य तमाम फ़िल्मों का आदान-प्रदान होता रहता है। अपने दूर के मित्र राकेश मंजुल का आभार जिनसे बातचीत करते हुए इस पुस्तक की शुरुआत हुई।

बिटिया अनघा को इसलिए याद कर रही हूँ क्योंकि उसके साथ वॉल्ट डिज़्नी की फ़िल्में देखने का मजा कुछ और ही होता है। एक फ़िल्म हम कई बार देख सकते हैं उसी उत्साह और मजे के साथ। फ़िल्म पर अपनी-अपनी टिप्पणी देते हुए हम फ़िल्म देखते हैं। उसे मुझसे बात करना अच्छा लगता है, मुझे उससे। मगर जब मैं लिख रही होती हूँ उसे स्पष्ट बता देती हूँ कि इस समय वह मुझसे बात न करे। मेरे लिखने के दौरान उसे अवश्य असुविधा होती होगी, पर कभी शिकायत नहीं की, इसके लिए उसे ढेर सारा दुलार और दुलार। सखा प्रो. सत्य चैतन्य की सहायता के बिना यह पुस्तक इस रूप में कभी नहीं आ सकती थी। उन्होंने न केवल सामग्री जुटाने में मेरी मदद की बल्कि दिन-रात की मेरी डिज़्नी बकबक भी सुनी। विचार-विमर्श करके इससे सम्बन्धित मेरी समझ को स्पष्ट करने में सहायता की। और तो और अपने व्यस्त समय में से समय निकालकर इसका पहला ड्राफ़्ट पढ़कर अमूल्य सुझाव भी दिए। लिखने योग्य मेरे लिए सब सुविधा जुटाने का ख़याल उन्हें बराबर बना रहता है। कभी लाइट एडजस्ट कर देंगे, कभी चुपचाप चाय का प्याला पहुँच जाएगा। कभी कुछ तो कभी कुछ। प्रो. सत्य चैतन्य को आभार प्रकट करना रिश्ते को संकुचित करना होगा। फिर भी प्रेम सहित आभार।

अपने प्रकाशक अरुण माहेश्वरी जी और उनकी टीम का धन्यवाद जिन्होंने दोबारा पाण्डुलिपि मँगवा कर उसे इतनी शीघ्रता से प्रकाशित करने का बीड़ा उठाया।

डिज़्नी की जीवनी जितने लोगों ने लिखी है, उतने लोगों ने शायद ही किसी एक व्यक्ति की जीवनी पर काम किया हो। बहुत सारी किताबें—मुद्रित तथा ई-बुक्स पढ़ीं, नेट छाना। सब अनजाने लोगों (पढ़ने के क्रम में एकतरफ़ा परिचय हुआ) को धन्यवाद। अन्त में उन सब ऐनीमेटर्स, संगीतकारों, एडिटर्स, वितरकों का धन्यवाद जिन्होंने डिज़्नी कार्टून्स को इस रूप में दर्शक (मुझ) तक पहुँचाया।

पाठकों का अग्रिम धन्यवाद जिनके पढ़ने पर मेरे लिखने की सार्थकता तय होगी।

जमशेदपुर
सूर्य षष्ठी 2011

विजय शर्मा

अपनी बात

उन दिनों बेटी अनघा के साथ वॉल्ट डिज़्नी की फ़िल्में देखने का सिलसिला खूब चल रहा था। दोनों मिलकर उसका मजा उठा रहे थे। फ़िल्में देखते उस पर खूब बातें करते। उसकी कहानी पर, रंगों पर, संगीत पर अपनी-अपनी टिप्पणियाँ दिया करते। मुझे आज भी वह अनुभव रोमांचित कर जाता है जब हम 'बैंबी' देख रहे थे तो जो हुआ। जब बैंबी की माँ मरती है अनघा रोने लगी। उसने कहा, अब बन्द कर दो वह और नहीं देख सकती है। उसका विगलित मन देखकर हमने फ़िल्म रोक दी। कई दिन के बाकी की फ़िल्म देखी गयी। मैं वॉल्ट डिज़्नी की प्रतिभा की कायल थी, मगर उसकी शक्ति का मुझे उस दिन पहली बार अहसास हुआ। आश्चर्य भी हुआ कि भला कोई लाइनों और रंगों के बल पर कैसे संवेदनाओं को इतना मूर्त कर सकता है। कैसे ऐनीमेशन के द्वारा भावनाओं-अनुभूतियों को इतनी तीव्रता से सम्प्रेषित कर सकता है। डिज़्नी का कमाल है कि उसकी ऐनीमेशन फ़िल्में सवाक् हों अथवा अवाक् आपको समान रूप से प्रभावित करती हैं। वे मात्र मनोरंजन नहीं करती हैं, आपको भीतर तक स्पर्श करती हैं। आपकी आदिम भावनाओं—प्रेम, करुणा, दया, भय आदि को जगाती हैं। सरगेई मिखाइलोविच आइसनस्टाइन वॉल्ट डिज़्नी के कार्य, एक मनुष्य के कार्य की ऐसी ही पूर्णता, उत्कृष्टता देख कर डर जाते हैं। उनके अनुसार डिज़्नी का कार्य 'पैराडाइज रीगेन' है। वह सम्पूर्ण स्वतन्त्र दुनिया की वापसी है। थके-हारे लोगों के स्वप्न की वापसी हैं। उसकी फ़िल्में विभाजन और कानूनीकरण के प्रति विद्रोह हैं। सब तरह के बन्धनों, सब सीमाओं के ऊपर विजय है। विद्रोह मेरे जीवन का भी स्वर रहा है अतः डिज़्नी की ओर आकर्षित होना स्वाभाविक है।

फ़िल्म खासकर विदेशी फ़िल्मों पर काफ़ी समय से लिख रही थी। इसी बीच एक दिन लखनऊ से फ़िल्म और फ़िल्म पत्रिका से जुड़े एक मित्र का फ़ोन आया। उन्होंने कहा कि क्यों नहीं फ़िल्म आधारित एक किताब लिखूँ? विचार मन लायक लगा। बातचीत होने लगी। कुछ विषय उन्होंने सुझाए जिन्हें मैंने नापसन्द कर

दिया। कुछ प्रस्ताव मैंने दिए जो उन्हें नहीं जँचे। बात आयी-गयी हो गयी। कुछ दिन बाद बात फिर चली। इस बार न मालूम कैसे बात वॉल्ट डिज़्नी पर आकर ठहरी। एक बार सुझाव आया उसकी जीवनी का अनुवाद करूँ। अनुवाद करने में मेरा मन लगता है। पत्र-पत्रिकाओं में मेरे द्वारा किए अनुवाद प्रकाशित हो रहे थे। पाठकों, साहित्यकार ममता कालिया तथा कई अन्य साहित्य मर्मज्ञों से अपने अनुवाद की प्रशंसा सुनी थी। किशोर उपन्यास 'फ़ेरम हंटर' का 'लौह शिकारी' नाम से मेरा किया अनुवाद प्रकाशित हो चुका था। सराहा जा रहा था। पर इस बार मैं अनुवाद के मूड में न थी। अनुवाद में दुगनी मेहनत लगती है। हालाँकि इसमें भी सृजन का आनन्द आता है, परन्तु अन्ततः मूल सर्जक कोई और ही रहता है। अतः तय किया डिज़्नी पर कुछ लिखा जाए।

उसकी बनाई तमाम फ़िल्में तो देखी ही थीं। मेरी निजी लाइब्रेरी में उस समय तक वॉल्ट डिज़्नी पर दो-तीन किताबें थीं (अब कई और जुड़ गयी हैं), मगर मुझे लगा वे काफी नहीं हैं एक किताब लिखने के लिए। मित्र ने कहा, उनके पास कुछ सामग्री है, वे भेज देंगे। लखनवी लोगों की लखनवी अदा। काफी दिन इन्तजार किया। हर बार लगा सामग्री अब पहुँची कि तब पहुँची। असल में लखनऊ से चली ही नहीं। खैर, मेरे पास जो था पढ़ना शुरू कर दिया। इस बीच एक बार दिल्ली से लौटते हुए उन्हें खबर की कि मेरी गाड़ी लखनऊ पर भी कुछ देर रुकेगी। मित्र मानसिक सामग्री के साथ बहुत सारी खाद्य सामग्री भी लेकर उपस्थित थे। वहीं पहली बार उन्हें देखा। इससे पहले केवल फ़ोन और ईमेल से ही सम्पर्क था।

पढ़ा-गुना। सखा सत्य से खूब विचार-विमर्श होने लगा। वे बहुत पहले से अपने मैनेजमेंट कोर्स पढ़ाने में वॉल्ट डिज़्नी का उपयोग कर रहे थे। मैनेजमेंट में लीडरशिप पढ़ाते हुए वे भारतीय विचार के अनुसार लीडरशिप के दो प्रमुख प्रकार—दैवी लीडरशिप तथा आसुरी लीडरशिप—पर विशेष तौर पर जोर देते हैं। वे मैनेजमेंट में दैवी लीडरशिप और आसुरी लीडरशिप के प्रणेता हैं। मैं उनसे डिज़्नी के जीवन के कई अन्य पहलू पर चर्चा करती। मुझे यह देख कर आश्चर्य हो रहा था कि उसके जीवन और व्यवहार में दैवी और आसुरी दोनों तरह के लीडरशिप के गुण समय-समय पर मिलते हैं। शायद हर इंसान के भीतर राम और रावण दोनों निवास करते हैं। जो गुण हावी रहता है वही प्रमुख हो उठता है। डिज़्नी में मैंने दैवी लीडरशिप की प्रधानता देखी। उसके इस रूप को ही ट्रेस किया है। ढेर सारी सामग्री जमा होती जा रही थी। पढ़ते समय नोट्स बनाते जाने की मेरी आदत है। खूब सारे नोट्स तैयार थे। फिर भी बात कुछ बन नहीं रही थी। कहाँ से शुरू किया जाए? क्या रूपरेखा हो स्पष्ट नहीं हो रहा था। इस बीच मैनेजमेंट की किताबें भी उलटीं-पुलटीं, मनोविज्ञान भी थोड़ा बहुत देखा।

आखिरकार सबसे पहले डिज़्नी के लीडर रूप पर आकर बात ठहरी। सो लिखना शुरू किया। इस तरह सबसे पहले वह अध्याय लिखा गया जो इस किताब का छठवाँ अध्याय : वॉल्ट डिज़्नीः एक विजनरी लीडर' बना। मैंने डिज़्नी को विजनरी लीडर के रूप में देखा है, मगर यह देखना किसी मैनेजमेंट एक्सपर्ट के रूप में न होकर साहित्यिक दृष्टि से ही है। मैनेजमेंट में उसे विजनरी लीडर, करिश्मैटिक लीडर, सर्वेंट लीडर, ट्रांसफ़ोर्मेशनल लीडर, ऑटोक्रैट लीडर, सिचुएशनल लीडर, ट्रांजेक्शनल लीडर, विजडम लीडर, आसुरी लीडर और दैवी लीडर आदि विभिन्न कोणों से व्याख्यायित किया जाता है। इसमें शक नहीं कि उसमें इन विभिन्न लीडर की तमाम विशेषताएँ समय-समय पर मिलती हैं। उसे किसी एक खास प्रकार के लीडरशिप के खाँचे में नहीं समाया जा सकता है। इस किताब में उसके दैवी लीडरशिप-विजनरी लीडरशिप के साथ-साथ अन्य लीडरशिप आयाम को भी देखने का प्रयास किया गया है।

फिर ऐनीमेशन फ़िल्मों पर लिखा। बीच में कई अन्य पहलुओं पर लिखती जाती। स्वाभाविक था 'मिक्की माउस' पर सबसे पहले लिखा। मिक्की की उत्पत्ति वॉल्ट की हताशा से निकलने और बाजार की नब्ज पहचानने का परिणाम था। यह न केवल वॉल्ट डिज़्नी का प्रतीक है, वरन् पूरे अमेरिका का प्रतीक है। सृजनात्मक कार्य हताशा-निराशा से निकलने का सर्वोत्तम उपाय है। वॉल्ट के साथ भी ऐसा ही हुआ। आज सोचा भी नहीं जा सकता है कि मिक्की बना कर वॉल्ट खुद फ़िल्म के डिब्बे लेकर जगह-जगह जाता और लोगों को फ़िल्म दिखाता था। दर्शकों की खूब तालियाँ मिलतीं, मगर वितरकों ने उसके मिक्की माउस से कोई रुचि न दिखाई। हार मानना डिज़्नी की प्रकृति में न था। समय लगा। एक समय ऐसा आया जब मिक्की ने ऐसी धूम मचाई जैसी पहले किसी अन्य कार्टून ने नहीं मचाई थी। पूरा अमेरिका उसका दीवाना हो गया था। शीघ्र ही वह दुनिया के अन्य देशों के दर्शकों का भी लाड़ला बन गया। उसकी लोकप्रियता इतने दशकों के बाद आज भी कायम है। मिक्की माउस वॉल्ट डिज़्नी का प्रतिरूप हो गया। वह खुद भी कहता कि जब तक वॉल्ट डिज़्नी स्टूडियो रहेगा तब तक मिक्की रहेगा।

अपने प्रारम्भिक जीवन की स्नो व्हाइट के जीवन की समानता से प्रेरित होकर उसने 'स्नो व्हाइट' बनाई। बड़ा लम्बा समय लगा इस फ़िल्म के बनाने में। कहानी कहने की कला के पारंगत वॉल्ट डिज़्नी की अभिनय के साथ सुनाई कहानी को ढेर सारे लोगों ने मिलकर इसे मूर्त रूप दिया। सारी फ़िल्म उसी की दृष्टि का नतीजा है। एक-एक बौने को कैसे बनाया जाय इस पर खूब मेहनत की गयी। वास्तविक बौनों को स्टूडियो में बुला कर उनके हाव-भाव का अध्ययन किया गया। हर बौना एक खास व्यक्तित्व का मालिक हो उसी के अनुरूप उसका

नाम हो इस बात का खास ध्यान रखा गया। स्नो व्हाइट पर तो मेहनत की ही गयी उसकी सौतेली माँ पर भी बहुत काम किया गया। कई लोगों की तीन साल की अथक मेहनत का परिणाम है स्नो व्हाइट। स्नो व्हाइट ने वॉल्ट को निजी तौर पर भी बदल दिया।

'बैंबी' की बात शुरू में ही लिख चुकी हूँ कि कैसे यह फ़िल्म दर्शकों पर अपना गहरा प्रभाव डालती है। जिस दृश्य को देखकर अनघा विचलित हो गयी थी वह वास्तव में वॉल्ट के जीवन से भी बड़े मार्मिक ढंग से जुड़ा हुआ था। उसने अपनी माँ की मृत्यु से हुई वेदना को इसमें पिरा दिया है। उसके मन में उसकी माँ की मौत को लेकर एक तरह का अपराध बोध था, व्यस्तता के कारण उसे शोक मनाने का भी मौका नहीं मिला था। उसने इन सब की भरपाई बैंबी खास कर बैंबी की माँ की मौत और बैंबी पर उसके प्रभाव को फ़िल्माने में की। बीच-बीच में उसका काम देखती और फ़िल्मों पर लिखती जाती। 'डम्बो', 'पुस इन बूट', 'रैड राइडिंग हुड', 'फैंटासिया', 'सिंडरेला', 'स्लीपिंग ब्यूटी' और न मालूम कितनी फ़िल्में हैं जिन पर विस्तार से लिखा जा सकता है। लिखने का मन था/है। मगर किताब में बस कुछ चुनी हुई फ़िल्में ही विस्तार से आयी हैं।

इसके बाद उसके आदिम चिन्तन को लेकर लिखना शुरू किया। आकृति की सीमा के पार जाने की मनुष्य की सदैव से लालसा रही है। इसी लालसा के तहत उसने 'अबोली रानी' और 'विक्रम बेताल' की रचना की। वॉल्ट डिज़्नी भी अपनी ऐनीमेशन फ़िल्मों में आकृति की परिधि के पार जाता है। यह सच नहीं है, जानते हुए भी दर्शक-श्रोता इनमें सजीवता का अनुभव करता है। इस बात को विस्तार से समझने में फिर मित्र-सखा सत्य से सहायता मिली। उन्होंने डॉक्टर जिल का काम उपलब्ध कराया। 'झेन' तथा 'बिगनर्स माइंड' से परिचित कराया। बिगनर्स माइंड प्रत्येक कार्य नयी उत्तेजना, नयी ऊर्जा, नये उत्साह से करता है। उसमें आश्चर्य की प्रवृत्ति होती है। यह ग्रहण करने के लिए खुला होता है। इसमें बच्चे के मन की समस्त विशेषताएँ होती हैं। यह भूत-भविष्य में अटका हुआ नहीं होता है, वरन् वर्तमान में स्थिर होता है। डिज़्नी का काम इन विशेषताओं को प्रदर्शित करता है। उसके कार्टून्स बिगनर्स माइंड का प्रतिफल हैं। जब तक हम मस्तिष्क के बाएँ भाग से संचालित होते हैं, तब तक हम शरीर के बन्धन में जकड़े रहते हैं। शरीर की कैद से निकलने के तमाम उपाय विभिन्न देशों में होते रहे हैं। कहीं योग के द्वारा, कहीं ध्यान के द्वारा हम शरीर की, रूप की हर स्थिरता से निकल जाते हैं। इसके पार चले जाते हैं। स्वप्न भी यही करते हैं। फ़ंतासी में भी यही होता है। मुक्ति की इसी आकांक्षा को वॉल्ट डिज़्नी अपने कार्टूनों के द्वारा सम्भव बनाता है। वह हमारे अवचेतन की इस आदिम कामना की पूर्ति करता है। इसीलिए हमें

उसके कार्टून आकर्षित करते हैं। इन्हीं बातों को लेकर 'आदिम चिन्तन और वॉल्ट डिज़्नी' अध्याय बना है।

अभी भी बात पूरी बन नहीं रही थी। उसके काम और जीवन के व्यावसायिक पहलू तो आ रहे थे मगर मैं उसके जीवन के निजी आयाम को भी लाना चाहती थी। व्यक्ति क्या और कैसा बनेगा इसमें उसके बचपन के पालन-पोषण, परिवार-मित्र और तमाम खट्टे-मीठे अनुभव शामिल होते हैं। बचपन की अनुभूतियाँ मनुष्य पर बहुत गहन प्रभाव डालती हैं। वॉल्ट डिज़्नी के बचपन में कहीं अपने बचपन की झाँकी भी मिल रही थी। और तब तैयार हुआ उसका बचपन जो बाद में चलकर इस पुस्तक का पहला अध्याय 'बचपन' बना। बिना औपचारिक शिक्षा के भी व्यक्ति शिक्षित हो सकता है। ज्यादा अच्छी तरह शिक्षित हो सकता है। खासकर जीनियस लोगों के सम्बन्ध में यह देखा गया है कि औपचारिक शिक्षा उनके लिए बाधा ही उत्पन्न करती है। अच्छा है ऐसे लोग किसी न किसी कारण से बहुत कम समय में स्कूल जाना छोड़ देते हैं या उन्हें स्कूल से निकाल दिया जाता है वरना मनुष्यता को रवीन्द्रनाथ टैगोर, ग्राहम बेल, एल्बर्ट आइंस्टाइन, थॉमस एल्बा एडीसन और वॉल्ट डिज़्नी जैसे लोगों के काम से वंचित रहना पड़ता। इससे सभ्यता-संस्कृति की कितनी महान हानि होती यह बताने की आवश्यकता नहीं है। डिज़्नी का स्कूल छूट गया पर उसने अपनी शिक्षा जारी रखी। खुद को सदैव अपने विषय की अधुनातम जानकारी से लैस रखा। स्कूल की टीचर से पत्राचार द्वारा ताजिन्दगी सम्बन्ध बनाए रखा। पिता से उसका छत्तीस का आँकड़ा था, पर माँ के वह करीब था। बड़ा भाई रॉय उसका 'पिलर ऑफ़ स्ट्रैंथ' था। पत्नी को वह बहुत प्यार करता था। एक पत्नीव्रती वॉल्ट को पत्नी से वह सहयोग न मिला जिसकी उसे जरूरत थी, जबकि लिलियन उसे बहुत प्रेम करती थी। कभी-कभी दो अच्छे लोग भी एक-दूसरे की पर्याप्त सहायता नहीं कर पाते हैं। सास, साली, साली की बेटी, भतीजे, दामाद सबको उसने अपने साथ रखा। अपनी बेटियों, उनके बच्चों पर वह जान छिड़कता था। उसने सदैव उनके हितों खासकर आर्थिक हितों का ध्यान रखा। अपने व्यस्त जीवन से वह इनके लिए समय निकालता। वॉल्ट डिज़्नी एक पारिवारिक व्यक्ति था। ये सारी बातें 'वॉल्ट डिज़्नी परिवार में' का मसाला बने। उसे लोगों से घिरे रहना अच्छा लगता था। वह अपने स्टूडियो में काम करने वालों का भी खूब ख़याल रखता था।

दूसरा अध्याय 'संघर्ष' इसके तत्काल बाद लिखना हुआ। ऊँचाई के जिस शिखर को वॉल्ट डिज़्नी ने स्पर्श किया है, वह बिना संघर्ष के नहीं हो सकता है। पहले शुरू किए काम में उसे धक्का लगा था। उसका मूल मंत्र था 'बीती ताहि बिसार दे आगे की सुध लेय'। वह ऐनीमेशन की दुनिया का बेताज बादशाह है

मगर उसे कड़ी प्रतिस्पर्धा का सामना करना पड़ा। सर्वोत्तम बनने के लिए कठिन परिश्रम, धैर्य, साहस और लगन की जरूरत होती है। वॉल्ट डिज़्नी में ये विशेषताएँ कूट-कूट कर भरी हुई थीं। आर्थिक परेशानी हमेशा उसके साथ लगी रहती, वह बराबर कर्ज में डूबा रहता। लेकिन इससे उसका उत्साह कभी मन्द न पड़ता। यहाँ तक कि पिता की सलाह कि वह व्यापार में न जाए का भी उस पर कोई असर नहीं हुआ। पिता ने डराना चाहा कि यदि व्यापार करोगे तो शीघ्र ही दिवालिया घोषित हो जाओगे। वॉल्ट को इसमें अवश्य चुनौती नजर आयी होगी। वह व्यापार में न केवल उतरा उसने व्यापार में ऐसी डुबकी लगाई जैसी दुनिया के बहुत कम लोगों ने लगाई होगी। उसके जीवन में भरपूर संघर्ष था। लेकिन वह लगा रहा और सफलता ने उसके कदम चूमे। 'वीर भोग्या वसुन्धरा'। अमेरिका ही नहीं सम्पूर्ण धरा वॉल्ट डिज़्नी को पाकर धन्य है।

वह अपने उद्देश्य से कभी विचलित नहीं होता था, रास्ते से भले ही हुआ। यह बहुत महत्त्वपूर्ण बात थी। इसे भी वॉल्ट डिज़्नी पर लिखी गयी किताब में अवश्य आना चाहिए ऐसा मेरा विचार था। मैं उसे जीते-जागते हाड़-मांस के पुतले के रूप में देख रही थी। एक मनुष्य होने के नाते उसमें अच्छाइयों के साथ-साथ कुछ सीमाएँ भी थीं। उसने जीवन के कठिन पलों में कुछ समझौते भी किए थे। ये भी आने थे इसी का प्रतिफलन हुआ अध्याय 'वॉल्ट डिज़्नीः प्रोपेगंडा फ़िल्में'। कारण चाहे जो भी रहा हो वह अपने पथ से विचलित हुआ। उसने सरकार की नीतियों के प्रचार-प्रसार के लिए फ़िल्में बनायी। एक कलाकार के रूप में यह उसके पतन का दौर था।

इस तरह कुल सात अलग-अलग अध्याय लिखे जा चुके थे मगर इन्हें किताब का स्वरूप देने के लिए आवश्यक था कि पुनर्लेखन किया जाए। उन दिनों मैं पूरी तरह से वॉल्ट डिज़्नीमय हो गयी थी। दिन-रात उसी की बात करती। कॉलेज आते-जाते, घर का अन्य काम करते, यहाँ तक कि स्वप्न में भी यही सब चलता रहता। डूब कर लिखने का सुख मिल रहा था। आत्मकथाएँ-जीवनियाँ मुझे शुरू से आकर्षित करती रही हैं। खूब पढ़ी और गुनी हैं। जवाहर लाल नेहरू, महात्मा गाँधी, सार्त्र, सिमोन, प्रेमचन्द, मर्लिन मुनरो, सोफ़िया लॉरेन, एलिज़ाबेथ टेलर, हरिवंशराय बच्चन, राजेन्द्र यादव, मन्नू भंडारी, मैत्रेयी पुष्पा, वॉन गॉग, स्टीफ़न स्वाइग, चार्ली चैपलिन, हिटलर और भी कई जीवनी-आत्मकथाएँ पढ़ीं और आनन्द उठाया। नोबेल पुरस्कृत साहित्यकारों पर काम करते हुए तमाम नोबेल पुरस्कृत साहित्यकारों के जीवन चरित्र पढ़े। मगर किसी एक पर पूरी किताब न लिखी। वैसे हरमन हेस (कई और आकर्षित करते हैं) पर लिखनक का बहुत मन है। मगर मैंने वॉल्ट डिज़्नी की जीवनी है, ऐसा मेरा दावा नहीं है। एक व्यक्ति के

जीवन को जानने-समझने और उसे अपने कोण से प्रस्तुत करने का यह मेरा प्रयास है। इसमें मुझे अत्यन्त सन्तोष मिला है। वैसे परिवर्तन-परिवर्धन की सम्भावनाएँ सदैव बनी रहती हैं, इस किताब में भी हैं। 'वॉल्ट डिज़्नीः ऐनीमेशन का बादशाह' लिखना मेरे लिए खूब मन लायक काम रहा। मनुष्य के जीवन, उसके मन को समझने का एक और अवसर मिला।

व्यक्तित्व निर्माण में परिवार, मित्र, शिक्षक की भूमिका, व्यक्ति के जीवन के उतार-चढ़ाव, उसकी सफलता-असफलता सबकी महत्त्वपूर्ण भूमिका होती है। ये सब उसके मिजाज को परिवर्तित करते हैं। दोस्तों से मिली बेवफ़ाई, अपनों से मिला प्रेम जीवन की दिशा और दशा तय करते हैं। महत्वाकांक्षी व्यक्ति अपने आप में नितान्त अकेला होता है। सृजनशील व्यक्ति की भी यही नियति होती है। 'एकै साधे सब सधै' पर ध्यान केन्द्रित करके लक्ष्य प्राप्ति होती है। सब मालूम होते हुए भी इन सब बातों पर फिर से विचार करने, अनुभव करने का अवसर इस पुस्तक को लिखते हुए मिला। मनुष्यता पर विचार और दृढ़ हुए। थोड़ा और गहनता में उतरने का मौका मिला। मेरा थोड़ा और विस्तार हुआ। 'वॉल्ट डिज़्नीः ऐनीमेशन का बादशाह' को लिखने के दौरान अमेरिका को जानने-समझने का भी अवसर मिला।

ये सारी बातें बहुत पुरानी, कई साल पहले की हैं। उस समय भूमिका किसी और के लिखने की बात थी। मैंने पांडुलिपि तैयार करके दे दी और दूसरे कामों में लग गयी। वॉल्ट डिज़्नी मेरे सिस्टम से निकल चुका था। इस बीच मैंने दो अन्य किताबों की पांडुलिपि तैयार की, प्रकाशनों को भेजी। कई अन्य काम किए। फिर अब जब पता चला कि भूमिका भी मुझे लिखनी है तो फिर से एक बार सारी चीजों से गुजरना हुआ। यह गुजरना एक भिन्न अनुभव रहा। सब बातें-यादें फिर से ताजा हुईं। पुस्तक पाठकों को सौंपते हुए मुझे गर्व और सन्तोष है। आगे की बात वे ही बताएँगे। आशा है, पाठक इसका आनन्द उठाएँगे, यही मेरे लेखन की एक सार्थकता होगी।

विजय शर्मा

जमशेदपुर
2 नवम्बर, 2011

अनुक्रम

1

बचपन

'भीड़ भरे क्लासरूम और आधा दिन के सत्र हमारे राष्ट्रीय स्रोतों—बच्चों के दिमाग—का त्रासद अपव्यय है।'

—वॉल्ट डिज़्नी

अपने चार भाइयों में सबसे छोटे वॉल्ट इलियास डिज़्नी का जन्म 5 दिसम्बर, 1901 को शिकागो में हुआ था। उसके माता-पिता की पाँचवीं सन्तान पेट पोछनी रूथ थी। रूथ अपने भाई वॉल्ट से दो साल छोटी थी। जबकि वॉल्ट के ऊपर वाले भाई रॉय डिज़्नी और उसमें आठ साल का अन्तर था। सबसे बड़े भाई का नाम हर्बर्ट डिज़्नी था और उससे एक साल छोटा रे डिज़्नी के नाम से जाना जाता था।

वैसे डिज़्नी के पूर्वजों का मूल टाइटिल डिल्सिग्नी (D'Isigny) था। बाद में उन्होंने उसे अपने आप बदलकर डिज़्नी कर लिया। वॉल्ट के पूर्वज आयरलैण्ड के रहने वाले थे। वैसे अगर उनके दावे को मान लिया जाये तो वे नॉरमण्डी (फ्रांस) से आकर आयरलैण्ड में बसे थे। वे लोग **विलियम द कॉन्करर** के साथ इंग्लैण्ड आये थे और उन लोगों ने हैस्टिंग के युद्ध में भी भाग लिया था। सत्रहवीं सदी के उत्तरार्द्ध में परिवार की एक शाखा, प्रोटेस्टेन्ट शाखा आयरलैण्ड में जा बसी। परन्तु एक स्थान पर बसना इस यायावर खानदान के खून में न था। डिज़्नी लोग महत्त्वाकांक्षी और मौके की तलाश में रहने वाले लोग थे। जिन्हें सदैव बेहतर जीवन की तलाश रहा करती थी। वे संघर्ष करने वाले मेहनती लोग थे।

जुलाई 1834 में इलियास डिज़्नी के बाबा अरुण्डेल इलियास डिज़्नी ने अपनी

आयरलैण्ड की सम्पत्ति बेची और पत्नी तथा दो छोटे-छोटे बच्चों के साथ लीवरपूल का रुख किया। उसके साथ उसके बड़े भाई रॉबर्ट डिज़्नी, उनकी पत्नी और उनके दो बच्चे भी थे। सब अमेरिका की ओर चल पड़े। उनका विचार अमेरिका में डेरा डालने का था। हालाँकि अरुण्डेल डिज़्नी ज्यादा दिन वहाँ न रुका। अगले साल उसने कनाडा के ओण्टारियो के गुडरिक को अपना निवास स्थान बनाया। उस समय ओण्टारियो जंगल था और अरुण्डेल डिज़्नी ने मैटलैण्ड नदी के किनारे लेक हुरोन के पास 149 एकड़ जमीन खरीदी। उसने वहाँ उस इलाके की पहली चक्की और पहली आरा मशीन लगाई तथा फॉर्म बनाया। अरुण्डेल डिज़्नी के आठ बेटे और आठ बेटियाँ, कुल सोलह बच्चे हुए।

अरुण्डेल इलियास डिज़्नी के सबसे बड़े बेटे केपल डिज़्नी ने पच्चीस वर्ष की उम्र में मेरी रिचर्डसन से शादी की। मेरी का परिवार भी आइरिश प्रवासी था। केपल डिज़्नी और मेरी दोनों शादी के बाद गुडरिक से उत्तर की ओर मोरिस टाउनशिप के ब्लूवेल में जा बसे, जहाँ केपल डिज़्नी ने 100 एकड़ जमीन खरीदी और एक छोटा पाइन केबिन बनाया। 6 फरवरी, 1859 में उनका पहला बेटा इलियास डिज़्नी पैदा हुआ।

डिज़्नी बहुत मेहनती और जुझारू प्रवृत्ति के लोग थे। केपल डिज़्नी ने पथरीली जमीन को उपजाऊ बनाया, फलों के बाग लगाये, पर वह डिज़्नी क्या जो एक जगह पर जम जाये, डिज़्नी बेचैन आत्माओं का नाम था। वे कहीं, कभी चैन से नहीं बैठते थे। आँखों में स्वप्न लिये केपल डिज़्नी को तब अपने स्वप्न साकार होते नजर आये जब उसे नजदीक में तेल भण्डार होने की सूचना मिली। केपल डिज़्नी ने अपना फॉर्म किराये पर उठाया। बीवी-बच्चों को साली के हवाले किया और ड्रिलिंग क्रूज के साथ तेल स्रोतों को चल पड़ा। कम्पनी के साथ वह दो साल भटकता रहा, पर तेल की एक बूँद न मिली। केपल डिज़्नी ब्लूवेल लौटा पर ज्यादा दिन वहाँ न टिका। वह तेल की खोज में फिर चल पड़ा। इस बार वह एक साल के बाद लौटा पर सफलता फिर भी न मिली थी। इस बार लौटकर उसने अपनी जमीन पर एक नया फार्म हाउस बनाया और बेमन से खेती करने लगा। वह भी उसे ज्यादा दिन न करनी पड़ी। इस बार सोने की खान की खबर मिली। केपल डिज़्नी अपने अट्ठारह साल के बेटे इलियास डिज़्नी और दूसरे बेटे रॉबर्ट डिज़्नी के साथ 1877 में कैलिफोर्निया की ओर चल पड़ा। लेकिन कैंसास पहुँचते-पहुँचते उसने अपना विचार बदल दिया और वहीं उसने यूनियन पैसीफिक रेलरोड से तीन सौ एकड़ से थोड़ी ज्यादा जमीन खरीदी। वह एलिस काउण्टी नामक स्थान में रहने लगा। यह सीमावर्ती प्रदेश मौसम के हिसाब से बहुत कठोर, रूखा और भयंकर सर्द था। कई बार मौसम की मार से खेती करना कठिन हो जाता और लोग खेती

छोड़कर रेलरोड के काम में जुट जाते। उनकी पत्नियाँ जंगली भैंसों की हड्डियाँ सुखातीं जिन्हें खाद व्यापारियों को बेचकर काम चलाया जाता। इस इलाके में पीली बफैलो घास की बहुतायत थी, अतः लोग मवेशी पालन का धन्धा भी करते। गाय और भेड़ प्रमुख पशु थे। इतना ही नहीं अपराध में भी यह स्थान काफी आगे था। इण्डियन कत्लेआम की स्मृति अभी ताजी थी। एक पूरी रात डिज़्नी भी अपनी खिड़की में बन्दूक लिये डरे बैठे रहे। इन विपरीत परिस्थितियों में आदमी या तो टूट जाता या फिर कठोर हो जाता। इलियास डिज़्नी कठोर हुआ। परन्तु खेती करना उसके खून में न था। वह उससे पलायन करना चाहता था। पलायनवादी और मेहनती दो विरोधाभासी विशेषण लग सकते हैं पर ऐसे ही थे, डिज़्नी।

1885-86 की सर्दियाँ खासतौर पर जानलेवा साबित हुईं। दस-बारह फुट की बर्फ को हटाने में छः इंजनों को खूब मशक्कत करनी पड़ी। लोग छः सप्ताह तक सुरक्षित स्थानों पर छिपे रहे। मौसम से लड़ना सम्भव न था, अतः केपल डिज़्नी ने मध्य फ्लोरिडा के लेक काउण्टी की ओर अपने एक पड़ोसी परिवार काल्स के साथ कूच किया। इलियास डिज़्नी पिता के संग चला। गर्म मौसम और नये अवसर के अलावा इलियास डिज़्नी के अपने पिता के संग लगने का एक खास कारण था, काल्स की सोलह वर्षीय बेटी फ्लोरा।

काल्स लोग भी 1636 में इंग्लैण्ड से आये थे। वे पहले बोस्टन गये। फिर वहाँ से न्यूयॉर्क। 1825 में फ्लोरा के बाबा इण्डियंस के विरोध तथा हाड़ गलाने वाली ठण्ड से अपने बीवी-बच्चों को लेकर निकल भागे और ओहिओ के हुरोन काउण्टी पहुँचे और सैकड़ों एकड़ जमीन साफ करके खेती करने लगे। लेकिन डिज़्नी की भाँति ही काल्स की प्रेरणा भी खेती न थी। उसने बच्चों को पढ़ाया-लिखाया। दो बेटियाँ टीचर बन गयीं और बेटा चार्ल्स ओबेरलिन कॉलेज से 1847 में अच्छे अंक लेकर निकला। सोने की खोज में कई साल कैलिफोर्निया की ओर भटकने के बाद काल्स ने इओवा के बाहरी क्षेत्र में शरण ली। वहीं उसकी मुलाकात एक जर्मन प्रवासी हेनरेट्टा ग्रॉस से हुई। 9 सितम्बर, 1855 में उन्होंने शादी की और वे चार्ल्स के पिता के घर ओहिओ में रहने लगे। चार्ल्स ने भी अपनी बहनों की तरह शिक्षण अपना लिया।

लेकिन पता नहीं किन कारणों से बीस वर्ष वहाँ रहने के बाद चार्ल्स ने छप्पन वर्ष की उम्र में अपने दस बच्चों के साथ ओहिओ छोड़ दिया। उसकी एक बेटी के अनुसार शायद उसे डर था कि कहीं उसकी आठ बेटियाँ पड़ोसी परिवार के आठ लड़कों से शादी न रचा लें। लड़के जो चार्ल्स के अनुसार सभ्य न थे, टीचर बनने लायक न थे। उसने क्यों ओहिओ जैसे शान्त स्थान को छोड़कर सीमान्त कैंसास को चुना, आज यह बताना कठिन है। खेती का धन्धा क्यों अपनाया इसका

भी कोई ठोस कारण कभी पता न चला। फ्लोरा टीचर ट्रेनिंग के लिए एल्सवर्थ गयी और वहाँ डिज़्नी की बहन एल्बेर्था के साथ रहने लगी।

जनवरी, 1886 के भयंकर तूफान के बाद पतझड़ में काल्स और केपल डिज़्नी फ्लोरिडा की ओर चल पड़े। इलियास डिज़्नी अपनी प्रेमिका के संग-साथ के लिए अपने पिता के साथ हो लिया। केपल डिज़्नी तो कुछ समय के बाद एलीस लौट आया परन्तु इलियास डिज़्नी काल्स के संग वहीं रह गया। जहाँ वे रुके वह एक भयंकर जंगल था। लेकिन कैंसास के भयंकर अनुभवों के बाद यह स्थान उन्हें बहुत खूबसूरत लगता था। उन्हें अपने नये जीवन से बहुत उम्मीदें थीं। इलियास डिज़्नी एक्रोन में रुका जहाँ उस समय मात्र सात परिवार थे और काल्स पास में किसमेट में रहने लगे। चार्ल्स ने सन्तरों की खेती के साथ-साथ बगल के नोरिस टाउन में शिक्षण कार्य भी जारी रखा। फ्लोरा एक्रोन में पढ़ाने लगी। इलियास डिज़्नी ने दो काम प्रारम्भ किये पेट के लिए घोड़ागाड़ी से मेल डेलिवर करना और दिल के लिए फ्लोरा को रिझाना।

1888 के पहले दिन इलियास डिज़्नी और फ्लोरा का काल्स के किसमेट घर में विवाह हुआ। शारीरिक और मानसिक रूप से दो भिन्न स्वभाव के लोग एक हो गये। तीस साल के उम्रदराज, पक्के इरादे वाले इलियास डिज़्नी और उन्नीस वर्ष की कोमल, अपेक्षाकृत ज्यादा बौद्धिक युवती फ्लोरा काल्स का यह मिलन भविष्य में क्या गुल खिलायेगा तब कौन जानता था। शादी के बाद अक्सर भाग्य बदल जाता है। मगर शादी के बाद भी इलियास डिज़्नी का भाग्य नहीं बदला। इलियास डिज़्नी ने सन्तरे का एक बाग खरीदा, लेकिन उस पर पाला पड़ गया और उसे हारकर फिर से डाक बाँटने का कार्य करना पड़ा। इसी बीच पाइन का जंगल साफ करते हुए चार्ल्स काल्स का एक एक्सीडेण्ट हो गया। जिससे वह कभी उबर न सका और 1890 में उसकी मृत्यु हो गयी। उसकी मृत्यु के साथ ही एक तरह से फ्लोरिडा से उनका नाता टूट गया। इलियास डिज़्नी अपने पिता की तरह ही था। एक स्थान पर बहुत दिन तक रहना उसके स्वभाव में न था। उसके अन्दर यायावरी और पलायन के कीटाणु बुलबुलाने लगे और शीघ्र ही वह वापस उत्तर की ओर चल पड़ा। इस बार शिकागो के नौ कमरों के एक घर में उसने डेरा डाला।

उसके पहले ही उससे ढाई साल छोटा उसका भाई रॉबर्ट डिज़्नी शिकागो पहुँच चुका था। लेकिन दोनों के भाग्य विपरीत थे। जहाँ एक ओर रॉबर्ट डिज़्नी के पास मिडास टच था। भाग्य सदैव उस पर मुस्काता रहता, वहीं इलियास डिज़्नी का भाग्य ठीक उल्टा था। इलियास डिज़्नी ने जिस काम में हाथ डाला उसे केवल निराशा और असफलता ही मिली। रॉबर्ट डिज़्नी भारी-भरकम, लम्बा और खूबसूरत था, जबकि इलियास डिज़्नी नाटा, दुबला-पतला और मजबूत इरादों वाला था। रॉबर्ट

डिज़्नी चालाक था और लोगों से अपना मतलब निकालना जानता था और यह गुर इलियास डिज़्नी को कभी न आया। इलियास डिज़्नी और फ्लोरा की शादी के छः महीने बाद रॉबर्ट डिज़्नी ने बोस्टन की एक धनी लड़की मार्गरिट रोजर्स से शादी की और अपनी प्रकृति के अनुकूल, रीयल इस्टेट, सोने की खदानों और तेल के कुओं के धन्धों में लग गया। जहाँ भी लाभ की सम्भावना होती थी वहाँ रॉबर्ट डिज़्नी का व्यापार होता था। वह 1889 में कोलम्बस की अमेरिका खोज के चार सौवीं जयन्ती के उपलक्ष्य में होने वाले कोलम्बियन एक्सपोजीशन को ध्यान में रखकर शिकागो आया था। आते ही उसने वहाँ एक होटल बनाया। हालाँकि इलियास डिज़्नी भी समारोह में काम के अवसर की तलाश में शिकागो आया था, लेकिन उसकी आकांक्षाएँ बहुत बड़ी नहीं थीं। भाई की छाया में रहते हुए वह कोई बहुत बड़ा ख्वाब नहीं देख रहा था। उसने रेलरोड पर काम करते हुए बढ़ईगीरी पर अपना हाथ माँजा था और यहाँ भी वह यही करना चाहता था। अपने चाचा रॉबर्ट डिज़्नी का बालक वॉल्ट डिज़्नी पर प्रभाव पड़ा। खासकर उसकी पत्नी की वॉल्ट के जीवन में विशेष भूमिका रही। वॉल्ट का अपने चाचा से अन्त तक सम्बन्ध बना रहा।

चार्ल्स कॉल्स की मृत्यु के कुछ महीनों के भीतर इलियास डिज़्नी अपनी पत्नी और शिशु बेटे हर्बर्ट डिज़्नी के साथ 1890 में शिकागो आया। फ्लोरा उस समय दोबारा गर्भवती थी। उन लोगों ने समारोह स्थल के नजदीक एक कॉटेज किराये पर ली और जब अगले वर्ष मेले का निर्माण प्रारम्भ हुआ इलियास ने एक डॉलर प्रतिदिन पर बढ़ईगीरी शुरू की। उसी साल उनके दूसरे बेटे रे डिज़्नी का दिसम्बर में जन्म हुआ। इलियास डिज़्नी मेहनती और मितव्ययी था। साथ ही घोर नैतिक भी। जल्द ही उसने 700 डॉलर में अपने भाई की सहायता से जमीन का एक टुकड़ा खरीदा। बिल्डिंग बनाने की अनुमति के लिए अर्जी दी और अनुमति मिलते ही परिवार के लिए दो मंजिला लकड़ी का एक घर बना डाला। अगले जून में उनके परिवार में एक नया सदस्य आया। उनके तीसरे बेटे रॉय ओ. डिज़्नी का जन्म हुआ।

जिस समय इलियास डिज़्नी शिकागो आया शिकागो विकास के पथ पर था और उसे कारपेन्टर की आवश्यकता थी। इलियास डिज़्नी ने लोगों के लिए घर बनाने शुरू कर दिये। जिसमें फ्लोरा भी योगदान करने लगी। अच्छे आरामदायक जीवन के अपने स्वप्न को साकार करने के लिए इलियास डिज़्नी ने अपने भाई की सहायता ली और अपने घर को गिरवी रखा। जल्द ही वह आस-पास की जमीन खरीद रहा था और उस पर लोगों के लिए घर बना रहा था। दशक के अन्त तक उसने अपने लिए भी और घर बनाये, जिन्हें उसने बेचा और कुछ को किराये पर उठाया। इस तरह वह भी रीयल इस्टेट का छोटा-मोटा मालिक बन बैठा।

चालीस पार करने के बाद जितनी सफलता की उम्मीद इलियास डिज़्नी को थी जब वह पूरी न हुई तो वह धर्म की ओर मुड़ गया। वैसे भी डिज़्नी और कॉल्स प्रकृति से धार्मिक आस्था वाले लोग थे। अब इलियास डिज़्नी और फ्लोरा डिज़्नी का सामाजिक जीवन काँग्रगेशनल चर्च के इर्द-गिर्द घूमने लगा और जब नया चर्च बना तो उसे न केवल ट्रस्टी बनाया गया, बिल्डिंग निर्माण समिति में भी उसे रखा गया। पादरी की अनुपस्थिति में वह चर्च की धार्मिक कार्यवाही भी सँभालने लगा। उसकी पत्नी फ्लोरा डिज़्नी के अनुसार वह एक अच्छा उपदेशक था। घर में भी वह यही करता था। जिसके चलते उसके बेटे उससे परेशान रहते।

युवा पादरी वॉल्टर पार से उनकी पारिवारिक दोस्ती हो गयी और जब संयोग से दोनों की पत्नियाँ लगभग एक साथ गर्भवती हुईं तो दोनों ने निश्चय किया कि यदि दोनों के बेटे हुए तो वे बच्चों के नाम की अदला-बदली कर लेंगे। इसीलिए जब 5 दिसम्बर, 1901 को इलियास और फ्लोरा का बेटा पैदा हुआ तो उन्होंने उसका नाम वॉल्टर इलियास डिज़्नी रखा। इस तथ्य के कारण कि वॉल्ट का जन्म सर्टिफिकेट नहीं था केवल बप्तिस्मा सर्टिफिकेट था, बाद में एक अफवाह उड़ी कि वॉल्ट इलियास का अपना बच्चा नहीं था। उसका जन्म स्पेन में हुआ था और उसके माता-पिता स्पेन से उखड़कर अमेरिका आये थे और इलियास डिज़्नी के लिए काम करते थे। उन्हीं से इलियास डिज़्नी ने वॉल्ट को गोद लिया। वॉल्ट डिज़्नी खुद इस बात का खण्डन करता था। उसके अनुसार इस तरह बात करना बात को पाँच हजार मील खींचना था। बाद में जब जुलाई में पादरी के यहाँ बेटा हुआ तो उन्होंने तत्काल तो नहीं लेकिन बाद में अपने बेटे का नाम वॉल्टर इलियास पार रखा। अपने बाद के जीवन में दोनों वॉल्ट काफी समय तक संग-संग रहे।

माँ की तरह सुन्दर और सुनहरे बालों वाला बालक वॉल्ट डिज़्नी अभी चार साल का भी नहीं था कि उसके पिता ने फिर स्थान बदलने की ठानी। इस बार किसी महत्त्वाकांक्षा या आर्थिक कारण से नहीं वरन् इस बार कारण नैतिक था। उनके पड़ोस के दो लड़के जो इलियास डिज़्नी के दोनों बड़े बेटों हर्बर्ट डिज़्नी और रे डिज़्नी की उम्र के थे, एक अपराध कर बैठे। धार्मिक प्रवृत्ति के पड़ोसी, पॉल के परिवार के लड़कों ने न केवल डकैती का प्रयास किया वरन् उसमें हुए शूट आउट में उनसे एक पुलिस वाले की हत्या हो गयी। इलियास डिज़्नी के कान खड़े हो गये। उसे लगा कि उसके लड़के भी इस राह पर जा सकते हैं। अतः उसने जगह बदलने, किसी ज्यादा शान्त और सभ्य इलाके में बसने की सोच ली। भले मानुषों की संगत में रहने की सोची। इलियास डिज़्नी एक बार फिर घरबार बेचकर, बोरिया-बिस्तर बाँधकर मिसौरी चल दिया। मिसौरी जहाँ हाल में उसके भाई रॉबर्ट डिज़्नी ने फॉर्मलैण्ड खरीदा था। वॉल्ट डिज़्नी बहुत छोटा था। उसे शिकागो

की याद न के बराबर रही। इलियास डिज़्नी दोनों बड़े बेटों के साथ पहले जगह ठीक करने चला गया। वॉल्ट डिज़्नी को अपनी माँ फ्लोरा डिज़्नी, बड़े भाई रॉय डिज़्नी और छोटी बहन रूथ के साथ की गयी वह यात्रा इसलिए याद है क्योंकि वे पहली बार फॉर्म पर रहने जा रहे थे। सबको अच्छा लग रहा था।

वॉल्ट डिज़्नी को मार्सेलाइन, मिसौरी की एक-एक बात जिन्दगी भर याद रही। बचपन की सर्वाधिक स्पष्ट यादों में यह स्थान बसा रहा। यह उसके जीवन का बहुत महत्त्वपूर्ण हिस्सा था। हालाँकि वह वहाँ बहुत लम्बे समय तक न रहा। वह इससे ज्यादा समय शिकागो और कैंसास में रहा, मगर यह उसकी स्मृतियों की थाती बना रहा। वे कैसे वहाँ पहुँचे, कौन उन्हें लेने आया, किससे मिले सब विस्तार के साथ उसके जेहन में खचित हो गया था। उस पर इस घर की छाप बड़ी अच्छी पड़ी। जिसे वह बाद तक याद करता रहा। चमकता हुआ बड़ा-सा हरे रंग से ढँका सामने का अहाता और खूब सारे वीपिंग विलोज के झूमते पेड़। चाचा रॉबर्ट डिज़्नी के पाँच सौ एकड़ की बनिस्बत यह एक छोटा-सा फॉर्म था।

इलियास डिज़्नी ने 1906 में चालीस एकड़ जमीन खरीदी थी। जिसमें उसने पाँच एकड़ और जोड़ लिए। डिज़्नी जिस फॉर्म हाउस में रह रहे थे वह लकड़ी का बना एक मंजिला घर बहुत बेढ़ंगा था। घर इतना छोटा था कि जब भी कोई मेहमान आ जाता तो दोनों बड़े लड़कों को पिछले पार्लर में सोना पड़ता। भले ही यह छोटा था पर बालक वॉल्ट डिज़्नी के लिए यह स्वर्ग था। खेलने की अनगिनत सम्भावनाएँ थीं, क्योंकि लोमड़ी, खरगोश, गिलहरी और रैकून की भरमार थी। बहुतायत में चिड़ियाँ थीं, मौसमी पक्षी टूटकर आते और मुर्गाबियों से तालाब भर जाता था। सुअर, मुर्गियाँ, गाय तो थीं ही साथ ही चार से छः घोड़े भी सदैव उनके यहाँ रहते। सामने का अहाता पार्क जैसा लगता, वीपिंग विलोज, सिल्वर मेपल्स, सेडार, लिलैक्स, डोगवुड्स, सजावटी सन्तरे के पेड़ों से घिरा यह घर स्वर्ग था या नहीं पर शहर से आये बच्चों के लिए स्वर्ग जैसा था और यही उनका पिता चाहता था। वह चाहता था कि उसके बच्चे शहर की बुराइयों से दूर रहें। अन्य रिश्तेदारों को भी उनका यह घर खूबसूरत लगता था। वॉल्ट डिज़्नी की एक चाची इस घर से अभिभूत हो गयी और सोचने लगी कि वापस एलीस जाये या सदा के लिए यहीं रह जाये।

बच्चों को यहाँ बहुत अच्छा लग रहा था। मगर पिता की आदत उन्हें माफिक नहीं आती। कसी मुट्ठी वाला इलियास डिज़्नी पाई-पाई दाँत से पकड़ता था। अगली पीढ़ी ऐसी न थी और यहीं से तकरार शुरू हुई। जो दोनों बड़े लड़कों हर्बर्ट डिज़्नी और रे डिज़्नी के चुपचाप घर छोड़कर भागने तक जा पहुँची। हुआ यूँ कि 1907 में हर्बर्ट डिज़्नी और रे डिज़्नी ने अपने चाचा रॉबर्ट डिज़्नी के संग मिलकर कुछ

कमाई करने की सोची। उन्होंने चाचा की जमीन पर गेहूँ की खेती की। पिता को जब इसका पता चला तो पैसे-पैसे को दाँत से पकड़ने वाले इलियास डिज़्नी के कान खड़े हो गये। उसने बेटों से पूछा कि वे पैसों का क्या करने वाले हैं? एक बेटे ने कहा कि वह अपने पैसे से पॉकेट वॉच खरीदने की सोच रहा है। बस इतना सुनते ही पिता भड़क उठा। जो खुद कभी न तो शराब पीता हो, न सिगरेट, न ही कोई खेल-तमाशे का व्यसन पालता हो। जिसमें कोई कुटेब न हो उसे बेटे का घड़ी खरीदने का प्लान रईसी लगा। बेकार पैसे की बरबादी। उसने कहा कि यह सब नहीं चलेगा। जो भी रकम आये उसे सौंप दी जाये। वह उससे फॉर्म का कर्ज चुकायेगा। बस यहीं से बात बिगड़ गयी। परिवार में दरार आ गयी। दोनों भाइयों ने उसी दिन बैंक से अपने पैसे निकाले और रात को घर की खिड़की से कूदकर निकल भागे। शिकागो जाने वाली ट्रेन दिखी। उसमें चढ़े और न लौटने का प्रण कर घर से दूर हो गये। बाद में चाचा रॉबर्ट डिज़्नी ने उनकी नौकरी बैंक में क्लर्क के रूप में लगवा दी। दो साल बाद हर्बर्ट डिज़्नी ने पोस्टल सर्विस में काम करना शुरू कर दिया। इस घटना का घाव इतना गहरा था कि बहुत बाद में भी परिवार इस बात को याद करने से बचना चाहता था। वे दोनों कभी-कदा माता-पिता से मिलने घर आते, पर दरार कभी न पटी।

खैर! बात हो रही थी वॉल्ट डिज़्नी की। वॉल्ट डिज़्नी को यह स्थान इतना भाया कि वह जिन्दगी भर इसकी यादों से घिरा रहा। वह इसकी प्रशंसा करते कभी न थकता। भला याद क्यों न करता। उसके बचपन के सुनहरे दिन यहीं गुजरे थे। बचपन की खट्टी-मीठी यादें आदमी के संग ताजिन्दगी रहती हैं, बाद में कड़वी यादें भी मधुरता के साथ स्मरण की जाती हैं। वैसे कुछ कटु अनुभव सदैव सालते रहते हैं। उनके बारे में आदमी जब भी बात करता है कष्ट उसके स्वर में झलक ही जाता है। वॉल्ट का इस फॉर्म पर बिताया समय उसके व्यक्तित्व निर्माण में महत्त्वपूर्ण भूमिका अदा करता है। जब भी वह इस समय को याद करता वह नॉस्टाल्जिक हो जाता। बढ़ा-चढ़ाकर बातें करता। वैसे वॉल्ट डिज़्नी की आदत थी बात को विस्तार से अपना रंग देना। आखिर आगे चलकर उसे कार्टून फिल्में बनानी थीं, कहानियाँ गढ़नी थीं। अपनी कल्पना को हवा देनी थी। यही उसका पेशा बनना था। उसके अनुसार उनके पाँच एकड़ में लगे फलों के बाग के फल सबसे अनोखे थे। उस बाग में सेब, आड़ू, नाशपाती क्या नहीं था। अंगूर की लताएँ तथा तरह-तरह की बेरियों के पेड़ थे। और उसके बाग के सेब की किस्मों के क्या कहने। कौन-सी किस्म के सेब वहाँ नहीं थे। वुल्फ रीवर नाम के सेब का आकार खूब बड़ा होता है और उसमें भी डिज़्नी के बाग के वुल्फ रीवर के आकार इतने ज्यादा बड़े होते थे कि मीलों दूर से लोग उन सेबों को देखने आते थे। ऐसी ख्याति थी उनके बाग की।

इस स्थान की बातों से वॉल्ट डिज़्नी को सदैव रोमांच होता। भीड़-भाड़ वाले शिकागो के बाद यहाँ प्रकृति की गोद में रहने का अनुभव निराला था। जानवर और पक्षियों के बीच रहकर उसे उनसे लगाव हो गया जो किसी-न-किसी रूप में जिन्दगी भर बना रहा। कौन कह सकता है उसके ऐनीमेशन में पशु-पक्षियों की बहुतायत इसी स्थान का असर न थी? बालक वॉल्ट सुअर की सवारी करता और उसके संग कीचड़ में लोटता। वह अन्य बच्चों के साथ अपने प्यारे घोड़े चार्ली की सवारी करता। जब भी मौका मिलता वॉल्ट पड़ोसी लड़कों के साथ मछली पकड़ता। सर्दियों में जर्मी बर्फ पर वे स्लेजिंग या स्केटिंग करते। अलाव जलाकर मजे करते। और यहीं उसे उपहार के रूप में उसका पहला पालतू पशु मिला, जो दिन-रात उसके पीछे-पीछे घूमता रहता। कैसे भूल सकता है वह अपने पहले कुत्ते माल्टीस को। वॉल्ट के दुःख की कल्पना की जा सकती है जब यह कुत्ता खो गया। इस कुत्ते का साथ बहुत दिन न रहा। एक दिन वह रॉय के पीछे-पीछे शहर चला गया और वहाँ खो गया। फिर कभी न लौटा। वॉल्ट डिज़्नी का कुत्तों के प्रति प्रेम बाद में भी बना रहा। उसने कई कुत्ते पाले और कई कुत्ते उपहार स्वरूप दूसरों को दिये।

यहाँ एक और अच्छी बात वॉल्ट के संग हुई। उसे सात साल तक स्कूल जाने की मशक्कत नहीं करनी पड़ी। कारण था कि उसे स्कूल ले जाना वाला कोई न था और बच्चा अकेले स्कूल कैसे जाता? सो इलियास डिज़्नी ने सोचा कि जब रूथ भी स्कूल जाने लायक हो जायेगी तो दोनों संग स्कूल जाया करेंगे। यह एक तरह से अच्छा हुआ और एक तरह से वॉल्ट के लिए शर्म की बात भी हुई। क्योंकि उसने अपने से दो साल छोटी बहन के साथ स्कूल प्रारम्भ किया। वॉल्ट जैसे बालक के लिए स्कूल बहुत मायने नहीं रखता है। उसके लिए स्कूल में एक बात अच्छी थी कि उसे स्टेज पर अभिनय का अवसर मिलता। वहीं उसे अपनी अभिनय प्रतिभा दिखाने का पहले-पहल अवसर मिला। बाद में भले ही वह स्टेज कलाकार न बना पर यह प्रतिभा उसके सारे काम में परिलक्षित होती है। वह अपने स्टूडियो के सहयोगियों को अपनी बात अभिनय के द्वारा समझाता था। यह ऐनिमेशन के लिए बहुत महत्त्वपूर्ण है क्योंकि यहाँ प्रस्तुति के लिए अभिनेता नहीं होते हैं, चित्रों में जान डालनी होती है। स्कूल में ही उसे तालियों की गड़गड़ाहट का चस्का लगा। अपने महत्त्व, अपने अस्तित्व का उसे भान हुआ। लोगों की निगाह में बने रहने, आकर्षण का केन्द्र बने रहने की ख्वाहिश भी शायद यहीं से पैदा हुई। जो बाद तक बनी रही।

उस जमाने में टीचर से ज्यादा उसका सोटा पढ़ाने का काम करता था। बच्चों को मारना टीचर और अभिभावक दोनों अपना फर्ज समझते थे और बड़ी

मुस्तैदी से अपने इस फर्ज को अदा करते थे। जैसा कि उन दिनों रिवाज था टीचर ने एक बार बच्चों को छड़ी लाने का आदेश दिया ताकि दुष्ट बच्चों की मरम्मत की जा सके। वॉल्ट ने जानबूझकर एक मोटा सोटा टीचर की डेस्क पर रख दिया। जब टीचर ने पूछा कि इसे कौन लेकर आया है? वॉल्ट को मालूम था जब वह बतायेगा उसके साथी उस पर हँसेंगे। सो उसने बड़े गर्व से स्वीकार किया कि वही इस डण्डे को लेकर आया है। नतीजा जो होना था, वही हुआ। उसी सोटे से वॉल्ट की पिटाई हुई।

उसकी अपने पिता से न के बराबर बात होती। लेकिन एक पूर्व युद्ध सैनिक से उसकी अच्छी पटती थी। इरास्टस टेलर के पीछे बालक वॉल्ट लगा रहता और टेलर अपने युद्ध अनुभवों को अभिनीत करता रहता। बाद में वॉल्ट को लगता था कि टेलर कभी भी गृहयुद्ध में शामिल नहीं था। लेकिन वह सारे युद्धों में शामिल था। बच्चों के लिए यहाँ एक और मजेदार बात थी। यहाँ रविवार को चर्च या सण्डे स्कूल जाने का चक्कर भी न था। मन हो तो जाओ न हो तो न जाओ। क्योंकि मार्सेलाइन में कोई कॉंग्रगेशनल चर्च था ही नहीं। सो रविवार को परिवार इरास्टस टेलर के यहाँ अड्डा जमाता। इलियास डिज़्नी जिसका एकमात्र शौक था फिडल बजाना, जिसे वह अक्सर सबसे छिपाकर बजाता, वह भी इस दिन अपने पड़ोसियों के साथ फिडल बजाता।

मार्सेलाइन का समाज, उससे मिले अनुभव वॉल्ट का भविष्य रच रहे थे। उसने जितने महत्त्वपूर्ण अनुभव यहाँ किये उतने महत्त्वपूर्ण अनुभव उसे फिर कभी कहीं और न मिले। उसने अपनी जिन्दगी का पहला सर्कस यहीं देखा और पहला घुमन्तू टेण्ट शो देखा। जिसमें उस समय का प्रमुख पटु वक्ता अभिनय कर रहा था। मार्सेलाइन में एक घुमन्तू नाटक कम्पनी आयी हुई थी। वॉल्ट ने अपना गुल्लक फोड़कर माउड एडम्स के नाटक पीटर पैन का टिकट खरीदा। वह पीटर पैन से इतना प्रेरित हुआ कि स्कूल के नाटक में उसने यही भूमिका की। भूमिका करते समय वह चरित्र से एकाकार हो गया था। उसे याद है कि दर्शक कैसे चकित थे। और तो और यहीं उसने अपनी जिन्दगी का पहला सिनेमा देखा। एक दिन उसने रूथ से कहा कि चलो स्कूल के बाद सिनेमा देखते हैं। रूथ पहले तैयार न थी। उसे डर था घर पर डाँट पड़ेगी। वॉल्ट ने कहा, कोई बात नहीं। डाँट पड़ेगी तो पड़ेगी, चलो सिनेमा देखते हैं और दोनों भाई-बहन स्कूल के बाद सिनेमा देखने चल दिये। पिक्चर क्राइस्ट के जीवन पर थी। जाहिर सी बात है अँधेरा होने के बाद, जब स्कूल से देरी से लौटने का कारण पता चला तो घर में डाँट पड़ी। डाँट पड़ी तो पड़ी सिनेमा तो देख लिया। ऐसा था बचपन से वॉल्ट डिज़्नी जो ठान लेता करके रहता। परिणाम चाहे जो भी हो।

बालक वॉल्ट इस छोटे से शान्त शहर मार्सेलाइन से जिन्दगी भर काफी प्रभावित रहा। उसके सामाजिक जीवन की नींव इसी शहर में पड़ी। बड़े शहर के खतरों और बुराइयों से बचने के लिए इलियास डिज़्नी ने एक बेहतरीन स्थान चुना था। शुरू में टेण्ट और झुग्गी-झोंपड़ी वाला मार्सेलाइन भी रेलरोड का ही परिणाम था। जब डिज़्नी परिवार यहाँ पहुँचा शहर की आबादी 4,500 हो चुकी थी। यह एक रिफाइण्ड शहर बन चुका था। तमाम दुकानें और स्टोर्स खुल चुके थे। यह शहर परम्परावादी शहर नहीं था। यहाँ की जनता डेमोक्रेटिक पार्टी की हिमायती थी। अभी यहाँ बड़े शहरों की बुराइयाँ प्रवेश नहीं कर पायी थीं। पूरे समाज में एका था। लोग एक-दूसरे की चिन्ता करते। एक-दूसरे की सहायता करते। यहाँ तक कि अश्वेत व्यक्तियों के प्रति भी वे क्रूर न थे। जब एक अश्वेत और गोरे में कुछ झगड़ा हो गया तो स्थानीय जज ने अश्वेत को माफ कर दिया। बच्चे वॉल्ट के लिए यह एक बड़ा सबक था। किसान एक-दूसरे की सहायता करते। एक-दूसरे की बाड़ बनाने में एकजुट होकर काम करते। कटाई के समय भी पड़ोसी आ जाते और उनकी स्त्रियाँ भी आ जातीं तथा अपने लोगों के लिए खाना बनातीं। वॉल्ट इन छोटी-छोटी लेकिन महत्त्वपूर्ण बातों को प्रत्यक्ष-अप्रत्यक्ष रूप से पचा रहा था। वह सदा इन बातों को प्रेम के संग याद करता और दूसरों को सुनाता।

मार्सेलाइन के अनुभवों को न भुला पाने के वॉल्ट डिज़्नी के पास और भी कई कारण थे। यहीं अन्तिम बार दूर-दूर से रिश्तेदारों का आना हुआ करता। परिवार का मिलन होता। कभी चाचा चले आ रहे हैं। कभी चचेरे-ममेरे भाई-बहन, कभी कोई तो कभी कोई। जब मेहमान आते तो बच्चों को विशेष प्यार-दुलार मिलता। उनको मेहमान का ध्यान मिलता। ट्रेन विभाग में इंजीनियर चाचा माइक मार्टिन डिज़्नी पैदल ही बच्चों के लिए मिठाई लिये जब-तब चले आते। दादी माँ एलीस से आ जाती। दादी माँ बुढ़ापे में सठिया गयी थीं। शरारती हो गयी थीं। आती और अपने हठी बेटे इलियास को तंग करके मजे लेती। एक बार दादी आयी हुई थी और उन्हें शलजम की तलब हुई। वॉल्ट पड़ोसी के खेत में चुपके से सरका और शलजम उखाड़ लाया। इसमें शक नहीं कि इस अनाधिकार प्रवेश से इलियास उबल पड़ा पर वॉल्ट को, खासकर पापा के खफा होने से खूब मजा आया।

वॉल्ट डिज़्नी को सबसे ज्यादा मजा तब आता जब इलियास का छोटा भाई एडमण्ड डिज़्नी आता। एडमण्ड मानसिक रूप से अविकसित था। वह अपने हस्ताक्षर भी नहीं कर सकता था। रहता तो वह अपनी बहनों लिज़ी और एथेल के साथ था लेकिन बड़ा मस्तमौला था। यायावरी उसके खून में थी। रेल ट्रेक पर खड़ा होकर हाथ दिखाता। ट्रेन रुकती। वह उसमें सवार होता और जहाँ मन हो उतर जाता। जब-तब एडमण्ड डिज़्नी वॉल्ट के यहाँ आता। आठ साल के वॉल्ट

के लिए वह खेल का अच्छा साथी था क्योंकि उसकी मानसिक आयु करीब इतनी ही थी। दोनों मिलकर खूब मनमर्जी के खेल खेलते। एडमण्ड डिज़्नी को किसी बात की झिझक न थी। वॉल्ट के इस चाचा को प्रकृति की अच्छी समझ थी। दोनों मिलकर जंगल जाते। जहाँ एडमण्ड पेड़ों और पक्षियों के नाम बताता और पक्षियों की बोली से उनकी पहचान कराता। यह स्वतन्त्र मस्तमौला चाचा वॉल्ट का आदर्श और प्रेरक था। जैसे वह अचानक आता वैसे ही कभी भी घोषणा करता कि वह जा रहा है और उठकर चल देता। एडमण्ड डिज़्नी के साथ रहने का मतलब विशुद्ध और सरल मनोरंजन था। वॉल्ट को वह जीता-जागता पीटर पैन लगता।

जितने स्वाभाविक तरीके से चाचा एडमण्ड डिज़्नी आता, इसके ठीक विपरीत तरीके से आते चाचा रॉबर्ट डिज़्नी। वे मिलने नहीं अपनी सम्पत्ति की देखभाल के लिए आते। सम्पत्ति के दिखावे की हवा बाँध कर आते। अपनी पोशाक और हाव-भाव के साथ आते। ट्रेन से ऐसे उतरते मानो वही सर्वेसर्वा हों। अपने बड़े भाई इलियास डिज़्नी के साथ भी वे ऐसा ही व्यवहार करते। मानो उनका ही प्रभुत्व हो। सबसे पूर्ण समर्पण की अभिलाषा लिये होते। होता भी ऐसा ही। रॉबर्ट डिज़्नी की एक बग्गी इलियास डिज़्नी के यहाँ रहती। आते ही उस पर उनका पूर्ण कब्जा हो जाता। यह कहना मुश्किल है कि इलियास डिज़्नी का अपने इस छोटे भाई के प्रति क्या विचार था, मगर पड़ोसियों का रॉबर्ट डिज़्नी के प्रति विचार कुछ अच्छा नहीं था। जैसा कि अक्सर धनी लोगों के प्रति मेहनतकश लोगों का विचार होता है, वे उसे 'गोल्ड बग' कहा करते। वैसे सोने की सट्टेबाजी रॉबर्ट डिज़्नी का एक व्यापार था भी।

बच्चों को बड़ों की बातों और विचारों से क्या लेना-देना। वॉल्ट को रॉबर्ट डिज़्नी का आना अच्छा लगता, क्योंकि उनके संग आती चाची मार्गरेट। एकमात्र चाची जिसे वॉल्ट आण्टी कहता था। वॉल्ट को वे अच्छी लगतीं क्योंकि वे अपने संग लातीं उपहार। उपहार जो वॉल्ट के मनमाफिक होता। मार्गरेट वॉल्ट के लिए ड्राइंगबोर्ड और रंगीन पेंसिल लाती। यहीं से उसकी ड्राइंग की नींव पड़ी। वॉल्ट की इस प्रतिभा को निखारने में यदि इन वस्तुओं का योगदान था तो स्वयं चाची का बढ़ावा देना, उसके काम की प्रशंसा करना इससे ज्यादा प्रेरक सिद्ध हुआ। उसे चित्रकारी अच्छी लगती थी। अगर उसकी मानें तो उसे तब से चित्रकारी अच्छी लगती थी जब से वह पेंसिल पकड़ने योग्य हुआ। लेकिन उत्साह मिला चाची मैगी से। वे इस तरह उसके काम की प्रशंसा करतीं मानो वह सच में एक अनोखा लड़का (वण्डर ब्वॉय) हो। मैगी खुले दिल से बच्चे के काम की प्रशंसा करती। शब्दों की कंजूसी के बिना। इसी समय उसे सेवानिवृत्त डॉक्टर शेरवुड के रूप में एक और पथ-प्रदर्शक मिल गया। पहले टेलर और अब शेरवुड। वॉल्ट के जीवन को सँवारने

में इन बूढ़ों का महत्त्वपूर्ण हाथ रहा है। यदि टेलर उसे अपनी युद्ध की कहानियों से कहानी कहने के प्रति उकसा रहा था तो शेरवुड ने उसकी चित्रकला को निखारने में योगदान किया।

शेरवुड दम्पत्ति निःसन्तान थे। अन्धा क्या चाहे दो आँखें। उन्हें वॉल्ट के रूप में एक सन्तान का सुख मिलने लगा। एक तरह से वह उनका दत्तक पुत्र बन गया। वॉल्ट को देने के लिए इस युगल के पास समय ही समय था। एक बच्चे को यदि वयस्कों का समय मिल जाये तो कमाल हो सकता है। डॉक्टर शेरवुड एक प्रभावशाली व्यक्ति था। गर्मियों में वह गाड़ी में चलता और सर्दियों में उसकी पालदार बग्गी उसका प्रिय घोड़ा रूपर्ट खींचता। जाहिर है जहाँ डॉक्टर जाता वहाँ वॉल्ट भी उसके संग होता। यहाँ तक कि जब वह दवा की दुकान जाता तब भी। इन सुखद खुशनुमा यात्राओं का पूरा-पूरा लाभ बालक को मिलता। जैसा कि बच्चे करते हैं उत्सुकता में वॉल्ट निरन्तर प्रश्न पूछता जाता और डॉक्टर उनके उत्तर देता जाता। बूढ़े में खूब धैर्य और ज्ञान रहा होगा, वरना अक्सर तो लोग बच्चों के प्रश्नों से जल्द ही उकता जाते हैं और उन्हें झिड़क देते हैं।

'अपना अज्ञान मानने में कभी डरो मत।' डॉक्टर शेरवुड का कहा यह वाक्य सदा वॉल्ट के साथ रहा। इसी कौतूहल का नतीजा उसका सारा जीवन और कार्य रहा। लेकिन जो बात इससे भी ज्यादा वॉल्ट को ताजिन्दगी याद रही और जिसे वह सबको सुनाया करता, वह अलग थी। एक दिन डॉक्टर ने वॉल्ट से कहा कि अपने क्रेयान्स और ड्राइंगबोर्ड ले आओ और रूपर्ट का चित्र बनाओ। उस दिन रूपर्ट खासतौर पर भड़का हुआ था। डॉक्टर ने उसकी रास पकड़ी हुई थी। फिर भी वॉल्ट को उसका रेखाचित्र बनाने में काफी मशक्कत करनी पड़ी। वॉल्ट की याददाश्त में चित्र बहुत खराब बना था। लेकिन डॉक्टर दम्पत्ति ने उस चित्र की भरपूर प्रशंसा की। प्रशंसा जो उस समय बच्चे को बहुत-बहुत अच्छी लगी। कई बार वॉल्ट बताता कि डॉक्टर ने चित्र से खुश होकर उसे एक निकल भी दिया था। मगर कुछ और लोगों का मानना है कि डॉक्टर काफी कंजूस किस्म का आदमी था। वह किसी को कुछ दे ही नहीं सकता था। मनुष्य की प्रकृति बड़ी विचित्र होती है कंजूस व्यक्ति भी कभी, किसी अवसर पर अपना सब कुछ लुटा सकता है। जबकि दिलदार आदमी किसी मौके पर भयंकर कंजूसी दिखा सकता है। माना जा सकता है कि डॉक्टर ने निकल दिया होगा। आखिर वॉल्ट को वह पुत्रवत प्रेम करता था।

एक और घटना जो बचपन से ड्राइंग के प्रति उसके पागलपन को दिखाती है। यह तब घटी जब गर्मियों में एक दिन माता-पिता, फ्लोरा डिज़्नी और इलियास डिज़्नी वॉल्ट और रूथ को फॉर्म पर छोड़कर शहर गये। बच्चों ने आस-पास का

अन्वेषण शुरू किया और उन्हें कुछ मिल भी गया। उन्होंने देखा कि बैरल में तारकोल बचा हुआ है। वॉल्ट को अचानक सूझा कि पेण्ट की तरह इसका उपयोग किया जा सकता है। रूथ को थोड़ी चिन्ता थी, थोड़ा भय था। रूथ का प्रश्न था कि क्या यह बाद में साफ किया जा सकेगा? क्या बाद में यह उतर जायेगा? वॉल्ट ने बड़े आत्मविश्वास से उसे ढाँढस दिलाया कि हाँ यह उतर जायेगा। और फिर शुरू हुई तारकोल से चित्रकारी और कैनवस बनी घर की सफेदी पुती दीवालें। दोनों भाई-बहन लम्बी डण्डी से बैरल से तारकोल निकालते रहे और दीवारों पर पोतते रहे। तब तक जब तक कि माता-पिता लौटे नहीं। जल्दी ही रूथ परेशान थी। क्योंकि उसे पता चल गया था कि सफेदी पर चढ़ा यह काला रंग किसी भी तरह छूटने वाला नहीं है। मगर भाई को चिन्ता न थी, वह अपनी कलाकारी में मस्त था। बाद में वही हुआ जो ऐसे अवसरों पर होता है। माता-पिता लौटे उन्होंने दीवालों पर कलाकारी देखी पर उन्हें इससे कोई प्रसन्नता न हुई। बच्ची तो छोटी थी। मगर वॉल्ट तो बच्चा नहीं था। उनकी माँ फ्लोरा तीस साल बाद भी जब भी इस घटना की बात चलती सदा कहती, 'वह तो समझने योग्य था।' डिज़्नी जब वह घर छोड़कर चले गये तब भी वह यादगारी दीवालों पर थी। वॉल्ट की शुरुआती चित्रकारी का नमूना।

इलियास डिज़्नी का खेती की ओर तनिक भी रुझान नहीं था। उसका मानना था कि खेत में खाद का प्रयोग बेकार है। इससे कुछ दिन के लिए जमीन उपजाऊ हो जाती है मगर फिर बेकार हो जाती है। वह कहता यह ऐसा ही है मानो किसी को ह्विस्की पिलायी जाये। तो पहले वह थोड़ा अच्छा अनुभव करता है बाद में उसे पहले से भी ज्यादा खराब लगने लगता है। उसे जानवरों की भी न तो जानकारी थी न ही उनसे उसे लगाव था। इसके बावजूद वह कुछ न कुछ प्रयोग करता रहता था। एक साल कोई फसल उगाता। तो दूसरे साल कुछ और लगाता। एक बार जब बाजार की हालत पतली थी वह सेब की अपनी फसल मण्डी नहीं ले गया। बल्कि उसने अपने सारे परिवार को सेब लेकर घर-घर बेचने भेज दिया। एक और बार उसने अपने सब पड़ोसियों से सेब बटोरे और बेचने खुद मण्डी पहुँच गया और इस तरह बिचौलिये को उसने ठेंगा दिखा दिया। लाभ को उसने अपने पड़ोसी सेब मालिकों के बीच बाँट लिया। एक बार जब खेती बहुत बुरी स्थिति में थी उसने फिर से बढ़ईगीरी सँभाल ली और अपने एक पड़ोसी का घर मरम्मत किया। फिर भी सदा पैसों की किल्लत रहती थी और साथ ही इलियास डिज़्नी की कंजूसी बरकरार रही। यहाँ तक कि फ्लोरा उसके डर से बच्चों के ब्रेड में निचली ओर मक्खन लगाती ताकि वह देख न ले।

इसी कंजूसी का नतीजा दो बेटों को खोने में हुआ। अब जब कि दोनों बेटे

जा चुके थे इलियास डिज़्नी के लिए खेती करनी और भी कठिन हो गयी। पराजित इलियास डिज़्नी सिस्टम को दोष देता। कुढ़ता रहता। हँसी उनके घर से कोसों दूर थी। घर का वातावरण सदा सहमा-सहमा रहता। ऐसे में जीवन्त वॉल्ट का दम घुटता। उसने घर से पलायन का एक तरीका खोज निकाला। बेंटन स्कूल में एक लड़के वॉल्ट फिफर से उसकी दोस्ती हुई। और संयोग कुछ ऐसा हुआ कि जब डिज़्नी लोग घर बदलकर कैंसास एवेन्यू में रहने लगे तो यह घर वॉल्ट फिफर के घर से दो घर छोड़कर था। जल्द ही वॉल्ट फिफर परिवार के अनुसार उनका घर वॉल्ट डिज़्नी का असली घर बन गया। वॉल्ट डिज़्नी के अनुसार यह घर 'हँसी-खुशी का स्थान' था। उसका अपना परिवार परिश्रमी लोगों का परिवार था। जिनके दुःखी रहने का कोई कारण नहीं था लेकिन उन्हें खुश रहना नहीं आता था। जिन्दगी हल्के-फुल्के तरीके से जीने के वे लोग आदी न थे। जबकि वॉल्ट फिफर परिवार जो भी करता मजे लेकर करता। सदा साथ में, मिल-जुलकर करता। इलियास डिज़्नी को मनोरंजन के नाम से ही कोफ्त होती थी। लोग उसे चर्ची (चर्च के नियमों वाला) कहते और मानते कि उसने बाइबिल पढ़ी है। वह उसके अनुसार जीता है। वॉल्ट डिज़्नी का स्वभाव ऐसा था कि शीघ्र ही वह फिफर परिवार में घुलमिल गया। उसे वहाँ देखकर ऐसा लगता मानो वह उसी परिवार का अंग हो। उन लोगों ने भी पूरी तरह से उसे अपना लिया। शुरू में दोनों वॉल्ट की दोस्ती यूँ ही-सी थी। लेकिन एक बार वॉल्ट फिफर को मम्स (गालसुए) हो गये। उस समय उसकी माँ नहीं चाहती थी कि कोई और बच्चा उसके पास रहे। क्योंकि यह छुतहरी बीमारी है। मगर वॉल्ट डिज़्नी ने उसकी बात नहीं मानी और बीमार दोस्त के पास रहने लगा। उसका तर्क था, चूँकि उसे मम्स पहले ही हो चुके हैं, अतः वह इस बीमारी का शिकार नहीं होगा। इसलिए बीमार के पास उसके रहने से उसे कोई खतरा नहीं है। बीमार का दिल बहलाने के लिए वह उसे चित्रकला सिखाने लगा। बीमारी तो ठीक हो गयी पर इसने उन्हें पक्का दोस्त बना दिया। दोनों मिलकर या तो ड्राइंग करते या फिर फिफर के कुत्ते ब्राउनी के साथ खेलते रहते।

दोनों लड़के एक्सट्रोवर्ट थे। दोनों को प्रदर्शन का चस्का था। अभिनय में दोनों की रुचि थी। फिफर का तो पूरा परिवार कलाकारों का था। मिस्टर फिफर यूँ तो स्थानीय यूनाइटेड लेदर वर्कर्स यूनियन के खजांची थे, लेकिन उनका वास्तविक प्रेम शो बिजनेस था। इलियास सोच रहा था कि उसका चौथा बेटा संगीतज्ञ बनेगा। जब भी वॉल्ट डिज़्नी वायलिन बजाता और गलत बजाता उसकी कुहनी पर चपत पड़ती। जल्द ही चिड़चिड़ाहट के साथ वह सीखना रुक गया। जो काम अपने घर में करना वॉल्ट के लिए मुसीबत था वही फिफर के घर में करने में प्रसन्नता होती। वॉल्ट फिफर की बहन किटी जब पियानो बजाती बाकी सब गाते। दोनों वॉल्ट

के साथ वह भी कॉमेडी स्केच में भाग लेती। डिज़्नी के घर में नौ बजे सोने का हुक्म था ताकि सुबह उठकर पेपर बाँटने का काम जल्दी किया जा सके। वॉल्ट पिता के डर से सोने के कमरे में चला जाता। लेकिन थोड़ी देर बाद खिड़की से सरक लेता और फिफर के घर में एक-डेढ़ घण्टा बिताकर फिर खिड़की के रास्ते आकर चुपचाप सो जाता। हालाँकि दिन भर के कठिन परिश्रम के बाद यह थकाने वाला होता, फिर भी सोने से पहले बिताया यह समय उसके दिन भर का सबसे खुशनुमा समय होता था।

बेटों के जाने के बाद खेती की बदतर हालत का ठीकरा प्रशासन के सिर फोड़ते हुए इलियास ने सोचा क्यों न किसानों की भलाई के लिए कुछ किया जाये। उसने अपने एक पड़ोसी कॉफमैन के साथ मिलकर अमेरिकन सोसाइटी ऑफ इक्विटी के चैप्टर की नींव डाली। इसे उन्होंने किसानों का संगठन कहा। इसका हेडक्वार्टर ओहिओ में था। इसका इरादा पूरे देश में किसानों के लिए ग्रेनरीज, एलेवेटर्स, वेयरहाउसेस, कोल्ड स्टोरेज प्रदान करना था। किसानों ने इसका स्वागत किया। क्योंकि इससे फसल पर उनका नियन्त्रण होगा, वे अपनी सप्लाई को रेगुलेट कर पायेंगे तथा अपनी फसल की कीमत खुद निश्चित कर पायेंगे। स्थापना के समय इसमें उन्तीस सदस्य थे। मगर विकसित और श्रमिकों के पक्ष वाले मार्सेलाइन में इलियास का यह काम क्रांतिकारी माना गया। उसे इससे कोई आपत्ति भी न थी। रूथ के अनुसार उसके पिता के जीवन के आदर्श ऊँचे थे। इसी दौरान इलियास का झुकाव समाजवाद के दर्शन की ओर हो गया। उसे लोगों के जीवन के लिए यह उचित लग रहा था। उसने स्वयं को समाजवादी कहना प्रारम्भ कर दिया और वह समाजवादी उम्मीदवार को वोट देने का दावा करने लगा। समाजवादी उम्मीदवार यूजीन वी. डेब्स सम्पादक था, अतः घर में **'अपील टू रीजन'** आने लगा।

लेकिन इलियास के ये सारे बहाने उसके किसी काम न आये। वह असफल होता चला गया। बाहर, खेती में उसे लगातार असफलता मिल रही थी। मगर एक दिन वह बिल्कुल टूट गया जब उसे अपने ही बेटे से हार मिली। मुसीबतें एक पर एक आती गयीं। फसल खराब हुई। पाँच महीने लम्बी कोयले की हड़ताल हो गयी। और कोढ़ में खाज इलियास बुरी तरह बीमार पड़ गया। पता नहीं यह टायफाइड था या डिफ्थीरिया। बीमारी ने उसे कमजोर, चिड़चिड़ा और काम करने के अयोग्य बना दिया। फ्लोरा का पक्का विश्वास था कि यह सारा कुछ इलियास की चिन्ता का नतीजा है और जब तक फॉर्म बेच नहीं दिया जाता है तब तक कुछ नहीं हो सकता है। अन्त में इलियास ने यही किया और वे लोग अपनी सम्पत्ति की नीलामी करके शहर में कैंसास ऐवेन्यू में एक छोटे से चार कमरों के घर में आ गये। यहीं पास में फिफर लोग रहते थे। नीलामी के दिन वॉल्ट और रॉय को

अपनी एक घोड़ी के जाने का बड़ा दुःख हुआ। नये मालिक के संग जाती हुई घोड़ी इन भाइयों को देखकर हिनहिनाई। वे उसके गले लगकर रोये।

जब उन्होंने अपना फॉर्म छोड़ा तब तक वह स्थान काफी बदल चुका था। अब वहाँ एक नया स्कूल, एक नया थियेटर था। न्यू केटर थियेटर में छः सौ सीटें थीं। जहाँ मनोरंजन के लिए बराबर संगीत और फिल्मों का आयोजन होता था। 1911 में जब उन लोगों ने यह स्थान छोड़ा उस साल सिटी पार्क में बहुत बड़ी भीड़ जमा हुई थी क्योंकि शहर के अपने इलेक्ट्रिकल स्टेशन के पावर से सड़क के लैम्प जलने वाले थे। भीड़ इस चमत्कार से पागल हो रही थी। मगर वॉल्ट के मन में सदा पुराना इलाका ही बसा रहा। और उसकी यादों के साथ-साथ यह और भी पुराना और भी मनभावन बनता गया। उसे उन लोगों के लिए दुःख होता था जो सदा महानगरों में रहे, कभी छोटे शहरों, खेतों-खलिहानों में नहीं रहे।

इस स्थान के उसके मन में बसे रहने का कारण था। यह स्थान उसके स्वतन्त्र स्वभाव के अनुकूल था। प्रकृति और जानवरों के बीच उसे एक तरह की स्वतन्त्रता का अहसास होता था। यहाँ सब कुछ मुफ्त और सुन्दर था। बाद में वॉल्ट अपने काम में इसी स्पिरिट, इसी भावना को पकड़ने का प्रयास करता रहा, जिसमें उसे भरपूर सफलता मिली।

सफलता की बात करते ही इलियास की असफलता का स्मरण हो आता है। बाप-बेटे दोनों ने जीवन भर संघर्ष किया। एक से सफलता सदैव दूर भागती रही, दूसरे के उसने कदम चूमें। जीवन की सफलता और असफलता में ही बाप-बेटे विपरीत न थे। अन्य कई बातों में दोनों एक दूसरे के बिल्कुल विपरीत थे। इलियास हठी, रूखा-सूखा था। वॉल्ट हँसमुख, प्रफुल्ल। पिता जिन्दगी भर सीधे और संकीर्ण रास्ते चला तो बेटे ने सदा जोखिम उठाया। टेढ़े-मेढ़े रास्तों पर चला। खुद अपनी राह बनाते हुए। पिता ने कोई व्यसन न पाला। बेटे के मुँह से मरते दम तक सिगरेट न निकली। एक अपने फिडल बजाने के शौक को छिपाकर जंगल में जाकर पूरा करता था। दूसरा सदा स्टेज पर रहा। इलियास का शरीर दुबला-पतला और अकड़ा हुआ था। बाँहें रूखी-सूखी, कड़ी, आँखें नीली। ताँबे के रंग के बाल। लटके हुए चुचके गाल और कसा हुआ चेहरा, उसका चेहरा अमेरिकन गोथिक का चेहरा था। जबकि वॉल्ट अपनी माँ के खानदान पर गया था। सुन्दर मुखमुद्रा, सुनहरे बाल, 5‘10’’ लम्बा, आकर्षक, सदा कुछ मजाक करने के मूड में रहने वाला युवक। हर बात के लिए उत्साहित। इलियास सोच-समझकर कम-से-कम बोलता और अपनी भावनाओं को दबाकर रखता जो बाद में कभी भी फट पड़तीं। जबकि वॉल्ट मुँह पर बोलने वाला और अपनी भावनाओं को खुलकर व्यक्त करने वाला था। मसखरी करने वाला एक बार वॉल्ट ने अपनी माँ फ्लोरा को ही कुछ देर के लिए चकरा

दिया। दरवाजे पर दस्तक होने पर जब फ्लोरा ने दरवाजा खोला तो वहाँ एक लम्बी स्त्री खड़ी थी। जिसने धड़ाधड़ तमाम प्रश्न पूछने शुरू कर दिये। थोड़ी देर बाद फ्लोरा का ध्यान उस स्त्री के कपड़ों पर गया। उसने देखा कि वह तो उसी की एक बेहतरीन नयी पोशाक पहने हुए है। विग एवं हैट वॉल्ट ने कहीं और से लिये थे। वह तरह-तरह की वेशभूषा पहनकर लोगों का खूब मनोरंजन करता।

खीज और गुस्से को दबाये रहने वाले इलियास का हाथ अपने बच्चों पर खूब चलता। वॉल्ट से तो उसकी खास दुश्मनी-सी लगती थी। क्यों न होती। उसमें जिन बातों की कमी थी वे सब बातें इस बेटे में भरपूर थीं। बेटियाँ सदा पिता का पक्ष लेती हैं। उनकी कमियों, कमजोरियों, गलतियों को कम करके बताती हैं। रुथ भी यही करती थी। जब भी भाई पिता की कंजूसी या चिड़चिड़े व्यवहार की बात करते, वह पिता के बचाव में बोलती। जब भी वॉल्ट पिता की शिकायत करता वह कहती पिता इतने निष्ठुर नहीं थे, जितना वॉल्ट बताता है। उन्होंने बच्चों के आराम का ख्याल सदा रखा और उन लोगों को अच्छी चीजों की कभी कमी नहीं हुई। यहाँ तक कि कुछ रईसी का मजा भी बच्चों ने उठाया। मगर एक मामले में वह भी अपने पिता के प्रति अपने भाइयों से सहमत नजर आती है। हाँ वह स्वीकार करती थी कि गुस्सा सदा उसके पिता की नाक पर रहता था। मगर तत्काल वह यह कहकर उसे हल्का भी करती कि पिता जब भी गुस्सा होते उसकी भरपाई किसी न किसी रूप में जरूर करते थे।

ऐसा नहीं कि वॉल्ट सदा अपने पिता की बुराई ही देखता था। उसके अनुसार उसके पिता काफी तेज चलते थे और पैदल चलना पसन्द करते थे। इसीलिए यातायात के लिए वाहन का प्रयोग नहीं करते थे। इलियास सदा अपने सारे बिल समय पर जमा करता। कभी किसी का कोई उधार नहीं रखता था। यही वह अपने बच्चों से भी उम्मीद करता था। तब उसे क्या मालूम था कि समय बदल जायेगा और उसके बेटे आगे चलकर ऐसे काम करने वाले हैं जिसमें उधार ही काम की नींव होगी। बेटों का सारा व्यापार उधार पर ही चलता था और वह भी लाखों-करोड़ों में। वॉल्ट को अपनी मेहनत की कमाई पिता को सौंपनी कभी अच्छी नहीं लगती थी। एक बार उसे बीस डॉलर का नोट मिला जिसे उसने पिता को नहीं बताया। जब एक अन्य लड़के ने यह बात उसके पिता को बताने की बात कही तो वॉल्ट ने उसे धमकी दी। इस तरह के सब पिताओं की भाँति इलियास का भी तर्क था कि वह बच्चों की कमाई अपने पास रखता है क्योंकि वह यह रकम वक्त पर उनकी बेहतरी के लिए उपयोग करना चाहता है। वह उनकी आमदनी को सँभालकर रख सकता है। क्योंकि बच्चों को पैसे सही तरीके से खर्च करने की अक्ल नहीं है। रॉय भी अपने पिता की इस बात का समर्थक था। मगर वॉल्ट रॉय से भिन्न

था वह एक दूसरी मिट्टी का बना था। इलियास धर्म भीरु व्यक्ति था। मनोरंजन से दूर रहने वाला, कम खर्च में गुजारा करने वाला, अनुशासित, दूसरों को धिक्कारने वाला। अपने बच्चों में नैतिकता और धर्म का भय बिठाने वाला। इलियास इस तरह से सिद्ध करता रहता कि वह परिवार का मुखिया है। जिसकी प्रत्येक बात को परिवार के सारे सदस्यों को मानना है। वह खाने की टेबल पर प्रार्थना अवश्य करता। वैसे बाद में उसका चर्च जाना अनियमित हो गया था।

ऐसे पिता के संग बच्चों के सम्बन्ध को भली-भाँति समझा जा सकता है। बच्चे कभी उसके पास जा पाने की हिम्मत न करते। वह कभी बच्चों तक पहुँच न पाता। वॉल्ट ने सदा उसे पाषाण हृदय माना और कभी उनके नजदीक न गया। वह शायद ही कभी उससे बात करता। असल में पूरे परिवार में यह अनमनीयता थी। कोई झुकना नहीं चाहता था। सब एक-दूसरे से दूर-दूर रहते। इलियास का हाथ बच्चों पर खूब चलता था। जो हाथ में होता वह उसी का प्रयोग करता। वॉल्ट से उसकी खास खार थी। वह उसके सब कामों में नुक़्स निकालता। वॉल्ट को भी उसे चिढ़ाने में आनन्द आता। जब वे संग में काम रहे होते, जैसे कि घर की मरम्मत। वॉल्ट से कोई गलती होती तो वह तुरन्त आरी की चौड़ी तरफ या हथौड़े के हैण्डल से उसे मारता। बचपन में पिता की मार से बचने के लिए वह माँ की शरण में जाता और तभी बाहर आता जब पिता का गुस्सा ठण्डा हो चुका होता। लेकिन एक बार उसकी गुस्ताखी के लिए इलियास ने पिटाई के लिए उसे बेसमेन्ट में आने का आदेश दिया। बेसमेन्ट में होने वाली कार्यवाही को सोचते हुए रॉय ने वॉल्ट के नीचे जाने से पहले उसे सलाह दी थी कि वह मार से बचने की कोशिश करे। पिता का प्रतिरोध करे। वॉल्ट आज्ञाकारी था वह बेसमेन्ट में पहुँचा। पिता भी चीखता-चिल्लाता वहाँ आया और गुस्से में एक हथौड़ा उठाकर उसे मारने चला। वह भूल गया कि अब वॉल्ट बच्चा नहीं वरन् चौदह साल का जवान था। कुछ भाई की शह और कुछ मार के भय ने वॉल्ट में साहस भर दिया और उसने जो किया उससे दोनों के सम्बन्धों में आमूल-चूल परिवर्तन आ गया। इलियास को नाकामयाबी का एक और झटका लगा। वॉल्ट ने पिता का हाथ पकड़ा और हथौड़ा छीनकर फेंक दिया। पिता का क्रोध और बढ़ गया। उसने मारने के लिए दूसरा हाथ उठाया। वॉल्ट ने उसके दोनों हाथ पकड़कर उसे दीवाल से सटा दिया और दोनों हाथ पकड़े रहा। शारीरिक रूप से वॉल्ट मजबूत था। इलियास ने खुद को अवश पाया। विफल और कुण्ठित इलियास के पास रोने के अलावा कोई चारा न था। वह रोने लगा। वह अपने परिवार से भी हार गया था। परिवार पर उसका वर्चस्व समाप्त हो गया था। उसके बाद उसने कभी वॉल्ट पर हाथ नहीं उठाया।

इलियास को सब कामों में असफलता मिली। वह बड़ा दुर्भाग्यशाली व्यक्ति था। मगर एक जगह वह बहुत भाग्यशाली था। उसे फ्लोरा जैसी पत्नी मिली थी। समर्पित, शान्त, मेहनती, वह बच्चों के कपड़े खुद सीती, घर के लिए रजाइयाँ खुद तैयार करती, खाना बनाती, घर की देखभाल करती। बच्चों को पढ़ने के लिए उत्साहित करती, उनकी छोटी-मोटी गलतियों को अनदेखा करती। अपने गुस्से को काबू में रखती और पति के गुस्से को काबू में रखने, उसे शान्त करने का प्रयास करती रहती। घर के भीतर वह काम करती, साथ ही जब-तब पति के साथ बाहर भी काम करती। जब इलियास बढ़ईगीरी का काम कर रहा होता था वह उसके संग मिलकर कील-काँटी ठोंकने का काम कर रही होती थी। वही थी जो घर में होशियारी और नीति से शान्ति बनाये रखने की कोशिश करती। फ्लोरा पति को चिढ़ाकर कभी-कदा तंग भी करती थी और वक्त-जरूरत उससे सवाल-जवाब भी करती। उसमें आत्म-सम्मान, साहस था। वह दिल की साफ थी, अपने पति से कुछ नहीं छिपाती थी। इसीलिए वॉल्ट अपनी माँ को बहुत-सी बातें नहीं बताता था। क्योंकि वे बातें माँ के पेट में नहीं पचती तुरन्त पिता तक पहुँच जाती। माँ के इन्हीं गुणों और पिता के व्यवहार के कारण बच्चों की दृष्टि में फ्लोरा सन्त की तरह थी वे उसे बहुत प्यार करते और सदा उन्होंने उसे प्रेम और सम्मान के साथ स्मरण किया। यही माँ जिन परिस्थितियों में गुजरी तो उनके लिए वॉल्ट कभी भी खुद को सारी जिन्दगी माफ नहीं कर पाया। उसे सदा लगता रहा कि माँ की मौत उसकी गलती और लापरवाही से हुई।

इलियास डिज़्नी फॉर्म छोड़कर कैंसास सिटी आया। मगर यह एक सफल व्यक्ति का स्थान परिवर्तन न था। वह एक हारे हुए व्यक्ति के रूप में नये स्थान पर आया था। उसके मन में इसकी कचोट थी। शहर के जिस हंगामे से बचने के लिए उसने शिकागो छोड़ा था, कैंसास सिटी कहीं भी उससे कम न था। वह फिर उसी तरह के वातावरण में रहने को मजबूर था। जब वे लोग कैंसास सिटी आये तब वहाँ विकास की योजनाएँ जोर-शोर से लागू हो रही थीं। चालीस मिलियन डॉलर का प्लान सड़कों के लिए था। ट्रेन ट्रैक बिछ रहे थे। आबादी तेजी से दोगुनी हो रही थी। शहर सुन्दर नहीं था मगर प्यारा था। नौ-साढ़े नौ वर्ष के वॉल्ट के लिए यह एक बहुत बड़ा परिवर्तन था। उसकी संवेदनाओं के लिए एक बड़ा झटका था। कहाँ प्रकृति की गोद में फॉर्म और कहाँ शहर की गहमागहमी।

इलियास बेहतर जीवन की तलाश में था। मगर इस बार का स्थान परिवर्तन ढलान की ओर जाने वाला साबित हुआ। फॉर्म वाले घर पर वे अपनी मर्जी के मालिक थे। आस-पड़ोस सभ्य और सम्मानित था। यहाँ वे वर्कर्स के इलाके में आकर बसे। घर फिर वही छोटा था। इस बार जब रिश्तेदार आते तो वॉल्ट और

रॉय को पीछे अनाज के कोठार में सोना पड़ता। घर सड़क से इतना सटा हुआ था कि परदे खींचकर रखने पड़ते ताकि सड़क चलते लोग घर में न झाँक लें। कहाँ उनके पास बेहतर बाग थे और कहाँ अब मात्र एक छोटा-सा किचन गार्डन। बच्चों के लिए घर के पास का फेयरमाउण्ट अम्यूजमेण्ट पार्क सकून था। मगर वे उसमें नहीं जा सकते थे। सो रूथ और वॉल्ट गेट के बाहर खड़े होकर हसरत से उसे देखा करते। घर और बाग कमतर हो गया। जीवनयापन के तरीके में भी कमतरी हो गयी। कहाँ इलियास किसान था। किसान संगठन की नींव रखने वाला था और कहाँ अब डायरेक्टरी में उसका काम एक क्लर्क की सूची में था। हाँ, इस नये स्थान में उसने इसी रूप में खुद को पंजीकृत कराया था। इलियास शादी के पहले और बाद में भी कुछ समय तक डाक बाँटने का काम कर रहा था। इस बार उसने इसी से मिलता-जुलता काम, अखबार बाँटने का काम चुना। उसने एक खास इलाके में अखबार सप्लाई का काम खरीद लिया था। यह काम होता कुछ ही घण्टों के लिए था, लेकिन इलियास ने उसमें पूरा परिवार झोंक दिया। बच्चे, पत्नी सब उसी में लगे रहने लगे। फिर भी परिवार की आर्थिक स्थिति बेहतर हुई कहना मुश्किल था।

उसके करीब 650 ग्राहक थे और प्रति ग्राहक उसे तीन डॉलर मिलता था। कारण पता नहीं शर्म थी या व्यापारिक फायदा उसने इस काम का रजिस्ट्रेशन अपने नाम से नहीं कराया था। रॉय अब अट्ठारह साल का हो चुका था। रिकॉर्ड में मालिक के रूप में उसी का नाम दर्ज था। जबकि आमदनी सारी इलियास खुद रखता था। तर्क वही पुराने थे। दो बेटों के घर छोड़ने से वह टूटा भले ही पर उसने कोई सबक नहीं सीखा था। रिकॉर्ड में रॉय को पैसे मिलते असल में उसके हाथ पर जेब खर्च के नाम पर पिता नाम मात्र की राशि रखता। वॉल्ट को भी कुछ रकम मिलती थी ऐसा रॉय का कहना था। लेकिन स्वयं वॉल्ट के अनुसार इस मेहनती काम के लिए पिता उसे कुछ नहीं देता था। हाँ, उसने अपनी कमाई के कुछ जरिये खुद ढूँढ निकाले थे।

अखबार बाँटने के लिए यह खासा आकर्षक इलाका था। उनके अपने इलाके के पड़ोस में ही बीस स्कॉयर ब्लॉक। **'कैंसास सिटी स्टार'** काफी लोकप्रिय पेपर था और इलाका समृद्ध था। अतः तकरीबन सब लोग पेपर लेते थे। जो नहीं लेते उनका नाम खासतौर पर लिया जाता था। कैंसास सिटी स्टार अखबार के सम्पादकीय का झुकाव रिपब्लिकन पार्टी की ओर था जिनकी संख्या इस इलाके में काफी थी। मात्र कुछ लोग डेमोक्रेट थे, जिन्हें यह अखबार नापसन्द था। सुबह और शाम, अखबार का दोनों संस्करण मिलता था और प्रत्येक ग्राहक सुबह के टाइम्स और शाम के स्टार मिलाकर तेरह संस्करण के लिए प्रति सप्ताह पैंतालीस सेण्ट देता।

जिसमें से इलियास इक्कीस सेण्ट यानी करीब इकत्तीस डॉलर प्रति सप्ताह रख लेता। रॉय को इसके लिए मात्र तीन डॉलर मिलते थे।

यह उनकी कमाई का जरिया था। अतः जब बाद में वे लोग वर्किंग क्लास का इलाका छोड़कर बँगले में आ गये तब भी उन्होंने ध्यान रखा कि घर इसी इलाके के आस-पास लिया जाये। 1914 में वे एक शान्त इलाके के दोमंजिले घर में बस गये। पूरे परिवार की दिनचर्या अखबार बाँटने के हिसाब से चलती। अखबार के बाकी डीलर्स अखबार बाँटने के लिए घोड़ा या वैगन का प्रयोग करते, मगर इलियास के स्वभाव को देखते हुए यह सोचा भी नहीं जा सकता था। उसने घोड़ा या वैगन न खरीदकर हाथ से ढकेलने वाली गाड़ी का इन्तजाम इस काम के लिए किया। हाँ, गाड़ी का आकार-प्रकार अवश्य रोमन रथों की तरह था। प्रत्येक सुबह, कभी-कभी करीब साढ़े तीन बजे रात को इलियास, रॉय और वॉल्ट तीनों गाड़ियाँ लिये हुए पेपर लेने अड्डे पर पहुँच जाते। अखबार ठेले में लादते और अपने ग्राहकों के इलाके सान्ता फे में आते और अखबार बाँटना शुरू करते। अखबार का रविवार संस्करण चूँकि भारी-भरकम होता उन्हें अखबार लाने के लिए एक से ज्यादा चक्कर लगाने पड़ते। यह भी एक कारण था कि बाप-बेटों का रविवार को चर्च जाना रुक गया। सबसे पहले पेट पूजा तब कोई काम दूजा। हाँ, रविवार को रूथ का चर्च जाना अवश्य जारी रहा।

नन्हे वॉल्ट को शुरू में अखबार बाँटने के काम में बहुत मजा आया। लेकिन नौ-साढ़े नौ साल के बच्चे के लिए जल्द ही यह काम बोझिल, उबाऊ और कष्टकर हो गया। वॉल्ट इस राह के पगहे में बँधकर कब तक रहता? रोज सुबह जल्दी उठना। अँधेरे में पचास पेपर लाना और उन्हें घर-घर में बाँटना। एक साल उसने यह काम किसी तरह पैदल ही किया, मगर वह वॉल्ट था दूसरे साल उसने अपने कंजूस पिता से साइकिल के लिए हाँ करवा ही ली। फिर साइकिल पर सवार होकर वह अखबार बाँटने लगा। साढ़े पाँच-छः बजे घर लौटकर वॉल्ट एक झपकी लेता और फिर उठकर नाश्ता करता। चूँकि उसे इस काम के लिए पिता से कोई रकम नहीं मिलती थी उसने अखबार के साथ-साथ उसी रास्ते पर पड़ने वाली दवा की एक दुकान पर दवाई पहुँचाने का काम भी हाथ में ले लिया। वॉल्ट में प्रारम्भ से ही कुछ कर गुजरने की तीव्र ललक थी। उसे नये-नये विचार सूझते रहते। उसमें नये-नये उपक्रम करते रहने की जन्मजात प्रतिभा थी। उसने पिता से कहा, क्यों न उसे पचास और पेपर बाँटने दिए जायें? यह वह एक ट्रॉली वाले को थोक में दे देगा और उससे हुई कमाई उसकी अपनी होगी। और जल्द ही उसने ट्रॉली खुद सँभाल ली। जब ट्रॉली के पेपर बेच लेता तब वह स्कूल के लिए चल पड़ता। उस समय बाल मजदूरी के विरोध का कोई कानून न था और पेपर बाँटना कोई

जोखिम का काम नहीं है। इसके साथ ही वह स्कूल जा ही रहा था।

मगर क्या स्कूल में वह पूरे समय पढ़ पा रहा था? क्या स्कूल का पूरा लाभ (यदि पूरा जैसा कुछ लाभ होता है) मिल पा रहा था? वह कभी भी स्कूल में पूरे दिन के लिए उपस्थित न रह पाया, क्योंकि शाम के अखबार लेने के लिए प्रत्येक दिन स्कूल समाप्त होने से आधा घण्टा पहले स्कूल से चल देना पड़ता था। और फिर शाम को वही चक्कर शुरू हो जाता। हर शनिवार को उसके जिम्मे अखबार बाँटने के अलावा हर ग्राहक की राशि जमा करना भी था। और रविवार को दोगुने चक्कर लगाने ही थे। शुरू-शुरू में बालक वॉल्ट को यह देखकर बहुत मजा आता कि जब भोर में वह अखबार बाँट रहा होता कोई एक-एक करके सड़क किनारे के लैम्पपोस्ट की बत्तियाँ बुझा रहा होता। और फिर शाम को जब वह अखबार बाँटता तब एक-एक करके बत्तियाँ जलाई जा रही होतीं। मगर कितने दिन यह आकर्षण बना रहता। शीघ्र ही सारा व्यापार एक बोझ लगने लगा। इलियास की उम्र देखते हुए स्टार वालों ने उसे बहुत आनाकानी के साथ यह काम दिया था और इलियास उन्हें शिकायत का कोई मौका नहीं देना चाहता था। अतः वह इस बात की सख्त ताकीद करता कि अखबार पोर्च में फेंक न दिया जाये बल्कि उसे किसी ईंट के नीचे दबाकर छोड़ा जाये या फिर सर्दियों में दरवाजे के पीछे डाला जाये ताकि अखबार हवा में न उड़ जाये। नतीजन वॉल्ट को हर घर के भीतर तक जाना पड़ता। सड़क से फेंकने में खतरा था। इतना ही नहीं यदि कभी किसी ग्राहक को अखबार किसी कारण से न मिलता, इलियास वॉल्ट को अखबार देने के लिए दोबारा भेजता।

कुछ दिनों के बाद जब रॉय ने हाईस्कूल पास कर लिया और एक बैंक में क्लर्क हो गया तब वॉल्ट के लिए स्थिति और खराब हो गयी। अब वॉल्ट को अपने साथ-साथ अपने भाई रॉय के जिम्मे के अखबार भी बाँटने पड़ते। वैसे इलियास ने काम की अधिकता को देखते हुए कई बार बाहर से भी लड़कों को काम पर रखा। मगर इलियास की उनसे कभी न पटी।

इलियास जो दूसरों के काम में नुक़्स निकालने में पटु था, काम पर रखे इन लड़कों पर भरोसा न कर सका। कभी वे भी भरोसे लायक न निकलते। और जब ये लड़के किसी ग्राहक को अखबार बाँटते हुए छोड़ देते तो वॉल्ट को ही उसकी भरपाई करनी होती। इसी समय वॉल्ट ने अपने पिता से साइकिल की सौदेबाजी कर ली। वह सौदेबाजी में शुरू से कुशल था और उसने अपने जीवन में सदैव सौदेबाजी की जिसमें शायद ही कभी उसे घाटा हुआ था।

सर्दियों में यह काम बच्चे के लिए और भी कष्टकर हो जाता, मगर उपाय क्या था? रोते-झींकते उसे यह काम करना ही पड़ता। सर्दियों में उसे ठण्ड और

बर्फ के बीच अखबार बाँटने होते। अक्सर बर्फ पर फिसलते, गिरते पड़ते। पाला की मार झेलते हुए। तुषार में रोते हुए न जाने उसने कितनी सुबह-शाम काटी होंगी। कभी-कभी बर्फ उसके कन्धे तक होती और उसे उसमें से कठिनाई से गुजरना होता। कभी-कभी ऐसा भी होता कि बालक सर्दी और थकान से परेशान अपने अखबार के बण्डल के बीच सो जाता। कभी जहाँ अखबार देने जाता वहाँ का गरमाहट भरा बरामदा उसे सोने के लिए बुला लेता। जब खुद नींद खुलती या ग्राहक जगाता तो वह देखता कि दिन निकल चुका है और हड़बड़ाकर वह पेपर बाँटने का काम पूरा करता। माता-पिता का व्यवहार ही बच्चों को छिपाकर काम करने के लिए उकसाता है। वॉल्ट अपनी शक्ति से ज्यादा काम कर रहा था इस उम्मीद में कि वह कुछ पैसे अपने लिए बना सके पर इलियास तो इलियास था। वह ट्रॉली पर अलग से बेचे जा रहे पेपर के पैसे भी अपने पास रखने लगा और तो और दवा पहुँचाकर वॉल्ट जो अतिरिक्त मेहनत और आय करता उसे भी पिता हथिया लेता। मजबूरन स्कूल की खाने की छुट्टी में वॉल्ट बच्चों के लिए मिठाई बेचने लगा और यह आमदनी पिता से छुपाकर की जा रही थी।

इस कमरतोड़ मेहनत का नतीजा हुआ बच्चे वॉल्ट को खेलने का कोई समय न मिलता और वह कभी ढंग से गेंद पकड़ना न सीख सका। लेकिन बच्चा तो बच्चा होता है। खिलौने देखते ही उसका मन ललच जाता और वह उनसे खेलने लगता। वह जिन घरों के बरामदे में पेपर रखने जाता यदि घर के बच्चे का कोई खिलौना वहाँ बाहर पड़ा होता तो वॉल्ट उससे कुछ देर अवश्य खेलता, फिर उसे वहीं ज्यों-का-त्यों रखकर अगले घर अखबार देने चल पड़ता। एक बार क्रिसमस पर मिले नये जूतों की मस्ती में उसने सुबह-सुबह बर्फ के एक लौंदे में पैर से टक्कर मारी और दर्द से बिलबिला उठा। असल में बर्फ के उस गोले में कील दबी हुई थी जो वॉल्ट के पैर में गड़ गयी। वह सहायता के लिए चिल्लाता रहा पर सर्दियों में उतनी सुबह कौन आता उसकी सहायता को। करीब बीस मिनट बाद कोई वहाँ से गुजरा जिसने बर्फ तोड़कर हटाई, बच्चे को डॉक्टर के पास ले गया। वहाँ डॉक्टर ने प्लायर्स से खींचकर कील निकाली और वॉल्ट को टिटनेस की सुई लगायी। इस दुर्घटना के चलते उसे 1916 में दो सप्ताह अखबार बेचने से राहत मिली। वॉल्ट को इस दौरान इतने कम समय इस खटनी से बचने का मौका मिला कि उसके पास इस समय का पूरा लेखा-जोखा था। छः वर्ष के इस कठिन समय में कुल पाँच सप्ताह उसे इस काम से छुट्टी मिली। दो सप्ताह पैर में कील लगने से, दो सप्ताह भयंकर सर्दी के चलते और एक सप्ताह जब वे लोग 1913 में कैंसास के ही हैयवथा में छुट्टी मनाने उसकी ऑण्टी जोसी के घर गये। शायद यह सपरिवार उनकी पहली छुट्टी थी।

पैर की चोट से जब वह उबर रहा था तब वह घर में लेटा आराम नहीं कर रहा था। वरन् पिता के साथ अपने घर का विस्तार कर रहा था। वह इलियास के साथ मिलकर आउट हाउस के स्थान पर एक नया किचेन, एक नया बाथरूम, एक नया बेडरूम बना रहा था। डिकेंस ने जिस बाल शोषण का चित्रण किया है, वह यहाँ पूर्णतः साकार हो रहा था। इन सारे अनुभवों की उसके मन-मस्तिष्क पर अमिट छाप पड़ी। ये उसके दुःस्वप्न बन गये। दशकों बाद भी वॉल्ट नींद से अचानक चौंक कर जाग बैठता यह सोचते हुए पसीने-पसीने हो जाता कि उसने किसी ग्राहक का घर छोड़ दिया है। वहाँ पेपर नहीं पहुँचा है। हाँ कई बार वह यह भी कहता कि इससे उसने समय का सदुपयोग करना सीख लिया जो उसके जीवन में बड़ा फायदेमन्द साबित हुआ।

दिन पर दिन इलियास चिड़चिड़ा होता जा रहा था। उसका गुस्सा करने का स्वभाव बद से बदतर होता जा रहा था। खासकर वॉल्ट से उसकी बिल्कुल न पटती। और वॉल्ट था कि उसे तंग करने का कोई अवसर न छोड़ता। वॉल्ट स्वभाव से भी खिलवाड़ी था। उसे लोगों को प्रेम से तंग करने में, मसखरी करने में मजा आता। जबकि इलियास को मजाक समझने में भी वक्त लगता था। बेटा जितना फुर्तीला था बाप उतना ही धीमा और सुस्त। यदि वह जन्मजात मसखरा न होता तो क्या ऐनीमेशन का बादशाह हो सकता था? कार्टून का सृजन कर सकता था? जहाँ पिता फूँक-फूँककर कदम रखने वाला था वहीं बेटा अपनी धुन का पक्का था। साधन हों या न हों एक बार जो ठान लेता उसे करने में बिना आगा-पीछा सोचे जुट जाता। पिता सदा मुँह लटकाये रहने वाला, चिन्ता की मूर्ति था तो बेटा सदा उत्साह से छलकता रहता। वॉल्ट लोगों को अपने व्यवहार से लुभाना जानता था। वह सबके जन्मदिन और अन्य महत्त्वपूर्ण तिथियाँ याद रखता और सबके लिए उपहार लाता। वह जिससे भी बात करता उस पर ऐसा प्रभाव डालता मानो वह सामने वाले में सच में बहुत रुचि ले रहा है। यदि पिता ने जानबूझकर उदास छवि निर्मित की थी तो बेटे ने अपनी उत्साही, खुशनुमा छवि गढ़ने में कोई कसर न छोड़ी थी। पहले वह पिता से बहस करता था और अपने तर्कों से उसे हरा देता था। मगर यह बहुत दिन न चला। इलियास पर वॉल्ट की तुर्की ब तुर्की जवाब देने की कला बहुत दिनों तक जादू न चला सकी। उन दोनों में बातचीत करीब-करीब बन्द हो गयी। इलियास में बेटे के तर्क सुनने का धैर्य न था।

वॉल्ट को जो संरक्षण, सहारा अपने पिता से मिलना चाहिए था वह उसे कभी न मिला। मगर वह भाग्यशाली था। पिता की भूमिका की पूर्ति काफी हद तक उसके बड़े भाई रॉय ने पूरी की। रॉय वॉल्ट से आठ साल बड़ा था। उम्र के इस फासले के कारण दोनों में दोस्ती होने का प्रश्न न उठता था। पर रॉय के रूप

में उसे अपना संरक्षक प्राप्त हुआ। जिन्दगी भर रॉय डिज़्नी अपने छोटे भाई की ढाल बना रहा। इस कवच ने आगे चलकर वॉल्ट को सदैव आर्थिक चिन्ताओं से मुक्त रखा। शायद पिता की बच्चों के प्रति बेरुखी का नतीजा था कि रॉय ने अपने छोटे भाई और बहन के प्रति कोमल भावनाएँ अनुभव की और उनके लिए सदा अभिभावकत्व का भाव रखा। वह बैंक से हुई अपनी कमाई से उनके लिए खिलौने लाता। उनके लिए मिठाइयाँ लाता और जब-तब घोषणा करता कि वे लोग सिनेमा देखने जा रहे हैं। जब भी समय मिलता वह उसके संग तरह-तरह के खेल खेलता। यह रॉय ही था जिसने वॉल्ट को पिता की मार से बचने के लिए प्रतिरोध की बात सुझाई थी। जब किसी ने पूछा कि वह वॉल्ट के प्रति इतना संरक्षण का भाव क्यों रखता है? तो उसे इसका सही कारण ज्ञात न था पर उसे सदा लगता था कि कई मामलों में वॉल्ट बहुत बेचारा है, उसे किसी की देखभाल की जरूरत है। यदि वह उसकी ढाल न बनता तो लोग वॉल्ट को लूट ले गये होते। वह सोचता था कि वॉल्ट के पास कॉमनसेंस नहीं है। वैसे यह प्रेम और सहायता एकतरफा न थी। दोनों को एक-दूसरे की आवश्यकता थी। रॉय अकेले वह सब अपने दम पर कभी न प्राप्त कर पाता जो उसने जीवन में हासिल किया था।

नाटकबाजी करने, मजमा जुटाने, लोगों का ध्यान आकर्षित करके प्रशंसा लूटने में वॉल्ट शुरू से माहिर था। वॉल्ट फिफर का पिता शो बिजनेस में था। वह दोनों लड़कों का निर्देशन करता, उनसे रिहर्सल्स करवाता जिसका नतीजा यह हुआ कि वे स्थानीय एग्नेस थियेटर में प्रतियोगिता के लिए जाने लगे। इतना ही नहीं प्रतियोगिता जीतने भी लगे। सब बच्चे इलियास से डरते थे पड़ोसियों के भी अतः वॉल्ट इन अभ्यासों के लिए चुपचाप आया करता। कभी वे **'डच'** एक्ट करते। हैंस और माइक बनते। वॉल्ट डिज़्नी अपने पिता का चर्च के दिनों का पुराना कोट पहनता और वॉल्ट फिफर अपने पिता के जमा किये हुए तरह-तरह के बैज और मेडल से अपनी जैकेट सजाता। वे गाना गाते और मजाक करते, चुटकुले सुनाते। परन्तु बाद में वे चार्ली चैप्लिन के मुरीद हो गये। उन दिनों चार्ली की ख्याति बुलन्दी पर थी। दोनों लड़के कई-कई बार उसकी फिल्में देखते और उसकी तकनीकि की बखिया उधेड़ते, उसका रेशा-रेशा खोलकर उसे समझने और अपनाने का प्रयास करते। अब वॉल्ट डिज़्नी चार्ली चैप्लिन की भूमिका करने लगा और वह यह काफी कुशलता के साथ करता। उसने चार्ली का सिगनेचर गेस्चर, अपने पीछे सिगरेट उछलने वाला काम सफलतापूर्वक अपना लिया था। वॉल्ट फिफर काउण्ट बनता। वह दौर ऐसा था जब बहुत सारे बच्चे चार्ली की नकल कर रहे थे। मगर दोनों वॉल्ट को सबसे ज्यादा वाहवाही मिलती क्योंकि वे बहुत छोटे थे और बहुत अच्छा अभिनय करते थे। दोनों की जोड़ी एक टीम

की तरह काम करती थी। टीम में काम करना और टीम से काम लेना वॉल्ट डिज़्नी की एक और विशेषता थी।

पूत के पाँव पालने में ही दिख जाते हैं। वॉल्ट को शो बिजनेस में जाना था और शुरू से वह यही कर रहा था। एक दिन जब वह पाँचवीं कक्षा में था एक विचित्र वेशभूषा में स्कूल पहुँचा। उसने कार्डबोर्ड से स्टोवपाइप हैट बनाया उसे जूते की पॉलिश से काला रंगा अपने गाल पर एक मस्सा बनाया और बन गया एब्राहम लिंकन। वह इसी भूमिका में स्कूल गया। और तो और उसने लिंकन के गेटिसबर्ग के प्रसिद्ध भाषण की पंक्तियाँ भी कण्ठस्थ कर रखी थीं और लगा सुनाने। कुछ विशेष स्थानों पर आँख दबा कर। उसकी टीचर इतनी खुश हुई कि उसने घोषणा कर दी कि वह एक दिन बहुत बड़ा अभिनेता बनेगा। टीचर अपने छात्र के कारनामे से इतनी ज्यादा उत्तेजित हो गयी कि उसने प्रिंसिपल को बुलाया। दिखाया। और पूरे स्कूल में हरेक क्लासरूम में डिज़्नी को गर्व के साथ घुमाया। वॉल्ट को भला और क्या चाहिए था? स्वयं उसके शब्दों में वह लोगों का ध्यान आकर्षित करने के लिए कुछ भी कर सकता था। और ये दोनों बुरे लड़के (वे स्वयं को दो बुरे वॉल्टर्स कहा करते थे) स्कूल में लगातार अभिनय करने लगे। वॉल्ट डिज़्नी को तालियों की गड़गड़ाहट का चस्का लग गया था। वह अपने अभिनय की कुशलता, धुन और प्रेम में फँस चुका था। पहले वह अपनी चित्रकला पर मुग्ध और उसी में चिपका हुआ था अब अभिनय में लग गया था। उसके मुँह में प्रशंसा का स्वाद लग चुका था। अब वह इसके बिना नहीं रह सकता था। उसे अभिनय अच्छा लग रहा था। तालियाँ भा रही थीं। पुरस्कार जँच रहे थे। अभिनय के लिए किया गया रंग-रोगन, उसकी खुशबू उसकी साँसों में बस रही थी। उसे यह सब इतना रुचिकर लग रहा था कि उसने अभिनय को अपना पेशा बनाने की सोच डाली। मनोरंजन की दुनिया को उसने अपनी दुनिया बनाने की ठानी। वैसे अभी वह मात्र पाँचवीं कक्षा में था।

इस उत्साही बालक को इतनी ज्यादा मेहनत करनी पड़ रही थी कि उसका असर दीखना ही था। उसकी एक टीचर के अनुसार वह बहुत तमीज वाला था लेकिन क्लास में सोया-सोया भी रहता था। एक अन्य टीचर के अनुसार पढ़ाई में शायद ही कभी रुचि लेने वाला वॉल्ट सदा खोया-खोया रहता। एक और टीचर ने इस प्रतिभाशाली बच्चे को 'डमेस्ट' की पदवी दे रखी थी। कैंसास आने पर भी स्कूल में उसे रूथ के साथ ही भर्ती कराया गया और उसी समय कैंसास की स्कूल पद्धति में उलटफेर होने के कारण उसे एक साल दोबारा कक्षा दो में रहना पड़ा। नतीजन वह अपनी क्लास के लड़कों से उम्र में बड़ा था। यह बात बच्चे को अवश्य चुभती होगी अपनी झेंप मिटाने के लिए भी वह तरह-तरह की हरकतें करता होगा। और जब उसकी हरकतों से अन्य छात्रों का मनोरंजन होता होगा तो वह और शरारतें

करता होगा। स्वयं उसके अनुसार वह बहुत सृजनात्मक था इसीलिए दिवा-स्वप्न देखा करता था। उसका शरीर क्लास में होता, मगर मन-मस्तिष्क कहीं और उड़ा करता। वह लगातार चीजों की कल्पना किया करता। यह आप पर निर्भर करता है कि बच्चे को आप किस नजरिये से देखते हैं। एक कल्पनाशील व्यक्ति के रूप में या फिर कक्षा के नीरस थ्री आर्स (लिखना, पढ़ना और गणित) में रुचि न लेने वाला।

वैसे वॉल्ट लोगों का ध्यान आकर्षित करने के लिए कुछ भी करने को तैयार रहता। एक बार वह खेत से एक चूहा पकड़ लाया। उसे एक धागे से बाँधा और लेकर पहुँच गया क्लास में। बच्चे चीखने-चिल्लाने लगे टीचर ने दोषी वॉल्ट के गाल पर चाँटा लगाया। बरसों बाद वॉल्ट ने उस टीचर को लिखा कि उसने उसके मारने का बुरा नहीं माना था बल्कि इसलिए वह उसे और ज्यादा प्यार करता है। वह सदैव दूसरों से हटकर कुछ करता ताकि लोग उस पर ध्यान दें, उसे देखें, उसकी बात करें। जब कक्षा सात में सब लड़कों ने मैनुअल आर्ट्स लिया उसने जानबूझकर डोमेस्टिक साइंस चुना। वह अपना नीला काम वाला बैग लिये लड़कियों के साथ इस विषय की पढ़ाई के लिये जाता। औरों को यह विचित्र लगा यहाँ तक कि वॉल्ट फिफर को भी यह अनोखा लगा। उसके अनुसार वह दिखाता था कि वह सामान्य से अलग था, हटकर था। वॉल्ट डिज़्नी को इसमें कुछ विचित्र न लगता यह लड़कियों की क्लास में अकेला लड़का होने का आनन्द उठाता और घर आकर विस्तार से सबको वहाँ हुए किस्से सुनाता और मजे करता।

घर के दमघोंटू वातावरण की तुलना में स्कूल की वातावरण शर्तिया कहीं ज्यादा रंगीन और आकर्षक था। वॉल्ट यारबाश आदमी था उसे अपने आस-पास लोग चाहिए होते थे, लोग जो उस पर ध्यान दें, उसकी प्रशंसा करें वह उनके आकर्षण का केन्द्र बना रहे और स्कूल में यह भरपूर हो रहा था। मार्सेलाइन छोड़ने के बाद उसे स्कूल में ही समूह अनुभूति हुई। यहाँ उसे फिर से बिलाँगनेस मिली। इसीलिए वह बेंटन स्कूल के अनुभवों को अन्त तक बहुत प्रेम के साथ स्मरण करता रहा। इतना ही नहीं उसने वहाँ के टीचर, प्रिंसिपल और कई छात्रों से पत्र-व्यवहार बनाये रखा। उसके इस स्कूल से जुड़े अनुभव पढ़ाई-लिखाई के नहीं वरन् वहाँ प्राप्त हुए प्रेम-भाव और वहाँ मिली ऊष्मा के थे। वह बहुत प्रेम से वहाँ के प्रिंसिपल जेम्स कॉटिंघम को याद करता जो कक्षाओं में यूँ ही चले आते और आते ही बच्चों को पाठ रोककर कहानियाँ सुनाने लगते। क्यों न याद करता उन्हें प्रेम के साथ? उन्होंने ही उसे प्रत्येक क्लास में घुमाकर लड़कों का हीरो बनाया था जब वह लिंकन की ड्रेस पहनकर स्कूल गया था। वे ही थे जिसने 1917 में सातवीं क्लास पास करने पर सर्टिफिकेट देते हुए उसकी भूरि-भूरि प्रशंसा की थी। बेंटन स्कूल केवल क्लास

सात तक था और जब बच्चे सातवीं पास करते तो प्रिंसिपल के हाथों उन्हें सर्टिफिकेट मिलता और इस अवसर पर न केवल उन्होंने वॉल्ट को सर्टिफिकेट दिया वरन् घोषणा की कि अगर आप चाहते हैं तो यह आपकी ड्राइंग बना सकता है। उसने एक कॉमिक करेक्टर बनाया था। उन्होंने उसकी ड्राइंग की प्रतिभा से प्रसन्न होकर उसे सात डॉलर का नगद उपहार भी दिया। वॉल्ट के लिए जिन्दगी में उसने जो भी कमाया था उसमें उसे इस कमाई पर सर्वाधिक गर्व था।

बेंटन स्कूल के कई लोगों के साथ अपने अन्तिम समय तक वॉल्ट ने पत्राचार बनाये रखा। मिस डैजी बेक उनमें से एक थी। इसी टीचर ने क्लास में चूहा लाने पर उसे थप्पड़ मारा था और बाद में वॉल्ट ने उसे लिखा था कि वह इस बात के लिए उसका ऋणी है। उसे उनसे कोई खुन्नस नहीं है। डैजी बेक उसका खास ख्याल रखती। अखबार के काम के कारण वॉल्ट को रोज स्कूल समय से पहले छोड़ देना पड़ता, वह अन्य बच्चों की तरह स्कूल के बाद होने वाले क्रियाकलापों में भी भाग नहीं ले पाता था। डैजी बेक एक बार बच्चों को स्कूल चैम्पियनशिप ट्रैक टीम के लिए तैयार करा रही थीं जिसके अभ्यास स्कूल के बाद होते थे। वॉल्ट की सुविधा के लिए उसने खाने की छुट्टी के समय उससे अभ्यास करवाया। और कुछ ऐसा संयोग हुआ कि वे लोग जीत गये। वॉल्ट जो कि कभी भी एथलीट नहीं था उसके लिए यह जीवन की बहुत बड़ी सफलता थी जिसमें वह डैजी बेक का सहयोग मानता था। उसे लगता कि डैजी बेक में असीम धैर्य, समझदारी और विश्वास था। जब भी बेंटन स्कूल की बात चलती वह इन बातों का बड़े गर्व और प्रेम के साथ जिक्र करता।

बेंटन स्कूल में उसके भविष्य की नींव पड़ चुकी थी। वैसे अपने पेशे के निर्णय करने में एक सामान्य व्यक्ति की तरह उसे काफी समय लगा। उसने कई बार कई पेशों को लेकर सोचा कि यही उसकी जिन्दगी होगी पर कुछ दिनों में उसका यह विचार बदल जाता और वह एक नये पेशे के विषय में सोचने लगता। बेंटन स्कूल में उसकी पहचान एक कलाकार, एक चित्रकार के रूप में होने लगी थी। उसने अपनी बहन की ग्रेजुएशन बुक में प्रसिद्ध चित्रकार चार्ल्स डाना गिबसन की शैली पर दो लड़कियों के चित्र बनाये, बड़े रिम वाले हैट के साथ। उसने अखबार बाँटने, फिफर के साथ अभिनय करने और स्कूल के साथ रेखाचित्र बनाना निरन्तर जारी रखा। जब क्लास में शिक्षक पढ़ा रहे होते वह किताब से छिपाकर ड्राइंग कर रहा होता। वह घण्टों अपनी किताबों की मार्जिन पर रेखाचित्र बनाता बाद में उन्हें फरफराकर चलती-फिरती तस्वीरों के रूप में प्रदर्शित करके अपने साथियों का मनोरंजन करता। वह श्यामपट पर चॉक से थियोडोर रूजवेल्ट को हू-ब-हू साकार कर देता। एक टीचर को याद है कि उसने एक दिन ड्राइंग क्लास में एक चित्र

बनाया और उसे जीवन्त कर दिया। डैजी बेक द्वारा उत्साहित होकर उसने स्कूल में होने वाले कार्यक्रमों के पोस्टर तैयार किये। वह एगनेस थियेटर के लिए ग्लास स्लाइड्स पर कार्टून विज्ञापन बनाने लगा। स्कूल के बाद जब सब लड़के बॉस्केट बॉल खेलते वह अखबार बाँटता और उसके बाद फिफर तथा एकाध और लड़के जो रेखांकन में रुचि रखते थे उनके संग मिलकर पत्थरों की दीवाल पर चित्रकारी करता। जब नजदीक के लड़कों ने एक क्लब हाउस बनाया तो वॉल्ट ने उसे अपनी डिजाइन से सजाया। घर में भी वह ड्राइंग करता रहता। जब कुछ न मिलता तो पिता के लिए आयी हुई 'अपील टू रीजन' के मुख पृष्ठ पर बने कार्टून की नकल करता।

उन दिनों लड़कों का ड्राइंग करना सामाजिक रूप से बहुत प्रतिष्ठा का काम नहीं माना जाता था। यह लड़कियों के योग्य कला थी लेकिन बिना सामाजिक नुक्ताचीनी के वॉल्ट लगातार ड्राइंग कर रहा था। वह अपनी उम्र से कहीं ज्यादा अच्छी ड्राइंग्स बना रहा था। उसने ड्राइंग में खुद को इतना खपा दिया कि बेंटन स्कूल में यह उसकी पहचान बन गयी। जब उसका उल्लेख होता लोग कहते, 'वह ड्राइंग करने वाला लड़का'। सात क्लास के साथी सोचते वह अवश्य जीनियस है, असल का कलाकार। जब किसी ने एक दिन कहा कि वॉल्ट एक रेखाचित्र नहीं बना पाया तो उनमें लड़ाई हो गयी ऐसा कैसे हो सकता है कि वह ड्राइंग न कर सके। उसकी इस क्लास के साथी याद करते हैं कि वह सारे दिन केवल ड्राइंग करता था। उसकी प्रतिभा की धाक स्कूल के बाहर भी फैल रही थी। घर के नजदीक, अखबार बाँटने के रास्ते पर एक नाई की दुकान पड़ती थी वह वहाँ जब-तब समय काटने के लिए रहता। वहाँ भी उसने अपनी चित्रकला के नमूने उकेरने शुरू कर दिये। उसके कार्टून से प्रभावित होकर दुकान के मालिक बर्ट हडसन ने उसके बाल मुफ्त में काटने शुरू कर दिये और जब वॉल्ट को बाल कटवाने की जरूरत न होती वह उसके बनाये कार्टून के एवज में उसे नगद पैसे देने लगा। दस या पन्द्रह सेण्ट। इस तरह उसने अपनी कमाई का एक और जरिया निकाल लिया। इससे भी ज्यादा महत्त्वपूर्ण बात हुई हडसन ने उसके काम का प्रदर्शन किया। इस बात से वॉल्ट को वैसी ही खुशी और प्रेरणा मिली जैसी कि तब मिली थी जब डॉक्टर शेरवुड ने अपने घोड़े रूपर्ट की तस्वीर उससे बनवाई तथा उसे मढ़कर टाँगा था। हडसन वॉल्ट के बनाये कार्टून्स को अपनी खिड़की में बड़े गर्व से टाँगता और आते-जाते लोगों को दिखाता। लोग इनकी प्रशंसा करते वॉल्ट को कमाई के साथ-साथ प्रशंसा भी मिलने लगी। वह सदा से प्रशंसा का भूखा था। तीस साल बाद भी वह इन बातों को भूला नहीं था उसने हडसन को लिखा कि कैसे वह इन साप्ताहिक या मासिक प्रदर्शनियों का उत्साह और उत्सुकता के साथ इन्तजार करता था। लोगों को याद है कि कैसे उस दुकान की दीवारें चित्रों से भरी रहती

थीं। लोग उसे दुकान के बाहर बैठकर पेंटिंग करता देखते रहते और उसे अपना काम करने में दोगुना मजा आता। और तो और इलियास जिसे इन बातों में कोई रुचि न थी उसका ध्यान भी वॉल्ट पर गया। उसने देखा कि ये ड्राइंग लोगों का ध्यान आकर्षित कर रही हैं उसके अनुसार लोग दुकान पर जाकर देखते कि इस सप्ताह युवा डिज़्नी ने क्या बनाया है।

ड्राइंग का भूत उस पर इस कदर सवार था कि जब उसका पिता **'कैंसास सिटी स्टार'** के दफ्तर में काम के सिलसिले में जाता वह उसके संग लग लेता। पिता ऑफिस में अपना काम निपटाता और बेटा आर्ट विभाग अथवा नक्काशी विभाग में छपाई का निरीक्षण करने, उससे सीखने चल देता। वहाँ वह ध्यान से उनके काम को देखता और आर्ट डायरेक्टर मिस्टर वुड के दिये निर्देशनों को मन लगाकर सुनता और बाद में उनका अभ्यास करता। एक बार उसने हिम्मत करके वहाँ उसे काम देने की गुजारिश कर डाली। अहा! दुर्भाग्य, उस समय अखबार की हालत पतली चल रही थी वे लोग स्टाफ छँटाई करने की सोच रहे थे ऐसे में नये व्यक्ति को काम पर रखने का सवाल नहीं उठता था। लेकिन उन लोगों ने आश्वासन दिया कि जब भी कोई पद खाली होगा या फिर ज्यादा लोगों की जरूरत होगी वे उसे याद करेंगे। वॉल्ट के अनुसार जिस दिन उसे वहाँ से नकार मिली वह दिन उसके जीवन का बहुत उदास दिन था।

स्वतः प्रेरणा, अन्तःस्फूर्ति और नैसर्गिक प्रतिभा के बल पर वह रेखांकन कर रहा था। अब पहली बार उसे किसी निर्देश या प्रशिक्षण का मौका मिला उसे यह परखने का अवसर मिला कि वह कितने पानी में है? क्या वाकई उसमें चित्रांकन की प्रतिभा है? इलियास को न तो आर्ट की कोई समझ थी न ही उसकी उसमें कोई रुचि थी लेकिन अब वॉल्ट चौदह साल का हो चुका था। इस बार जब उसने आर्ट स्कूल में दाखिला लेने की इजाजत माँगी तो इलियास ने न जाने कैसे हाँ कर दी। उसने वाई.एम.सी.ए. की बिल्डिंग में स्थित कैंसास सिटी आर्ट इन्स्टीट्यूट में दाखिला ले लिया। यहाँ पर ड्राइंग के अलावा मूर्तिकला और साँचे में ढालने का काम भी सिखाया जाता था।

जब उसे एक्टिंग के लिए प्रशंसा मिली वह एक्टिंग को जीवनयापन के लिए अपनाने की सोचने लगा अब जब उसे उसके आर्ट के लिए प्रशंसा मिल रही थी उसने अखबार में कार्टूनिस्ट बनने का मन बनाया। लेकिन बेंटन स्कूल से उसके पास होते न होते उसके परिवार में फिर उथल-पुथल मची। इस बार इलियास ने फिर एक बार शिकागो लौट जाने का फैसला किया। वह कंजूस था। उसने अपनी और वॉल्ट की कमाई की काफी रकम शिकागो में ओ-ज़ेल नाम की फलों के रस और अन्य सामान बनाने वाली एक कम्पनी में काफी रकम लगा रखी थी। इस साल उसने

अपना अखबार बाँटने का रास्ता किसी और को बेचा और उसके पैसे भी इसी कम्पनी के शेयर में लगा दिये। अब वह सत्तावन साल का हो रहा था उसने एक बार और सफलता के लिए प्रयास किया। इस कम्पनी का एक ऑफिस कैंसास में भी था, मगर वह शिकागो चला ताकि कम्पनी में कंस्ट्रक्शन और मेन्टीनेंस का काम देख सके। उसने यह अन्तिम प्रयास किया ताकि अपने भाई से बाजी मार सके। इलियास और फ्लोरा शिकागो चले गये। इस बीच हर्बर्ट अपनी पत्नी और एक साल की बच्ची के साथ रहने के लिए कैंसास आ चुका था। वॉल्ट अपने भाई के साथ वहीं रह गया। जिस व्यक्ति ने इलियास से अखबार का धन्धा खरीदा था उसकी सहायता करने लगा। कुछ दिनों के बाद रॉय अथवा हर्बर्ट के सुझाव पर उसने एक इण्टरस्टेट न्यूज कम्पनी के लिए काम शुरू कर दिया और गर्मियों में सान्ता फे ट्रेन रूट पर कैंसास सिटी और स्पीरो, ओक्लहामा के बीच पेपर, सोडा, कैण्डी, फल तथा तम्बाकू बेचने लगा। रॉय यह काम कर चुका था उसी ने वॉल्ट के लिए पन्द्रह डॉलर की गारण्टी भरी थी। भाई ने सोचा इस काम से वॉल्ट को कुछ अनुभव, कुछ शिक्षा मिलेगी और ऐसा हुआ भी।

वॉल्ट को ट्रेन पर घूमने में खूब मजा आता। वह ट्रेन इंजीनियर को तम्बाकू की घूस देकर दूसरी ट्रेन की सवारी करता। यार्ड में बैठकर इंजिन निहारता और उन्हें चलाने की काल्पनिक उड़ान भरा करता। उसने इस दौरान कोलोराडो, ओक्लहामा देख डाला और मिसीसिपी तक हो आया। इस बीच उसे घूमने का खूब अवसर मिला। इस व्यापार के मीठे-कड़ुवे अनुभव भी मिले। एक बार उसने सैनिकों के एक झुण्ड को सोडा दिया बाद में उन लोगों ने बोतलें लौटाने से इनकार कर दिया। बोतलों के बल पर वॉल्ट को मुनाफा मिलता था वॉल्ट उसे कैसे छोड़ सकता था उसने कण्डक्टर से मिलकर अपनी बोतलें वापस करवाई। इसी तरह एक बार वह मिसौरी में किसी काम से ट्रेन से उतरा और जब लौटा तो पता चला कि उसका डिब्बा मय उसके सामान के इंजिन से कटकर दूर जा चुका है। कई बार उसे सड़े फल मिल गये और कई बार जब वह आता तो देखता कि उसके फलों का लॉकर खुला हुआ है और फल, कैण्डी सब गायब हैं और बहुत सारी कोक की बोतलें खाली हो चुकी हैं। वैसे रॉय के अनुसार वॉल्ट बहुत लापरवाह था, इसीलिए वह गलती से खुद ही लॉकर खुला छोड़ जाता था और दूसरों को दोष देता था। इसी बात की ज्यादा सम्भावना है जो व्यक्ति दिन-रात कल्पनाओं में विचरता हो दिवा-स्वप्न देखता हो उससे दुनियादारी की इन छोटी-छोटी बातों की उम्मीद नहीं की जानी चाहिए। हाँ, यह भी सही है कि उसे अपनी गलती का ठीकरा दूसरों के सर नहीं फोड़ना चाहिए। इस व्यापार में उसे लाभ से ज्यादा घाटा हुआ। दो महीने के बाद उसने यह व्यापार छोड़ दिया।

यह वह समय था जब प्रथम विश्वयुद्ध में अमेरिका कूद चुका था। वॉल्ट के सातवीं पास करने के दो सप्ताह के बाद रॉय नेवी में भर्ती हो चुका था। रॉय के न रहने पर और व्यापार के डूबने पर वॉल्ट ने भी शिकागो का रुख किया। शिकागो में वह अपने माता-पिता के साथ रहने लगा। हालाँकि रूथ और रॉय के अनुसार उन लोगों का बचपन उतना बुरा न था जितना वॉल्ट बताता था, मगर वॉल्ट सदैव अपने बचपन को बहुत कठोर और कटु बताता। पिता की उपेक्षा और कंजूसी, अखबार बाँटने का कठिन काम, स्टेज पर काम करने या ड्राइंग बनाने की जरूरत। वह अपने बचपन को सदा इतना उदास और दुःखी बताता कि सहानुभूति होनी स्वाभाविक थी। हो सकता है यह भी लोगों का ध्यान पाने का उसका एक तरीका रहा हो। मगर वह कभी फिफर परिवार, डैजी बेक, बर्ट हडसन की प्रशंसा करने से न चूकता जिन्होंने उसे इन बुरे दिनों में मानसिक और भावात्मक सहारा दिया था। वॉल्ट कहा करता कि वह जन्म से शिकागो का है, स्वभाव से मिसौरी का और जीवन की नींव बचपन में मार्सेलाइन में पड़ी थी लेकिन जीवन को दिशा देने में कैंसास सिटी का योगदान कम न था। उसने अपना भाग्य बदलने का फैसला कर लिया था। गरीबी, उपेक्षा और कठोरता को सफलता, धन और आकर्षण का केन्द्र बनाने में परिवर्तित करने का निर्णय कर लिया था।

जब वॉल्ट शिकागो आया उसने विलियम मेकीनले हाईस्कूल में अपना नाम लिखाया। लेकिन यहाँ भी स्कूल की पढ़ाई-लिखाई में उसकी रुचि न थी। यहाँ भी वह ड्राइंग करता रहा। संयोग से एक महीने के भीतर ही स्कूल मैगज़ीन 'द मेकीनले व्यॉज' ने प्रकाशित किया कि नए आए लड़के वॉल्ट डिज़्नी में चित्रकला की विशिष्ट प्रतिभा है और उसे मैगज़ीन का कार्टूनिस्ट बनाया गया है। मैगज़ीन का सर्कुलेशन मैनेजर लगातार चिट लिखकर वॉल्ट को क्लास से छुट्टी दिलाता ताकि वह मैगज़ीन के लिए रेखांकन कर सके। अन्धा क्या चाहे दो आँखें। वॉल्ट को मनमाफिक वातावरण और सुविधा मिल गयी थी। उसकी मुराद बिन माँगे पूरी हो गयी थी। मैनेजर का मानना था कि ड्राइंग वॉल्ट का जीवन था। पूरा साल उसने स्कूल मैगज़ीन के लिए कार्टून बनाते बिताया। उसके कार्टून राजनीति का झुकाव लिये होते युद्ध के समय और किस बात की उम्मीद की जा सकती थी। उसने एक कार्टून में सजे हुए लोगों को कैजर के शरीर के नजदीक दिखाया। मार्क एण्टनी की जूलियस सीज़र के प्रसिद्ध डॉयलॉग की पैरोडी लिखी और उसे सजाया। जब सब बच्चे क्लास में रोजमर्रा का काम कर रहे होते वह कार्टून बना रहा होता। उसकी डेस्क सुन्दर लड़कियों के चित्रों से अँटी रहती। रूथ याद करती कि प्रत्येक बृहस्पतिवार दोपहर को होने वाले स्कूल सोशल्स में वह ड्राइंग बनाता था। एक और छात्र के अनुसार वह पेपर पर एक आदमी के सिर का बड़ा-सा स्केच बनाता

और उसे उल्टा करके एक अलग चेहरा दिखाता। एक बार उसकी आर्ट टीचर ने गृहकार्य के रूप में मानव शरीर रचना का चित्र खींचने के लिए दिया। अगले दिन वॉल्ट की ड्राइंग इतनी ज्यादा अच्छी थी कि टीचर को शक हुआ कि उसने चित्र किताब से ट्रेस किया है। टीचर ने क्लास के सामने उसे दोबारा चित्र बनाने के लिए कहा और जब वॉल्ट ने पुनः वैसा ही सटीक चित्र बनाया तो टीचर के आश्चर्य का ठिकाना न था। जल्द ही वॉल्ट स्कूल में कलाकार के नाम से प्रसिद्ध हो चुका था।

अक्सर वह आर्ट स्कूल जाता या न्यूजपेपर के ऑफिस में समय बिताता। वहाँ होने वाली क्रियाएँ उसके लिए इतनी उत्तेजक और अनोखी होती कि वह उन्हें मुँह फाड़े निहारा करता। वह बराबर रेखांकन के विषय में सोचा करता और उसे विश्वास था कि एक दिन वह भी किसी न्यूजपेपर में काम करेगा और कार्टून बनायेगा। शिकागो ट्रिब्यून के कार्टूनिस्ट कैरे ओर का वह खासतौर पर सम्मान करता था। जब ओर ने **'द टाइनी ट्रिब'** नामक कार्टून बनाये तो उसी की तर्ज पर वॉल्ट ने **'द टाइनी ब्वॉएज'** नाम से काम किया। स्कूल मैगज़ीन के एक एडीटर की प्रेरणा से वह सप्ताह में तीन शाम शिकागो अकादमी ऑफ फाइन आर्ट्स जाने लगा। ओर वहाँ पढ़ाता था। वॉल्ट ने अपने कंजूस पिता को इन क्लासेज के शैक्षिक मूल्य का महत्त्व बताकर किसी तरह फीस का इन्तजाम कर लिया था। आश्चर्य है कि इलियास इसके लिए तैयार हो गया। अब यहाँ अकादमी में वह पहली बार जीवित मॉडल्स के साथ काम कर रहा था। उसे काम में इतना मजा आ रहा था कि वह बाथरूम तक नहीं जाता था। लेकिन यहाँ उसे इस बात का भी पक्का पता चल गया कि वह कभी भी एक अति कुशल चित्रकार नहीं बन सकता है, उसका क्षेत्र तो कार्टून ही है। संयोग से इसके लिए उसे सहायता मिल गयी वहीं एक क्लास में लेरॉय गोसेट कार्टून बनाने का प्रशिक्षण देता था। गोसेट शिकागो हेरॉल्ड में काम करता था। वॉल्ट बहुत दिन अकादमी नहीं गया लेकिन यह समय उसके जीवन का अहं मोड़ साबित हुआ।

वॉल्ट शो बिजनेस और न्यूजपेपर में कार्टूनिस्ट बनने के बीच झूल रहा था। कार्टूनिस्ट का काम मिलना आसान नजर नहीं आ रहा था। इसीलिए वह फिर से एक बार स्टेज को अपना पेशा बनाने की बात सोचने लगा। वह रेखांकन कर रहा था साथ ही मैजिक ट्रिक्स की किताबें मँगाकर बराबर पढ़ रहा था ताकि स्टेज पर जादू की कलाबाजी दिखा सके। इसी बीच उसने स्कूल में रसल मास नाम के एक नये आये लड़के के संग फिर से डच शो करने शुरू करने की योजना बनायी। लेकिन जब वे शनिवार की एक रात थियेटर में गये तो वहाँ उन्हें फोटोग्राफी का कमाल देखने को मिला। वॉल्ट उसे देखकर इतना प्रभावित हुआ कि उसे अपना

डच शो का काम बेकार लगने लगा और उसने सोचा कि वह फोटोग्राफी को अपना पेशा बनायेगा। वह इस शहर में नया था, शायद इसलिए भी उसे स्टेज पर दिक्कत हो रही थी। कैंसास में वह बहिर्मुखी, थोड़ा स्नॉबिश माना जाता था, लेकिन यहाँ मैगज़ीन के लोग उसे भयंकर शर्मीला और चुपचाप रहने वाला मानते थे।

उनका इसलिए ऐसा मानना था क्योंकि वह अपने क्लास के लड़कों से उम्र में बड़ा था। वह ड्राइंग जमा करता और भाग खड़ा होता मानो उसे ड्राइंग दिखाने में शर्म आती हो। लड़कियों के साथ उसका व्यवहार अलग था। रूथ उसे लेडीज व्यॉज मानती थी। उसने एक बार वॉल्ट की दोनों बाँहों पर झूलती लड़कियों को देखा था। यह बताता था कि वह उनमें कितना लोकप्रिय था। वे उसकी ओर कितनी आकर्षित थीं। वह खूबसूरत युवा था और लड़कियों के साथ उसे कोई दिक्कत न थी। मैगज़ीन के एक एडीटर की गर्लफ्रेंड का दिल उस पर आ गया था, लेकिन वह उसे प्रभावित न कर सकी। मगर क्लास की लड़कियाँ जानती थीं कि वॉल्ट का लड़कियों के साथ सम्बन्ध सामाजिक ज्यादा है रोमाण्टिक कम। बिटराइस कोनोवर नाम की एक लड़की के साथ उसका ऐसा ही सम्बन्ध था। दोनों भूतों की कहानियाँ सुनते-सुनाते या फिर हमबोल्ट पार्क में घूमते रहते। वह वॉल्ट को मजे करने वाला बेफिक्र लड़का समझती थी, लेकिन उसके अनुसार वह दाँत किटकिटाता रहता था जो दिखाता है कि वह उतना बेफिक्र युवा नहीं था।

जब गर्मियों में स्कूल बन्द हुआ तो वॉल्ट ने ड्राइंग और एक्टिंग न करके ओ-ज़ेल फैक्टरी में बॉक्स बनाने, सेब को पेक्टिन बनाने के लिए कुचलना और फैक्टरी के तमाम अन्य कार्य करने शुरू कर दिये। कभी-कभी वह फैक्टरी में रात को सन्तरी का काम भी करने लगा। लेकिन इसी बीच फैक्टरी के प्रेसीडेण्ट की युवा पत्नी सराह स्क्रोजिन ने उसकी ड्राइंग देखी और उसे उत्साहित करने के लिए कुछ ड्राइंग खरीदी भी। उसने सालाना पिकनिक के लिए ड्राइंग बनाने का काम उसे सौंपा। यह काम उसे अपने फैक्टरी की ड्यूटी के समय करने की छूट भी मिल गयी। सराह बाद में फ्लोरा से वॉल्ट के कलाकार बनने की सम्भावनाओं पर बात करने लगी। मगर डिज़्नी एक स्थान पर एक काम में लगे रहें यह हो नहीं सकता था। जल्द ही वॉल्ट ने ओ-ज़ेल का काम छोड़ दिया। इस बार उसने पोस्ट ऑफिस में सब्सीट्यूट मेल कैरियर का काम पकड़ा। इस काम के लिए जब वह गया तो एक मजेदार घटना हुई। जब वह साक्षात्कार के लिए गया तो उन लोगों ने उसे कम उम्र का मान कर रिजेक्ट कर दिया। वॉल्ट ठहरा बहुरूपिया, अभिनेता। वह घर आया कपड़े बदले, नकली मूँछें खींची, हैट बदला और पहुँच गया, फिर उसी आदमी के सामने और इस बार उसे काम पर रख लिया गया। ऐसे-ऐसे तमाशे करता रहता था वह।

यह वह समय था जब अमेरिका का बच्चा-बच्चा देशभक्ति में डूबा हुआ था, देश के लिए अपनी जान देने को तैयार था। युवकों में देश-प्रेम था साथ ही सैनिक की चमकती वर्दी, बटन और मेडल भी उन्हें आकर्षित कर रहे थे। हर युवा सेना में भर्ती होने को उतावला था। वॉल्ट भी। उसके दो भाई पहले भर्ती हो चुके थे। नौसेना में कैडेट रॉय शिकागो के नजदीक ग्रेट लेक नैवल स्टेशन में डेरा डाले हुए था। रे भी सैनिक था। एक बार वह रॉय से मिलने गया और ऑफीसर ने वॉल्ट को भी सैनिक समझकर उसे लाइन में लगने को कहा। इस बात को याद करके उसे रोमांच होता। रॉय के पत्र उसे सेना में भर्ती होने के लिए उत्तेजित कर रहे थे, उकसा रहे थे। उसे नाविक की पोशाक में रॉय इतना आकर्षक लगा कि वह उसे भूल नहीं पा रहा था। वॉल्ट कैडेट, पोस्टमैन, गेटमैन, ट्रेन पर यूनिफॉर्म पहनकर काम कर चुका था उसे सेना की पोशाक का महत्त्व और आकर्षण ज्ञात था। पोशाक जिसमें पीतल के चमकते हुए बटन लगे होते हैं। उसे लग रहा था किसी भी तरह उसे भी इसमें जाना है, भाग लेना है। मगर उम्र का क्या किया जाये? वह अभी मात्र सोलह साल का था और नियमानुसार आप अट्ठारह साल से पहले भर्ती नहीं हो सकते हैं। वॉल्ट को इस चुनौती भरे समय में घर में रहना शर्मनाक लग रहा था। वह रूथ से कहता वह अपने बच्चों, पोते-पोतियों से क्या कहेगा कि वह क्यों नहीं सेना में गया। युद्ध से दूर क्यों रहा।

आजकल मास उसका हमराज था। उसे भी सेना में जाने की हुड़क लगी हुई थी। दोनों मिलकर भर्ती होने पहुँचे, मगर जैसा कि होना था दोनों को भर्ती करने से नकार दिया गया। फिर दोनों ने कनाडा सेना में जाने की सोची वहाँ एक दूसरी दिक्कत आ गयी। मास की आँखें कमजोर थीं वह चश्मा लगाता था, अतः उसे वहाँ नहीं लिया गया। वॉल्ट बिना अपने दोस्त के अकेले नहीं जाना चाहता था सो यह योजना भी ठप्प हो गयी। यह सब उनके पोस्ट ऑफिस में काम प्रारम्भ करने के पहले की बात है। सेना से निराश होकर दोनों ने पोस्ट ऑफिस का काम शुरू किया।

वॉल्ट की पोस्ट ऑफिस की नौकरी रंग भरी रही। वह खूब मेहनत करता। दोपहर की छुट्टी में घर नहीं जाता, उसका उपयोग करता। सुबह सात बजे वह पोस्ट ऑफिस पहुँच जाता। डाक छाँटता और फिर बाँटने निकल पड़ता। दोपहर को तीन-चार बजे लौटता। वह फिर से घोड़ा, बग्गी या फोर्ड ट्रक लेकर डाक इकट्ठी करने निकल पड़ता यहाँ तक कि रविवार को भी वह एक बड़ा बोरा लेकर पोस्टकार्ड जमा करने निकलता। वह एक घण्टे के चालीस सेण्ट बनाता जो उसके लिए उस समय बहुत बड़ी बात थी। जिस दिन काम जल्दी समाप्त हो जाता वह ट्रेन पकड़कर थर्टी-फिफ्थ स्ट्रीट पर पहुँच, यूनिफॉर्म पहन कर दरबानगिरी करता। कार लोड करता,

फाटक बन्द करता। कुल मिलाकर वह बारह-तेरह घण्टे काम करता। उसे काम में मजा आ रहा था, रोमांच हो रहा था। लेकिन एक दिन वह बाल-बाल बचा। 3 सितम्बर को वह शिकागो फेडरल बिल्डिंग के पोस्ट ऑफिस में काम कर रहा था तभी वहाँ एक बम फटा। सब कुछ हिल गया, अफरा-तफरी मच गयी। चारों ओर गर्दोगुबार छा गया। पुलिस ने तुरन्त पूरी बिल्डिंग घेर ली और ताला लगा दिया। यह सारा कुछ हुआ वॉल्ट के बगल वाले डेस्क पर बैग में किसी ने बम रखा था। चार लोग मरे, तेरह घायल हुए। अधिकारियों में बहस होने लगी कि बम वर्ल्ड लेबर यूनियन ने रखा था या जर्मन जासूसों ने या फिर किसी सिरफिरे ने।

सेना में भर्ती होने के प्रयास को दो बार नाकामयाबी मिल चुकी थी। उसने हार कर पोस्ट ऑफिस में नौकरी कर ली थी, लेकिन वॉल्ट का इरादा मरा नहीं था। पोस्ट ऑफिस के सामने रोज दोपहर को रेड क्रॉस वाले लोगों को भरती करने के लिए पुकारते रहते। दोस्त मास ने सुझाया क्यों न रेड क्रॉस एम्बुलेंस में शामिल हुआ जाये। रेड क्रॉस सेना की तरह सीधे युद्ध से नहीं जुड़ी है, अतः वहाँ भर्ती की उम्र अट्ठारह साल न होकर सत्रह साल थी। मगर दोनों अभी सोलह साल के थे। फिर भी पहुँच गये, सोचा जो होगा देखा जायेगा। शायद किसी तरह झटके में दाखिला मिल ही जाये। लेकिन यहाँ भी एक अड़चन आ गयी। रेडक्रॉस वाले बहुत छोटे, बहुत बूढ़े और सेना के काम के अयोग्य लोगों को लेते थे। चूँकि दोनों अभी सत्रह साल के नहीं थे, इसलिए उन्होंने सेण्ट जॉन भाइयों के नकली नाम से आवेदन किया। लेकिन यह काम नहीं आया। अभी भी उन्हें हर हाल में अपनी उम्र का सत्यापन अपने अभिभावकों के हस्ताक्षर से करवाना था। मास की माँ को किसी तरह इस बात की भनक लग गयी उसने वॉल्ट की माँ फ्लोरा को सावधान कर दिया। फ्लोरा ने इलियास को बता दिया और जब वॉल्ट हस्ताक्षर करवाने पहुँचा इलियास ने उससे सच उगलवा लिया और हस्ताक्षर करने से साफ इनकार कर दिया। उसने धमकी दी यदि मैं इस पर हस्ताक्षर करता हूँ तो समझ लो कि मैं तुम्हारी मृत्यु के वारण्ट पर हस्ताक्षर कर रहा हूँ। फ्लोरा भी अपने सबसे छोटे बेटे को युद्ध में भेजने के पक्ष में न थी। लेकिन जब उसे लगा कि यदि उसने हस्ताक्षर नहीं किया तो वह हर सूरत में अपने इस जिद्दी बेटे को खो देगी। हारकर उसने इलियास और अपने दोनों के एवज में हस्ताक्षर कर दिये। लेकिन एक बात फ्लोरा को अन्त तक पता न चली। उसे यह भी ज्ञात नहीं था कि रेडक्रॉस में भर्ती होने की उम्र सोलह नहीं सत्रह है। उसके बेटे ने उससे हस्ताक्षर करवाने के बाद बड़ी सफाई से जन्म वर्ष 1901 के एक को शून्य में परिवर्तित कर दिया। और इस तरह वॉल्ट डिज़्नी रेडक्रॉस एम्बुलेंस क्रॉप में भरती हो गया।

हर बात में उत्साहित सोलह साल के युवा को युद्ध की वास्तविकता की कोई जानकारी न थी वह इसे युद्ध नहीं समझ रहा था उसके लिए यह एक एडवेंचर था बस। उसे रेडक्रॉस में ट्रेनिंग के लिए भेजा गया। यह केन्द्र शिकागो यूनिवर्सिटी के पास था। इस स्थान पर पहले एक मनोरंजन पार्क था वहाँ उसे एक सप्ताह एम्बुलेंस और ट्रक चलाने का प्रशिक्षण दिया गया। फिर एक सप्ताह कार मरम्मत का काम सिखाया गया फिर मिलिट्री ड्रिल का दो सप्ताह का प्रशिक्षण चला। इसके बाद इन लोगों को पानी के जहाज से फ्रांस भेजा जाना था। वॉल्ट को इस सब में बहुत मजा आ रहा था। उसने बिटराइस की दोस्त वर्जीनिया को लिखा कि वह वहाँ मजे कर रहा है। उसे खूब सारे दोस्त मिल गये हैं और उसने ढेर सारे नये दोस्त भी बना लिए हैं। वह यात्रा के लिए बहुत प्रसन्न और उत्साहित था लेकिन सब कुछ योजना अनुसार नहीं चलता है। इसी बीच 1918 का भयंकर महामारी फ्लू फैला जिसकी चपेट में वह भी आ गया। दुनियाभर में इस फ्लू ने करीब बीस मिलियन लोगों की जान ले ली। मगर वॉल्ट को अभी बहुत काम करना था, बहुत नाम करना था, वह इससे बच निकला। इस समय अधिकारियों ने उसके लिए अस्पताल को असुरक्षित मानते हुए बीमारी से उबरने के लिए उसे उसके घर भेज दिया। वॉल्ट की मनोदशा समझी जा सकती है। वह कितना बेचैन, कितना उद्विग्न था फ्रांस जाने के लिए और अब पड़ा था बिस्तर पर। तीन सप्ताह के बाद जब वह बिस्तर से उठा उसकी कम्पनी फ्रांस के लिए कूच कर चुकी थी। जब वह कैम्प लौटा उसे ट्रेन से कनेक्टीकट भेज दिया गया। यहाँ उसे फ्रांस जाने वाले वाहन का इन्तजार करना था। इस बार उसे ऑटोमोटिव तथा मैकेनिकल विभाग के साथ जाना था।

जब वह फ्रांस जाने की प्रतीक्षा में कैम्प किंग के खाली पड़े रिसोर्ट में रह रहा था उसे एक बड़ी निराशाजनक खबर मिली। कहाँ तो वह युद्ध स्थल पर जाने के ख्वाब देख रहा था भले ही रेडक्रॉस के साथ पर कहाँ युद्ध बन्दी की सूचना आयी। युद्ध रोकने की सन्धि हो चुकी थी। जिस दिन सब युद्ध रुकने का जश्न मना रहे थे वह निराशा से डूबा बीमार-सा लटका चेहरा लिये घूम रहा था। उन लोगों को लग रहा था कि जिन्दगी में वे किसी बड़ी चीज से वंचित रह गये हैं। हताश वॉल्ट सोच रहा था कि अब उसे अवश्य घर वापस भेज दिया जायेगा। लेकिन एक भोर सुबह तीन बजे उन लोगों को उठाकर आदेश दिया गया कि उनमें से पचास लोगों को फ्रांस जाना है। वॉल्ट को लग रहा था कि उन पचास में उसका नाम आने से रहा अतः वह जाकर फिर से सो गया। मगर किसी ने उसे पुनः उठाया और कहा कि उसका नाम भी जाने वालों में शामिल है। जैसी की उसकी आदत थी, इस घटना की नाटकीयता को बढ़ाते हुए वह सदा कहता कि उसका

नाम पुकारे जाने वालों में पचासवें नम्बर पर था। और इस तरह वह फ्रांस के लिए रवाना हुआ। यह जितना उतावला हो रहा था उतनी देर पर देर हो रही थी। उन्हें फ्रांस जाने के लिए मवेशी नाव पर आयुध के साथ सवार किया गया। फिर भी वे इतने उत्साहित थे कि मजाक कर रहे थे अभी यह सब फटेगा और वे उड़ जायेंगे। नवम्बर के प्रथम सप्ताह में चले वे लोग तीस नवम्बर को चेरबोर्ग पहुँचे लेकिन वहाँ बन्दरगाह में एक नाव उलट गयी थी अतः वहाँ रुकना और उतरना सम्भव न था उन्हें ले हार्वे भेज दिया गया। वहाँ उतारकर उन्हें ट्रेन से पेरिस के लिए रवाना किया गया। वहाँ उन्हें वर्साई के पास उतारा गया। यह स्थान कठिनाई भरा था। इस तरह वॉल्ट का फ्रांस से प्रथम परिचय कुछ बहुत अच्छा न रहा। खाना खाने योग्य न था। रातें सर्द और जिस चेट्यू में उन्हें ठहराया गया था वह स्वास्थ्य के लिए अच्छा न था। उस स्थान को गर्म करने का कोई उपाय उपलब्ध न था। वॉल्ट खुद को गरम रखने के लिए सोने से पहले अपने को अखबार में लपेटता फिर कम्बल में। यह स्थान सुरक्षा की दृष्टि से भी खतरनाक था। पास में सेना से छूटे अल्जीरियाई सैनिक रह रहे थे उन्होंने मजदूर गैंग बना रखा था और अक्सर चाकूबाजी होती रहती। फिर भी उसे अच्छा लग रहा था।

इसी वातावरण में उसने अपना सत्रहवाँ जन्मदिन मनाया। जिसके लिए उसे अपने जूते गिरवी रखने पड़े। कम उम्र वालों को गेनाडाइन पिलायी और बड़ों को कोंयाक फ्रांसीसी ब्राण्डी पिलायी। अगले सप्ताह उन्हें शान्ति वार्ता से लौट रहे राष्ट्रपति वुडरो विल्सन की अगवानी के लिए पेरिस भेजा गया एक पेड़ पर चढ़कर उसने राष्ट्रपति को देखा। इसके पहले वॉल्ट अपने देश में पश्चिम में कोलोराडो और पूर्व में मिसीसिपी से आगे नहीं गया था। यहाँ वह घर से बहुत दूर था। कुछ दिनों में उन्हें पेरिस के लोव्र में होटल रेज़िना में रखा गया। कुछ दिनों के लिए वह एक अस्पताल में भेजा गया जहाँ घायल सैनिक रखे गये थे जिन्हें चंगा होने पर अमेरिका, इंग्लैण्ड या फ्रांस के दूसरे अस्पतालों में भेजा जाना था। जल्द ही उसे फिर से पेरिस में ड्राइविंग के लिए भेज दिया गया। वहाँ वह या तो ताश खेलता या फिर रेडक्रॉस और सेना के ऑफिसरों को इधर से उधर ले जाता। लेकिन इस काम से एक फायदा हुआ उसे शहर देखने का भरपूर मौका मिला। फिर उसे पेरिस के बाहर नेउली भेज दिया गया, फिर एक अन्य अस्पताल में और एक बार उसकी पोस्टिंग एक गैलिक गाँव में हुई जहाँ पत्थर की सँकरी गलियाँ थीं, दुकानें और भीड़भाड़ वाली इमारतें थीं वहाँ एक चर्च भी था जिसका शिखर आकाश छूता था। यहाँ उन बीमारों को रखा गया था जो संक्रामक रोगी थे। वॉल्ट का इन रोगियों से शायद ही कभी पाला पड़ा।

उसे इधर-उधर के और तमाम सारे काम करने होते थे। सैनिकों को स्टेशन

पहुँचाना, कैन्टीन की कार चलाना, कैन्टीन में काम करने वाली लड़कियों को ले आना, ले जाना। राशन-पानी, अण्डे इत्यादि लाना। कभी जब कोई विशिष्ट व्यक्ति आये तो उन्हें पिकनिक पर ले जाना। ये ही हल्के-फुल्के काम थे उसके। अपने उत्फुल्ल स्वभाव के कारण वॉल्ट ने यहाँ भी अपनी जगह बना ली थी। लोग स्थान दिखाने के लिए उसे ही खोजते और वहाँ की एक नर्स एलिस होवेल का वह खास प्रिय बन बैठा। इस नर्स के नीचे ही उसको काम करना था। होवेल का काम प्रत्येक दिन छः सौ डॉनट (बड़े के आकार का एक पकवान) बनाना और उन्हें दो छड़ियों में पिरोकर सैनिकों के लिए भेजना था। वह नेबरास्का की रहने वाली थी। फ्रांस में वही वॉल्ट की देखभाल करने लगी। उसकी माँ की तरह हो गयी। जनरल जॉन परसिंग वॉल्ट का हीरो था क्योंकि वह मार्सेलाइन में पला-बढ़ा था। होवेल से जनरल के पारिवारिक सम्बन्ध थे, इसीलिए उसने अपने दस साल के बेटे को एक दोपहर पिकनिक के लिए कैन्टीन भेजा। वैसे तो लड़का लिमोसिन में आया था, मगर उसने जिद की कि वह वॉल्ट के साथ फोर्ड में ही जायेगा और वे लोग डोमरेमी पहुँचे। यह जॉन ऑफ आर्क का जन्म स्थान है। वहाँ मैदान में उसकी मूर्ति के सामने बैठकर उन्होंने खाना खाया। वॉल्ट को यह दिन एक स्वर्णिम दिन की तरह याद रहा और इसके लिए वह होवेल का ऋणी था। जिन लोगों को वह अन्त तक पत्र लिखता रहा उनमें से एक होवेल भी थी। उसने होवेल के अन्तिम दिनों तक उससे पत्र द्वारा सम्पर्क बनाये रखा। होवेल ने भी सोविनियर के रूप में कैन्टीन पर फहरने वाला झण्डा वॉल्ट को भेजा। उसके लिए फ्रांस में बिताये ये कुछ दिन बहुत खुशी के थे।

जैसा कि उसके साथ पहले भी हुआ था। एक बार वह चीनी और बीन्स भरा ट्रक चला रहा था। उसे यह सामान सोइसन्स पहुँचाना था रास्ते में बर्फबारी होने लगी और ट्रक की एक बेयरिंग जल गयी। उसने अपने साथी को बेयरिंग लाने के लिए भेजा। वह दो दिन एक दरबान की खोली में अपने साथी का इन्तजार करता रहा। मगर साथी का नामोनिशान न था। जब साथी न आया तो वॉल्ट खाने की खोज में शहर चल दिया। खाना खाया और सो रहा। फिर उठकर वापस ट्रक के पास आया। मगर ट्रक वहाँ था ही नहीं। ट्रक को वहाँ न पाकर उसके हाथों के तोते उड़ गये। उसका साथी बेयरिंग के लिए पेरिस गया। वहाँ उसने दुर्घटना की खबर करने से पहले ही शराब पी और धुत हो गया। मगर स्थिति इतनी खराब न थी। अन्त में बचाव के लिए एक पार्टी आयी। जब बचाव पार्टी ट्रक के पास पहुँची उस समय वॉल्ट खाना खाने गया हुआ था। वॉल्ट को वहाँ न पाकर बचाव पार्टी ट्रक लेकर चल दी। सो ट्रक और उसमें लदा सामान सही-सलामत था। हाँ, बाद में वॉल्ट को इनक्वायरी बोर्ड का सामना करना पड़ा। वह भाग्यशाली था।

पड़ताल करने वाला सार्जेण्ट बहुत दयालु था। उसे ड्यूटी के समय काम के स्थान से गायब रहने के लिए मात्र चेतावनी देकर छोड़ दिया गया।

फ्रांस में जब वह काम नहीं कर रहा होता तब अपना प्रिय शगल, रेखांकन करता। वह कैन्टीन के मैन्यू के लिए रेखांकन करता। इसके लिए उसने एक चरित्र का निर्माण कर लिया था। इसके अलावा वह चॉकलेट विज्ञापन के लिए पोस्टर बनाता। सैनिकों के लिए विज्ञापन रचता। उसे रँगने के लिए एक बड़ा बढ़िया आधार मिल गया था। उसने एम्बुलेंस के भीतर-बाहर के कैनवास को केरीकेचर से भर दिया। वह अपने साथियों के लिए पेंटिंग करने लगा। उसके साथी अपनी प्रेमिकाओं और परिवार को उसकी बनायी पेंटिंग भेजने लगे। वह इनके लिए पैसे भी लेने लगा। उसने **'ब्वॉएज'** के लिए कार्टून बनाना जारी रखा। उससे भी उसको आमदनी हो रही थी। वह अपने दोस्तों और परिवार को कार्टून और कॉमिक स्ट्रिप बनाकर भेज रहा था। इनमें वह अपनी भावनाओं को प्रकट कर रहा था। उसने एक कार्टून बनाया जिसमें ए.ई.एफ. का एक जवान जर्मन कैज़र को पहाड़ की चोटी से पैर से मारकर गिरा रहा है और कैप्सन था, 'दूर हटो और दूर रहो।' वह अपनी रुचि का आनन्द उठा रहा था साथ ही उसे रकम भी मिल रही थी। लोग खुशी से पैसे दे रहे थे। दोस्तों के कहने पर उसने अपने बनाये कार्टून उस समय की सर्वाधिक प्रसिद्ध हास्य पत्रिकाओं **'लाइफ'** अथवा **'फज़'** को भी भेजे। लेकिन जैसा कि अक्सर जीनियस लोगों के साथ होता है, शुरू में लोग उनकी प्रतिभा को पहचान नहीं पाते हैं, उनके काम की उपेक्षा करते हैं, वॉल्ट के संग भी यही हुआ। इन पत्रिकाओं ने खेद है कि चिप्पी के साथ उसके काम को लौटा दिया। मगर वॉल्ट इन सबसे निराश होने वाला नहीं था। एक फ्रांसीसी सैनिक सेना से निवृत्त होकर आया था उसे वॉल्ट की बैरक की देखभाल का काम सौंपा गया था। वॉल्ट ने मजाक में उस सैनिक को मिले बिल्ले की डिजाइन अपनी जैकेट पर पेंट कर ली। बस फिर क्या था। हर साथी उस डिजाइन को अपनी जैकेट पर चाहता था और इस तरह वॉल्ट के ठाठ हो गये। वह एक डिजाइन के लिए दस से पन्द्रह फ्रैंक की माँग करता और लोग खुशी-खुशी देते। वह कलाकार के रूप में प्रसिद्ध हो गया और रकम भी मिलने लगी।

मगर उसका एक साथी उसका भी बाप निकला। जोर्जिया के रहने वाले उसके एक साथी क्रैकर (यह उसका असली नाम न था) का दिमाग और ज्यादा शातिर था। उसने देखा कि सैनिक वापस जाते समय अपने साथ स्मृति के रूप में निशानी (सुवनियर) भी ले जाना चाहते हैं। उसने शहर के बाहर फेंके गये हेलमेट इकट्ठे किये और वॉल्ट को अपना हमराज बनाया। वह इन हेलमेट पर वॉल्ट से चित्र बनवाता फिर उन्हें धूल में लपेटता और गोलियों के निशान के लिए इनमें छेद

करता। वह इन्हें युद्ध में लूटे गये माल की तरह साथियों को बेचता और जो रकम मिलती उसे वॉल्ट के संग मिलकर बाँट लेता। दोनों ने मिलकर अच्छा धन्धा किया।

फ्रांस में वॉल्ट डिज़्नी का अधिकांश समय अच्छा गुजरा। जब वह वहाँ गया था रहने-खाने की व्यवस्था अच्छी नहीं थी। इसी तरह फ्रांस से लौटने के ठीक पहले कुछ परेशानियों का सामना अमेरिकन लोगों को करना पड़ा। शान्ति वार्ता के बाद फ्रांस के लोगों का रुख अमेरिकन लोगों के प्रति बदल गया था। वे उन्हें नापसन्द करने लगे थे। खासतौर पर डिज़्नी के संग कुछ बहुत बुरा नहीं हुआ था। नापसन्दगी सामान्य बात थी। हाँ, वह भी अमेरिकन होने के नाते इस नापसन्दगी का शिकार बना। एक बार एक फ्रांसीसी लड़की ने उसका हैट उतारकर दूर फेंक दिया। एक और बार उससे कुछ लोग उलझ गये। कभी कोई बड़ी बुरी घटना नहीं घटी। उसने मजाक में एक पत्र में लिखा, 'आजकल वह वही कर रहा है जो वह शायद ही कभी करता है, 'काम'।' कुल मिलाकर वॉल्ट के पास फ्रांस की सुखद स्मृतियाँ थीं। इतना होते हुए भी उसे घर की याद बहुत बुरी तरह सता रही थी। अब वह हर हाल में घर, अपने लोगों के बीच वापस लौट आना चाहता था। उसने **'ब्वॉएज'** मैगजीन के लिए लिखा, 'फ्रांस मजेदार है।' फिर उसने चिल्लाते हुए एक आदमी का कार्टून बनाया और उसके आगे लिखा, ''ओह! मैं अपनी माँ के पास घर जाना चाहता हूँ'' उसके दोनों भाई इस समय तक घर लौट चुके थे। इसलिए भी उसे घर की याद ज्यादा सता रही थी। घर की याद सता रही थी लेकिन वह रेडक्रॉस के साथ अपनी नौकरी बढ़वाने के चक्कर में भी था। वह उनके संग अलबानिया जाना चाहता था, जहाँ फ्रांस से तिगुनी तनख्वाह मिलनी थी। मगर उसे पेरिस में ही एक साल के लिए रेडक्रास के संग काम करना पड़ा। उसके अनुसार जब उसने परसिंग को अपने ट्रूप के साथ लौटते देखा तो उसे बड़ी शिद्दत से घर लौटने की इच्छा हुई। उसे बहुत अकेलापन अनुभव होने लगा और उसने घर लौटने की अर्जी दे दी। लेकिन उसकी यह बात भी उसका एक ड्रामा था। असल में वह परसिंग के चलने के बहुत पहले ही लौटने की अर्जी दे चुका था। उसने अगस्त में ही आवेदन किया था जितनी जल्दी हो सके उसे घर जाने की इजाजत दी जाये। जबकि परसिंग सितम्बर में चला था।

जब वह पेरिस में था उसी समय रसेल मॉस को भी वहीं भेजा गया। दोनों दोस्त मिलकर बहुत खुश हुए। उन्होंने मिलकर भविष्य की योजनाएँ बनायीं। सबसे पहले दोनों ने जर्मन शेफर्ड के एक-एक पिल्ले खरीदे। वॉल्ट दिन-रात अपने पिल्ले को अपने संग चिपकाये रखता। दोनों ने योजना बनायी कि जब वे घर लौटेंगे तब रुपये इकट्ठे करके चिपटे पेंदे वाली एक नाव लेंगे और हकलबरी फिन की तरह मिसीसिपी नदी में चलेंगे। वॉल्ट सितम्बर में मर्सेलीस के लिए निकला। वहाँ

से उसे अमेरिका जाना था। मॉस पहले ही पिल्लों के साथ जा चुका था। वापसी की यात्रा फिर सुखद न थी। कठिनाई भरी थी। जाते समय की यात्रा की भाँति वह समय पर यात्रा प्रारम्भ न कर सका, क्योंकि डेक पर हड़ताल हो गयी थी। वह हड़ताल समाप्त होने के इन्तजार में तेईस दिन तक नाइस में रहा क्योंकि वहाँ रहना-खाना सस्ता था। साथी अच्छे थे। वह हर सुबह कार लेकर मोण्टे कार्लो चला जाता। अन्त में वह शान्ति वार्ता से लौट रहे डॉक्टरों, नर्सों और पत्रकारों के साथ एस.एस. कनाडा जहाज पर सवार हुआ। हड़ताल के कारण जहाज पर ईंधन की कमी थी और यात्रा बड़ी धीमी चल रही थी। जहाज ने एज़ोरस पहुँचकर कोयला लिया और फिर तेजी से चल पड़ा। लेकिन प्रकृति उनका साथ देने को तैयार न थी। जल्द ही वे भयंकर तूफान में फँस गये। और अन्त में एक महीने से ज्यादा का समय लेकर 9 अक्टूबर को जहाज न्यूयॉर्क बन्दरगाह में दाखिल हुआ।

फ्रांस में अन्तिम दिन बहुत अच्छे नहीं गुजरे थे यात्रा बहुत आरामदायक न थी। लेकिन वॉल्ट बहुत उत्साह और जोश के साथ अमेरिका में दाखिल हुआ। यहाँ लौटकर काम करने के लिए उसने खूब सारी योजनाएँ बना रखी थीं। डिज़्नी लोगों का काम आसानी से नहीं होता है वॉल्ट को भी आसानी से कभी सफलता न मिली। उसे सदा बहुत संघर्ष करना पड़ा। वह बहुत आशा के साथ वापस आया था मगर उसके लिए कई निराशाएँ इन्तजार कर रही थीं। सबसे पहला धक्का उसे तब लगा जब उसे पता चला कि उसका पिल्ला रास्ते में ही मर गया था। मिसीसिपी की रोमांचक यात्रा की योजना भी धराशायी हो गयी, क्योंकि मॉस को एक प्रेमिका मिल गयी थी और वह उसके साथ बसने की सोच रहा था। उसे काम भी मिल गया था अतः उसने यात्रा की योजना खारिज कर दी। अकेले वॉल्ट क्या जाता। लेकिन सबसे बड़ा धक्का जो उसे लगा वह था बिट्रिस का व्यवहार। हालाँकि दोनों के स्वभाव में बहुत अन्तर था। बिट्रिस जानती थी कि वॉल्ट में प्रतिभा है और वह एक दिन बहुत बड़ा आदमी बनेगा। यह बात उसने वॉल्ट से कही भी थी। लेकिन जब एक बार वॉल्ट ने बीकनोवर के तट पर टहलते हुए उससे पूछा था कि वह अपनी पोस्ट ऑफिस की बचत के पैसों से एक मूवी कैमरा खरीदे या एक नाव जिसमें दोनों मिलकर घूमने जायें। छूटते ही लड़की ने कहा था कि वह नाव खरीदे। वॉल्ट को यह अच्छा नहीं लगा और उसने तत्काल एक कैमरा नगद खरीद लिया। फिर भी उसे इस लड़की से उम्मीद थी। जब वह फ्रांस में था वे दोनों पत्र-व्यवहार कर रहे थे। जब वह पेरिस से चला उसने बिट्रिस के लिए कपड़े और परफ्यूम खरीदा था। और अब अमेरिका लौटकर उसे पता चला कि उसने शादी कर ली है। शिकागो लौटने पर यह सबसे बड़ा धक्का था। हालाँकि कुछ लोगों का मानना है कि वॉल्ट इस बात को भी बढ़ा-चढ़ाकर बताता है। क्योंकि

जब वह शिकागो आया था तब तक बिट्रिस ने शादी नहीं की थी उसकी शादी बाद में, एप्रिल में हुई। खैर! इससे कुछ ज्यादा फरक नहीं पड़ता है कि उसने पहले शादी की या वॉल्ट के लौटने के बाद। सच्चाई यह थी कि अब वह वॉल्ट की नहीं, किसी और की थी।

वापस लौटने पर वॉल्ट के लिए एक और परेशानी इन्तजार कर रही थी। वह सोचकर आया था कि वह अपनी कमाई का मनचाहा उपयोग करेगा। उसने फ्रांस में रहते हुए छः सौ डॉलर की बचत की थी। यह सारी राशि उसने घर भेज दी थी बैंक में जमा करने के लिए। उसने सोचा इस रकम के बल पर वह आर्टिस्ट का काम करेगा, जिसमें शुरू में बहुत पैसे नहीं मिलेंगे। मगर दुनियादारी में खुद को कुशल मानने वाले इलियास को अपने बेटे का यह निर्णय गैर-दुनियादायी और पागलपन लगा। उसने पहले ही उसके लिए जेली फैक्टरी में एक काम आरक्षित कर रखा था। वह सोच रहा था बेटा जब लौटेगा उसे बँधी हुई एक नौकरी से लगा देगा और एक पक्की और निश्चित रकम घर आने लगेगी। वॉल्ट का मानना था कि इलियास उसे कभी समझा ही नहीं जबकि बाप की निगाह में बेटा बिल्कुल अव्यावहारिक आदमी था। 'भला चित्र बनाकर भी कोई जिन्दगी चला सकता है, सब बेकार की बातें हैं, बकवास।' पिता ने कहा। उसकी समझ में नहीं आ रहा था कि भला कोई पच्चीस डॉलर प्रति सप्ताह की बँधी-बँधाई नौकरी को लात मारकर चित्रकारी जैसी तुच्छ चीज को अपनी आजीविका के लिए चुन सकता है। जरूर उसके बेटे का सिर फिर गया है। बाप-बेटे में ठन गयी। वॉल्ट अब बच्चा नहीं था। अब वह बदल चुका था। फ्रांस से वह बहुत सारे अनुभव, बहुत सारी योजनाएँ लेकर आया था। उसके पास अपने भविष्य को लेकर ठोस योजना थी। जब वह फ्रांस गया था तब वह केवल पाँच फीट आठ इंच का था। अब उसकी लम्बाई पाँच फीट दस इंच थी। गया था वह दुबला-पतला लेकिन अब उसका शरीर भर गया था। मांसपेशियाँ उभर आयी थीं। वहाँ शारीरिक श्रम ने उसके कन्धे चौड़े कर दिये थे। हाथ बड़े और मजबूत हो गये थे। और तो और वह निरन्तर सिगरेट पीने लगा था जो अन्तिम क्षण तक उसके होठों से न छूटी। शारीरिक रूप से ही नहीं भावनात्मक रूप से भी वह परिवर्तित हो चुका था। उसके अनुसार उसे फ्रांस में एक पूरी जिन्दगी का अनुभव प्राप्त हो गया था। यह भी सही था कि वह अभी भी प्रेम से बचकानी हरकतें करता। मजाक करता। लोगों के पैर खींचता। लेकिन भीतर-बाहर से वह पूरी तौर पर बदल गया था। वह प्रौढ़ता की दहलीज पर कदम रख चुका था। अपने निर्णय स्वयं लेने में सक्षम था। उसे पक्का मालूम था कि वह जेली फैक्टरी में काम नहीं करने वाला है। वह या तो एक्टर बनेगा या फिर चित्रकार। उसे यह भी मालूम था कि चित्रकार का काम मिलना आसान होगा।

वह आत्मनिर्भर और स्वतन्त्र हो चुका था। आत्मविश्वास से भरपूर सत्रह साल के वॉल्ट ने तय कर लिया था और वह उसी राह पर चल पड़ा। अब उसे तलाश थी अवसर की और इसके लिए उसने अपना पूरा जोर लगा दिया। संघर्ष किया और सफलता पायी।

2

संघर्ष

'अगर उसे (कार्टूनिस्ट को) कोई एक्टर पसन्द नहीं आता है, तो वह उसे तुरन्त फाड़कर फेंक सकता है।'

–अल्फ्रेड हिचकॉक

आत्मविश्वास से परिपूर्ण, उत्साह से लबालब अट्ठारह साल का वॉल्ट डिज़्नी अपने बल पर दुनिया के महासमर में उतर पड़ा। उसका संघर्ष प्रारम्भ हो चुका था। सही समय पर, सही जगह पर, सही आदमी पहुँच जाता है। यह संयोग कैसे होता है, व्याख्या करना कठिन है। पर इससे ताज्जुब अवश्य होता है। द्वितीय विश्वयुद्ध के बाद एक नया अमेरिका उभर रहा था। चिन्तामुक्त, आशावादी, आर्थिक समृद्धि का विस्फोट और विश्व में प्रमुख ताकत के रूप में अमेरिका का उदय हो रहा था। एक ओर साहस और श्रेष्ठता का मिलन, दूसरी ओर अपना काम निकाल ले जाने वाला तिकड़मी अमेरिका। वॉल्ट डिज़्नी इसी अमेरिका का प्रतीक था। उसने कैंसास सिटी में इसी निश्चय के साथ कदम रखा कि वह सफल होगा। जितने लोग उस दौरान उसके सम्पर्क में आये सबको वह अपने आप पर पूर्ण विश्वास रखने वाले के रूप में याद है। इस आत्मविश्वास से उसकी भौंहें नहीं चढ़ी रहती थी बल्कि वह उत्साह से उफनता नजर आता था। गर्मजोशी से भरा हुआ। बेंटन और मैंकिली स्कूल और फ्रांस के लोगों का जो ध्यान उसे मिला था उससे उसका उत्साह सातवें आसमान पर था। हालाँकि इसका कोई औचित्य नहीं था क्योंकि अभी तक उसके पास कोई स्पष्ट योजना नहीं थी। न ही वह किसी खास काम

के लिए प्रशिक्षित था। सिवा गाड़ी चलाने के। उसे अपनी दिशा का पूरा ज्ञान न था। लेकिन वह एक बेफिक्र नौजवान था। बेफिक्र का अर्थ लापरवाह नहीं था। वह बैठकर रोने वाला या बेकार की चिन्ता करने वाला न था। वह अवसर की तलाश में था और कोई भी अवसर मिले उसमें जी-जान से जुटने को तैयार था। कहाँ जाना है यह अभी उसे पक्का पता नहीं था। लेकिन कहीं पहुँचना है यह पक्का था। उसने अखबारों में नौकरी के लिए विज्ञापन देखने शुरू किये।

जल्दी ही उसे उसके मनोनुकूल काम का अवसर नजर आया। उसकी इच्छा थी कि वह अखबार में काम करे। उसे **'स्टार'** में ऑफिस ब्वॉय की नियुक्ति के लिए एक विज्ञापन दिखा। उसने फटाफट यह सोचकर अपनी रेडक्रास वाली यूनीफॉर्म पहनी कि इसमें वह ज्यादा जिम्मेदार लगेगा और स्टार की इमारत में साक्षात्कार के लिए पहुँच गया। कई बार उम्र कम होने के कारण उसे काम पर नहीं रखा गया था, इस बार ठीक इसका उल्टा हुआ। उन लोगों ने कहा कि वह ऑफिस ब्वॉय के काम के लिए बड़ा है। उसने बहुत कहा कि वह दिखता बड़ा है लेकिन उसकी उम्र केवल सत्रह साल है। पर उसकी एक न सुनी गयी और उसे निराश, हताश लौटना पड़ा। उसकी निराशा देखकर वहाँ के मैनेजर ने उसे सलाह दी कि जब उसके पास गाड़ी चलाने का अनुभव है तो क्यों नहीं वह वहाँ के ट्रांसपोर्ट विभाग में काम पाने की कोशिश करता है। वॉल्ट ने यह प्रयास भी किया, लेकिन उस समय वहाँ कोई स्थान खाली न था, अतः उसे वहाँ भी निराशा मिली। वह जब भी परेशान होता अपने बड़े भाई रॉय की शरण में जाता। इस बार भी उसने वही किया। रॉय इस समय फर्स्ट नेशनल बैंक में काम कर रहा था। जब दोनों भाई बात कर रहे थे रॉय के एक सहकर्मी ने वॉल्ट को बताया कि दो दोस्त एक कमर्शियल आर्ट की दुकान चला रहे हैं। उन्हें एक आदमी की तलाश है जो उनके यहाँ अपरेंटिस के रूप में काम कर सके। वॉल्ट ने तत्काल घर आकर चित्रकला के अपने सारे नमूने जमा किये और उसी दोपहर उनके पास काम के लिए पहुँच गया। इस बार किस्मत अच्छी थी उसे वहीं-के-वहीं काम पर रख लिया गया। उसे बताया गया कि एक सप्ताह के काम के बाद उसका वेतन निश्चित किया जायेगा। वह बहुत प्रसन्न घर लौटा।

इस आर्ट की दुकान को लुई पेसमेन और विलियम रूबिन नाम के दो युवा कमर्शियल आर्टिस्ट चला रहे थे। उनका मुख्यालय कैंसास सिटी में ग्रे एडवर्टाइजिंग बिल्डिंग में था। उस पहले सप्ताह वॉल्ट काम में इतना डूबा रहा कि अपने ड्राइंग बोर्ड से छुट्टी के समय भी नहीं उठता। बिना रुके लंच टाइम तक काम करता फिर लंच के बाद काम में लग जाता। शुक्रवार को जब एक सप्ताह पूरा हो रहा था रूबिन उसके पास आया उसका काम ध्यान से देखता रहा और अन्त में उसे

पचास डॉलर प्रतिमाह पर काम देने की पेशकश की। वॉल्ट को मानो पंख लग गये। बाद में वह लोगों से कहा करता कि वह तो इससे कम में भी काम करने को तैयार हो जाता।

जब हमें कोई सम्मान प्राप्त होता है तो हम उसे अपने सबसे प्रिय व्यक्ति को दिखाना चाहते हैं। उस व्यक्ति को जिसकी प्रेरणा से यह सम्भव हुआ होता है। वॉल्ट भी अपनी इस सफलता को अपनी मैगी ऑण्टी के साथ बाँटना चाहता था। वह उन्हें बताना चाहता था कि देखो तुमने जो रंग और कागज लाकर दिया उसके कारण आज मुझे काम मिला है। उसे इसमें काफी हद तक उनका हाथ लग रहा था। वे ही थीं जो वॉल्ट को बचपन में चित्रकला की वस्तुएँ उपहार में देती और उसकी चित्रकला की प्रशंसा किया करती थीं। मगर यह भी सही है कि जब तक हमें सफलता मिलती है, हमारे गुणों की पूछ होने लगती है, वह व्यक्ति जिसके चलते यह सम्भव होता है, जा चुका होता है। अथवा इतना वृद्ध हो चुका रहता है उसके लिए आपकी सफलता कोई मायने नहीं रखती है। वॉल्ट के संग भी यही हुआ। जब उसने अपनी बात मैगी ऑण्टी को बतायी तो उन्होंने कोई उत्साह और रुचि नहीं दिखाई। वे बूढ़ी, अवश और कमजोर हो चुकी थीं। ऑण्टी ने भले ही कोई रुचि न ली, लेकिन वॉल्ट की अपनी खुशी का ठिकाना न था।

सत्रह साल के वॉल्ट को लग रहा था उसने प्रोफेशनल आर्टिस्ट बनकर बड़ी सफलता प्राप्त की है। उसका काम विज्ञापन और कैटलॉग को सजाना था। यह कोई बहुत सृजनात्मक काम न था। उसे केवल रफ बनाने होते थे। केवल बाह्य रूपरेखा बनानी होती थी असल काम उसके मालिक करते थे। उसकी बनायी सारी ड्राइंग को रूबिन या पेसमेन फिर से बनाते थे और जब वे छपकर आती उनमें वॉल्ट के काम का नामोनिशान नहीं होता था। वह उनमें अपना काम चाहकर भी नहीं खोज पाता। फिर भी उसके लिए यह कीमती अनुभव था। आर्ट स्कूल की अपनी अल्पकालीन ट्रेनिंग से उसने अपनी ड्राइंग में सफाई लाना सीखा था। अब यहाँ वह इस कार्य को साधने के गुण सीख रहा था। काटना, चिपकाना, ब्लेड से खुरचना, ड्राइंग की नकल करने के लिए पैण्टोग्राफ का प्रयोग। वह सब सीख रहा था जो काम को तेजी से पूरा करे। वह पागल की तरह काम कर रहा और सीख रहा था। उसमें सीखने की अदम्य भूख थी। वह कहीं से भी सीखने को तत्पर था। मन लायक काम हो तो वह शक्ति से ज्यादा मेहनत करता। एक बार पेसमेन ने उसे एक विज्ञापन का मुख पृष्ठ बनाने का आदेश दिया और शाम को वॉल्ट खीसें निपोरे अगला और पिछला दोनों कवर बनाकर खड़ा था। इतना ही नहीं उसने उस विज्ञापन में कुछ ऐसी प्रमुख बातें जोड़ दी थीं जो पेसमेन की नजर से मूल लेआउट में छूट गयी थीं। वह अपने अस्तित्व को अपने काम में उँडेले दे रहा था।

लेकिन यह खुशी बहुत थोड़े दिनों के लिए थी। जब नवम्बर के अन्त और दिसम्बर के शुरू में क्रिसमस के लिए विज्ञापनों का दौर समाप्त हो गया तो वॉल्ट को भी बड़े प्रेम के साथ काम से बैठा दिया गया। उसका भाई हर्बर्ट पोस्ट ऑफिस में काम कर रहा था वह फिर से पोस्ट ऑफिस में पहुँच गया और साल के अन्त तक डाक बाँटने के काम में जुटा रहा। बेकार होकर वह हर्बर्ट के परिवार और रॉय के साथ बेलेफोण्टाइन में रह रहा था। वहीं वह दिन-रात अपने बेडरूम में रहकर ड्राइंग करता रहता। उसके मन में अभी उम्मीद थी कि वह अखबार या पत्रिका में अपनी कॉमिक पट्टी चला पायेगा। या फिर उसे राजनीतिक कार्टूनिस्ट के रूप में अखबार में काम मिल जायेगा। इस बीच उसने कई कार्टून बनाये। 1920 के नये साल का स्वागत करता हुआ बच्चा, एक दरवाजा जिस पर **'दुनिया'** लिखा था और जो विश्वयुद्ध, शान्ति, वार्ता, हड़ताल, चीनी की कमी जैसे दबावों में था। मिस्टर गॉर्ज की पत्नी नाम से उसने कई कॉमिक पट्टियाँ बनायी जिसमें अपनी पत्नी के सताये पति का कार्टून था। इसके अलावा कई अन्य राजनीतिक कार्टून बनाये। जब उस साल जनगणना के लिए अधिकारी आये तो उसने पहले अपना पेशा कमर्शियल आर्टिस्ट लिखवाया। फिर मन बदल गया तो उसने उसमें सुधार करवाया और अपना पेशा कार्टूनिस्ट लिखवाया। वह छः सप्ताह की पेसमेन-रूबिन की अपनी ट्रेनिंग को अपनी पूँजी मानकर बहुत उत्साहित था। उसे पूरा विश्वास था कि वह आर्ट की अपनी दुकान खोल सकेगा। साथ ही उसे अखबार और मैगजीन में भी काम मिलने की पूरी-पूरी उम्मीद थी।

आशावादी तो वह था ही और इसका लाभ उसे अप्रत्याशित रूप से मिला। जनवरी में अचानक एक दिन रूबिन-पेसमेन में उसके संग काम करने वाला एक व्यक्ति उसके पास आया। इस व्यक्ति का नाम बहुत अजीब-सा था। उबे इवरक्स नाम के इस आदमी को वॉल्ट **'हिलबिली'** नाम से बुलाता था। सो यह हिलबिली बड़ी अजीबोगरीब मनोदशा में उसके पास आया। वैसे तो हिलबिली चुप रहने वाला और अपनी भावनाओं को शायद ही कभी दिखाने वाला था। लेकिन उस दिन वह स्पष्ट रूप से बहुत परेशान नजर आ रहा था। उसे भी काम से निकाल दिया गया था। वह परेशान था क्योंकि उसे अपनी माँ की देखभाल करनी थी और उसके पास न तो पैसा था न ही भविष्य में उसे कुछ नजर आ रहा था। हिलबिली बैठा अपने करम को रो रहा था उसी समय वॉल्ट को एक विचार सूझा। उसने प्रस्ताव रखा कि क्यों न वे एक साथ अपना खुद का काम शुरू करें जिसके लिए वॉल्ट में भरपूर उत्साह था। लेकिन हिलबिली संशय में था। उसे विश्वास न था कि वह ऐसा कुछ कर सकता है। वह मुँह लटकाये चिन्ता में बैठा रहा और वॉल्ट ने दोनों के नाम से काम प्रारम्भ कर दिया।

वॉल्ट ने हिलबिली से कहा कि वह अपने काम के नमूने ले आये ताकि वह ग्राहकों से अपनी दुकान की बात कर सके। दोनों व्यक्तियों में जमीन-आसमान का फर्क था। समानताएँ इतनी ही थीं कि दोनों हाईस्कूल भी पास नहीं थे, आर्टिस्ट थे। वे हमउम्र थे। दोनों ने एक साथ एक जगह कुछ दिन काम किया था और अब दोनों बेरोजगार थे। एक निकट वर्तमान को सोच-सोचकर परेशान था दूसरा भविष्य की बड़ी-बड़ी योजनाएँ बना रहा था। एक यारबाश और बहिर्मुखी था दूसरा अपने आप में सिमटा हुआ शायद ही कभी बोलने-बतियाने वाला अन्तरमुखी। वॉल्ट के बाल लापरवाही से पीछे की ओर डाले हुए रहते। लेकिन सदा एकाध लम्बी लट माथे पर झूलती हुई रहती। जबकि दूसरे के बाल सींटे हुए सिर पर ऊँचे उठाये हुए, जो कॉमिक प्रभाव पैदा करते। वॉल्ट जो भी करता बड़ी नाटकबाजी और दिखावे के साथ करता जबकि हिलबिली का दिखावे से दूर-दूर का नाता न था। फिर भी दोनों संग थे। शायद प्रकृति के दो विपरीत के आकर्षण का नियम इसी को कहते हैं।

दोनों का आर्ट के प्रति रवैया भी भिन्न था। वॉल्ट अपने पिता के कठोर व्यवहार से बचने के लिए और दूसरों का आकर्षण पाने के लिए रेखांकन करता। जबकि हिलबिली सामाजिक सम्बन्धों से बचने के लिए, लोगों से दूर रहने के लिए इस काम को कर रहा था। वह काम की मेज पर झुका रहता ताकि उसे लोगों का सामना न करना पड़े। उसने कार्टूनिंग नहीं लेटरिंग को अपना क्षेत्र बनाया हुआ था। कला के इन विभिन्न रूपों के चुनाव और इन अलग-अलग रूपों पर काम उनके व्यक्तित्व के अंग थे। कार्टून बनाने के लिए जिस तेज दिमाग और त्वरा तथा प्रतिउत्पन्नमतित्व की आवश्यकता होती है वह वॉल्ट में थी। हिलबिली में उतनी न थी। जब वे पेसमेन-रूबिन के यहाँ काम कर रहे थे तब उनमें केवल परिचय था। दोस्ती न थी। उस समय वह वॉल्ट की आत्मलीनता से चिढ़ता था क्योंकि जब सब लोग ताश खेलते वॉल्ट अपने ड्राइंग बोर्ड पर विभिन्न प्रकार से अपने हस्ताक्षर बनाने का अभ्यास करता। हिलबिली क्यों इतना चुप्पा और लोगों से कटा-कटा रहता था इसका खास कारण था। उसका बचपन उपेक्षा और दुःख में गुजरा था। उसका जन्म 24 मार्च, 1901 में कैंसास सिटी में हुआ था। उसकी माँ वहीं की एक लड़की थी जबकि उसका पिता डच प्रवासी था। नाई का काम करने वाले उसके पिता की उम्र सत्तावन साल थी। उसकी माँ उसके पिता की तीसरी पत्नी थी। उबे उसका चौथा बच्चा। उसके पिता ने अपनी सब सन्तानों और पत्नियों को छोड़ दिया था। जब वह हाईस्कूल में था तब उसके पिता ने उसे और उसकी माँ को भी छोड़ दिया। नतीजन उसे अपनी पढ़ाई रोकनी पड़ी और उसने यूनियन बैंक कम्पनी में नौकरी कर ली। यहाँ वह लिथोग्राफ बनाता था। वह कभी भूलकर

भी अपने पिता की बात नहीं करता और कभी बात चलती तो बहुत बुरे शब्दों में बात करता। जब उसका पिता मरा और उससे किसी ने पूछा कि मृत शरीर का क्या किया जाये तो उसने गुस्से और चिढ़कर कहा, गड्ढे में फेंक दो। वह कुछ समय के लिए खेती के काम के लिए कैंसास सिटी छोड़कर अरकांसस चला गया, लेकिन फिर लौट आया। इसी साल (1919) उसने रूबिन-पेसमेन के यहाँ काम किया जहाँ उसकी जान-पहचान वॉल्ट से हुई।

वह इतना दब्बू और अपनी माँ के नियन्त्रण में था कि एक बार जब उसने कोकाकोला पिया तो उसकी माँ ने पेसमेन को डाँटा कि वह उसके बेटे को ये बुरी आदतें क्यों लगा रहा है। वॉल्ट और हिलबिली की प्रकृति बहुत भिन्न थी। इसीलिए शायद वे दोनों एक-दूसरे के पूरक थे। हिलबिली बहुत मेहनती था। ब्रश के साथ उसका हाथ बहुत सधा हुआ था अतः वह लगातार ड्राइंग बोर्ड पर बना रहता। दूसरी ओर वॉल्ट जो वाक्पटु और व्यवहार कुशल था ग्राहकों को साधता। उत्साही वॉल्ट ने अपनी कम्पनी का लोगो डिजाइन कर लिया। साइनबोर्ड, लेटर हेड सब बना लिया। उसने प्रिंटर्स से मिलकर उनके लिए लेटरहेड और थियेटर के विज्ञापनों के लिए काम लेना शुरू किया। कुछ लोगों का कहना है कि शुरू में उसने **'दे रेस्तराँ न्यूज'** के साथ मिलकर काम प्रारम्भ किया। न्यूज का ऑफिस तेरहवीं ओके स्ट्रीट पर अवस्थित था। असल में लोगों वॉल्ट को साधना जानता था। उसने **'दे रेस्तराँ न्यूज'** की प्रेसीडेण्ट क्लेम कार्डर के भाई को पकड़ा। उसका एक भाई कार्डर बेलफोण्टाइन में डिज़्नी लोगों का पड़ोसी था। इस तरह उसने प्रस्ताव दिया कि उसकी फर्म उनकी मैगजीन के विज्ञापन के लिए सजावट और लेटरिंग का काम कर सकती है। उसने अपनी फर्म का नाम **'इवरक्स डिज़्नी'** रखा था। उसका कहना था कि उसने अपना नाम जानबूझकर फर्म के नाम में बाद में रखा ताकि किसी को यह न लगे कि वॉल्ट ने फायदा उठाया है। मैगजीन के विज्ञापन के बदले में उसने उनसे रकम न माँगी बल्कि कहा कि वे न्यूज के ऑफिस में उन लोगों को एक डेस्क का स्थान मुफ्त में दे दें। कार्डर इसके लिए राजी हो गया। इस तरह उसकी फर्म के लिए स्थान की समस्या उसने अपनी सूझ-बूझ से हल की। ऑफिस की समस्या हल हो गयी पर और कई काम बाकी थे। ऑफिस की जगह मिल गयी अब चाहिए था तमाम अन्य सामान। मसलन डेस्क्स, ड्राइंग बोर्ड्स, एयर ब्रश, कम्प्रेशर आदि। जो पैसा उसने फ्रांस में कमाया था वह अभी तक शिकागो में जमा था। पैसा उसके माता-पिता के हाथ में था। उसने उन्हें लिखा कि वे रकम निकालकर उसे भेज दें ताकि अपने व्यापार के लिए वह आवश्यक सामान खरीद सके। एक बार फिर बाप-बेटे में ठन गयी। इस बार फिर उसे अपने पिता की कंजूसी का सामना करना पड़ा। इलियास इतनी आसानी से रकम पानी

में बहाने वाला न था। उसे इन बेकार के कामों में कोई विश्वास न था। उसे यह रकम पानी में बहाने की तरह लग रहा था, जिसके लिए वह कतई राजी न था। वह अपने बेटे को ऐसे फालतू के काम में मेहनत की कमाई नहीं लगाने देने वाला था। उसने पैसे देने से साफ इनकार कर दिया। बाप-बेटे में खूब पत्राचार चला जिसमें गरमागरम बहस चली। अन्त में नौबत यहाँ तक पहुँची कि वॉल्ट ने गुस्से में लिखा कि यह उसका पैसा है इसका वह जो चाहे करेगा। मन करेगा तो नाली में बहा देगा। वे कौन होते हैं उसका पैसा रोकने वाले। आखीरकार इलियास और फ्लोरा ने वॉल्ट की आधी रकम बैंक से निकालकर उसे भेज दी। इस सारी बहस का नतीजा हुआ उसका अपने माता-पिता से सम्बन्धों का और कमजोर पड़ जाना। उसके मन में उनके लिए प्रेम और श्रद्धा का कम हो जाना। इलियास अपने स्वभाव के कारण एक-एक कर अपने बेटे खोता जा रहा था।

फर्नीचर और उपकरणों की समस्या हल होते ही वे दोनों न्यूज के ऑफिस में स्थापित हो गये। हिलबिली ड्राइंग बोर्ड पर और वॉल्ट ग्राहकों की खोज में। पिछली बार जब वॉल्ट कैंसास सिटी गया था उसने वॉल्ट फिफर से फिर सम्बन्ध बनाया था। फिफर ने अपने पिता को राजी कर लिया कि वह **'यूनाइटेड लेदर वर्कर्स जनरल'** का लेटर हेड्स बनाने का काम इन लोगों को दे दे। इन लोगों ने न केवल जरनल का फरवरी अंक बनाने में सहायता की बल्कि वे चमड़े के सामानों, जैसे—ज़ीन, गद्दी, बैग आदि पर भी नक्काशी का काम करने लगे। वॉल्ट लगातार प्रिंटर्स से मिलता रहा ताकि उनके लिए आर्ट विभाग का काम कर सके। उसे कई ऑफर मिले। एक उसे विशेष रूप से याद रहा। यह तेल कम्पनी का काम था। इसमें उसने तेल के एक कुएँ से डॉलर निकलते हुए दिखाये। इतने डॉलर दिखाये कि पूरा पेज उन्हीं से भर गया। उनकी मेहनत ने रंग दिखाया। एक महीने के भीतर वे अपने ऑफिस में थे। उनका अपना ऑफिस रेलवे एक्सचेंज बिल्डिंग में बना। उन लोगों ने 125 से 135 डॉलर पहले महीने में कमाये। यह उनकी रूबिन-पेसमेन में दोनों की संयुक्त कमाई से ज्यादा था। एक बेचैन और एक नर्वस आदमी ने मिलकर यह कमाल किया था, जिनके पास न कोई डिग्री थी न ही ट्रेनिंग। मगर लगन और कड़ी मेहनत का फल उन्हें मिला था।

शुरुआत इतनी अच्छी होने के बावजूद दोनों को इससे ज्यादा उम्मीद न थी। वॉल्ट को इसी में सीमित नहीं रहना था और हिलबिली अकेले व्यापार करने की बात सोच भी नहीं सकता था। वॉल्ट अभी भी अपनी कॉमिक पट्टी चलाने के ख्वाब देख रहा था। दोनों ही अपने व्यापार की स्थिरता को लेकर निश्चिन्त न थे, अतः जब **'स्टार'** में जनवरी महीने में कैंसास सिटी स्लाइड कम्पनी के लिए आर्टिस्ट के स्थान के लिए रिक्त का विज्ञापन निकला तो हिलबिली ने वॉल्ट से

कहा कि वह इसके लिए प्रयास करे। पहले वॉल्ट का विचार था कि शायद कैंसास सिटी स्लाइड कम्पनी उनकी फर्म को सब कॉन्ट्रेक्टर के रूप में काम दे दे। यह स्लाइड कम्पनी प्रमोशनल स्लाइड्स बनाते थे, जिन्हें फिल्म प्रारम्भ होने के पूर्व थियेटर में दिखाया जाता था। जब वह अपनी फर्म के काम के नमूने लेकर उन लोगों से मिला तो उन्होंने कहा कि उन्हें तो एक पूर्णकालीन आर्टिस्ट की आवश्यकता है। चूँकि विज्ञापन में एक कार्टूनिस्ट की आवश्यकता की बात लिखी थी, अतः अपने पार्टनर की सलाह पर वॉल्ट ने यहाँ काम करना स्वीकार कर लिया। जैसा कि उन लोगों की सलाह हुई थी हिलबिली दुकान चलाता रहा। वॉल्ट को इसके लिए पैंतीस डॉलर प्रति सप्ताह मिलने थे। लेकिन अकेले दुकान चलाना हिलबिली के वश का न था। वैसे तो संयोग ऐसा था कि वॉल्ट का ऑफिस उसके अपने ऑफिस के नजदीक था। सो वॉल्ट ने सोचा कि आते-जाते वह अपना व्यापार भी देखता रहेगा और नौकरी भी करता रहेगा।

'द कैंसास सिटी स्लाइड्स कम्पनी' का ऑफिस 1015 सेण्ट्रल स्ट्रीट में अवस्थित था। वह बहुत छोटी ढाई मंजिली इमारत थी, जिसमें सरकाने वाले पल्लों की लम्बी खिड़कियाँ थीं ताकि काम करते कलाकारों को पर्याप्त रोशनी मिल सके। जब फरवरी में वॉल्ट ने वहाँ काम शुरू किया तो उसमें बीस से भी कम लोग काम कर रहे थे। इसके बावजूद कम्पनी अमेरिका की स्लाइड बेचने वाली सबसे बड़ी कम्पनी थी और तेजी से बढ़ रही थी। यह करीब मिलियन डॉलर का सालाना व्यापार कर रही थी। इस कम्पनी का प्रेसीडेण्ट आर्थर वर्ने कौगर था। लोग उसे ए वी कौगर के नाम से बुलाते थे। उसी ने वॉल्ट का साक्षात्कार लिया था। इस आदमी का दावा था कि उसने ही सबसे पहले मूविंग पिक्चर का व्यापार शुरू किया। एक मायने में यह ठीक भी था। यह आदमी इण्डियाना में 1878 में पैदा हुआ। हालाँकि उसने इंजीनियरिंग की पढ़ाई की थी, लेकिन उसकी रुचि मैकेनिक्स में थी। इसीलिए वह मूवीज की ओर मुड़ गया। उसने 1907 में इलिनोइस के ग्रेनाइट शहर में एक थियेटर खोला। मगर एक प्रतिद्वन्द्वी ने उसे वहाँ से भगाया तो उसने इलिनोइस के ही कार्लाइल में एक और थियेटर खोल दिया। फिर तो वह सिनेमा हॉल खोलता चला गया। उसने निओशो, मिसौरी में थियेटर खोले। जब निओशो ने पब्लिक पॉवर प्लाण्ट से दोपहर को थियेटर के लिए बिजली लेने की इजाजत न दी तो वह अपने दोपहर के खाली समय को स्लाइड बनाने में लगाने लगा।

बाद में उसकी रुचि थियेटर से हट गयी। चुनांचे उसने थियेटर बेच डाले और पूर्ण रूप से स्लाइड बनाने का काम करने लगा। पहलेपहल वह खुद ही पिक्चर शूट करता, जा-जाकर खुद ही ग्राहकों को बेचता। जब यहाँ भी प्रतिस्पर्द्धा आ गयी। कई और लोग स्लाइड बनाने और बेचने लगे, लोग विज्ञापन फिल्म बनाने लगे

तो वह भी बनाने लगा, बाद में उसने खुद को केवल फिल्म विज्ञापनों पर सीमित कर लिया। सो जब वॉल्ट ने उसके यहाँ काम प्रारम्भ किया तो उसे भी फिल्म विज्ञापनों की ड्राइंग बनानी थी। यह काम उसे मनमाफिक लगा। वहाँ अक्सर लाइव एक्शन की ड्राइंग बनानी होती, मगर वॉल्ट को ऐनीमेटेड पिक्चर बनाने के लिए रखा गया था। और यह काम किसी भी तरह बहुत सृजनात्मक नहीं था। उस समय स्लाइड बहुत क्रूर तरीके से बनाये जाने वाला भोथरा काम होता था। इसमें कलात्मकता कम और आर्थिक बचत की बात ज्यादा होती। कैसे कम-से-कम खर्च में स्लाइड बनाया जाये इसी की चिन्ता होती थी। चित्रकार पहले एक चित्र बनाता। उसके घूमने वाले हिस्सों को काटकर अलग करता। इन हिस्सों को पिन की सहायता से बोर्ड पर लगाता। फिर हिस्सों को थोड़ा-सा खिसकाकर फोटो खींचता, फिर घूमने वाले हिस्सों को थोड़ा और सरकाता और फिर उनकी फोटो खींचता। यह प्रक्रिया बार-बार करता और जब फिल्म चलती तो चित्र क्रिया की गत्यात्मकता की, निरन्तरता की प्रतीति कराते। यह एक बहुत पुरानी, आदम जमाने की तकनीक थी। लेकिन वॉल्ट को इससे कोई फर्क नहीं पड़ा। उसका मकसद अनुभव प्राप्त करना था। काम सीखना और इस काम पर अपना हाथ साफ करना था। वह कितना खुश था उसके एक पत्र से पता चलता है। उसने रेडक्रास के अपने एक दोस्त को लिखा कि उसे यहाँ एक बहुत अच्छा काम मिल गया है। उसने यह भी लिखा कि काम अच्छा है और वह यहाँ टिकने वाला है। उसे यहाँ मूविंग पिक्चर्स—एडवर्टाइजर फिल्म्स—के लिए कार्टून बनाने होते हैं। और यह भी लिखा कि काम मजेदार है।

उसका मन यहाँ रम रहा था। वह यह सोचकर बहुत खुश था कि नौकरी के साथ उसका अपना व्यापार है। वह अच्छी कमाई करेगा। लेकिन इवरेक-डिज़्नी उसके बिना चलनी मुश्किल थी। हिलबिली के पास इतनी योग्यता न थी कि वह अकेले सारा काम सँभाल लेता। असल में वह इतना शर्मीला, इतना दब्बू था कि जो एकाध ग्राहक आते वह उनसे भी कोई बात न करता। अपने ड्राइंग बोर्ड पर झुका रहता। धीरे-धीरे ग्राहक मिलने बन्द हो चले। जब व्यापार की हालत डाँवाँडोल होने लगी तो हिलबिली को फिर चिन्ता सताने लगी। उसे अपना भविष्य खतरे में लगा। वह आमदनी का स्थायी जरिया चाहता था। उसने वॉल्ट से गुजारिश की कि यदि स्लाइड कम्पनी में कोई स्थान खाली हो तो वह उसकी सिफारिश करे। संयोग से ऐसा ही हुआ। और दो महीने में व्यापार बन्द हो गया। हिलबिली ने भी स्लाइड कम्पनी की राह पकड़ी। वह वॉल्ट और अन्य कलाकारों के साथ बैठकर चित्र बनाने लगा। जनवरी में शुरू हुआ व्यापार फरवरी के अन्त में अन्त हो गया। मार्च में हिलबिली ने उसी कम्पनी की नौकरी कर ली।

पहला शुरू किया व्यापार समाप्त हो गया। लेकिन वॉल्ट का स्वभाव बीती बातों पर रोना नहीं था। उसका मन्त्र था—'बीती ताहि बिसार दे आगे की सुध लेय।' उसने इसमें अपनी काफी जमा-पूँजी लगायी थी। जो स्टेशनरी छपवायी थी वह भी बेकार हो गयी। उसने उत्साह में लेटरपैड बनवाया था इसमें ड्राइंग बोर्ड पर अपना एक केरीकेचर बनवाया था और लिखवाया था कि वह कार्टून, रेखांकन, डिजाइनिंग, विण्डो कार्ड्स, सब तरह के विज्ञापन के आर्ट के लिए उपलब्ध है। वह बहुत दिन तक बन्द व्यापार के विषय पर ध्यान न दे सका। इस समय उसका ध्यान एक अन्य रुचिकर काम में लगा हुआ था। स्लाइड कम्पनी में उसका ध्यान कमर्शियल आर्ट से हटकर ऐनीमेशन की ओर जा चुका था। वह अखबार में कार्टून अथवा कॉमिक स्ट्रिप की बात भी पीछे छोड़ चुका था। अब उसका सारा ध्यान ऐनीमेशन पर केन्द्रित था। इस बीच कार्टूनिस्ट के रूप में काम करने का उसके पास **'स्टार'** या **'जनरल पोस्ट'** से एक ऑफर भी आया, जिसे उसने नहीं स्वीकारा। वह सदा धुन में रहता। उसे एक नयी धुन मिल गयी थी। उसके सामने एक नयी दुनिया खुल गयी थी। वह उसी में रमने लगा। चीजों को नचाने-घुमाने के जादू ने उसे मोह लिया था। वह इस ट्रिक को पूरी तौर पर हासिल करने में प्राणप्रण से जुट गया। पहले जैसे वह पागलपन के साथ ड्राइंग करता था अब उसी सनक के साथ ऐनीमेशन के गुर सीखने लगा। उसे चीजों को खोलने, बनाने, पुरानी चीजों को नया रूप देने में रुचि थी। मरम्मत के काम में उसका मन लगता था। एक बार पहले उसने कार की चेसिस के कई हिस्से खरीद लिये थे। इन्हें जोड़कर रॉय की पुरानी मोटरसाइकिल के इंजन से कार बनाने का उसका इरादा था। वह यह कर न पाया क्योंकि रॉय की इसमें कोई रुचि नहीं थी। जब वह नेवी में जाने लगा उसने अपनी मोटरसाइकिल बेच दी। इस तरह वॉल्ट का मोटरसाइकिल को कार में रूपान्तरित करने का सपना पूरा न हो सका। यहाँ भी उसे ड्राइंग को काट-पीटकर नया रूप देना था। उसे चलता-फिरता बनाना था।

ऐनीमेशन का काम ड्राइंग तथा तकनीक का सम्मिश्रण है। वॉल्ट को इस मिश्रण में खूब मजा आ रहा था। नये के प्रति आकर्षण स्वाभाविक है। यहाँ उसके लिए एक और फायदा था। एक और अवसर था। अखबार में कार्टून और कॉमिक स्ट्रिप बनाने का काम बहुत सारे लोग कर रहे थे। उसे लगा कि वह ऐनीमेशन का काम बेहतर कर सकता है। यह एक नयी कला थी, जिसे बहुत कम लोग कर रहे थे। उनमें भी बहुत कम लोग इसमें पारंगत थे। वॉल्ट को लगा कि वह शीघ्र इसमें पारंगत हो सकता है और इस कला के अग्रणियों में अपना नाम लिखा सकता है। वह सर्वोत्तम बनने की चाह रखता था। उसे पूरा विश्वास था कि वह इस कला में सर्वोत्तम कर सकता है। यह बात उसे बड़ी मुफीद लगी। वह पूरे

मन से इस कला को सीखने और इसमें सर्वोत्तम बनने में जुट गया। वॉल्ट जो भी करता पूरे मन से करता। काम टालने की, चलताऊ तरीके से काम करने की उसकी आदत न थी। एक समय में एक काम पर ध्यान केन्द्रित करता और पूरी तरह से करता। उसी काम का होकर रह जाता। फिर उसे अपनी सुध-बुध न रहती। उसके लिए फिर किसी और बात का मतलब नहीं रह जाता था। अपनी इसी आदत के तहत वह ऐनीमेशन के काम में जुट गया। स्लाइड कम्पनी को अपना स्कूल बनाकर वह इस कला को स्व-अध्ययन से सीखने लगा। इस कम्पनी का मालिक बड़े रुखड़े किस्म का आदमी था। लम्बा, गठे शरीर वाला कौगर शारीरिक रूप से दूसरों पर हावी होता और उसकी आवाज कर्कश थी। स्वभाव बड़ा अक्खड़ था। उसके नीचे काम करने वाले उससे डरे रहते। वह थूकता जाता और अपने कर्मचारियों को आदेश और निर्देश देता जाता। नये लोग उससे खासे घबराते। मगर असल में उसे जानने वाले मानते थे कि वह प्रकृति से बुरा नहीं था। कुछ लोग मानते थे कि वह अपना व्यापार करीब-करीब प्रजातान्त्रिक तरीके से चलाता था। लोगों की सलाह का सम्मान करता और नये विचारों का स्वागत करता था।

जब वॉल्ट ने उसके सामने एक प्रस्ताव रखा तो वह अपने इसी खुले दिल के कारण तत्काल मान गया। वॉल्ट डिज़्नी बहुत महत्त्वाकांक्षी था, उसमें प्रतिभा का असीम भण्डार था। उसके दिमाग में नित नयी योजनाएँ घूमती रहती थीं। स्लाइड कम्पनी में काम करते हुए अभी उसे कुछ समय ही हुआ था कि उसे एक विचार सूझा। इस विचार में जहाँ उसकी रुचि और स्वार्थ था वहीं कम्पनी का भी फायदा था। उसने मौका देखकर कम्पनी के प्रेसीडेण्ट मिस्टर कौगर से बात की। कौगर को इसमें अपना लाभ नजर आया और वह वॉल्ट की योजना से सहमत हो गया। वॉल्ट ने उसे कहा कि क्यों नहीं वॉल्ट स्वयं अपने विज्ञापन शूट करे और उनकी शब्दावली भी वह खुद ही लिखे। अभी उसे भाषा के लिए एक दूसरे विभाग कॉपी विभाग पर निर्भर रहना पड़ता था। विज्ञापन के लिए चटपटी, मजेदार, चुटकुली भाषा की आवश्यकता होती है। वॉल्ट के पास यह भाषाई गुण नैसर्गिक रूप से था। उसने कौगर से बात करने से पहले अपने काम का नमूना प्रस्तुत किया था। कार के ऊपरी भाग को कैनवास से सजाकर नया लुक देने वाली एक कम्पनी का एक विज्ञापन उसने बनाया था। इसमें एक आदमी कार के मालिक से पूछ रहा था : **'हाय, न्यू कार?'** मालिक उत्तर दे रहा था : **'नो, न्यू टॉप, ओल्ड कार।'** विज्ञापन खासा प्रभावशाली बन पड़ा था। जब उसने अपनी योजना कौगर को बतायी तो अपने लाभ को देखते हुए वह तुरन्त राजी हो गया। मगर वॉल्ट यहीं नहीं रुका। कुछ दिनों बाद उसने कौगर से कहा कि कम्पनी में जो पुराना महोगनी कैमरा पड़ा है उसे वह उधार चाहता है। पहले कौगर ने आनाकानी की। कहा, इसकी जरूरत

कम्पनी को कभी भी पड़ सकती है। वॉल्ट के पास जवाब तैयार था कि ऐसी स्थिति में कैमरा वह तत्काल लौटा देगा। और इस तरह वह एक नयी दिशा में कदम-कदम आगे बढ़ने लगा। मगर सफर अभी बाकी था। मात्र कैमरा मिलने से समस्या हल नहीं हुई थी।

कैमरा उसे मिल गया। स्लाइड कम्पनी में काम वह सीख रहा था। मगर उसे अपने कार्टून बनाने के लिए स्टूडियो की आवश्यकता थी। जहाँ चाह, तहाँ राह। उसे जल्द ही इसके लिए स्थान मिल गया। कहीं दूर न जाना पड़ा। उसने अपने घर के पिछवाड़े को इस काम के लिए प्रयुक्त करना शुरू किया। उसी साल बसन्त में एक बार फिर निराश होकर इलियास और फ्लोरा शिकागो से अपने घर बेलेफोण्टाइन लौट आये थे। जिस जेली फैक्टरी में इलियास अपना भविष्य जोड़े हुए था और उसका बस चलता तो अपने बेटे का भी जोड़े रखता, वह बैठ गयी। उसका लगाया हुआ सब पैसा डूब गया। कहने वाले कहते हैं कि कम्पनी के किसी चालबाज ऑफिसर ने ही कम्पनी को आर्थिक चूना लगाया था। इस कारण उन लोगों को जोलियेट फेडरल दण्डाधिकारी के पास जाना पड़ा था। कुछ लोगों का इशारा इलियास की ओर था। मगर उसकी प्रकृति और धर्मभीरुता को देखते हुए यह सही नहीं लगता है। दूसरे यदि उसने ऐसा किया होता तो बरसों बाद तक इलियास का कम्पनी के प्रेसीडेण्ट अर्ल स्कोर्जिन से मधुर सम्बन्ध न रहता।

जब इलियास, फ्लोरा और रूथ शिकागो से लौटे तो वॉल्ट ने मनोमालिन्य भुलाकर, कम-से-कम उसकी याद न करते हुए अपने विशाल हृदय का परिचय दिया। जैसा कि दिखावा करने की उसकी आदत थी वह इन लोगों को लाने यूनियन स्टेशन पहुँचा। वह ऐसे ही नहीं गया। बड़ी शान से एक टूरिस्ट कार किराये पर लेकर उन लोगों को लाने गया। अब तक उसके माता-पिता के पास अपनी कार न थी। मगर इलियास कार खरीदने की तमन्ना रखता था। इसीलिए वापस लौटने पर अपने घर के पिछवाड़े, अपने छोटे से अहाते में उसने पन्द्रह वर्ग फीट का एक गैराज बनाया। सोचा जब कार आयेगी तब यह काम आयेगा। जब तक कार नहीं है इसे किराये पर उठाकर कुछ कमाई की जा सकेगी। वॉल्ट ने इसी गैराज को अपना स्टूडियो बनाया। जब गैराज बन रहा था तभी उसने इलियास को कहा था कि वह गैराज के उपयोग करने पर उसका पाँच डॉलर प्रतिमाह किराया उसे देगा। लेकिन रॉय के अनुसार वॉल्ट ने यह किराया कभी नहीं चुकाया। यही वॉल्ट का पहला स्टूडियो बना। उसने रॉय को भी अपने साथ लगा लिया। दोनों भाई कौगर के कैमरे के साथ गर्म लैम्प की रोशनी में जुटे रहते। लुई पेसमेन के अनुसार इसके पहले ही वह पेसमेन-रूबिन में काम करने के दौरान वहाँ से ग्लास नेगेटिव वाला एक कैमरा उधार लेकर काम शुरू कर चुका था। उसने उस समय पेसमेन की

बहन के गैराज में अपना स्टूडियो बनाया हुआ था। वहीं वह फोटोग्राफिक इमेजेज के साथ अपने प्रयोग करता और पेसमेन के अनुसार शायद वह अपनी स्लाइड्स भी बना रहा था। वैसे उसका यह काम और गैराज को घेरे रहना पेसमेन की बहन को रास नहीं आता था। उसे लगता था कि वॉल्ट काम के बाद स्थान को गन्दा करके छोड़ देता है। खैर! जो भी हो उसने अपनी स्लाइड्स, अपने विज्ञापन बनाने प्रारम्भ कर दिये। अब वह पूर्ण रूप से ऐनीमेशन को समर्पित था। उसकी भतीजी डोरोथी जो आजकल वहीं रह रही थी, उसका कहना है कि वह इन दिनों केवल खाना खाने के लिए गैराज से बाहर आता था। खाना खाकर फिर तुरन्त गैराज में लौट जाता था। कम्पनी के बाद बचे सारे समय को वह गैराज में ही गुजारता था। सब लोग सो जाते थे पर वह काम करता रहता। काफी रात को बिस्तर पर जाता। उसके भाई रॉय का भी कहना है कि इन दिनों वह लगातार काम कर रहा था। प्रयोग कर रहा था। ड्राइंग और तरह-तरह के काम कर रहा था। हर पल काम में लगा हुआ था। घर में कोई उसके काम को गम्भीरता से नहीं ले रहा था। कोई उसकी ओर ध्यान नहीं देता था। मगर वॉल्ट को इन सबकी परवाह नहीं थी। वह अपनी धुन में रमा हुआ था। उसके लिए यह बड़ा और चुनौती भरा काम था। उसकी महत्त्वाकांक्षा को पंख लग रहे थे। पहले वह अखबार में कार्टूनिस्ट बनने के ख्वाब पाल रहा था और अब वह ऐनीमेटर बनने के सपने देख रहा था। इस काम के लिए न तो वह प्रशिक्षित था, न ही इस काम का भविष्य निश्चित था। ऐसा कोई काम होता है तब यह भी ठीक से मालूम नहीं था। मगर वह जीनियस क्या जो बनी-बनायी राह पर चले। जीनियस अपनी राह खुद बनाता है। वॉल्ट अपनी राह खुद बना रहा था।

ऐनीमेशन का इतिहास बहुत पुराना न था। उसे अभी इतिहास कहना सही न था क्योंकि मात्र दो दशक पहले यह विधा प्रारम्भ हुई थी। अभी इसका विकास पूरी तौर पर नहीं हुआ था। प्रयोग अभी चल रहे थे। जैसे सिनेमा फिल्म फोटोग्राफिक दृश्यों का संकलन है। 'दृश्य की निरन्तरता' को कैमरे से पकड़ने के प्रयास के फलस्वरूप एक रोचक प्रयोग के रूप में सिनेमा का आविष्कार हुआ। उसी तरह ऐनीमेशन का प्रारम्भ भी चित्रों को खिसका-खिसकाकर उनका फोटो लेकर और फिर उसे प्रोजेक्टर की सहायता से तेजी से चलाकर दिखाने से हुआ। शुरुआती दौर में फ्रांस के एमिल कोल और इंग्लैण्ड के स्टूअर्ट ब्लैकटोन ने स्टेज के **'लाइटिनिंग स्केचर्स'** से अपनी कला विकसित की। स्टेज पर कलाकार फलक पर खड़ा होता और तेजी से चित्र खींचता जाता। साथ ही बोलता भी जाता। बोलने के साथ वह अपनी ड्राइंग को बदलता जाता। स्थिर चित्रों की एक शृंखला से निरन्तर क्रिया की निर्मिति सिनेमा है तो ड्राइंग और प्रकाश से यही कार्य ऐनीमेटर करते

थे। प्रारम्भ में यह ऐनीमेशन के रोमांच के अलावा कुछ न था। 1910 में विंसर मैके ने एक हास्य संगीत-नाटक किया, जिसमें उसने परदे पर अपने ऐनीमेशन के साथ खुद को मंच पर क्रियाशील रखा। उसने ड्राइंग की गुणवत्ता को असामान्य रूप से ऊँचा बनाये रखा और ड्राइंग की एकतानता को एक अलग अस्तित्व प्रदान किया। उसने इसे मात्र एक ट्रिक के रूप में प्रयोग नहीं किया।

मैके पहले **'सिनसिनाटी कमर्शियल ट्रिब्यून'** और फिर **'एंक्वायरर'** में सजावट और कार्टूनिस्ट का काम कर रहा था। वह वहाँ भी न टिका और इसे छोड़कर **'न्यूयॉर्क हेरॉल्ड'** तथा **'इवनिंग टेलीग्राफ'** में गया। उसने तमाम कॉमिक पट्टियाँ बनायी थीं। जिसमें **'लिटिल नेमो इन स्लम्बरलैण्ड'** सबसे ज्यादा प्रसिद्ध हुई। इसने उसे राष्ट्रीय ख्याति दिलाई। इस ख्याति के कारण उसे मनोरंजक संगीतकार के रूप में नियुक्ति मिली। एक बार उसका बेटा एक फ्लिप बुक घर ले आया जिसमें यदि पन्नों को तेजी से सरकाया जाये तो पन्नों पर बनी आकृतियाँ गति में नजर आती थीं। इसी से प्रेरणा लेकर उसे **'नेमो'** को लघु ऐनीमेशन में अपने स्टेज हास्य संगीत प्रोग्राम के समय दिखाना शुरू किया। 1912 में उसने एक और फिल्म **'हाऊ अ मस्किटो ऑपरेट्स'** नाम से बनायी। इस दूसरी फिल्म के साथ ही उसने ऐनीमेशन को एक स्वतन्त्र विधा के रूप में घोषित कर दिया। इससे उसने समस्त कला जगत में हलचल मचा दी। उसने कहा कि यह कला का एक नया घराना है, जो समस्त जगत में क्रान्ति ला देगा। दो साल बाद उसने अपने हास्य संगीत प्रदर्शन हेतु **'गेर्टी द डायनोसर'** नामक ऐनीमेशन बनाया। इसे **'फाउण्डेशन ऑफ करेक्टर ऐनीमेशन'** की संज्ञा दी जाती है। इसमें उसने रेखांकन और एक खास गति के द्वारा चरित्र को व्यक्तित्व में परिवर्तित कर दिया था। उसी के द्वारा बनाये गये बहुत सारे कार्टून, सजावट और उनमें रेखांकनों तथा गति के द्वारा ऐनीमेशन फिल्म एक नयी विधा के रूप में स्थापित हुआ। अब यह विधा चरित्रों पर बल दे रही थी बनिस्बत इसे मात्र जादू के रूप में प्रस्तुत करने के।

1914 के अन्त और 1915 के प्रारम्भ में राउल बार नामक फ्रेंच कनैडियन इलेस्ट्रेटर तथा मैगज़ीन और अखबार के कलाकार रैंडोल्फ ब्रे ने न्यूयॉर्क में पहला ऐनीमेशन स्टूडियो खोला। लेकिन जल्द ही दर्जनों व्यक्ति उनकी प्रतिस्पर्धा में आ गये। सब इस नयी विधा का लाभ उठाना चाहते थे। इन अग्रणी लोगों के लिए इस विधा में कलात्मकता न तो पहला उद्देश्य थी न ही चुनौती। हाँ तकनीक अवश्य चुनौती थी वे उसी से जूझ रहे थे। मैके केवल दो मिनट की फिल्म बनाता था। उसके लिए उसे तकरीबन चार हजार चित्र बनाने की आवश्यकता होती थी। उसे एक अलग पेपर शीट पर चरित्र तथा पृष्ठभूमि दोनों बनानी पड़ती। और तब वह हरेक की फोटो लेता। यह काम विभिन्न लोग करते क्योंकि वह स्वयं केवल पृष्ठभूमि

बनाने में कुशल था। इस हिसाब से यदि कोई लम्बी या संख्या में ज्यादा फिल्म बनाना चाहे तो न केवल यह समय लेने वाली प्रक्रिया थी वरन् बड़ी उबाऊ भी थी। खर्चीली तो थी ही। आर्थिक दृष्टि से सहूलियत के लिए गतिशील चरित्रों को अग्रभाग में अलग करना आवश्यक था, जिसे निरन्तर रेखांकित करना था। चूँकि पृष्ठभूमि का गतिशील होना आवश्यक न था, अतः उसे अलग किया जा सके ताकि उसे मात्र एक बार चित्रित करना पड़े। ब्रे ने मैके से भिन्न एक तरकीब अपनायी। वह पृष्ठभूमि की कई प्रतियाँ बना लेता और हर बार आगे बढ़ते हुए उन हिस्सों को हटाता चलता जिनकी जरूरत समाप्त होती जाती। उन्हें हटाने के लिए वह या तो उन्हें खुरचकर अथवा किसी अन्य तरह से रिक्त करता चलता था। ब्रे ने यह अनुभव किया कि पृष्ठभूमि तथा एक्शन को एक ही पेपर पर होना जरूरी नहीं है। कैमरा दोनों का एक अकेले फ्रेम में मिश्रण कर सकता था। इसके लिए उसने जो खोज की उसे बाद में ऐनीमेशन निर्माण पद्धति में **'स्लैश एण्ड टीयर'** नाम से जाना गया। वह पृष्ठभूमि को एक शीट पर रखता और फिर उनमें एक्शन के लिए छेद करता जिससे उनके नीचे रखी दूसरी शीट का एक्शन दिखे।

लेकिन यह अर्ल हुर्ड था जिसने समस्या का सफल निदान किया। उसका अनुभव भी अखबार से प्रारम्भ हुआ था। बाद में वह कार्टूनिस्ट से ऐनीमेटर बना था। उसने गतिमान चरित्रों को पहले पारभासक पेपर शीट पर बनाया। उसे वह एक और शीट के ऊपर रखता जिस पर पृष्ठभूमि अंकित रहती थी। इससे छेद करने की आवश्यकता से छुटकारा मिल गया। बाद में वह पारभासी पेपर के स्थान पर पारदर्शी सैल्यूलाइड का उपयोग करने लगा। उसने इसे जून 1915 में पेटेण्ट भी करवा लिया। उसी साल वह ब्रे के यहाँ काम करने लगा, उसने ब्रे को भी इसमें शामिल कर लिया और दोनों मिलकर अपने प्रतिद्वन्द्वी व्यापारियों से केस लड़ने लगे। ये केस बरसों चले। कोर्ट को निर्णय करना था कि क्या हर्ड और ब्रे का सेल ऐनीमेशन पर एकाधिकार है? इस पद्धति ने **'सेल'** शब्द की उत्पत्ति की। सेल एक पारदर्शी शीट को कहते हैं। ऐनीमेशन में सेल शब्द की वर्तनी में एक 'एल' लगता है, 'सी ई एल' इसकी वर्तनी है। 'सी ई एल एल' नहीं है। जिस हिस्से को घुमाना होता है, उसे पारदर्शी शीट पर इंडिविजुअल फ्रेम में रखते हैं। सेल ओवरलेज पर एक्शन को रखकर ऐनीमेटर हर फ्रेम के लिए बार-बार रेखांकन करने से बच जाता है। शुरू में सेल सेल्यूलाइड से बनते थे, इसीलिए यह नाम पड़ा बाद में उसके स्थान पर पारदर्शी शीट का उपयोग होने लगा। यह इतनी कारगर पद्धति सिद्ध हुई कि अभी हाल-हाल तक इसका उपयोग होता रहा। करीब अस्सी साल बाद जब कम्प्यूटर जेनेरेटेड इमेजेज आ गयी तब जाकर इसका उपयोग घटा। बीसवीं सदी के अन्त तक सेल पद्धति हावी रही। ऐनीमेशन के क्षेत्र

में यह सारी उठापटक तकनीकी को लेकर थी। सेल पद्धति से भी ऐनीमेशन की कलात्मकता में कोई सुधार न हुआ। इससे तकनीकी पक्ष आसान हो गया लेकिन कलात्मक पक्ष में कोई इजाफा न हुआ।

रेखांकन तथा गति प्रारम्भिक अवस्था में ही रही। उसमें बहुत विकास न हुआ। क्योंकि अभी ऐनीमेटर्स को इसकी आत्मा तक पहुँचना था। जो लोग इस विधा में काम कर रहे थे उनमें से अधिकांश अखबार के युवा कार्टूनिस्ट थे, जिनके पास ऐनीमेशन पद्धति की कोई शिक्षा न थी। वॉल्ट जैसे लोग जो विधा में डूब जाना चाहते थे उनके प्रशिक्षण के लिए भी उपाय न था। हद-से-हद वे पुस्तकों का सहारा ले सकते थे। चूँकि यह विधा अपने प्रारम्भिक दौर में थी अतः बहुत सारी और अच्छी पुस्तकें उपलब्ध भी न थीं। ये पुस्तकें द्वितीय विश्वयुद्ध के बाद लिखी गयी थीं और कैसे चित्रों को गति प्रदान की जाये इसकी सामान्य जानकारी प्रदान करती थीं। गिने-चुने ऐनीमेटर थे और उसमें से कितने प्रशिक्षित और पुस्तक लिखने के काबिल थे। कोई बताने वाला न था कि कैसे ऐनीमेशन किया जाये। कोई राह दिखाने वाला न था। वे स्वयं हाथ-पैर फेंक रहे थे। मुट्ठी भर पेंसिलें तेज करके अपने ड्राइंग बोर्ड पर चित्र बनाने बैठ जाते थे। बिना किसी निर्देशक के। चित्रांकन के विषय में यही स्थिति थी और कहानी को लेकर भी स्थिति कोई बहुत उत्साहजनक न थी। उस समय के सारे ऐनीमेशन जाने-पहचाने कॉमिक पट्टियों की सामग्री को अपना विषय बना रहे थे। उनमें बहुत सुरुचि सम्पन्नता न थी। इस दिशा में कोई खास काम नहीं हो रहा था। सच में कहानी कहने का कोई प्रयास नहीं हो रहा था। जब वे काम शुरू करते तो उनके सामने वर्णन करने की कोई योजना न होती। बस वे काम शुरू कर देते। यह स्वतः जिस दिशा में चल पड़ता वही उसकी दिशा हो जाती। शायद कभी-कभी कथानक कुछ वाक्यों में होता। परन्तु कोई विशिष्ट योजना न होती। 1916 तक यह हाल था कि वे लोग अपने सामने न तो कोई मॉडल रखते, न ही कोई स्केच या कुछ और। बस काम करते हुए जो बन जाये सो बन जाता। फलतः इस विधा की नवीनता धीरे-धीरे समाप्त होने लगी। कोई नयी बात नहीं जोड़ी जा रही थी सो दर्शकों के मन से यह उतरने लगा। उनकी रुचि इसमें समाप्त होने लगी। कोई कब तक एक जैसी बातों पर हँस सकता है। पुरानी कहानियों का कब तक मजा लिया जाता। इतना ही नहीं दर्शकों की न केवल इसमें अरुचि होती जा रही थी, बल्कि वे इससे घृणा करने लगे थे। इससे ऊबने लगे थे। एक ऐनीमेटर जब अपने परिवार को अपना काम दिखाने लगा तो थोड़ी देर बाद वे कहने लगे कि यह उन्हें जरा भी अच्छा नहीं लग रहा है।

इतनी कमियों-खामियों के बावजूद ऐनीमेशन में एक बहुत शक्तिशाली

उपपाठ है। एक बहुत पावरफुल सबटेक्ट है। इसके बारे में वैसे तो शुरुआती ऐनीमेटर प्रत्यक्ष रूप से कुछ नहीं जानते थे। हाँ, इसका प्रभाव दर्शकों पर भी पड़ता है। इस क्षेत्र में ज्यादातर लोग लाभ के लिए, पैसे बनाने के लिए आये थे। उस समय मूवीज़ का जो उफान था उस बहती गंगा में हाथ धोने आये थे। अधिकांश में ऐनीमेशन के लिए लगन और आवेश था, कहना कठिन है। वे पत्रकारिता से इस दिशा की ओर मुड़े थे, उनमें रेखांकन के लिए एक खिंचाव था और वे खटना जानते थे। कह सकते हैं कि वे वर्कहोलिक थे। इसमें घण्टों-घण्टों जिस तरह ड्राइंग बोर्ड पर झुके रहना पड़ता है और एक-एक करके तस्वीरें लेनी होती है, उसमें काफी धैर्य की जरूरत होती है, वह इन लोगों में था। इनके पास मजाक करने का माद्दा था। लेकिन एक सनक की तरह उसमें मौलिकता न के बराबर होती। ऐनीमेशन के लिए इन लोगों में कोई खास पैशन न था।

वॉल्ट के पास पत्रकारिता का अनुभव न था लेकिन उस पर रेखांकन का भूत था, वह घण्टों काम कर सकता था और मजाक करना उसकी फितरत में था। प्रतिउत्पन्नमतित्व में वह लाजवाब था। वॉल्ट डिज़्नी का ऐनीमेशन के प्रति लगाव कई कारणों से था। ऐनीमेशन में पैसा था, माध्यम का तकनीकी आकर्षण था, सफलता की उम्मीद थी, लोगों की निगाह में चढ़ने का अवसर था। ये बहुत सारे कारण थे जिनसे खिंचकर तमाम युवा इस क्षेत्र में पदार्पण कर रहे थे। वॉल्ट के लिए भी ये सब आकर्षण थे, मगर इन सबसे बढ़कर एक और कारण था उसका इस विधा में उतरने का, हाथ आजमाने का। वॉल्ट का मनोवैज्ञानिक रूप से ऐनीमेशन से सम्बन्ध था। यह सम्बन्ध उसके बचपन के अनुभवों से बना था। ऐनीमेशन में क्या होता है? क्या करता है ऐनीमेटर? ऐनीमेटर निर्जीव को सजीव में परिणत करता है। यह निर्जीव को जीवन प्रदान करने की प्रक्रिया है। एक तरह से ईश्वर से स्पर्धा। ईश्वर से बराबरी की गुस्ताखी। ऐनीमेटर का अपने विषय पर पूर्ण नियन्त्रण रहता है। ऐनीमेटर में पावर का भाव उदय होता है। दर्शक में भी इस नियन्त्रण के कारण शक्ति का भाव उत्पन्न होता है। वॉल्ट डिज़्नी बचपन के बाद कभी चर्च नहीं गया। उसने धर्म में कोई रुचि नहीं दिखाई। ऐनीमेशन उसका धर्म बन गया। इसमें निहित शक्ति से वह इतना अभिभूत था कि इसने उसके धर्म का स्थान ले लिया। ऐनीमेटर अपनी एक अनोखी दुनिया निर्मित करता है। अपनी कल्पना के बल पर यथार्थ को मनचाहा रूप और मोड़ देता है। इस दुनिया में भौतिकी और तर्कशास्त्र के नियम लागू नहीं होते हैं। वे यहाँ आकर निलम्बित हो जाते हैं। यहाँ ऐनीमेटर के नियम चलते हैं। बाकी नियमों का स्थगन हो जाता है। वॉल्ट ने भी अपनी एक अलग दुनिया बना ली। वॉल्ट ने नैतिकता का पाठ रटते रहने वाले, कठोर, शोषण करने वाले पिता की दुनिया के बरक्स अपनी एक

अलग दुनिया बसा ली। पिता के प्रभाव से बनी दुनिया में उसका दम घुटता था। अब उसके पास ऐसी दुनिया थी जो पूर्णतः उसके नियन्त्रण में थी। जिसे वह अपने मनमाफिक बना सकता था। जिसका वह सर्जक और स्वामी था। ऐनीमेशन की दुनिया में वह खुद पावर था। वह इसमें पूरी तौर पर डूब गया। उसने इस विधा को पूरी तरह हासिल करने का संकल्प कर लिया।

वॉल्ट एक बार किसी काम में लग जाता तो उसे फिर दीन-दुनिया का होश न रहता। इस बार वह ऐनीमेशन में लगा था। उसने इसकी बारीकियों को जानने-समझने में खुद को झोंक दिया। इस विधा को पूर्णरूपेण हासिल करने के लिए उसके आस-पास जो भी उपलब्ध था उसने उन सबका पूरा-पूरा उपयोग किया। लेकिन उसके आस-पास उस समय इस विधा में बहुत कम उपलब्ध था। अग्रणी लोगों के लिए सदा सुविधाओं की कमी होती है। लेकिन यही कमी उनके लिए वरदान साबित होती है। बाद के लोग पका-पकाया पाते हैं, सुविधाओं का उपयोग करते हैं। किसी काम में सर्वप्रथम जो लोग हाथ डालते हैं, उन्हें तमाम कठिनाइयों का सामना करना पड़ता है। इसी कारण वे तमाम नये प्रयोग करते हैं और उस विधा की राह तैयार करते हैं। अपने इन्हीं संघर्षों के कारण वे इतिहास में अमर हो जाते हैं। ऐनीमेशन में वॉल्ट की यही स्थिति थी। उस समय कैंसास सिटी के पुस्तकालय में इस विषय पर मात्र एक पुस्तक उपलब्ध थी। एडविन जी. लुट्ज़ की किताब का शीर्षक काफी लम्बा था, **'ऐनीमेटेड कार्टून्स : हाऊ दे आर मेड, देयर ओरिज़िन एण्ड डेवलपमेण्ट'**। वॉल्ट न केवल इस किताब को ले आया उसने इसे पूरा पचा डाला। यह किताब उसी समय प्रकाशित हुई थी। मॉडर्न इंडस्ट्रियल ऐनीमेशन के लिए बाइबिल मानी जा रही थी। लुट्ज़ ने न्यूयॉर्क की नवीनतम तकनीकी को कैंसास जैसे पिछड़े इलाके के लिए सुलभ करवा दिया था। इसमें विस्तार से बताया गया था कि कैसे सेल्यूलाइड की एक शीट पर पृष्ठभूमियों को बनाकर उन्हें ऐनीमेटेड एक्शन के ऊपर रख सकते हैं। उसने यह भी बताया कि कैसे एक ख्यात ऐनीमेटर ने लाइटबॉक्स के ऊपर पेपर को स्थिर रखने के लिए दो खूँटियों का प्रयोग किया। इस प्रकार एक एक्शन का आरम्भ और अन्त पहले रेखांकित कर सकते हैं और बाद में बीच के चित्रों को बना सकते हैं, जैसे न्यूयॉर्क के अधिकतर पेशेवर चित्रकार लोग करते थे। बीच के चित्रों को एक **'ट्रेसर'** भर सकता है। यदि एक पेपर के ऊपर दूसरा पेपर सटीक नहीं रखा गया तो इससे चित्र में धुँधलापन आ जायेगा।

हालाँकि बाद में वॉल्ट ने इस किताब को बहुत महत्त्व नहीं दिया उसके अनुसार यह उतनी काम की नहीं थी। इतना ही नहीं उसका यह इल्जाम था कि पैसे बनाने के लिए लुट्ज़ ने यों ही इधर-उधर से बातें इकट्ठी करके किताब बना

ली थी। लेकिन उस समय वह इसमें डूबा हुआ था। उसे इसकी एक-एक बात आँख खोलने वाली लग रही थी। इनको वह प्रयोग करके देख रहा था। स्लाइड कम्पनी में पुराने तरीके से काम हो रहा था। वॉल्ट भी वहाँ कटआउट विधि का प्रयोग कर रहा था। जिसमें अंग गतिमान रखे जाते थे। उसने खुद सेल ऐनीमेशन का प्रयोग प्रारम्भ कर दिया था। सेल ऐनीमेशन यानी की सच का ऐनीमेशन। इसी बीच स्लाइड कम्पनी के एक कर्मचारी मेकोरी ने कम्पनी छोड़ दी और न्यूयॉर्क में ऐनीमेशन का अपना स्कूल चलाने लगा। वह बराबर कैंसास सिटी आता रहता। इस व्यक्ति मेकोरी को लोग **'स्कारफुट'** के नाम से जानते थे। वॉल्ट बराबर उसके सम्पर्क में था और उससे काफी कुछ सीख रहा था। न्यूयॉर्क के एक प्रसिद्ध ऐनीमेटर बिल नोलन के स्कूल से पत्राचार द्वारा शिक्षा ग्रहण करने का विचार भी वॉल्ट के मन में था। उसने स्लाइड कम्पनी के अपने साथियों के साथ कैंसास सिटी आर्ट संस्थान में पुनः जाना प्रारम्भ किया।

अपने काम की गुणवत्ता बढ़ाने के लिए वह लगातार गति और तकनीकि दोनों का अध्ययन कर रहा था। हिलबिली को एक विज्ञापन का काम मिला था जिसमें उसे पशुओं खासतौर पर ग्रेहाउण्ड की चाल की फोटोग्राफी की गति को पकड़ना था। हिलबिली का यह विज्ञापन उसके जीवन का श्रेष्ठ विज्ञापन साबित हुआ। यह पुस्तकालय से जानवरों की गति से सम्बन्धित एडॅवियर्ड मोयब्रिज़ की फोटोग्राफी की एक किताब ले आया था। वॉल्ट उसे भी चाट गया। उसने पूरी किताब की फोटोकॉपी बनाकर अपनी लाइब्रेरी में इजाफा किया। वह अपने काम से सन्तुष्ट न था और सीखना, और प्रयोग करना चाहता था। वॉल्ट अध्यवसायी था। निरन्तर काम करने वाला। कभी न थकने वाला। स्लाइड कम्पनी में घण्टों रेखांकन, अपने गैराज में रेखांकन और कैमरे से प्रयोग, आर्ट स्कूल में अध्ययन, किताबें पढ़ना, जानकार लोगों से सीखना। वॉल्ट की जिज्ञासा का अन्त न था। उसमें अदम्य उत्साह, गजब की शक्ति थी। उस समय वह ऐनीमेशन के पीछे पागल था।

स्लाइड कम्पनी अब अपनी नयी इमारत 2449 शारलोट स्ट्रीट में आ गयी थी। यहाँ स्थान ज्यादा था। इस इलाके को हॉस्पिटल डिस्ट्रिक कहा जाता था। उसका नाम बदलकर अब **'कैंसास सिटी फिल्म एड कम्पनी'** हो गया था। इससे स्पष्ट पता चलता था कि अब कम्पनी का व्यापार स्लाइड से फिल्म की ओर परिवर्तित हो गया। वॉल्ट ने अपने उत्साह में भरकर कम्पनी के अधिकारी कौगर को सुझाव दिया कि क्यों न वे लोग सेल ऐनीमेशन का प्रयोग करें। कौगर ठहरा परम्परावादी उसे इन नयी-नयी बातों में कोई रुचि न थी। उसने वॉल्ट के प्रस्ताव को ठुकरा दिया। वॉल्ट ने हताश और निराश होना न जाना था। जब कौगर ने उसकी बात न सुनी तो उसने एकला चलो रे की तर्ज पर स्वयं ही इस दिशा में आगे बढ़ने

का निश्चय कर लिया। एक बार जब उसने निश्चय कर लिया तो काम आगे बढ़ाने के लिए उसे सहायकों की आवश्यकता हुई। उसने फिल्म एड कम्पनी के अपने एक सहकर्मी ह्यू हरमन के बड़े भाई फ्रेड हरमन को अपने सहायक के रूप में नियुक्त किया। दोनों ने मिलकर **'द लिटिल आर्टिस्ट'** नाम से एक ऐनीमेशन तैयार किया जिसमें एक कलाकार और उसका फलक सजीव होते हैं। यह उसके सीखने का एक अंग था। मगर वह इतने से सन्तुष्ट न था। उस पर पागलपन सवार था। वह बहुत महत्त्वाकांक्षी था। और ऐसे लोग कभी कहीं रुकते नहीं हैं। आगे और आगे बढ़ते रहते हैं। वॉल्ट आगे बढ़ता गया। लुट्ज ने अपनी किताब में बताया था कि यदि कोई ऐनीमेटर अपने व्यापार में सफल होना चाहता है तो उसे अपने व्यंग्य में तत्कालीन परिस्थितियों को पकड़ना होगा। वक्त की नब्ज पकड़नी होगी। इससे काम में विभिन्नता बनी रहेगी और दर्शक बँधे रहेंगे। बात वॉल्ट को समझ में आ गयी। वह हरमन के संग मिलकर पहले ही **'कैंसास सिटी जरनल स्क्रीन रिव्यू'** नामक फिल्म बना चुका था। इसे वह फिल्म में अनुलग्न करके अखबार की लोकप्रियता बढ़ाना चाहता था। इससे उसे खास लाभ नहीं हुआ। मगर उसे लुट्ज की बात जँच गयी थी अतः वॉल्ट ने लघु सम्पादकीय कार्टून बनाने पर अपना हाथ आजमाने की सोची। उसने सोचा वह इन फिल्मों को न्यूमैन के तीन थियेटर को बेचने का प्रयास करेगा। वह पहले रूबिन-पेसमेन के लिए काम कर चुका था।

पता नहीं यह किसका आइडिया था कि पेसमेन के पास जाया जाये पर वे लोग गये और नतीजा उम्मीद से बढ़कर निकला। जैसा कि बाद में पेसमेन स्वयं स्मरण करता था। एक दिन वॉल्ट ने उसे कार्टून देखने के लिए आमन्त्रित किया। ये हास्य कार्टून कैंसास सिटी की स्ट्रीट कार सेवा की धीमी गति से सम्बन्धित थे। इनमें से एक कार्टून में दिखाया गया था कि एक स्त्री गाड़ी का इन्तजार कर रही है और इन्तजार करते-करते उसके कपड़ों पर डेजी खिलनी शुरू होती है और जब तक गाड़ी आती है उसकी पूरी पोशाक डेजी फूलों से भर चुकी थी। एक और कार्टून में जब तक ट्रॉली आती है एक आदमी की लम्बी दाढ़ी उग चुकी होती है। पेसमेन दिल खोलकर हँसा। उसने सुझाया कि इन कार्टूनों को उसके एक पुराने ग्राहक फ्रैंक एल. न्यूमैन को दिखाना चाहिए। न्यूमैन उस समय कैंसास सिटी का बड़ा शोमैन था। इलियास डिज़्नी तक उससे प्रभावित था। न्यूमैन देखने और प्रभाव दोनों में बड़ा था। शारीरिक रूप से वह मोटा-तगड़ा आदमी था। उसके बाल काले और सिर पर पीछे को सींटे रहते थे। बड़े जबड़े वाले इस आदमी की नाक काफी ऊँची और नुकीली थी। यह न्यूमैन थियेटर शृंखला का मालिक था। उसके थियेटर उस जमाने में महल से कम न थे। मुख्य सड़क पर बना उसका

एक थियेटर एक हजार सीटों वाला था। इसमें प्रवेश द्वार से स्टेज तक एक सौ फीट से ज्यादा का स्थान था तथा छत की ऊँचाई पचहत्तर फीट थी। सारा-का-सारा थियेटर इटालियन रेनेशाँ स्टाइल में बना था। पूरा फर्श या तो तेराज़ो या फिर सफेद संगमरमर का था। ये सारी विशेषताएँ थियेटर की **'न्यूमैन थियेटर मैगजीन'** में विस्तार से लिखी होती थीं। इसका एक रेस्टरूम भी था जो मैगजीन के अनुसार लुई पन्द्रहवें के रेस्टरूम जैसा था और जाहिर है ऐसा सुन्दर रेस्टरूम अपने आप में अकेला था। इसके जोड़ का कहीं और बना नहीं था। इसी खूबसूरत और अनोखे थियेटर में न्यूमैन को वॉल्ट अपने कार्टून दिखाने पहुँचा।

बीस साल का वॉल्ट डिज़्नी 1921 में अपने कार्टून लिये इस थियेटर में पहुँचा। वह इन्हें न्यूमैन को दिखाना चाहता था। उसने अपने कार्टूनों को नाम दिया था—**'न्यूमैन लाफ ओ ग्राम्स'**। उस दिन क्या और कैसे हुआ इसके बारे में बाद में वॉल्ट अपनी आदत के अनुसार दो संस्करण सुनाया करता। एक खूब नाटकीय संस्करण हुआ करता। दूसरा कम नाटकीय होता। वैसे दोनों नाटकीय होते थे। आखिर वह कलाकार था। एक कहानी के अनुसार वॉल्ट ने न्यूमैन के मैनेजर मिल्टन फेल्ड को रील दिखाई और उन्हें देखते ही उसने खरीदने के लिए हामी भर दी। यह मिल्टन फेल्ड आगे चलकर हॉलीवुड प्रोड्यूसर और सर्कस को बढ़ावा देने वाला बना। न्यूमैन वैसे भी व्यस्त आदमी था, अतः वॉल्ट का ज्यादातर सम्पर्क उसके मैनेजर से ही होता था। यह बात बरसों बाद वॉल्ट ने खुद न्यूमैन को लिखी थी। लेकिन दूसरे कथानक के अनुसार थियेटर में उस समय न्यूमैन खुद उपस्थित था। उसकी सीट के पीछे बैठा वॉल्ट खुद बहुत नर्वस था। प्रोजेक्शन के बाद न्यूमैन पीछे घूमा और उसने वॉल्ट से पूछा कि क्या इन्हें उत्पादित करना खर्चीला होगा। और खुशी से पागल वॉल्ट के मुँह से निकल गया कि वह इन्हें तीस सेन्ट प्रति फुट के हिसाब से बना देगा। वह भूल गया कि जो राशि वह बता रहा है वह मात्र लागत पर खर्च हो जायेगी। उसने अपने लाभ की बात सोची नहीं थी। यह बात उसे इस बातचीत के एक घण्टे के बाद ध्यान में आयी। न्यूमैन कार्टून और उस पर आने वाले खर्च से इतना सन्तुष्ट था कि उसने वॉल्ट से उसी क्षण कहा कि वह जितने **'लाफ ओ ग्राम्स'** बना सकता है बनाये, वह इन्हें खरीद लेगा। इस करार को सुनकर वॉल्ट सातवें आसमान पर जा पहुँचा। उसके पैर जमीन पर नहीं पड़ रहे थे। जब एक घण्टे बाद उसे सच्चाई का भान हुआ होगा तो अवश्य वह जमीन पर उतर आया होगा। फिर भी यह उसकी एक बहुत बड़ी सफलता थी। उसने अपने बल पर कमाल कर दिखाया था। आखिरकार वह एक ऐनीमेटर बन चुका था। उसका सपना पूरा हुआ था। वैसे यह स्पष्ट है कि वह यहीं रुकने वाला नहीं था। वह रुका नहीं।

नमूने की रील न्यूमैन थियेटर में 20 मार्च, 1921 को दिखाई गयी थी। शुरू

के कुछ महीनों तक अनियमित रूप से वह न्यूमैन को कार्टून देता रहा। मगर यह कोई हल नहीं था। साख बनाये रखने के लिए समय पर काम देना जरूरी था। लेकिन फिल्म एड कम्पनी में नौकरी करते हुए अपने **लाफ ओ ग्राम्स** बनाना इतना आसान न था। **लाफ ओ ग्राम्स** बनाना समय की माँग करता है और वॉल्ट के पास समय कहाँ था। अब उसे एक निश्चित समय पर रील न्यूमैन को देनी थी। अतः वॉल्ट ने सहायक रखने की बात सोची। सहायक चाहिए थे मगर उन्हें देने को पैसे कहाँ थे। सो वॉल्ट ने एक तरकीब निकाली। उसने सहायक और अपरेंटिस के लिए अखबार में विज्ञापन निकाल दिया। उसमें लिखा कि काम करने वालों को पैसे नहीं मगर अनुभव मिलेगा। उसके विज्ञापन के उत्तर में हाईस्कूल के एक छात्र ने आवेदन किया। उसके अनुसार वह ऐनीमेशन के विचार से अभिभूत था। इस रूडी आइसिंग ने वॉल्ट के सहायक के पद पर गैराज में काम करना प्रारम्भ किया। लाफ ओ ग्राम्स के लिए वॉल्ट **'लाइटिंग स्केचेज'** प्रणाली का प्रयोग कर रहा था। लुट्ज के सुझाव को ध्यान में रखते हुए वह पहले हल्की नीली पेंसिल से चित्र बनाता जो ऑर्थोक्रोमाटिक फिल्म पर रजिस्टर नहीं होती है। वॉल्ट इसी फिल्म का प्रयोग कर रहा था। इतना काम होने के बाद रूडी रेखाओं में रंग भरता। इस रंग भरने के लिए वह वॉल्ट के हाथ के फोटोग्राफ का प्रयोग करता, क्योंकि असली हाथ कैमरे और रेखांकन के बीच मोटा होने के कारण काफी स्थान घेर लेता। वह रुकता, फोटो लेता, रुकता और फिर शूट करता ताकि जब फिल्म को निरन्तर चलाया जाये तो आकृतियाँ ऐसी लगें मानो हाथ तेजी के साथ रेखांकित कर रहा है। अप्रशिक्षित और युवा वॉल्ट से बहुत उच्चकोटि के लाफ ओ ग्राम्स की उम्मीद नहीं थी। लेकिन उसका रेखांकन कुशलता लिये होता था। उसने न केवल स्ट्रीटकार पर छींटाकशी की बल्कि सड़क की बुरी हालत, नये आये फैशन, पुलिस स्कैण्डल को भी अपना निशाना बनाया। उसने पुलिस वालों को पहले एक अहाते में घुसते दिखाया, फिर उन्हें जेल की पोशाक में निकलते दिखाया। इन सबसे फेल्ड बहुत प्रसन्न था। उसने वॉल्ट से कहा कि वह आने वाले आकर्षणों के लिए शीर्षक तैयार करे तथा सालाना उत्सव के लिए भी काम करे। उसने एक और काम किया। अब ऐनीमेशन के शो प्रोग्राम से पहले दिखाने की व्यवस्था की। इसे थियेटर की सटीक आधिकारिक व्यवस्था में शामिल कर दिया। इस प्रोत्साहन से वॉल्ट की हिम्मत बढ़ गयी। उसने एक कार्टून में एक प्रोफेसर को सिनेमा जाने वालों को कहते दिखाया कि वे टाइटिल्स जोर से न पढ़ा करें। यदि वे ऐसा करते तो प्रोफेसर लकड़ी का एक बड़ा हथौड़ा उनके सिर पर ठोंकता। शायद उस समय की इस छोटे शहर की जनता सिनेमा के शीर्षक जोर-जोर से पढ़ा करती थी। अधिकांश दर्शक बहुत पढ़े-लिखे नहीं होते थे।

इन क्रूर और सीधे-सादे कार्टून को जब कैंसास सिटी के सर्वोत्तम थियेटर में दिखाया जाने लगा तो लोगों का ध्यान इन पर जाना निश्चित था। इन लाफ ओ ग्राम्स से वॉल्ट को आर्थिक लाभ भले न हुआ हो, लेकिन उसे इससे ज्यादा वह मिला जिसके लिए उसके भीतर सदा से ज्यादा भूख थी। उसे लोगों का ध्यान मिला। लोग उसे जानने-पहचानने लगे। वह इससे भी मगन था। उसके अनुसार वह थोड़ा सेलीब्रेटी बन गया था। जब भी उसे लोगों का ध्यान मिलता वह प्रसन्न रहा करता था। चाहे वह स्कूल हो अथवा नाई की दुकान या फिर दूसरे स्थानों पर। नतीजन उसके पुराने परिचित उसे लाफ ओ ग्राम्स बनाने वाले के रूप में जानने लगे। यहाँ तक कि फिल्म एड कम्पनी में भी उसका बॉस अब लोगों से उसका परिचय लाफ ओ ग्राम्स के कलाकार के रूप में कराने लगा। वैसे इसके पीछे कौगर का मकसद अपने लिए ग्राहक खोजना था। वह वॉल्ट से रील उधार लेकर अपने ग्राहकों को दिखाता और तो और उसने वॉल्ट की तनख्वाह बढ़ाकर साठ डॉलर प्रति सप्ताह कर दी। लाफ ओ ग्राम्स से भले आर्थिक लाभ न हो रहा हो फिल्म कम्पनी से यह हुआ।

पहचान, प्रोत्साहन का नतीजा यह हुआ कि उसने प्रयोग करने की ठानी। अब वह सजीव एक्शन के साथ खेलने लगा। इसका एक और भी कारण था। सजीव एक्शन का उत्पादन ऐनीमेशन की अपेक्षा सस्ता तथा आसान था। हरमन और वह दोनों मिलकर इस प्रयोग में जुट गये। वैसे उनके ये प्रयोग बहुत प्रोफेशनल न थे। वे दोनों युवा थे और उनके ज्यादातर प्रयोग बचकाने थे। जैसे उन्होंने दिखाया कि वॉल्ट एक दरवाजे में घुसता है जिस पर लिखा है, 'कार्टूनिस्ट की आवश्यकता है' उसके पीछे युवाओं की लम्बी लाइन है। लेकिन वे देखते हैं कि एक आदमी आकर तख्ती को उतार देता है। या फिर एक औरत और उसकी छोटी लड़की खेल रही है फिर वे बग्गी में गुड़िया रखकर चलती हैं। एक कार्टून में उसने अपनी भतीजी से काँच की एक बोतल तुड़वा दी, इसे वॉल्ट ने उल्टा दिखाया जिससे लगता कि बोतल दोबारा वापस जुड़ गयी। एक अन्य कार्टून में वॉल्ट और उसके दोस्त कैंसास सिटी पार्क में ताश खेल रहे हैं। एक में दिखाया कि एक युवती अपनी स्टॉकिंग्स उतारती है और फिर अपने पैर पानी में डालती है। ऐसे ही छोटे-मोटे प्रयोग वह सजीव एक्शन के रूप में कर रहा था।

इन संघर्षों और इनसे मिली तनिक-सी सफलता से वॉल्ट की महत्त्वाकांक्षा छलाँग भरने लगी। उसके मन में शुरू से ही अपने स्टूडियो की आकांक्षा थी अब वह जोर मारने लगी। वैसे देखा जाये तो अभी इसके लिए उसके पास साधन न के बराबर थे। अभी तक वह केवल एक-दो मिनट के लाफ ओ ग्राम्स बना रहा था। अब वह इससे लम्बे छः-सात मिनट के कार्टून बनाना चाहता था। एक बार

फिर उसने अपने बॉस को इस काम के लिए पटाना चाहा ताकि फिल्म कम्पनी के बैनर तले ही वह बड़े लम्बे कार्टून बना सके। लेकिन कौगर ठहरा दकियानूसी, उसे सेल ऐनीमेशन पर अभी भी विश्वास न था। उसे एड फिल्मों से पर्याप्त लाभ हो रहा था अतः कौगर ने एक बार फिर वॉल्ट की योजना से असहमति जताई। उसे इनकार कर दिया। कौगर ने वॉल्ट को अपनी कम्पनी के बैनर तले कार्टून बनाने से इनकार कर दिया, लेकिन उसने बेकार हो गयी एक सौ सेल्यूलाइड शीट्स का ऑर्डर दिया ताकि वॉल्ट अपने प्रयोग कर सके। इतना ही नहीं उसने फिल्म एड कम्पनी से थोड़ी दूरी पर एक पहाड़ी पर खाली पड़े एक मकान को किराये पर स्टूडियो के रूप में इस्तेमाल के लिए ले लिया। अब कम्पनी का काम समाप्त करके और जब भी काम से समय मिले वह इस स्टूडियो में जाकर अपना काम चालू रख सकता था।

यहाँ वह केवल प्रयोग नहीं कर रहा था। अपने स्वतन्त्र व्यापार की योजना भी बना रहा था। उसने फिल्म एड के अपने काम से अपनी स्कीम पर अनुदान लेने का विचार किया। अब वह रूडी को वेतन दे रहा था। उसके पास तीन सौ डॉलर की पूँजी जमा हो गयी थी। उसने उस साल पतझड़ में एक यूनिवर्सल कैमरा तथा एक तिपाई खरीदी और सहायक ऐनीमेटर के लिए विज्ञापन दे दिया। इस बार उसने विज्ञापन में अनुभव के साथ वेतन देने की बात कही। लेकिन शर्त थी कि प्रोजेक्ट सफल होगा तब वेतन दिया जायेगा। उन्हें नये स्टूडियो में काम मिलने का लालच भी दिया गया। जिनकी ड्राइंग में रुचि थी ऐसे कई लोग रात को उसके घर पर रुकने और सहायता करने लगे। इस बीच फ्रेड हरमन ने भी फिल्म एड कम्पनी में अपने भाई और वॉल्ट के संग काम करना शुरू कर दिया। वैसे अभी वह वॉल्ट के साथ भी काम कर रहा था। दोनों ने मिलकर एक सेकेण्डहैण्ड मॉडल टी खरीदा और नये यूनिवर्सल कैमरे से खबरों की शूटिंग के लिए घूमने लगे। वे खबरों के फुटेज बनाते। दोनों का दूरदर्शी इरादा पैसे और नाम कमाना था। संयोग से उन्हें काम मिल गया। अक्टूबर-नवम्बर में अमेरिकन लीग कंवेन्शन होना था। उसी की कवरेज का काम उन्हें मिल गया। वॉल्ट के एक मित्र के पिता का ऑफिस ऐसे स्थान पर था जहाँ से वे शूटिंग कर सकते थे। लेकिन वॉल्ट पर कभी-कभी जुनून सवार होता था। उसे अचानक सूझा क्यों न कंवेन्शन के फोटोग्राफ ऊपर से लिये जायें, बस आनन-फानन में उसने एक जहाज किराये पर लिया और चल दिया ऊपर से शूटिंग करने। पता नहीं कैसे उसने फिल्म अण्डर एक्पोज्ड कर दी और नतीजे में कुछ हासिल न हुआ। फिल्म खाली रह गयी। हरमन को सदा के लिए अफसोस रहा कि उनके फटाफट धनी बनने का स्वप्न इस तरह धराशायी हो गया। वॉल्ट को ज्यादा फर्क नहीं पड़ा। उसके विशाल स्वप्न में ऐसे

छोटे-मोटे हादसों पर बैठकर रोने के लिए वक्त न था। ये तो उसकी एक्स्ट्राकरिकुलर एक्टिविटीज थीं।

उसकी आकांक्षाएँ और बढ़ रही थीं। उसी वर्ष जून में न्यूयॉर्क के ऐनीमेटर पॉल टेरी ने **'इसप की कहानियों'** पर आधारित **'टेरी फेबल्स'** बनायी थीं। उन्हीं से प्रभावित होकर वॉल्ट ने एक कदम आगे की बात सोची। उसने सोचा कि वह इन कहानियों को आधुनिक परिप्रेक्ष्य में प्रस्तुत करेगा और उन्हें तत्कालीन ढाँचे में ढालेगा। उसने **'रेड राडिंग हुड'** बनाने का प्रस्ताव रखा। उसकी परियों की कहानियों में यही पहली ऐनीमेटेड फिल्म थी हालाँकि एक दूसरी फिल्म उसके उद्घाटन में सूचीबद्ध है। यह स्पष्ट नहीं है कि उसने **'रेड राइडिंग हुड'** पहले बनायी या **'द फोर म्यूजिशियन'** म्यूजिशियन ब्रदर ग्रिम की **'द म्यूजिशियन ऑफ ब्रेमेन्टाउन'** पर आधारित थी। इसी के साथ उसने लाफ ओ ग्राम्स की तर्ज पर चुटकुलों और कमेन्ट्रीज की एक रील बनायी जिसे उसने **'लाफलेट्स'** नाम दिया। उसके सब सहकर्मी युवा और अनुभवहीन थे। वह खुद कम्पनी से बचे अपने समय में ही अपना काम कर सकता था, इसलिए उसे फेयरी टेल बनाने में छः महीने का समय लग गया। 1922 के बसन्त में जाकर यह पूरी हुई। वॉल्ट ने तत्काल इसे बेचने का प्रयास किया। उसके एक मित्र ने स्थानीय फिल्म वितरक से उसे सहायता दिलवायी। इस बीच वह अपने मॉडल टी के साथ मिसौरी और कैंसास के अन्य थियेटर में विज्ञापन फिल्में बनाने के लिए अपनी सेवाएँ देने की बात करता घूमने लगा। जैसा कि वह कौगर के लिए कर रहा था। वह रात-दिन प्रयास में जुटा था। दूसरों की नौकरी बजाना उसकी फितरत में न था। बहुत दिन दूसरों के लिए काम करना उसे गँवारा न था।

मगर कौगर को इसकी भनक लग गयी। उसे शक पड़ गया कि वॉल्ट उसका प्रतिस्पर्धी बन सकता है। वॉल्ट ऐसा कर रहा था। इन यात्राओं में फ्रेड हरमन सदा उसके संग था। हरमन के अनुसार उन्हें सफलता नहीं मिल रही थी, लेकिन वॉल्ट अपने स्वभाव के अनुसार निराश नहीं था। इसके विपरीत वह जरा ज्यादा ही उत्साहित नजर आता था। उसे पक्का विश्वास था कि अपने फेयरी टेल्स के लिए उसे वितरक मिल जायेगा और शीघ्र ही वह अपना स्टूडियो पूर्णकालीन रूप से चला रहा होगा। अभी यह सब आकाश कुसुम था पर फिल्म एड कम्पनी छोड़ने पर वह गम्भीरता से विचार करने लगा।

जैसी कि उम्मीद थी वॉल्ट को उसके पिता ने सलाह दी कि वह व्यापार की बात न सोचे। इलियास स्वयं जीवन भर असफल रहा। एक असफल व्यक्ति से किसी और को उत्साह प्रदान करने की बात सोची नहीं जा सकती है। पिता ने कहा, यदि तुम व्यापार में उतरोगे तो पक्का है कि दिवालिया हो जाओगे। पिता

की निराशाजनक बातों से वॉल्ट का उत्साह कम नहीं हुआ। और सदा की तरह आगे बढ़कर उसके बड़े भाई रॉय ने उसका उत्साहवर्धन किया। बहुत पहले से रॉय अपने छोटे भाई-बहन के लिए अभिभावक की भूमिका निभाता आ रहा था। पहले वह उनके लिए खिलौने, मिठाई लाता था। उन्हें पिक्चर दिखाया करता था। पिता की कंजूसी की भरपाई वह अपने तईं करता रहता था। उसने ही वॉल्ट को सलाह दी थी कि पिता की मार से बचने का प्रयास करे और उसी का परिणाम था कि वॉल्ट मारने से अपने पिता को सदा के लिए रोक पाया। इस बार भी रॉय ने आगे बढ़कर उसकी हौसला आफजाई की। नौकरी छोड़ने के और व्यापार प्रारम्भ करने के उसके निर्णय को उचित ठहराया। वॉल्ट अपना मन बना चुका था वह उसके अनुसार बदल रहा था। फिल्म एड कम्पनी में रहते हुए ही उसने एक आँख पर शेड पहनना और पाइप पीना शुरू कर दिया था। एक बार शुरू करके वह सदा धूम्रपान करता रहा। डॉक्टर के मना करने के बावजूद। बीस साल के वॉल्ट में इतनी आत्मनिर्भरता थी कि यदि सारी दुनिया मना करती तब भी वह अपना सोचा हुआ करता। अभी तो भाई उसके संग था।

वह अपना सारा ध्यान अपने व्यापार को देने लगा। अखबार में लेख निकाले, विज्ञापन निकाले। लाफ ओ ग्राम्स फिल्म्स के नाम से मिसौरी के राज्य सचिव से एक सर्टिफिकेट भी मिल गया। वह अभी कम्पनी चलाने के लिए नाबालिग था, कानूनी रूप से कॉरपोरेट ऑफिसर नहीं बन सकता था। लेकिन उसने स्वयं को कम्पनी के प्रेसीडेण्ट के रूप में निबन्धित कराया। **'स्क्रीन इंडस्ट्रियल तथा कमर्शियल विज्ञापन और प्रत्येक प्रकार की मोशन पिक्चर का स्वामित्व रखना, बनाना, उत्पादित करना, खरीदना, लीज पर देना, बेचना, रिलीज करना, वितरण करना'** जैसे उद्देश्य उसके एसोसिएशन के निबन्धन में थे। इतना ही नहीं उपकरणों को उधार देना, एक फोटो लैब चलाना भी अब उसके अधिकार क्षेत्र में था। अभी उसे इस विकसित होती विधा में आये दो साल नहीं हुए थे पर वह अब अपनी कम्पनी का खुद मुख्तार था। अब उसका अपना ऐनीमेशन स्टूडियो था। उसकी कल्पना साकार हो रही थी। उसके स्वप्न यथार्थ का ठोस रूप धारण कर रहे थे।

वॉल्ट को लोगों के साथ रहना अच्छा लगता था। वह स्वभाव से मिलनसार व्यक्ति था। यूथचारिता उसे भली लगती थी। अकेलापन शाप जैसा लगता था। अपना स्टूडियो जब उसने खड़ा किया तो ऐनीमेशन निर्मित करना, नाम कमाना, पैसे बनाने के साथ उसका उद्देश्य समान रुचि वाले लोगों के समाज में रहना भी था। वह सामाजिक जीव था। उसे अपने आस-पास लोग चाहिए होते थे। इससे उसे शक्ति का और भाईचारे का भान होता था। शक्ति और सत्ता के बिना वॉल्ट की कल्पना नहीं की जा सकती है। पिछले कुछ सालों से वह अपने भाइयों रॉय,

हर्बर्ट, हर्बर्ट की पत्नी लूसी और उनकी बेटी डोरोथी के साथ 3028 बेलेफोण्टाइन के घर में रह रहा था। यह उसके बचपन का पुराना दो-मंजिला घर था। बाद में वह कुछ समय इलियास, फ्लोरा और रूथ के साथ रह रहा था। मगर यह स्थायी न था। अब घर के सदस्य इधर-उधर बस रहे थे। नौ सेना से लौटने के बाद से रॉय लगातार बीमार था। डॉक्टर ने उसे टांसिल्स निकलवाने की सलाह दी। काम का नुकसान न हो यह सोचकर हर्बर्ट ने सलाह दी कि वह एक डॉक्टर जानता है जो खाने की छुट्‌टी में ऑपरेशन कर देगा। फिर लंच ब्रेक के बाद वह काम पर लौट सकेगा। मगर सस्ता रोये बार-बार। यह डॉक्टर नीम हकीम था। उसने ऑपरेशन कर दिया मगर खून रुकने का नाम न ले। रॉय सड़क पर चलता जाये और खून बहता जाये। उसके एक सहकर्मी ने देखा तो वह उसे घर लेकर आया। मगर खून बन्द न हुआ, अन्ततः उसे अस्पताल में भर्ती कराया गया। अस्पताल में जाँच हुई। एक्स-रे से ज्ञात हुआ कि उसके फेफड़े पर दाग है। डॉक्टर ने इसे टी.बी. बताया। रॉय को पक्का यकीन था कि उसे यह बीमारी अवश्य सेना में रहते हुए लगी है। अतः उसने प्रशासन से सम्पर्क किया। उन्होंने उसे अक्टूबर 1920 में न्यू मैक्सिको के सान्ता फे सेनीटोरियम में भेज दिया। मगर वहाँ का मौसम उसे रास नहीं आया। वहाँ बहुत ज्यादा सर्दी थी। उसे न्यू मैक्सिको से एरीज़ोना के टक्सन में भेज दिया गया। रॉय ने अपने जीवन की आशा छोड़ दी थी वह अपने बचे-खुचे दिन एरीज़ोना में नहीं काटना चाहता था। उसने वहाँ से कैलिफोर्निया जाने का निश्चय किया और अपने अन्तिम दिन वहीं बिताने की सोची। मगर तब किसने सोचा था कि यही रॉय वॉल्ट को उसके जीवन भर सहारा देगा और उसके बाद भी जीवित रहेगा। यह सब बाद की बातें हैं, लेकिन अभी वॉल्ट रॉय के चले जाने से एक तरह से बेसहारा हो गया। रॉय के बाद परिवार के अन्य सदस्य भी अलग-अलग स्थानों को चले गये। वॉल्ट अकेला रह गया।

हर्बर्ट ने पोस्ट ऑफिस में मेडिकल ग्राउण्ड पर ओरेगॉन के पोर्टलैण्ड जाने के लिए आवेदन कर दिया। उसे भी उसके फेमिली डॉक्टर ने स्थान परिवर्तन के लिए कहा था। असल में इलियास की बहन जोसेफिन अपने परिवार के साथ पहले से ही पोर्टलैण्ड में रह रही थी। शायद इसीलिए हर्बर्ट ने वहाँ जाने की सोची। वह लूसी और डोरोथी के साथ जुलाई, 1921 में कैंसास सिटी छोड़कर पोर्टलैण्ड चल दिया। उसी साल इलियास, फ्लोरा और रूथ भी कैंसास सिटी की सर्दियों से तंग आकर हर्बर्ट के पास रहने चल दिये। वॉल्ट अब निपट अकेला था जो उसे किसी भी हालत में गँवारा न था। वॉल्ट उन लोगों को विदा करने स्टेशन गया पर वह मानसिक और भावात्मक रूप से बहुत परेशान था। उसने किसी से कुछ कहा नहीं, मगर ट्रेन चलने के पहले ही वह वहाँ से हट गया।

उसकी बहन ने देखा कि उसका चेहरा बदल गया था। वह बहुत परेशान नजर आ रहा था।

वह अकेलेपन से किसी तरह छुटकारा पाना चाहता था। अकेला घर उसे काट खाने को दौड़ता। जब इलियास और फ्लोरा गये तो उन्होंने घर भी बेच दिया। अब वॉल्ट जगह-जगह मारा-मारा फिर रहा था। वह कई बोर्डिंग हाउस में रहा। इनमें उसके जैसे ही छुट्टे-छड़े रहा करते थे। कुछ दिन वह कौगर के भतीजे मैरिओन के साथ एक सजे-सजाये घर की परछत्ती में रहा। कौगर का यह भतीजा उसी की कम्पनी फिल्म एड कम्पनी में काम करने आया था। मगर वॉल्ट जो पारिवारिक सौहार्द, प्रेम, लगाव चाह रहा था वह उसे कहीं नहीं मिल रहा था। वह संग-साथ के लिए परेशान था। सो अपना अकेलापन दूर करने के लिए उसने **'ऑर्डर ऑफ डीमोले'** की सदस्यता ग्रहण की। अन्तिम नाइट्स टेम्पलर के नाम डीमोले के नाम पर आधारित यह संस्था कैंसास सिटी में पिछले वर्ष ही 1919 में स्थापित हुई थी। यह युवा लोगों की संस्था थी, जिसे होटल चलाने वाले और फ्री मेसन के अधिकारी अट्ठाइस साल के एक युवक फ्रैंक लैण्ड ने इस शहर में प्रारम्भ किया था। फ्रैंक लैण्ड को उसके सब सदस्य **'डैड'** कहा करते थे। वॉल्ट को यह संस्था बहुत भायी उसके अनुसार यह उसकी जवानी की सबसे महत्त्वपूर्ण घटना थी और सबसे खुशनुमा भी। इस संस्था ने उसमें एक सर्वोच्च अस्तित्व और मनुष्यों तथा घर की पवित्रता के प्रति विश्वास पैदा किया। इसके साथ उसे इस संस्था से एक और लाभ हुआ। वह इसकी पत्रिका का कला सम्पादक बन गया, जिससे उसके रेखांकन को एक और राह मिल गयी। इस संस्था के सदस्य एक विशेष प्रकार की पोशाक पहनते थे। वह पहनना वॉल्ट को अच्छा लगता और सबसे बढ़कर उसे तमाम साथी मिले थे। उसका अकेलापन काफी हद तक दूर हुआ था। मगर उसके लिए इतना संग-साथ काफी न था।

जब ऑपरेशन के बाद रॉय का रक्तस्राव बन्द नहीं हो रहा था तो उसके एक सहकर्मी मिच फ्रांसिस ने उसे घर और वहाँ से अस्पताल पहुँचाया था। स्वाभाविक है दोनों में दोस्ती पनप गयी। मिच और रॉय दोनों फर्स्ट नेशनल बैंक में काम करते थे। मिच की बहन एडना से रॉय का परिचय हुआ। मिच ने रॉय को सुझाव दिया कि वह एडना को डांस के लिए ले जाये। एडना एक सामान्य सीधी-सादी लड़की थी। वह रॉय से चार साल बड़ी थी। इन दोनों में भी दोस्ती पनप गयी। वह एक निराश लड़की थी। उसके पिता रेलरोड में काम करते थे और घुमक्कड़ स्वभाव के थे। माता-पिता और छः बच्चों का यह परिवार घूमते-घामते पिट्सबर्ग से कैंसास और कैंसास से कैंसास सिटी पहुँचा था। और अब उसका पिता उन लोगों को छोड़कर पता नहीं कहाँ चलता बना था। माँ बहरी थी। रॉय को सहारा देना अच्छा लगता था सो वह इस परिवार का भी गार्जियन बन बैठा।

रॉय और एडना का स्वभाव मिलता-जुलता था। दोनों ही निराभिमानी, संकोची और विनम्र थे। जोड़ी आदर्श थी। रॉय की नौसेना की नौकरी के दौरान भी उनका प्रेम पल्लवित होता रहा और अब जब रॉय को टी.बी. हो गयी तब भी यह बरकरार रहा। उसके न्यू मैक्सिको जाने के पहले उन्होंने सोचा कि यदि वह जीवित रहा तो वे विवाह करेंगे। रॉय का विचार था उसके स्वस्थ होते और थोड़े से पैसे आते ही वह एडना से शादी कर लेगा। रॉय के चले जाने पर भी वॉल्ट का उनके घर आना-जाना बना रहा। यहाँ उसे घर-परिवार का सुख मिलता था।

रॉय के जाने के बाद भी वॉल्ट का उस घर में आना-जाना बना रहा। वे लोग उसे खाने पर आमन्त्रित करते कई बार वह आमन्त्रण स्वीकार कर लेता पर काम की धुन में खाना खाने जाने की बात भूल जाता। रात दस-ग्यारह बजे उसे याद आता वह पहुँच जाता और खूब गप्पें मारता, खाना खाता। कभी-कभी वह बिना बुलाये पहुँच जाता और खूब बातें करता। एडना के अनुसार वह आधी रात तक बातें करता। एडना एक अच्छी श्रोता थी। उन दिनों वह काफी संघर्ष कर रहा था और अपनी बातें किसी को सुनाना चाहता था। कभी-कभी भूख लगने पर भी वह उसके घर चला जाता और वे लोग उसे खूब खिलाते। वह खाता और बातें करता। उसे संस्था और एडना का परिवार अच्छा लगता और इससे उसका अकेलापन दूर होता था। लेकिन उसे असल आनन्द अपने काम में मिलता था। काम उसका जीवन था। अपने काम में वह खुद को झोंक देता था। तब उसे दीन-दुनिया की खबर नहीं रहती। यहाँ भी उसे साथी मिल रहे थे उसकी सामूहिकता की चाहत पूरी होती थी। यहाँ काम के साथ मजे होते। खूब हँसी-मजाक होता। एक-दूसरे का पैर खींचना चलता। इन नौजवानों को मनचाहे काम की अधिकता जवानी की अन्य माँगों से दूर रखती। यह छोटी-सी दुनिया वॉल्ट की स्वयं निर्मित की हुई दुनिया थी। इसका वह सर्जक, मालिक दोनों था। यह उसकी आदर्श दुनिया थी। उसका युटोपिया था। एक कार्टूनिस्ट अपनी एक अलग दुनिया बसाता है, जिसे वह पूरी तौर से नियन्त्रित करता है। बहुत बाद में एक बार स्पर्द्धा में आकर अल्फ्रेड हिचकॉक ने उसके लिए कहा था कि अगर उसे (कार्टूनिस्ट को) कोई एक्टर पसन्द नहीं आता है तो वह उसे तुरन्त फाड़कर फेंक सकता है। यह उसका पहला 'नेवरलैण्ड' था, मगर अन्तिम नहीं। अभी वह अपने कर्मचारियों का बॉस नहीं था। वह उनसे सहकर्मी जैसा व्यवहार करता था। मगर बाद में वह काफी बदल गया। अपनी बनायी दुनिया का एकछत्र सम्राट और फिर तानाशाह बन गया। कार्टून की तरह वह अपने कर्मचारियों से व्यवहार करने लगा, जिसे जब चाहता रखता, जब मन करता निकाल बाहर करता। मगर यह सब बाद में हुआ। वह इसलिए भी हुआ क्योंकि उसने जिन लोगों पर अगाध विश्वास किया था उन्हीं लोगों ने उसका विश्वास तोड़ा।

यूँ तो वॉल्ट ने ताजिन्दगी संघर्ष किया। लेकिन उसके जीवन की दशा और दिशा तय करने में उसके इस शुरुआती संघर्ष का खास महत्त्व है। शुरू में जब उसने रजिस्ट्रेशन करवाया तो असल में उसके पास स्टूडियो नहीं था। मात्र कुछ उपकरण थे और पूँजी के नाम पर वह ठनठन गोपाल था। लाफेट्स की कुछ रीलें और द फोर म्यूजिशियंस, परिकथा की एक ऐनीमेशन फिल्म। कुल मिलाकर तीन हजार की तैयार सामग्री और सारे उपकरणों की कीमत करीब 1,500 डॉलर। उसने निश्चय किया कि वह अपने पैसे और अपने ट्रेनीज़ से जो भी उधार ले पायेगा उसी से काम प्रारम्भ करेगा। रूडी ने 1,000 डॉलर दिये। अचानक वॉल्ट को सूझा कि यदि वह कॉरपोरेशन बना दे तो पैसे मिलने में आसानी होगी। इस तरह उसे रकम न चुकाकर मात्र शेयर्स देने होंगे। उसने यही किया। उसने लाफ ओ ग्राम्स की पूँजी 15,000 डॉलर, जिसमें आधा नगद था और आधा उपकरण, को 50 डॉलर प्रति शेयर के हिसाब से बेचा। खुद उसने अपने लिए सत्तर शेयर रखे। बाकी के छोटे-छोटे शेयर उसने अपने कुछ दोस्तों और ट्रेनीज़ को बेच दिये। अभी भी पैसों की किल्लत थी। बिचौलिये की रकम काट कर भी कई हजार डॉलर चाहिए थे। अभी उसे एक ऑफिस, एक स्टूडियो लेना था, स्टॉफ को वेतन देना था और कच्चे माल की खरीददारी करनी थी। वह किसी बाधा से रुकने वाला न था। वॉल्ट अपने काम का तेजी से विस्तार कर रहा था। उपकरण बढ़ रहे थे। नये लोगों की नियुक्ति हो रही थी।

निवेशकों को रिझाने के लिए, उन्हें कंविन्स करने के लिए उसके पास अपनी लच्छेदार मधुर बातों के अलावा कुछ ज्यादा न था। दिखाने के लिए केवल कुछ कार्टून थे। मगर वह अवश्य अच्छा विक्रेता था। उसका उत्साह संक्रामक था। जब वह स्फूर्ति और जोश के साथ अपनी योजना लोगों को बताता तो लोग सुनकर उत्साहित हो उठते। उसे अपनी योजना बताने का मर्ज था। जिसे भी वह पकड़ पाता उसे अपनी योजना के लिए राजी कर लेता। फ्रांसिस के घर वाले तो उसके श्रोता थे ही अन्य कई लोगों को वह अपने विश्वास में ले सका। वह युवा था, मगर अपनी बातें इतने दावे के साथ प्रस्तुत करता कि सुनने वाले को उसकी योजना की सफलता में कोई शक न रहता। उसके पास प्रबन्धन का कोई अनुभव न था, दिखने में वह अभी बच्चा लगता था पर वाक्चातुर्य तथा लोगों से अपने मधुर सम्बन्ध के बल पर वह रकम जुटाने में सफल हो गया। वह एक प्रसिद्ध डॉक्टर को विश्वास में लेने में सफल हो गया। यह उसने चचा रॉबर्ट के सम्बन्धों का सहारा लेकर किया। जैसा कि उम्मीद थी रॉय ने भी कुछ रकम डाली और जब-तब अपनी अपंगता के लिए मिली हुई रकम से तीस डॉलर भेजता रहता।

कैंसास सिटी का जॉन वी. काउल्स नामक यह डॉक्टर उसके लाफ ओ ग्राम्स

के लिए एक देवदूत साबित हुआ। यह डॉक्टर वॉल्ट के चचा रॉबर्ट से भी व्यापार के सिलसिले में जुड़ा हुआ था। रॉबर्ट तेल शोधन का व्यापार करता था। डॉक्टर का भी उसमें हिस्सा था। मेडिकल प्रैक्टिस वह करता था, मगर उसकी रुचि व्यापार और राजनीति में भी थी। राजनीति में उसकी धाक, साख और पहुँच थी। लम्बे-चौड़े इस डॉक्टर के बाल घने और काले थे जो उम्र के साथ सफेद होते गये। घुड़सवारी के शौकीन डॉक्टर को इस शौक की वजह से लँगड़ाहट उपहार में मिली थी। कैंसास सिटी में यह डॉक्टर अपने आडम्बर के लिए जाना जाता था। वह यहीं पैदा हुआ था और उसने यूनिवर्सिटी ऑफ मिसौरी से शिक्षा ग्रहण की। फिर मेडिकल की पढ़ाई इसी विश्वविद्यालय से की। उसकी प्रैक्टिस खासी चलती थी। वह सर्जन और सामान्य प्रैक्टिशनर दोनों था। शहर के डेमोक्रेटिक पार्टी के कुख्यात थॉमस पेंडरगास्ट का इलाज वही करता था। इतना ही नहीं भविष्य में अमेरिका के होने वाले सिनेटर तथा राष्ट्रपति हैरी ट्रूमैन का चिकित्सक भी वही था। वे उसके मित्र भी थे। अब जो डॉक्टर ऐसी महान हस्तियों का इलाज करता हो उसकी प्रैक्टिस चलनी ही थी और उसे प्रसिद्ध होना ही था। उसकी ख्याति उसके महलनुमा घर और बड़े ऑफिस के कारण भी थी। इसी प्रसिद्ध डॉक्टर को अपने व्यापार में शेयर लगाने के लिए वॉल्ट सहमत करा पाया। इतनी कम उम्र के लड़के के लिए यह कोई छोटी सफलता न थी। डॉक्टर की ख्याति उसकी सम्पत्ति के कारण थी। उससे भी ज्यादा उसकी बड़े-बड़े तथा सत्ता-शक्ति वालों से उसके परिचय के कारण थी। वह लोगों को जानता था और लोग जानते थे कि उसकी पहुँच राजनीति में है, अतः सहायता माँगने वालों की उसके दरवाजे पर लाइन लगी रहती। आर्थिक मामलों का वह खासा जानकार था। फर्स्ट नेशनल बैंक का वह सलाहकार था। लोग उससे मेडिकल के अलावा अन्य कई मामलों में सलाह लिया करते थे। जहाँ भी विनिवेश की गुंजाइश होती डॉक्टर उसे सूँघ लेता। इसी कारण रॉबर्ट से उसकी दोस्ती थी। पता नहीं ऐसे कुशल व्यापारी को वॉल्ट ने कैसे अपने व्यापार में धन लगाने के लिए राजी कर लिया। मगर यह एक सच्चाई थी कि अब डॉक्टर काउल्स उसके यहाँ निवेश कर रहा था। डॉक्टर ने अपनी पत्नी की ओर से 2,500 डॉलर वॉल्ट के यहाँ निवेश किये। वैसे डॉक्टर के बेटे के अनुसार उसके पिता बड़े उदारमना थे। सदैव जरूरतमन्दों की सहायता किया करते थे। नये लोगों को बढ़ावा देते थे, इसीलिए उन्होंने वॉल्ट डिज़्नी की सहायता की थी। व्यापारिक बुद्धि का डॉक्टर बिना अपने फायदे के किसी की सहायता करेगा यह बात गले नहीं उतरती है।

वॉल्ट को मालूम था कि उत्पादन के लिए उसके पास बहुत पैसा नहीं है। उसने तत्काल अपने पुराने घर के पास एक दोमंजिले घर की ऊपरी मंजिल पर दो कमरे किराये पर लिये। उसने कुछ सच, कुछ झूठ का सहारा लिया और तेजी

से अपना प्रचार शुरू किया। **'मोशन पिक्चर न्यूज'** नामक एक प्रसिद्ध फिल्म ट्रेड पेपर में अपनी कम्पनी के शुभारम्भ की सूचना प्रसारित करवा दी। उसने लिखा कि वे लोग वॉल्टर ई डिज़्नी की बनायी कार्टून फिल्में **लाफ ओ ग्राम्स** ऐनीमेटेड कार्टून कॉमेडी उत्पादित करेंगे। उसने विज्ञापन में यह भी दावा किया था कि वह दो साल से न्यूमैन थियेटर के लिए फिल्में बना रहा है और उसने छः फिल्में पूरी कर ली हैं। उसने फटाफट एक नया ट्राईपोड खरीदा और उसी साल जुलाई में उसने सम्भावित फेयरी टेल्स की बारह फिल्मों की एक श्रृंखला की **'न्यूज'** में घोषणा कर दी। इसी बीच धड़ाधड़ उसने नियुक्तियाँ कीं। फ्रेड हरमन के भाई ह्यू हरमन की एक ऐनीमेटर के रूप में नियुक्ति हुई। पुराने ट्रेनी रूडी को भी रख लिया गया। उसके साथ कारमैन मैक्सवेल तथा लौरी भी जुड़े। मैक्सवेल जूनियर कॉलेज का छात्र था उसने लाफ ओ ग्राम्स का विज्ञापन ऑफिस की खिड़की में देखकर आवेदन किया था। फिल्म एड कम्पनी का कैमरामैन विलियम 'रेड' लिओन अब वॉल्ट का कैमरा चला रहा था। बाद में एक ऐनीमेटर ओटो वालमैन ने भी यहाँ काम प्रारम्भ किया। इतना ही नहीं वॉल्ट ने एक बिजनेस मैनेजर तथा एक सेल्समैन की नियुक्ति भी कर ली। एडोल्फ क्लेपर उसका बिजनेस मैनेजर बना और लेस्ली मैक सेल्समैन। उसके पुराने मित्र और हमनाम वॉल्ट फिफर ने शिकागो में आर्ट इन्स्टीट्यूट में शिक्षा जारी रखी थी। उसके बाद वह कैंसास सिटी लौटा था। उसने वॉल्ट के यहाँ सिनैरिओ एडीटर का स्थान लाफ ओ ग्राम्स में ग्रहण किया। उसका काम अखबार लेना और उनमें से लतीफे खोजकर इकट्ठे करना था। सो इस तरह वॉल्ट के लाफ ओ ग्राम्स की पूरी टीम कमर कसकर तैयार थी।

जब वॉल्ट डिज़्नी ने अपना स्टूडियो तथा टीम तैयार की उस समय कार्टून का बाजार सामान्य रूप से नहीं था। कोई मूवी देखने इसलिए नहीं जाता क्योंकि वहाँ कार्टून ऐनीमेशन दिखाये जाते थे। वितरक उनको हाथ में लेने, उन पर पैसा लगाने को कतई तैयार न थे। शायद इन सब बातों का उसे विस्तार से ज्ञान न था, वह अपनी दुनिया में खोया रहता था। जब बीसवीं सदी के पहले दशक के अन्त तथा दूसरे दशक के प्रारम्भ में थियेटर बनाने और चलाने तथा उनमें बैठने की सीट की संख्या बढ़ाने का काम हो रहा था तब सिनेमा की टिकट के दाम भी बढ़े। ऐसे में दो घण्टे की फिल्म में कार्टून दिखा दिये जाते थे। अलग से उनकी कोई अहमियत या माँग न थी। दो घण्टे के सिनेमा में एक या दो रील सजीव कॉमेडी, एक न्यूजरील, एक सीरियल, कभी-कदा यात्रा-वृत्तान्त, एक ड्रामैटिक प्रोग्राम, यहाँ तक कि संगीत का प्रदर्शन भी होता। एक सर्वे के अनुसार 1922 में 73 प्रतिशत थियेटर एक-दो रील की सजीव कॉमेडी, 59 प्रतिशत एक न्यूजरील, 35 प्रतिशत एक सीरियल और मात्र 23 प्रतिशत कार्टून दिखाते थे। मतलब साफ

था कि उस समय इसकी माँग न के बराबर थी। यह कोई फायदे का सौदा न था। मगर वॉल्ट ने जाने-अनजाने इसी में अपना ध्यान लगाने का निश्चय कर लिया था।

मोशन पिक्चर न्यूज में विज्ञापन के बाद उसे कोई खास रिस्पांस नहीं मिला। इस ठण्डे रिस्पांस को देखते हुए उसने व्यापार को दूसरे शहरों में ले जाने के ख्याल से मैक को न्यूयॉर्क भेजा। मैक पहले पैरामाउन्ट पिक्चर्स का एक स्थानीय विक्रेता रह चुका था। डॉक्टर काउल्स अपने तेल के व्यापार के सिलसिले में न्यूयॉर्क जा रहे थे। वह डॉक्टर के साथ न्यूयॉर्क गया और एक महँगे होटल मैक अल्पाइन में ठहरा। उसे कोई सफलता नहीं मिल रही थी। उसके होटल का बिल खूब ज्यादा हो गया। वॉल्ट के बिजनेस मैनेजर ने बताया कि मैक का होटल बिल उनकी बैंक की रकम से ज्यादा हो गया है, तो वॉल्ट ने मैक को वापस आने के लिए कहा। मैक ने चलते-चलते एक सौदा किया। मगर यह घाटे का सौदा था। उसने पिक्टोरियल क्लब की टैनेसी शाखा के प्रतिनिधि विलियम आर. केली से डील की। जिसमें सारी शर्तें विलियम के पक्ष में थीं। केली की संस्था स्कूल तथा चर्च के लिए फिल्में वितरित करती थी। यह कोई बहुत बड़ी संस्था न थी। इस छोटी-मोटी संस्था से मैक ने बहुत तुच्छ सौदा किया था। करार के अनुसार जनवरी 1924 तक 11,100 डॉलर में छः ऐनीमेशन फिल्में उन्हें मिलनी थीं। लेकिन हस्ताक्षर के समय उन्होंने मात्र सौ डॉलर दिये। बाकी के 11,000 डॉलर माल पहुँचने के बाद देने की ठहरी थी। अट्ठारह महीने के बाद जो राशि मिलेगी उसके लिए अभी से मुफ्त में काम करना था। वॉल्ट डिज़्नी पर सिर मुड़ाते ओले पड़े थे। उसे अपनी अनुभवहीनता का खामियाजा भुगतना पड़ा। यह होना ही था। मैक को शायद अपनी गलती का एहसास हो गया था। उसने कम्पनी को जिस मुसीबत में डाल दिया था उसे देखते हुए उसने वापस लौटने पर खुद ही वॉल्ट की कम्पनी छोड़ दी।

अब वॉल्ट के सामने नया फण्ड इकट्ठा करने और पुराना कर्ज चुकाने की दोहरी समस्या थी। एक स्थानीय आदमी फ्रेड हार्डवेयर स्टोर चलाता था उसने वॉल्ट को उपकरण तथा रकम एडवांस में दिये थे। उसका हिसाब चुकाने के लिए उसने यह करार हस्ताक्षर करते ही फ्रेड को दे दिया। वह कम्पनी का न्यासी (ट्रस्टी) भी था। अतः वॉल्ट ने उसे डॉक्टर की पत्नी मिसेज काउल्स के हिस्से की रकम लाफ ओ ग्राम्स तथा कर्मचारियों का रुका वेतन देने के अधिकार दे दिये। इस डील से पहले ही वह कैंसास सिटी जनरल तथा पोस्ट में एक और सिनेरिओ राइटर के लिए विज्ञापन दे चुका था। इस बार उसने स्त्री-पुरुष दोनों खण्डों में विज्ञापन दिया था। इसके साथ उसने लड़कियाँ जो कलात्मक क्षमता के साथ पिक्चर, कार्टून माउण्ट कर सकें, उनकी भी माँग की थी। एक कॉन्ट्रेक्ट हाथ में था। वह सातवें

आसमान पर था। उसने हिलबिली को फिल्म एड कम्पनी छोड़कर उसकी कम्पनी में काम करने के लिए राजी कर लिया। उसे यहाँ भी टाइटिल्स के लिए लैटरिंग करनी थी। साथ ही थोड़ा-बहुत ऐनीमेशन भी करना था। उसमें अपना विश्वास जाहिर करने के लिए वॉल्ट ने उसे पचास डॉलर प्रति सप्ताह देना निश्चित किया। वॉल्ट दरियादिल था इसमें कोई शक नहीं है।

स्टूडियो था, उपकरण थे और लोग भी थे। वे खूब प्रयोग कर रहे थे। उनके अन्दर बहुत उत्साह था। मगर इन लोगों में से कोई भी अनुभवी न था। न ही किसी के पास ऐनीमेशन का प्रशिक्षण था। कोई स्टूडियो चलाने में कुशल न था। न ही उन्हें ऐनीमेशन का पूरा ज्ञान था। उन लोगों ने लुट्ज़ की एक किताब पढ़ी थी और दूसरा आधार था टेरी की फिल्में। पॉल टेरी के यहाँ एक लड़की काम करती थी। उसी की सहायता से ये लोग टेरी की फिल्में मँगा लेते और उसमें से कैंची से पचास या पचहत्तर फीट फिल्म काट लेते। उसका अध्ययन करते। उन लोगों ने टेरी से खूब सीखा। इसी तरह वॉल्ट फिफर क्रेजी कैट कार्टून स्टूडियो में ले आता। उसे चलाकर, उसकी चीड़-फाड़ करके सीखते, देखते कि न्यूयॉर्क के प्रोफेशनल कैसे काम करते हैं। इन लोगों के पास ऐनीमेशन की तकनीकि का अभाव था। साथ ही इन्हें सही तरीके से रेखांकन करना भी नहीं आता था। कई बार वॉल्ट खुद क्लास लेकर उन्हें रेखांकन सिखाता था। उसका विचार था कि इन लोगों को बेहतर रेखांकन करना चाहिए। वे प्रयोग कर रहे थे। स्वयं को प्रशिक्षित कर रहे थे। अपने उपकरणों में सुधार ला रहे थे। वह सदा कहता, 'कितना भी अच्छा हमें मिले, कितनी भी सफलता मिल जाये, सर्वोत्तम आना अभी शेष है।' डिज़्नी स्वयं इसी आधार पर काम करता था। अन्त तक यही उसका मूलमन्त्र भी था।

उन लोगों ने चार बाई चार के एक लकड़ी के तख्ते से कैमरे के लिए स्टैण्ड बनाया। इस पर वॉल्ट का यूनिवर्सल कैमरा चढ़ाया गया। एक जंजीर से क्रैंक तथा कैमरे को जोड़ा गया। क्रैंक के एक चक्कर का मतलब था कैमरे में एक फ्रेम एक्सपोज हुआ। एकरूपता बनाये रखने के लिए पात्रों को मॉडल शीट से बनाया जाता। मगर ये फुल शीट्स जो फुल शॉट, मीडियम शॉट तथा क्लोजअप बताती थी वह नमनीयता को रोकती। हालाँकि वे सेल्स का प्रयोग कर रहे थे, मगर तीसरे कार्टून के बाद हिलबिली ने सुझाव दिया कि वे लोग सेल पर ड्राइंग चिपकाने के बजाय उसी पर ड्राइंग करें। वे अँधेरे में हाथ-पैर मार रहे थे। उसी में उन्हें अक्सर सफलता मिल जाती। न्यूयॉर्क में पेपर को एक स्थान पर रखने वाली खूँटी ड्राइंग बोर्ड के ऊपर होती थी। ऐनीमेटर के हाथ से दूर। वॉल्ट उसे बोर्ड की निचली कोर पर रखता ताकि ऐनीमेटर आसानी से पेज पलट सकें और एक्शन देख सकें।

इस तरह वह प्रयोग करके अपने नियम खुद बना रहा था। उसने सदा छानबीन की। जाँच-पड़ताल की। उपाय निकाला। आविष्कार किया। प्रयोग किये। वह अपने काम से कभी सन्तुष्ट न था। उसने सदा कहा हम कभी रुक नहीं सकते हैं।

वॉल्ट जानता था कि वह न्यूयॉर्क के ऐनीमेटरों से रेखांकन में बाजी नहीं मार सकता है। वे इसमें दक्ष हैं। उन्हें चुनौती देना आसान नहीं है। अतः उसने इसे छोड़कर अपना ध्यान दूसरी ओर लगाया। उसने उनकी कमजोरी पकड़ी और उसी क्षेत्र में उन्हें पटखनियाँ देने की ठानी। न्यूयॉर्क के लोगों का नरेटिव कमजोर था। वॉल्ट ने इसी क्षेत्र में महारत हासिल कर उनसे आगे निकलने की सोची और उसने यह किया। उसने वह किया जो न्यूयॉर्क वाले कभी नहीं कर रहे थे। उसने विस्तार के साथ अपने सिनेरिओ लिखे। ऐसे लिखे मानो वे लाइव एक्शन स्क्रिप्ट हों। उसकी **'सिंड्रेला'** की शुरुआत थी, ''हैम्मक में एक मोटी औरत पर क्लोज अप का फ्लैश, 'खाओ तथा पतले होओ'—एक दूसरी बहुत पतली लड़की कुर्सी में बैठी है—वे पढ़ रही हैं, वे खा रही हैं—पतली लड़की किताब रख देती है—उसकी आँखें भैंगी हैं—वह मोटी लड़की से बात करने लगती है—मोटी लड़की जवाब देती है।'' हाशिए पर वह नीली पेंसिल से प्रत्येक सीन के ऐनीमेटर के नाम का प्रथम अक्षर लिखता। जैसे डिज़्नी के लिए 'डी', हरमन के लिए 'एच', रूडी के लिए 'आर' आदि।

बहुत बाद में एक साक्षात्कार में उसने बताया कि उसके सारे जीवन की सबसे बड़ी समस्या पैसा रही है। अभी भी पैसा नहीं था और काम जल्द समाप्त करके देने का दबाव था। मगर इन बाधाओं से वह अपने उद्देश्य से डगमगाने वाला नहीं था। उसने परिवार का स्थानापन्न अपने स्टूडियो में खोज निकाला था। यहाँ खूब काम होता, खूब मसखरी होती। वे खूब शरारतें करते। मजे की बात यह थी कि एक को छोड़कर वे सब कुँवारे छड़े थे। किसी के पास पारिवारिक जिम्मेदारी न थी। बस लोरे तैग शादीशुदा था। बाकी लोगों की पारिवारिक जिम्मेदारी न थी। साथ ही उनमें से किसी का भी लड़कियों को लेकर भी कोई रोमांस नहीं चल रहा था। किसी का कोई लफड़ा नहीं था। यह पूरा ग्रुप नटखट, मासूम शरारतें किया करता। किसी ने उन लोगों को मस्ती करते देखकर पूछा कि क्या वे कुछ कमा रहे हैं? वाल्ट ने मुस्कराकर उत्तर दिया, 'नहीं।' लेकिन वे लोग मजे कर रहे थे इसमें कोई शक नहीं था। उसने कभी पैसों, लाभ के लिए काम नहीं किया। वह काम करते हुए सीटी बजाया करता जिससे पता चलता है कि वह अपने काम में मजा लेता था। काम उसे सन्तोष प्रदान करता था। उसने खुद कहा है कि वह कभी निराश नहीं होता है। वह खुश है, बहुत बहुत खुश है। मुफलिसी में भी वह खुश था।

उसकी भोली-भाली शरारतों को देखकर लोग सोचा करते यह कब बड़ा होगा? या फिर क्या ये कभी बड़ा होगा? पूरा दल प्रत्येक सुबह नौ बजे ऑफिस पहुँच जाता और आधी रात तक काम में जुटा रहता। वॉल्ट फिफर के अनुसार इसमें वेतन से ज्यादा मजा था। वे लोग उसे काम या बोझ के रूप में नहीं देखते थे। जब भी कोई अच्छा परिहास तैयार हो जाता सब उसका मजा लेते हुए हँसते। दिल खोलकर हँसते। अधिकतर मजाक वॉल्ट की ओर से आते। एक अच्छा, मजेदार चुटकुला (गैग) बनते ही सब उसकी प्रशंसा करते और उसका आनन्द उठाते। वह कहानी में मजाक पिरोता चलता और मजे लेता। वे कहानी पर विस्तार से बातचीत करते। सबकी सलाह ली जाती। यह बात दीगर है कि अन्त में केवल वही सुझाव मान्य होता, जिस पर वॉल्ट की स्वीकृति की मुहर लगती। कभी-कभी वे लोग बिल्डिंग की छत पर चढ़ जाते और कैमरे के लिए पोज करते या फिर ट्रूस्ट लेक चले जाते और अपने फुटेज शूट करते। वे अक्सर शूट करने के लिए अभिनय करते, कभी सड़क पर चले जाते और दुर्घटनाओं की फिल्म बनाते और जब दुर्घटना न होती तो दुर्घटना पैदा करके उसकी फिल्म बनाते। एक बार फिल्म बनायी जिसमें दिखाया कि यूनिवर्सल कैमरा अच्छा नहीं है। इसके लिए उन लोगों ने दो बड़े कैन को एक डिब्बे में रखा और उसे कुचलकर तोड़ डाला, मानो कैमरा नष्ट कर रहे हों। इसी तरह के खिलवाड़ करते रहते। जब ये लोग बाहर ऐसे तमाशे करते रहे तो राह चलते लोग रुककर आश्चर्य से देखते और पूछते कि वे कहाँ से आये हैं। और ये लोग खूब मजे में कहते कि न्यूयॉर्क से आये हैं। असल में पैसे की कमी को इस तरह हल्का किया जाता था। पैसे की कमी की भरपाई मौज-मस्ती से की जा रही थी। पैसे के मामले में वॉल्ट लापरवाह था और स्टूडियो काम से ज्यादा एक क्लब की तरह चल रहा था।

असल में वॉल्ट अपने पिता का कोई भी (अव) गुण नहीं अपनाना चाहता था। उसने मनोवैज्ञानिक रूप से अनजाने में पिता से ठीक विपरीत बनने का फैसला कर लिया था। पिता कंजूस था सो वह दरियादिल बना। पैसे की चिन्ता करनी उसने छोड़ दी। काम को उसने जीवन का आनन्द बना लिया और पिता की असफलता को सदा खुद से दूर रखा। उसने सदा सफलता चाही और उसे वह मिली। एक सहकर्मी रेड लिओन ने अपनी माँ को उस साल अक्टूबर में लिखा कि अभी हमें पचास या सौ हजार डॉलर और चाहिए। तभी उत्पादन शुरू हो सकेगा। उन लोगों ने सीरीज की चार पिक्चर बना ली थीं पाँचवीं पूरी होने वाली थी। फण्ड नहीं था, मगर उसके साथी उसे छोड़ने को तैयार न थे। इसी कैमरामैन ने अपनी माँ को लिखा मैं यहीं काम करने वाला हूँ। लोग वॉल्ट से जुड़े थे क्योंकि उन्हें अपने जीवन का सबसे बड़ा अवसर यहाँ मिल रहा था। कौन इतनी स्वतन्त्रता

देता, प्रयोग करने की इतनी छूट देता। और कौन काम को बोझ नहीं आनन्द के रूप में करने में सहायता देता है। अगले महीने काउल्स ने 2,500 डॉलर का उधार और दिया। मगर वह ऊँट के मुँह में जीरा साबित हुआ।

अन्त में सब बिना वेतन के काम करने लगे। प्रशासन की ओर से वॉल्ट की खोज होने लगी। मजा यह हुआ कि जो व्यक्ति खोजने आता था वह डिज़्नी को डिन्ज़ी कह रहा था, फलतः कई बार वॉल्ट बच गया। मगर एक दिन जब वह ऑफिस में था तब फिफर ने वॉल्ट को आवाज दी और उसे स्वीकार करना पड़ा कि वही वॉल्ट डिज़्नी है। मगर यह भी उसने जोड़ दिया कि वह डिन्ज़ी नहीं है। जो लिओन अपनी माँ को लिख रहा था कि वह कम्पनी नहीं छोड़ेगा, उसने अब लिखा कि वह कम्पनी छोड़ने की सोच रहा है। कम्पनी दिवालिया हो रही थी। 2,000 डॉलर का कर्ज था और 4,000 डॉलर का प्रति सप्ताह घाटा हो रहा था। सहकर्मियों के स्टॉक बेचे जा रहे थे अथवा उधार पर चढ़ाये जा रहे थे। इतनी परेशानियों के बीच भी वे लोग अच्छी पिक्चर बना रहे थे। जैसे—**'पुस इन बूट्स'** इसी बीच बनी। जिसमें एक बिल्ली एक आदमी को सलाह देती है कि यदि वह रुडोल्फ वैसलीनो की नकल करे तो राजकुमारी का हाथ पा सकता है। मूक फिल्मों का अभिनेता रुडोल्फ वैसलीनो दर्शकों का चहेता हीरो था। **'रेड राइडिंग हुड'** में एक युवा छोटी कार से रेड का पीछा करता है, जबकि उस समय उसकी नानी मूवी देखने गयी हुई थी। ऐसी ही कार्टून फिल्में वे मुफलिसी के दिनों में भी बना रहे थे। आर्थिक परेशानी थी, मगर अभी भी बेफिक्री का आलम कायम था। वॉल्ट के आत्मविश्वास और उद्यम में कोई कमी नहीं आयी थी। एक सेक्रेटरी के अनुसार वॉल्ट में दस मिलियन लोगों का जोश और महत्त्वाकांक्षा थी।

इसी बीच उसने एक और विज्ञापन निकलवा दिया जिसमें लाफ ओ ग्राम्स में रेगुलर कार्टून ऐनीमेशन के साथ बच्चों की फोटोग्राफी की बात कही गयी थी। ग्राहकों को फिल्म दिखाने का वादा भी था। वह लाफ ओ ग्राम्स की प्रसिद्धि के लिए बच्चों को शूट करना चाहता था। जी-जान से कोशिश कर रहा था कि कम्पनी बची रहे, कम्पनी डूब रही थी। इसी बीच डॉक्टर काउल्स की सहायता से वॉल्ट को एक डेंटिस्ट थॉमस बी. मैक्रम की ओर से एक काम मिला। यह व्यक्ति कैंसास सिटी के डेंटल इन्स्टीट्यूट में पदाधिकारी था। इसे स्थानीय व्यापारियों से शैक्षिक फिल्म बनाने के लिए 500 डॉलर का अनुदान मिलता था। इसने लाफ ओ ग्राम्स से पूछा, क्या वे **'टॉमी ट्क्कर टूथ'** बनायेंगे। यह दो लड़कों की कहानी थी। जिम्मी जोंस अपने दाँतों की सफाई नहीं करता था, इसलिए उसे काम नहीं मिलता है। जबकि यही काम टॉमी ट्क्कर को मिल जाता है क्योंकि वह अपने दाँतों की देखभाल करता था। वॉल्ट की हालत उन दिनों इतनी पतली थी कि जब मैक्रम ने उसे

अपने ऑफिस में आकर करारनामा साइन करने के लिए कहा तो वह मुश्किल में पड़ गया। वॉल्ट ने अपने जूते मरम्मत के लिए दिये हुए थे। उसके पास 1.5 डॉलर नहीं था कि वह मोची को रकम चुकाकर अपने जूते ला सके। और नंगे पाँव वह डील साइन करने कैसे जाता। इस मुसीबत से उसे मैक्रम ने ही उबारा। उसने मोची के पैसे चुकाये और तब वॉल्ट जूते पहनकर उसके ऑफिस गया, डील साइन की। इस तरह उसे टॉमी ट्क्कर फिल्म बनाने का अधिकार मिला।

उसने इस फिल्म के लिए स्थानीय स्कूल का चुनाव किया। वह सप्ताह में एक या दो बार स्कूल में शूटिंग करता। उसे बच्चों से काम लेना आता था। जिम्मी जोंस बने लड़के जॉन रिकॉर्ड्स को याद है कि बच्चे वॉल्ट को तत्काल प्यार करने लगे थे। जब शूटिंग समाप्त हो गयी वह बच्चों को अपने ऑफिस लेकर आया। वहाँ उसने उन्हें अपना काम दिखाया और पाँच-दस डॉलर भी दिये। इस फिल्म से उसे पचास-साठ डॉलर की बचत हुई थी। उससे उसका क्या बनना था। इसी बीच टेनेसी की पिक्टोरियल क्लब शाखा दिवालिया हो गयी। उसकी मूल संस्था ने इसके सारे सामान ले लिये। मगर उसके कर्ज से हाथ झाड़ लिया। क्योंकि काम काफी हो चुका था। अतः अन्त में लाफ ओ ग्राम्स को कानूनी सहायता लेनी पड़ी। ऑफिस का किराया काफी दिनों से नहीं दिया गया था। किसी तरह डॉक्टर काउल्स ने बीच-बचाव किया। लेकिन बिजली, टेलीफोन और कम्पनी छोड़कर चले गये लेस्ली मैक का वेतन अभी भी बाकी था। डॉ. तथा हार्डवेयर स्टोर के मालिक फ्रेड से मिली सहायता नाकाफी थी। एक दिन हालात यहाँ तक पहुँचे कि वॉल्ट और लोपर डॉक्टर के ऑफिस से निकल रहे थे। उन्हें नाली में पड़ा एक डॉलर दिखा। दोनों उसके लिए लपके डॉलर वॉल्ट के हाथ न लगा मगर दोनों ने मिलकर उससे उस दिन खाना खाया।

इतनी बुरी स्थिति में भी वॉल्ट ने आशा का दामन नहीं छोड़ा था। जब कहीं से पैसा नहीं आ रहा था, तब उसने एक नयी योजना की घोषणा कर दी। उसने प्रचारित किया वह ऐनीमेशन तथा मसालेदार परिहास के मिले-जुले शॉर्ट की सीरीज़ बनायेगा। असल में लॉफलेट्स के माध्यम से वह यह कर चुका था। उसने एक स्त्री की नियुक्ति की। जिसका काम फेयरी टेल्स की शुरुआत से इन्हें अलग करना था और फिर उन्हें रि-एडिट करके वितरित करना था। उसने न्यूयॉर्क के वितरकों से बातचीत शुरू की। इनमें यूनिवर्सल पिक्चर्स भी था। चूँकि यूनिवर्सल से उसे उम्मीद थी कि वे लॉफलेट्स लेंगे फिर भी उसने अन्य लोगों से भी सम्पर्क साधा। मगर उसे कोई सफलता न मिली। हालाँकि यूनिवर्सल के जनरल मैनेजर ने लिखा कि उन लोगों ने वॉल्ट का काम देखा है। उन्हें लगता है कि ऐनीमेशन बहुत बढ़िया है। मगर अभी वे इसे न ले सकेंगे। एक अन्य वितरक ने भी काम पसन्द किया,

मगर वह किसी बेहतर वितरक को देना चाहता था और स्वयं बिचौलिये के रूप में दलाली करना चाहता था। वॉल्ट को यह बात पसन्द न आयी। यहाँ भी बात नहीं बनी। इस तरह लॉफलेट्स का वितरण आगे न बढ़ा। मगर वॉल्ट ने हिम्मत नहीं हारी। उसके दिमाग में फितूर था। इस डूबती अवस्था में उसे योजनाएँ सूझ रही थीं। उसने एक्शन ऐनीमेशन का मिश्रण करने की ठानी।

मिश्रण की प्रेरणा उसे न्यूयॉर्क के ऐनीमेटर मैक्स तथा डेव फ्लिशर से मिली थी। उन लोगों ने **'आउट ऑफ दि इंकवेल'** नाम से कार्टून बनाया था। इसमें कार्टून फीगर्स वास्तविक जगत् में प्रवेश करते हैं। मगर यह काम काफी थकाने वाला और महँगा था। इसमें फायदे की कोई गुंजाइश न थी। पैसों और विकल्पों की कमी उसके लिए कभी बाधा न थी। इनकी परवाह न करते हुए उसने एक और योजना को अंजाम देना चाहा। उसका ख्याल था कि यह योजना अवश्य उसे उबार लेगी और बाजार की राह खोलकर उसकी कम्पनी को बचा लेगी। उसने तमाम वितरकों को लिखा कि हमने ऐनीमेशन कार्टून में कुछ ऐसा किया है जो बिल्कुल नया है। यह आउट ऑफ इंकवेल की तरह मगर उससे एकदम अलग प्रकृति का है। इसमें सजीव बाल कलाकार कार्टून दृश्यों तथा कार्टून चरित्रों के साथ काम करेंगे। वह सात मिनट की एक रील की फिल्मों की योजना बना रहा था। इन्हें वह पाक्षिक अथवा मासिक के रूप में रिलीज करने की बात सोच रह था। उसने इस सीरीज को **'एलिस इन वण्डरलैण्ड'** की तर्ज पर सोचा था, जिसमें एलिस नाम की बच्ची कार्टून की दुनिया में प्रवेश करके कार्टून करेक्टर्स के साथ इंटरेक्ट करती है। फिल्म एड कम्पनी ने एक चार साल की सुनहरे बालों वाली बच्ची वर्जीनिया डेविस को लेकर वारनेकर ब्रेड का विज्ञापन बनाया था, वॉल्ट के मन में वही बच्ची थी। इस विज्ञापन में बच्ची मक्खन लगा ब्रेड खाकर चौड़ी मुस्कान देती है और अपने होठ चाटती है। मगर वॉल्ट के पास कलाकार को देने के लिए रकम न थी। अतः उसने वर्जीनिया के माता-पिता से वादा किया कि यदि उसे कोई पैसा मिलेगा तो वह उसका पाँच प्रतिशत उन्हें बच्ची के मेहनताने के रूप में देगा। करार हो जाने पर उसने बच्ची के घर को ही सेट के रूप में प्रयोग किया।

वॉल्ट की मुसीबतों का अन्त न था। जब वह यह योजना बना रहा था उसे किराया न चुका पाने के कारण अपने ऑफिस की बिल्डिंग छोड़नी पड़ी। वह अपने ऑफिस को एक नयी बिल्डिंग, आइसिस थियेटर की बिल्डिंग में दूसरी मंजिल पर ले गया। किराया न दे पाने के कारण एक बार एक रात में उन्हें दो बार स्थान बदलना पड़ा। जून तक उसका यह ऐनीमेटेड कार्टून पूरा नहीं हुआ था, मगर वह जुलाई में इसे न्यूयॉर्क ले जाने का ख्वाब देख रहा था। इसी बीच एक-एक करके लोग उसके ऑफिस को छोड़ रहे थे। फिफर शिकागो चला गया था और हिलबिली

भी कम्पनी छोड़ गया था। नतीजन उसे एलिस इन वण्डरलैण्ड अकेले पूरी करनी पड़ी। जिस न्यूयॉर्क ट्रिप की वह योजना बना रहा था उसके लिए उसके पास टिकट के पैसे न थे। खाने के लाले पड़े हुए थे। तीन समय भरपेट भोजन किये हुए उसे कई दिन बीत जाते। कभी-कदा किसी कर्मचारी की माँ कुछ भेज देती तो वह उन लोगों के लिए नियामत होती। अक्सर उधार खाते में खाना होता। वे लोग ऑफिस बिल्डिंग के प्रथम तल पर बने **'फोरेस्ट इन कैफे'** में खाना खाते। जेरी रागोस तथा लुई कैटसिस इसके मालिक थे। जब उधार मिलना बन्द हो गया तो इन लोगों की जान-पहचान की एक लड़की होटल में उनके खाने के एवज में होटल का मेन्यू टाइप किया करती थी। तब जाकर इन लोगों का पेट भरता था। वॉल्ट होटल मालिक रागोस की बेटी के फोटो खींचता और कभी-कभी उसके बदले में खाना खाता। कई बार भूख से व्याकुल होकर वह सोचता कि खाना खाने के बाद वह कहेगा कि उसके पास पैसे नहीं हैं। मगर उसकी चेतना इसकी गवाही न देती। कई बार वह मालिक की बेटी के फोटो शूट के बाद बचे हुए खाने को खा रहा होता। एक बार मालिक ने यह देख लिया और उसने दया करके उसका उधार खाता फिर से चालू कर दिया। खाने, रहने सबके लाले पड़े हुए थे। मकान मालिक की कृपा पर वह किराया चढ़ जाने के बाद भी मकान में रह रहा था। मगर वॉल्ट का आत्मसम्मान और ईमानदारी काबिले तारीफ है। वह खुद्दार था। उसने इस मकान मालिक का बकाया किराया दस साल के बाद चुकाया, मगर चुकाया अवश्य।

मगर कब तक ऐसा चलता। अन्त में वह कमरा छोड़कर ऑफिस में कैनवास और कुशन पर सोने लगा। पैसे बचाने के लिए कोल्ड बीन्स खाकर गुजारा करने लगा। वह इतना दुबला हो गया था कि लोग सोचने लगे कि भाई की तरह वह भी टी.बी. का रोगी हो गया है। सप्ताह में एक बार नहाने के लिए वह यूनियन स्टेशन का प्रयोग करता, जहाँ मात्र एक डाइम में यह काम निपटाया जा सकता था। यह भी उसके लिए रईसी थी। अब लाफ ओ ग्राम्स मात्र एक खोल था जिसके पास कोई कर्मचारी या उपकरण न था। कोई रकम न थी। फ्रेड ने एलिस इन वण्डरलैण्ड के लिए दिये गये अपने उधार के लिए सारा कुछ गिरवी रखवा लिया था। सारे उपकरण, उत्पाद्य सब कुछ। नया कार्टून भी। निवेशक पचास हजार डालकर कम्पनी को फिर से खड़ा करना चाहते थे। इसकी योजना राज्य द्वारा स्वीकृत हो चुकी थी। लेकिन सब तहस-नहस हो चुका था। लाफ ओ ग्राम्स के पास अब कुछ न था। नये कार्टून बनाने की आशा भी नहीं बची थी। वॉल्ट ने कम्पनी बचाने की अन्तिम कोशिश में कैंसास सिटी पोस्ट को साप्ताहिक न्यूजरील देने की पेशकश की। मगर यह बात भी न बनी। लग रहा था कि अब कैंसास सिटी से उसका दाना-पानी उठ गया है।

चचा रॉबर्ट ने बोरिया-बिस्तर समेटकर कैंसास सिटी छोड़ने की सलाह दी। रॉय का भी यही विचार था। हितैषियों की बात मानकर उसने शहर छोड़ने का मन बना लिया। वैसे उसका कहना था कि तकनीकी दृष्टि से वह इन सारी झंझटों से बच सकता है, क्योंकि जब कम्पनी प्रारम्भ हुई थी तब वह नाबालिग था। यह न करके उसने खुद को दिवालिया घोषित कर दिया। मगर लोग उसे जानते थे। किसी ने भी उसे या उसके सहकर्मियों को लाफ ओ ग्राम्स की बरबादी के लिए जिम्मेदार न ठहराया और न ही किसी ने अपनी रकम के लिए कोई दावा ठोंका। वैसे रॉय के अनुसार सारी गलती वॉल्ट के साथियों की थी। खासकर पिक्टोरियल और फ्रेड जैसे धूर्त बदमाशों की थी। जबकि रूडी के अनुसार वॉल्ट ने स्थान गलत चुना था। कैंसास सिटी उन लोगों के बड़े काम के उपयुक्त जगह न थी। इस बड़ी योजना के लिए किसी बड़े शहर का चुनाव करना चाहिए था। कुछ लोग स्थान को दोष दे रहे थे। कुछ लोग अन्य लोगों को। मगर जिसकी यह सारी सम्पत्ति उजड़ी थी वह इन सब बातों से प्रभावित नहीं था। फेयरी टेल्स, लाफलेट्स, सजीव ऐनीमेटेड कार्टून सबकी असफलता। खाने के लाले, दिन-रात ऑफिस के स्थान के लिए चिन्ता, कर्जदारों की लम्बी सूची, लोगों के सामने निरन्तर हाथ फैलाने, रातों को जागते रहने के बावजूद वॉल्ट का विश्वास नहीं डिगा था। उसने हारने की बात कभी न की। वह अभी भी उत्साह से भरा हुआ था। उसे अपनी क्षमता, अपने विचारों का मूल्य ज्ञात था। उसे भरोसा था कि वह ऐनीमेशन के क्षेत्र में कुछ विशिष्ट कर सकता है। उसमें आगे बढ़ने का जोश बरकरार था। वकील फिनीस रोसेनबर्ग जिसने उसका दिवालिया होने का कागज भरा था, उसका कहना था कि जो लोग दिवालिया होते हैं वे कड़वाहट से भरे होते हैं। परेशान होते हैं। मगर वॉल्ट में उसने कभी ऐसा कुछ नहीं देखा। उसके विश्वास का कोई तार्किक कारण न था। अपने जीवन में बाद में वह खुद स्वीकार करता है कि वह सदा बिना किसी शंका के रहा है। उसे अपनी सफलता को लेकर कभी कोई सन्देह नहीं हुआ है। वह कभी अप्रसन्न रहा हो ऐसी कोई याद उसके पास नहीं है। वह सदा खुश रहा है। वह सदा काम कर रहा था और सदा काम को लेकर उत्साहित-उत्तेजित था। असल में इस बात में कितनी सच्चाई है यह सोचना होगा। हो सकता है यह सब वह मात्र दिखावे के लिए कहता और करता था। वह इक्कीस साल का नौजवान था। इस समय वह अपनी हार दूसरों पर जाहिर नहीं करना चाहता था। वह एक कुशल अभिनेता था। बहुत बाद में उसने स्वीकार किया कि उस समय उसका दिल टूट चुका था और वह बरबाद हो चुका था। असफलता ने उसे बरबाद कर दिया था और जिन लोगों ने उस पर विश्वास किया था उनके विश्वास और रकम के डूबने से उसका दिल टूट गया था। उसने तब खुद से कमम खायी थी कि

वह एक दिन सफल होगा और सबकी रकम लौटायेगा। उसने ऐसा किया भी। जिन लोगों ने उस पर भरोसा किया था उनका कर्ज उसने उतारा। देर से ही सही पर उतारा जरूर। लाफ ओ ग्राम्स के दिवालिया होने ने उसे और मजबूत और पक्के इरादे का बना दिया था। वह असफलता से ज्यादा प्रभावित नहीं हुआ। शायद इतनी असफलता एक साथ मिलने के कारण इनके प्रति उदासीन हो गया, असंवेदनशील हो उठा था। उसने असफलता को सफलता में परिवर्तित करने के लिए कमर कस ली। अब उसने भी कैंसास सिटी छोड़ने का मन बना लिया। असफलता को पीछे छोड़कर उसने आगे बढ़ने की ठान ली। एक बार फिर वह बीती को बिसार कर आगे की सुध लेने के लिए तैयार था।

अब उसने न्यूयॉर्क या हॉलीवुड जाने की सोची। चूँकि आजकल चचा रॉबर्ट हॉलीवुड में रह रहे थे और रॉय भी वहीं स्वास्थ्य लाभ कर रहा था। अतः वॉल्ट ने भी हॉलीवुड का रुख करने की सोची। कम्पनी के लुट जाने और एक-एक करके सहकर्मियों के चले जाने के बाद वह खुद को बहुत अकेला अनुभव कर रहा था। परिवार पहले ही इधर-उधर जा चुका था। वह यूनियन स्टेशन पर जा खड़ा होता और आँखों में आँसू भरे जाती हुई ट्रेन को देखा करता। उसके पास न रहने को घर था न खाने को पैसे। कभी हिलबिली के घर रहता, कभी डॉक्टर काउल्स के। फिर भी वह हाथ पर हाथ धरे नहीं बैठा था। दिवाला पिटने के पहले जिस बिल्डिंग में लाफ ओ ग्राम्स का ऑफिस था वहीं आइसिस थियेटर में ऑर्गन बजाने वाला कार्ल स्टालिंग रहता था उससे वॉल्ट की दोस्ती थी उसकी सहायता से वह जेन्किंस म्यूजिक कम्पनी से एक कॉन्ट्रैक्ट लेने में कामयाब हो गया। उसने **'सांग ओ रील'** नाम से एक लाइव एक्शन फिल्म बनायी जिसमें टाइटिल कार्ड्स पर गाने के बोल लिखे थे, ताकि दर्शक साथ-साथ गा सकें। उसने जोई एल सैंडर्स के लिखे गीत **'मार्था : जस्ट अ प्लेन ओल्ड-फैशन्ड नेम'** को बनाकर इतना कमाया कि वह उससे एक पुराना मोशन पिक्चर कैमरा ट्रायल बेसिस पर खरीद सका। पैसे बचाने के ख्याल से उसने नेगेटिव खुद डेवलप किये। एक समय जैसे वह लोगों के घर जाकर अखबार बाँटता था वैसे ही एक बार फिर वह कैंसास सिटी के समृद्ध इलाके में दरवाजे-दरवाजे जाकर इस लाइव एक्शन फिल्म को बेचने का प्रयास करने लगा। वह ऐसे माता-पिता को खोजता जो अपने बच्चों के लिए फिल्म खरीदना चाहते हों। वह हर फिल्म पर सारे काम खुद करके दस से पन्द्रह डॉलर बचा रहा था ताकि कैमरे का दाम चुका सके और लॉस एंजिल्स जाने के लिए टिकट कटा सके। जब किसी ने उससे उसका कैमरा खरीदना चाहा तो उसने लागत से ज्यादा मूल्य पर उसे बेच दिया और कुछ और पैसे बना लिए। वैसे कुछ लोगों का बाद में दावा था कि उन्होंने अपने बच्चे की फोटो खींचने के लिए उसे 3,000 डॉलर दिये।

जिससे उसने लॉस एंजिल्स जाने के लिए टिकट खरीदा। हालाँकि इन लोगों के कहने के अलावा इस बात का कोई सबूत नहीं है।

कैंसास सिटी की कसैली कड़वी, खट्टी-मीठी यादों के साथ वह विदा हुआ। मगर जाने से पहले वह एक-एक कर अपने सब देनदारों से मिला और उनसे उसने कहा कि वे उस पर विश्वास करें। आज नहीं तो कल वह उनकी पाई-पाई चुका देगा। उसने अपना बचा-खुचा निजी सामान हरमन भाइयों को दे दिया ताकि वे उसे बेचकर कुछ लोगों का उधार चुकता कर दें। कुछ उपकरण हरमन, रूडी, मैक्सवेल ने खरीद लिए, जिनसे उन लोगों ने कुछ दिन अपना स्टूडियो चलाया। एडना फ्रांसिस के घर उसने एक रात खाना खाया और अपने व्यापार के डूबने की बातें करता रहा। अगले दिन उसके भाई हर्बर्ट की सास ने ट्रेन में खाने के लिए उसे तीन पैकेट दिये और पहनने के लिए अपने बेटे का एक सूट दिया। उसके पास केवल एक टाउज़र्स, एक जैकेट, एक पुराना कार्डिगन तथा एक गैबरडीन का रेनकोट था। उसका सूटकेस ऐनीमेशन के सामान से भरा था। कपड़े नाम मात्र को थे। उसके पास एक कीमती चीज थी। उसे अपना कैमरा बेचकर जो पैसा मिला था उससे उसने वाकओवर जूते की एक जोड़ी पाँच डॉलर में खरीदी थी। उसकी भाभी लुसी (हर्बर्ट की पत्नी) के भाई के एक दोस्त ने उसे यूनियन स्टेशन तक छोड़ दिया। यह आदमी विलियम रास्ट जिन्दगी भर डींग हाँकता रहा कि जब वॉल्ट हॉलीवुड जा रहा था उसने वॉल्ट को स्टेशन छोड़ा। वॉल्ट के अनुसार उसे स्टेशन पर विदा करने कोई नहीं आया। जबकि रूडी के अनुसार लॉफ ओ ग्राम्स के सब पुराने लोग वहाँ थे और उन लोगों ने जाते हुए वॉल्ट की तस्वीरें खींची थीं। बाईस साल के वॉल्ट ने दस साल कैंसास सिटी में बिताये थे। इस शहर ने उसे जिन्दगी के कई महत्त्वपूर्ण सबक सिखाये थे। वह एक नयी आशा, नये उत्साह के साथ नये स्थान की ओर चल पड़ा। वह खुश था। स्वतन्त्र था। अपनी राह आप बनाने को कमर कसे हुए। संघर्ष और सफलता के लिए तत्पर।

3

वॉल्ट डिज़्नी : प्रोपेगण्डा

"मैं सफलताओं पर रुकना पसन्द नहीं करता, मैं दूसरे कामों की ओर चलते चले जाना पसन्द करूँगा।"

–वॉल्ट डिज़्नी

जब कोई कलाकार अपनी कला के साथ समझौता करने लगता है तो उसका पतन प्रारम्भ हो जाता है। वॉल्ट डिज़्नी जो विशुद्धता का पर्याय था, जो अपने काम में किसी तरह की कमी सहन नहीं कर सकता था, जो काम की श्रेष्ठता के लिए अपने सहयोगियों को बार-बार काम को सँवारने के लिए बाध्य करता था, सहयोगियों को सात-सात, आठ-आठ बार काम को करने के बाद ही आगे बढ़ने देता था, उसी डिज़्नी की जिन्दगी में ऐसे दिन आये जब वह काम की गुणवत्ता को बिना जाँचे-परखे काम समाप्त करने पर बल देने लगा। बिना देखे-परखे काम समाप्त करने पर बल देने लगा। काम दूसरों पर टालने लगा। अनिंद्य का पुजारी ऐसा कैसे हो गया? जिस व्यक्ति के काम का जादू लोगों के सिर चढ़कर बोलता था वही अब काम की परिशुद्धता को नजरअन्दाज करने लगा। क्यों ऐसा हुआ?

यह एक हादसा था जिसने उसे भीतर से हिला दिया था। वह अपने लोगों पर अगाध विश्वास करता था। उसके इसी विश्वास को लोगों ने तोड़ा था और वह इससे बुरी तरह आहत हुआ था। उसके स्टूडियो में हड़ताल हुई थी। जिन लोगों को वह अपना विश्वासपात्र मान रहा था उन्हीं लोगों ने उसके अनुसार उसकी पीठ में छुरा भोंका था। जिन सहयोगियों को उसने स्वयं से बढ़कर प्यार किया

था, जिनकी उन्नति और विकास के लिए उसने अथक परिश्रम किया था उन्हीं लोगों ने उसके साथ छल किया था। उसे धोखा दिया था। वह लोगों के इस फेरबी रूप से स्तम्भित था। जिनकी सहायता से वह ऐनीमेशन की दुनिया का बादशाह बना, ऐनीमेशन का इतिहास रचा, ऐनीमेशन की शब्दावली गढ़ी, जिनको वह कामगर न मानकर अपना सहयोगी मानता रहा, उन्हीं लोगों ने उसके साथ असहयोग किया। विश्वासघात किया था। एक समय जहाँ काम करने वालों के ठाठ हुआ करते थे उसी स्टूडियो में मुर्दनी का वातावरण छाया रहने लगा। एक समय जो स्टूडियो काम करने वालों का स्वर्ग हुआ करता था वह अब नरक में तब्दील हो चुका था। हड़ताल के बाद बहुत सारे लोग स्टूडियो छोड़कर जा चुके थे। बहुतों को जबरदस्ती उन्हीं की शर्तों पर वापस लेना पड़ा था। जाहिर है यह कोई सुखकर स्थिति न थी। बचे हुए सहयोगियों पर भी विश्वास करना उसके लिए कठिन हो गया था। हड़ताल के बाद वह एक बदला हुआ आदमी था। प्रफुल्लित, उत्साहित, प्रेरणादायी वॉल्ट डिज़्नी कहीं खो चुका था। उसका स्थान एक शक्की, नाखुश, विफल और कुण्ठित आदमी ने ले लिया था।

उसका स्टूडियो कर्ज में डूबा हुआ था। कर्ज के एवज में बैंक उस पर तरह-तरह के दबाव डाल रहा था। उसे आदेश दे रहा था कि यह करो, यह मत करो। वॉल्ट जो सदा से स्वाभिमानी और स्वतन्त्र प्रकृति का था उसके लिए यह स्थिति अकल्पनीय, अप्रत्याशित थी। वह इस मानसिक दबाव को सहन करने में स्वयं को असमर्थ पा रहा था। उसे सृजनात्मक कार्यों के लिए मानसिक चुनौतियाँ अच्छी लगतीं। इनसे उसे प्रेरणा मिलती मगर सृजन में इस तरह के अवरोध कारक असहनीय लगते। हड़ताल के निपटारे के लिए बाह्य हस्तक्षेप हो रहा था। उसके पिता की मृत्यु हो गयी थी। कई फिल्में अधूरी बनी पड़ी थीं। उन्हें पूरा करने के लिए आर्थिक स्रोत न थे। तमाम मुसीबतें एक साथ मुँह बाये खड़ी थीं। मुसीबत जब आती है अकेली नहीं आती है। वॉल्ट डिज़्नी चारों ओर से परेशानियों से घिरा हुआ था।

इतना सब कुछ होते हुए वह दक्षिण अमेरिका की यात्रा पर चल दिया। उसका कहना था कि इस नाइटमेयर, इस भयंकर दुःस्वप्न से तो वह दूर जाना चाहता था। मगर वह इस यात्रा पर इसलिए भी गया क्योंकि वह स्टूडियो के लिए और काम लाना चाहता था। इन दिनों वह मोहभंग (डिसइलूशनमेण्ट) तथा उत्साहभंग (डिसकरेजमेण्ट) का शिकार हो रहा था। मोहभंग तथा उत्साहभंग को वह **'केस ऑफ डी डी'** कहता था। स्टूडियो को फिल्म की आवश्यकता थी ताकि और धन आ सके तथा स्टॉफ काम करता रह सके। इसीलिए वह इस यात्रा पर चला। उत्तर तथा दक्षिण, दोनों अमेरिका में सुदृढ़ सम्बन्ध स्थापित करने के लिए 1940 में

'ऑफिस ऑफ द को-ऑर्डिनेटर ऑफ इंटर-अमेरिकन अफेयर्स' की स्थापना हुई थी। यह योजना तेल अरबपति नेल्सन रॉकफेलर के दिमाग की उपज थी। दक्षिण अमेरिका में कलात्मक रुचि के अलावा रॉकफेलर का वहाँ पर तेल व्यापार भी था। बेनेजुएला में तेल व्यापार में उसकी पूँजी लगी हुई थी। दक्षिण अमेरिका में उसके होटल का व्यापार भी था। उसने बेनेजुएला के राष्ट्रपति एलिज़ार लोपेज़ कोंट्रेरास के साथ मिलकर यह योजना बनायी थी। वह वहाँ की गरीबी से विचलित था। उसने अमेरिका के राष्ट्रपति रूजवेल्ट को मेमो दिया था और इस तरह दोनों देशों को निकट लाने की मुहिम चल पड़ी थी। रॉकफेलर ही इस योजना का को-ऑर्डिनेटर भी बना।

रॉकफेलर दोनों देशों की संस्कृति को निकट लाना चाहता था। उसने डगलस फेयरबैंक्स, डोरोथी लमोर, येल ग्ली क्लब आदि सेलेब्रेटीज को वहाँ भेजा। अपने दोस्त हे ह्विटनी को मोशन पिक्चर का प्रमुख बनाकर दक्षिण अमेरिका में फिल्म दिखाने का प्रबन्ध किया। वॉल्ट डिज़्नी के हस्तक्षेप से **'ह्विटनीस मोशन पिक्चर'** की छोटी फिल्मों की समिति का प्रमुख गुंथर लेसिंग बना। इसी को-ऑर्डिनेटर ऑफिस के लिए डिज़्नी फिल्म बनाना चाहता था। कई बैठकें हुईं और अन्ततः डिज़्नी 1,50,000 डॉलर का अनुबन्ध पाने में कामयाब हो गया। इस अनुबन्ध के अन्तर्गत उसे दक्षिण अमेरिका विषय पर कई फिल्में बनानी थीं। दक्षिण अमेरिका में वह एक जाना-पहचाना नाम था। वह वहाँ लोकप्रिय था। सो को-ऑर्डिनेशन ऑफिस के खर्च पर वह दक्षिण अमेरिका की यात्रा पर निकला। यह **'बिजनेस कम प्लेज़र ट्रिप'** था। एक तीर से दो शिकार। इस यात्रा में उसके साथ लिलियन और सत्रह अन्य सहयोगी भी थे। वहाँ उसका भव्य स्वागत हुआ। वे लोग स्वागत समारोहों में इतने व्यस्त थे कि कोई भी अन्य काम करना कठिन था। वे वहाँ रिओ ड जानेरिओ, ब्युनस आयर्स, अर्जेंटीना, सेंटियागा, पेरु, इक्वाडोर आदि विभिन्न स्थानों पर गये। वापसी में उसने पनामा सिटी में **'फैंटासिया'** का प्रीमियर भी उद्‌घाटित किया। वे चाहते तो कुछ और दिन घूम सकते थे मगर घर और बच्चों की याद उन्हें वापस ले आयी।

इस बीच हड़तालियों की शर्तों पर करारनामे का फैसला न होने के कारण स्टूडियो दो सप्ताह बन्द रहा। रॉय भाग-भागकर वाशिंगटन जाता रहा। करीब साढ़े तीन महीने के बाद 16 दिसम्बर को बरबैंक स्टूडियो में फिर से पूरी तौर पर काम शुरू हुआ। अब उसमें 1,200 कर्मचारी के स्थान पर मात्र 694 कर्मचारी थे। बोनस तथा इन्सेंटिव्स की सारी योजना ठप्प की जा चुकी थी। कर्मचारियों के समय पर आने-जाने पर कड़ी पाबन्दी हो गयी थी। और तो और डिज़्नी की प्रिय आर्ट क्लासेस बन्द हो गयी थीं। वह अपने कर्मचारियों की बेहतरी के लिए ये आर्ट क्लासेस

चलाता था। हर क्षेत्र में कटौती करनी पड़ रही थी। बिल टाइट्ला, वॉल्ट केली, जॉन हबली जैसे उसके बेहतरीन ऐनीमेटर उसे छोड़कर चले गये थे। जो बच गये थे उनके साथ वॉल्ट डिज़्नी का सम्बन्ध पहले जैसा न रहकर बहुत खराब हो गया था। वह बहुत शंकालु हो गया था। हड़ताल ने उसे अन्दर से हिला दिया था। उसके स्वभाव में कड़ुवाहट भर गयी थी। उसका पक्का विश्वास था कि उसने अपने लोगों के लिए एक परफेक्ट दुनिया बनायी थी और उन लोगों ने उसकी कद्र न की। उसकी तारीफ न की। गुंथर लेसिंग से भी उसके सम्बन्ध बिगड़ गये। लेसिंग सहानुभूति के कारण अपने पद पर बना रहा। स्टूडियो अब पहले वाला स्टूडियो न रहा वह किसी भी अन्य स्टूडियो की भाँति बन गया। यहाँ काम करने का जो आनन्द था वह समाप्त हो चुका था। स्टूडियो के लोग भी उसके बदले स्वभाव का फायदा उठाने लगे। अगर उन्हें किसी से खुन्नस निकालनी होती तो वे उस व्यक्ति की वॉल्ट के सामने प्रशंसा करते। बस फिर उस आदमी की खैर न रहती। इसी तरह यदि उन्हें किसी समय किसी से लाभ उठाना होता तो वे वॉल्ट के सामने उसकी आलोचना करते और वॉल्ट खुश होकर आलोचना करने वाले को कोई-न-कोई लाभ अवश्य देता। एक समय का मस्तमौला वॉल्ट अब लोगों के लिए दहशत था। लोग उसके सामने पड़ने से बचने लगे। पहले भी लोग उससे डरते थे, मगर अब लोग उसके क्रोध से दहशत खाने लगे थे क्योंकि अब उसके क्रोध का मतलब था अपनी नौकरी से हाथ धो बैठना। अब फर्श पर उसके जूतों की आवाज, उसकी चिर-परिचित खाँसी सुनते ही लोग अपने काम में जुट जाते और जब वह कहता मुझसे डरने की जरूरत नहीं है तो लोग और भी ज्यादा भय खाते। वह कहता मुझे देखते ही काम में इस तरह सिर गड़ाने की जरूरत नहीं है। मगर लोग जानते थे कि ऐसा न करने का नतीजा क्या होगा। वह अगर किसी की छाती की ओर उँगली दिखाकर कड़ी नजर से देखता तो लोगों का खून जम जाता। वह दाँत दबाकर तब तक "तुम्हें मालूम है, तुम्हें मालूम है, तुम्हें मालूम है।" कहता चला जाता जब तक कि वह व्यक्ति घबराकर "हाँ, हाँ, हाँ" न कहने लगता। वॉल्ट जो पूछ रहा होता चाहे उस व्यक्ति को वह मालूम होता या नहीं वह 'हाँ' कहने को मजबूर होता था। दहशत ऐसी थी कि जो व्यक्ति वॉल्ट की नजर से गिर जाता वह स्टूडियो में सबके लिए अछूत हो जाता। लोग उस व्यक्ति से कतराने लगते।

एक बार लेआउट आर्टिस्ट केन एण्डरसन एक नये लाइटर से वॉल्ट की सिगरेट सुलगा रहा था। गलती से वॉल्ट की मूँछ में लौ लग गयी। वॉल्ट भयंकर रूप से चिल्लाया, "क्या तुम मुझे जलाकर मार डालना चाहते हो?" और गुस्से में कमरे के बाहर चला गया। एण्डरसन ने लाइटर फेंक दिया और फिर कभी सिगरेट न पी। मगर पूरा स्टॉफ उससे कट गया। इस बार वॉल्ट ने अपने हृदय की विशालता

का परिचय दिया और एण्डरसन को खाने पर संग ले गया, ताकि स्टॉफ जान ले कि वह उससे गुस्सा नहीं है। मगर ऐसा कभी-कदा ही हुआ कि वह जिससे नाराज हो जाये उस पर फिर से कृपा करे। अब वह जानबूझकर पूरे स्टॉफ के सामने लोगों का अपमान करता। जिससे गुस्सा होता उसे स्पष्ट रूप से कह देता कि तुम मीटिंग में आओगे जरूर, मगर अदृश्य रहोगे। लोगों के काम को सबकी नजरों के सामने नष्ट कर देता। ड्राइंग्स फाड़ डालता। वह उन्हें चोट पहुँचाने का कोई भी अवसर हाथ से न जाने देता।

उसने बहुत क्रूर लेकिन बहुत सूक्ष्म तरीके से उस आदमी को उसकी जगह दिखाई जिसे वह हड़ताल के लिए सबसे ज्यादा उत्तरदायी समझता था। आर्ट बैबिट जब हड़ताल के बाद लौटा तो उसे यह देखकर आश्चर्य हुआ कि जो लोग हड़ताल में शामिल न थे जैसे जैक किने तथा डिक लुंडी, वे भी उसके साथ काम करने को राजी थे। मगर उसने यह भी देखा कि उसका पुराना ऑफिस एक ऐसे व्यक्ति को दे दिया गया है जो हड़ताल में शामिल न था और उसे एक नया ऑफिस दिया गया है, जिसमें पहले वाली सुविधाएँ नहीं हैं। हड़ताल के समय अधूरा रहा काम उसने पूरा किया और उसे कोई नया काम नहीं दिया गया। जब उसने और काम माँगा तो उसे पैंतालिस मिनट में काम छोड़कर जाने का नोटिस मिला। वॉल्ट ने लोगों से कहा कि बैबिट का काम ठीक नहीं होता था, इसीलिए उसे हटाया गया है। जब किसी ने पूछा कि अगर वह अच्छा ऐनीमेटर नहीं था तो उसे इतनी अच्छी तनख्वाह क्यों दी जाती थी? तो वॉल्ट का उत्तर था, "वह उसमें आत्मविश्वास भरना चाहता था।" मगर लेसिंग के सामने उसने ईमानदारी से स्वीकार किया कि बैबिट के साथ काम करना कठिन हो गया था। वॉल्ट भले ही सोच रहा था कि वह अपने दुश्मनों, विश्वासघातियों से छुटकारा पा लेगा, मगर वह आसान न था।

बैबिट ने वॉल्ट के यहाँ से निकाले जाने पर दक्षिण अमेरिका में एक स्थान पर ऐनीमेटर का काम पकड़ लिया। चार महीने बाद वापस आकर वार्नर ब्रदर्स के यहाँ काम शुरू किया। वहाँ से भी काम छोड़कर एक नयी जगह काम पकड़ा। मगर इसके पहले डिज़्नी स्टूडियो के खिलाफ बेमतलब निकाले जाने का केस ठोंक दिया। वॉल्ट जानता था कि वह केस जीत नहीं सकता है। क्योंकि कई प्रसिद्ध ऐनीमेटर ने गवाही दी थी कि बैबिट एक अच्छा और कुशल ऐनीमेटर है। कोर्ट ने फैसला स्टूडियो के विरुद्ध दिया। स्टूडियो को कोर्ट का हुक्म मिला कि बैबिट को चालीस दिनों के अन्दर पिछले सारे बकाया वेतन के साथ बहाल किया जाये। यह डिज़्नी की बहुत बड़ी हार थी। मित्र दुश्मनों में बदल चुके थे। अब लोगों का आपस में मात्र औपचारिक सम्बन्ध रह गया था। पहले वाली मस्ती खो गयी थी। जो लोग हड़ताल पर गये थे उनके मन में अपराध बोध था। और जो नहीं

गये थे उन्होंने स्टूडियो के उन्मुक्त वातावरण, सोहार्दपूर्ण परिवेश को नष्ट करने के लिए हड़तालियों को कभी माफ न किया क्योंकि उनकी करनी का फल इन्हें भी भोगना पड़ रहा था। वे बेवजह शक के लपेटे में आ गये थे। वॉल्ट का उन पर से भी विश्वास उठ गया था। हड़ताल ने दूध में नींबू की बूँद का काम किया था। सारा कुछ फट गया था। जिसके पहले की अवस्था में लौटने का न तो कोई आसार था न ही कोई उपाय। जो हड़ताल पर नहीं गये थे उनके मन में भी गाँठ थी। उन्हें लगता कि उन्होंने अपने साथियों के साथ दगा करके वॉल्ट का साथ दिया और अब वॉल्ट का विश्वास भी खो बैठे थे। और उन्हें यह भी लगता कि वे भीतर कहीं बहुत कायर थे, अन्यथा हड़ताल जैसे साहसिक कार्य में अवश्य हिस्सा लेते। किस्साकोताह यह कि जिस स्टूडियो ने तीस के दशक में सर्वोत्तम फिल्में दी थीं, उसकी आत्मा मर चुकी थी।

स्टूडियो के लिए यूनियन जितनी बड़ी मुसीबत थी सरकार उससे कम बड़ी मुसीबत न थी। वे चक्की के दो पाटों के बीच पिस रहे थे। मगर उपाय क्या था। जब अक्टूबर के मध्य में वॉल्ट स्टूडियो लौटा वहाँ कुछ बदल चुका था। हड़ताल की समस्या सुलझ चुकी थी पर बैंक ऑफ अमेरिका नयी-नयी माँगें थोप रहा था। नयी-नयी शर्तें लागू कर रहा था। बैंक के प्रमुख रोसेनबर्ग ने अल्टीमेटम दे दिया था। उसके अनुसार मात्र 3.5 मिलियन डॉलर का ही कर्ज मिल सकता था। बदले में स्टूडियो को अपना उत्पादन सीमित करना था। जो फिल्में प्रारम्भ हो चुकी थीं उनको समाप्त करने की छूट थी। मगर वे कोई नयी फिल्म नहीं प्रारम्भ कर सकते थे। जबकि स्टूडियो को जीवित रखने के लिए नयी-नयी फिल्में बनाना अत्यावश्यक था। नयी फिल्में उसकी लाइफ लाइन थीं। उस समय स्टूडियो में केवल **'डम्बो, 'बैम्बी'** और **'विंड इन द विलोज'** तीन फिल्में ही बन रही थीं। शर्त थी जब तक ये फिल्में बनकर रिलीज नहीं होती हैं और अपनी लागत नहीं कमा लेती हैं तब तक कोई नयी फिल्म शुरू नहीं की जा सकती है। डिज़्नी के लिए यह बहुत त्रासद स्थिति थी।

हड़ताल के बाद **'डम्बो'** बनकर तैयार हुई। वैसे तो यह उसकी पहली फिल्मों की तुलना में उन्नीस थी मगर रिलीज होने पर इसे भरपूर सराहना मिली। सब पत्र-पत्रिकाओं में खूब तारीफ हुई। सब लोग वॉल्ट की प्रशंसा कर रहे थे। लेकिन वॉल्ट जानता था कि असल में इस फिल्म से उसका कुछ खास लेना-देना न था। इसे पूरी तरह से उसके स्टॉफ ने बनाया था। वह दूसरे-दूसरे कामों में व्यस्त था। **'टाइम'** मैगजीन दिसम्बर, 1941 में **डम्बो** को कवरस्टोरी बनाने वाले थे। मगर 7 दिसम्बर को जापान ने हवाई हमले में पर्ल हार्बर को नष्ट किया और इसके साथ ही अमेरिका द्वितीय विश्वयुद्ध में कूद पड़ा। पूरे अमेरिका का मूड बदल गया।

ऐसे में कहाँ का डम्बो और कैसा डम्बो। डम्बो सच में कुछ समय के लिए डम्बो ही बन गया।

उसके स्टूडियो बरबैंक के पास सेना के लिए जहाज बनाने की एक फैक्टरी थी। अब उन्हें उसकी सुरक्षा के लिए एयरक्राफ्ट स्थापित करने में सहायता करनी थी। पुलिस की एक सूचना के अनुसार सेना की एक टुकड़ी पाँच सौ जवानों के साथ स्टूडियो में डेरा डालने के लिए आ रही थी। गैराज और भण्डार सहित पूरा स्टूडियो सेना की छावनी बन गया था और सेना स्टूडियो को निर्देशित करने लगी। दमन-शोषण, डबल स्पीच जैसे निम्न, सस्ते मूल्यों से परहेज करने वाले वॉल्ट को अब सेना की सहायता करनी थी। युद्ध सब नष्ट कर देता है। सब उलट-पुलट देता है।

जिस समय यह सब हो रहा था डिज़्नी के प्रोडक्ट विभाग का प्रमुख के कामन वाशिंगटन डी सी में ग्राहक खोज रहा था। उसने पर्ल हार्बर में मरे लोगों पर अफसोस जताते हुए वॉल्ट को लिखा कि युद्ध जीतना अत्यावश्यक है। यह अच्छा मौका है जब सरकार के लिए फिल्में बनायी जा सकती हैं। वॉल्ट को इंटर अमेरिकन अफेयर्स के को-ऑर्डिनेटर से अपने सम्बन्धों का लाभ उठाते हुए इस प्रस्ताव पर अमल करना चाहिए। सरकार को ट्रेनिंग और जनसम्पर्क के लिए फिल्मों की आवश्यकता होगी और इस अवसर का फायदा उठाना चाहिए। उसने यह भी सलाह दी कि सरकार को इस समय उसकी जरूरत है। उसे तत्काल राजधानी की यात्रा करनी चाहिए और इस मसले को गम्भीरता से लेकर इसे अमलीजामा पहनाना चाहिए।

वैसे तो स्टूडियो के मुख्य उद्देश्य—लोगों के मनोरंजन—के अलावा वॉल्ट किसी भी अन्य प्रकार की फिल्म बनाना नापसन्द करता था। मगर सच्चाई यह थी कि वह अन्य तरह के काम कर रहा था। हड़ताल के भी पहले से आर्थिक आपूर्ति के लिए वह अन्य प्रयास कर रहा था। सरकार के लिए फिल्म बनाने हेतु **'एसोसिएशन ऑफ मोशन पिक्चर प्रोड्यूसर्स'** की स्थापना हो चुकी थी। और उसकी डिफेंस समिति में सहयोग करने का प्रस्ताव वह दे चुका था। अपने यहाँ भी उसने **'वॉल्ट डिज़्नी ट्रेनिंग फिल्म्स यूनिट'** का एक नया विभाग बना लिया था, जिसका प्रमुख रॉबर्ट कार था। उसने एयरक्राफ्ट इण्डस्ट्री के शैक्षिक निदेशक को लिखा कि आप अपने कुछ विशेषज्ञ भेजें ताकि वे हमें कुछ तकनीकी बातें समझा सकें। बाकी हम खुद कर लेंगे।

वॉल्ट ने एप्रिल 1941 में सरकारी अमले तथा डिफेंस इण्डस्ट्री के नुमाइन्दों के लिए प्रीतिभोज का आयोजन किया था। तीस लोगों के इस समूह को उसने आश्वासन दिया कि हम आपकी सहायता के लिए कुछ भी करने को तत्पर हैं।

सहायता करने के अपने जुनून में उसने पत्र लिखकर यह भी वादा किया कि वे लागत मूल्य पर बिना कोई लाभ कमाये देश सेवा के लिए तैयार हैं। थोड़ा झूठ, थोड़ा सच का घालमेल करते हुए उसने उनको लिखा कि उसका स्टूडियो अपने काम का नुकसान किये बिना भी उनका काम करने में सक्षम है। जबकि आर्थिक स्थिति इतनी डाँवाँडोल थी कि अपना काम बन्द करने की नौबत आने वाली थी। और इसीलिए वह सरकारी काम करना चाहता था। वॉल्ट ने सरकारी उत्तर का इन्तजार नहीं किया। एक इंजीनियर जॉर्ज पापेन को नियुक्त कर एक ऐनीमेशन फिल्म बना डाली। **'फोर मैथड ऑफ फ्लश रिवेटिंग'** बनाकर उसने इसे जॉन गियरसन को दिखाई। गियरसन डॉक्यूमेण्ट्री फिल्म बनाने वाला था और कनाडा के फिल्म कमिश्नर की हैसियत से कॉन्फ्रेंस में भाग ले रहा था। वॉल्ट को शीघ्र ही उससे छः फिल्मों का ठेका मिल गया। उसे फ्लश रिवेटिंग और एण्टी रायफल पर एक-एक तथा कनाडा के युद्ध बॉण्ड बेचने के लिए चार छोटी प्रमोशन फिल्में बनानी थीं। वह सोच रहा था कि कुछ पुरानी फिल्म के कार्टून दृश्यों तथा ऐनीमेशन में काट-छाँट करके कम खर्च में वह ये फिल्में बना लेगा तथा कुछ बचत भी कर लेगा। मगर इस ठेके की रकम बहुत ही कम थी।

जब हड़ताल की सुनगुन मिल रही थी उसने **'फ्लश रिवेटिंग'** फिल्म लेकर कॉडवेल को राजधानी में सरकारी दफ्तरों में भेजा। सेना के विभिन्न विभागों के प्रमुखों को भी ये फिल्में दिखाई गयीं। कहा यह गया कि स्टूडियो मात्र अपने देश-प्रेम के लिए यह काम कर रहा है। सच्चाई यह थी कि उसे किसी भी कीमत पर ये ठेके चाहिए थे। क्योंकि स्टूडियो को जीवित रखने के लिए काम मिलना जरूरी था। उसकी बनायी फिल्में कनाडा में खूब प्रशंसित हो रही थीं। कनाडा के लोगों ने इसके पहले ऐसा कुछ देखा ही नहीं था। उसके लिए अचानक काम की बाढ़ आ गयी। ट्रेज़री का सहायक सचिव जॉन एल. सलिवान फिल्म बनाने का प्रस्ताव लेकर आया। अमेरिकी जनता युद्ध के कारण देश के बढ़े हुए खर्चों के लिए अपना टैक्स खुशी-खुशी अदा करे। उसका विचार था कि 'जो जॉन बेरीमोर न कर सका शायद मिक्की माउस कर सके।' यह समय डायने के जन्मदिन का था अतः वॉल्ट की जरा भी रुचि वाशिंगटन जाने में न थी। मगर ट्रेजरी विभाग ने जोर दिया कि वह आये और वह गया। ट्रेजरी के सचिव और डिज़्नी ने सलिवान के घर पर रात का खाना खाया और उसने सरकार के लिए फिल्म बनाने के एक करारनामे पर हस्ताक्षर किया। सरकार के लिए फिल्म बनाने में बजट की समस्या तो थी ही एक और समस्या भी थी उनके द्वारा दिया गया समय बन्धन। वॉल्ट डिज़्नी के यहाँ गुणवत्ता को ध्यान में रखने के कारण फिल्में अपने लिए जितना चाहे समय लेतीं मगर सरकारी विभाग एक महीने में परिणाम चाहता था। मतलब एक महीने

के भीतर उसके स्टॉफ को कहानी लिखकर सीन पॉलिश करने थे, संगीत बनाना था और इसी के एक महीने में ऐनीमेशन भी करना था। मतलब सारा काम जैसे भी हो एक महीने में करके देना था। क्या उपाय था। मगर उपाय था। लोगों की संख्या बढ़ाकर समय सीमा में काम समाप्त किया जा सकता था। वॉल्ट ने यही किया। **'न्यू स्पिरिट'** नाम की इस फिल्म को अनुबन्ध सीमा में समाप्त करने के लिए बीस और लोगों की स्टूडियो में नियुक्ति की गयी। एक सप्ताह में पूरी शूटिंग हुई।

इस फिल्म के दौरान तनाव का एक और कारण था अब तक जो भी फिल्म वे बनाते थे उसके पूरे कर्ता-धर्ता वे लोग स्वयं हुआ करते थे, मगर अब उन्हें दूसरों को खुश करना था। उन सबको यानी रॉय, वॉल्ट, स्टोरीमैन सबको वाशिंगटन भागना पड़ता ताकि सरकारी अमले उनके काम को स्वीकृति दे दें और वे आगे का काम कर सकें। सचिव कभी व्यस्त होता, कभी उसे सिरदर्द होता और इस तरह जब फिल्म पूरी करने के लिए एक-एक पल कीमती था, उन्हें दूसरों की, उनके नखरों की प्रतीक्षा करनी पड़ती। उसने डोनाल्ड डक को इस काम के लिए चुना जिस पर कुछ लोगों को आपत्ति थी। मगर वॉल्ट ने उन्हें बताया कि उसका ट्रेजरी को डोनाल्ड डक देना उसी तरह है, जैसे **एमजीएम** उन्हें अपना क्लार्क गैबल दे। अन्ततः मंजूरी मिल गयी। काम की अधिकता का अन्दाजा इसी से लगाया जा सकता है कि वे लोग अपना बिस्तर-बोरिया स्टूडियो में उठा लाये, रात-दिन काम करते। दिन में अट्ठारह-अट्ठारह घण्टे काम होने लगा। मगर रफ देखने और उस पर सुधार करने के लिए वक्त और आर्थिक स्रोत न थे, अतः सारा काम एक ही बार में फाइनल किया जाने लगा। और इस तरह घड़ी से प्रतियोगिता करते हुए स्टूडियो ने नियत समय से मात्र चार दिन की देरी करते हुए 250 प्रिंट्स बनाकर भेज दिये, इतनी तेजी से कभी काम नहीं किया गया था।

मगर हड़बड़ी का काम शैतान का होता है। इस भागमभाग का नतीजा शारीरिक के साथ मानसिक भी हुआ। वॉल्ट जो परफेक्सनिस्ट था उसने जब समाप्त फिल्म देखी तो अपना माथा पीट लिया। वह बुरी तरह नाखुश था। ऐनीमेशन सुगढ़ न था। वह ऐसी अधकचरी फिल्म पर अपने हस्ताक्षर नहीं करना चाहता था। मगर रास्ता क्या था। अन्ततः उसे इसे पास करना पड़ा। वह काफी देर तक कुर्सी पर पहलू बदलता रहा, मगर अन्त में उसने 'हाँ' कह दी। और हाँ कहकर वह बाहर चला गया वह उस स्थिति का सामना करने का साहस नहीं जुटा पा रहा था। यहीं से वॉल्ट के काम में ह्रास प्रारम्भ हो गया। कहाँ **'डम्बो'** में की गयी अथाह मेहनत और कहाँ **'न्यू स्पिरिट'** को येन-केन-प्रकारेण समाप्त करना। वॉल्ट अपने आदर्शों से गिर गया। इस फिल्म को विशिष्ट बनाने के तमाम उपाय उसके पास

थे, मगर समय नहीं दिया जा रहा था, इसलिए उसने समझौता किया और अपनी गुणवत्ता की मुहर खो बैठा। अब उसकी फिल्में सर्वोत्तम के ऊँचे पायदान से नीचे उतर चुकी थीं। ऐनीमेशन की दुनिया में उसका पतन शुरू हो गया था।

कलात्मक फिल्म के दर्शक और प्रोपेगण्डा फिल्म के बनाने वाले तथा इस तरह के ब्रेन वॉश का शिकार हुए दर्शकों में अन्तर होता है। जिस फिल्म की गुणवत्ता को लेकर वॉल्ट और उसके सहयोगी इतने मायूस थे उसे ट्रेजरी विभाग और दर्शकों ने हाथोंहाथ लिया। उन्हें इन फिल्मों में कोई झोल नजर नहीं आया। वे लोग इन्हें देखकर न केवल खुश थे, वरन् उत्तेजित थे और तत्काल वहाँ से इसी तरह की अन्य फिल्मों को बनाने का आदेश आ गया। वॉल्ट और लिलियन को सेलीब्रेटी डिनर और फिल्म के प्रीमियर पर आदर के साथ आमन्त्रित किया गया। फिल्म अभूतपूर्व रूप से सफल रही एक स्रोत के अनुसार इस फिल्म को करीब 32 मिलियन अमेरिकी लोगों ने देखा और इसका असर भी हुआ। सरकार यही तो चाहती थी। 37 प्रतिशत जनता फिल्म के असर के तहत खुशी से अपना टैक्स अदा करना चाहती थी। 86 प्रतिशत लोगों का मानना था कि डिज़्नी को सरकार के लिए अन्य विषयों पर भी फिल्म बनानी चाहिए, कहाँ आदिम चिन्तन को प्रस्तुत करने वाली स्वस्थ मनोरंजन की फिल्में, लोगों को मन्दी की मार से राहत दिलाने वाली फिल्में और कहाँ लोगों को सरकार की नीतियों का कड़वा घूँट पिलवाने, मीठी गोली के रूप में निगलवाने वाली फिल्में। सरकारी मशीनरी में साथ देने का फैसला करके वॉल्ट डिज़्नी ने अपनी कला के साथ समझौता कर लिया था। सरकारी अफसर और दर्शक बहुत प्रसन्न थे।

मगर डिज़्नी की राह में एक रोड़ा भी था। मात्र 46 प्रतिशत जनता इस बात से राजी थी कि फिल्म बनने का खर्च सरकार उठाये। अमेरिकी पार्लियामेण्ट में इस बात पर विवाद उठ खड़ा हुआ कि जनता से टैक्स वसूलने के लिए सरकार 80,000 डॉलर खर्च करे। मतदान हुआ और 259 लोगों ने इसके विपक्ष और मात्र 112 लोगों ने इसके पक्ष में मत दिये। जबकि इस राशि में केवल प्रिंट का दाम, वितरण तथा प्रमोशन शामिल था। विपक्ष का तर्क था कि जब जनता को पता चलेगा कि उनकी मेहनत की कमाई का इस तरह दुरुपयोग हो रहा है तो बवाल हो जायेगा। वे टैक्स इसलिए दें कि यह राशि बम गिराने वाले के लिए खर्च की जाये। उन लोगों का कहना था कि वे देश की सुरक्षा के लिए करोड़ों खर्च कर सकते हैं, मगर डोनाल्ड डक के लिए एक पाई भी न देंगे। उन लोगों ने पैसे की ऐसी भयंकर बरबादी इसके पहले कभी नहीं देखी थी। यह भी आरोप लगा कि डिज़्नी राष्ट्रपति रूजवेल्ट के करीबी है, इसीलिए यह लाभ उसे दिया गया है। हालाँकि उच्च सदन में कई सदस्य डिज़्नी के बचाव के लिए आगे आये। उस

पर तुर्रा यह कि वॉल्ट को इस फिल्म में घाटा हुआ, वह गच्चा खा गया। उसने मात्र लागत मूल्य बताया था जबकि अन्य तमाम खर्चे थे जिन्हें उसने जोड़ा ही नहीं था। उसने अपने उत्साह में लाइटिंग, हीटिंग, टैक्स आदि को भुला ही दिया था। अप्रत्यक्ष खर्चों की बात सोची नहीं। भाई ने इस बात के लिए उसकी खूब लानत मलानत की। कला को राजनीति से मिलाने का फल हुआ कि अब वॉल्ट डिज़्नी की फिल्में मनोरंजन के स्थान पर सरकारी तन्त्र का प्रचार-प्रसार करने में जुट गयीं। इस फिल्म के अनुबन्ध ने उसे व्यापार के कुछ बहुमूल्य सूत्र थमा दिये। वह जान गया कि सरकारी काम एक अलग समय सीमा में करना होता है। उसका स्तर भी भिन्न होता है और अब उसका स्टूडियो सदा के लिए सरकार के प्रति उत्तरदायी हो गया है। यह दायित्व बैंक ऑफ अमेरिका से भी ज्यादा झंझट वाला था। अब वह सरकार के फायदे के लिए फिल्म बनाने लगा था। सरकार जो जनता का उपयोग अपने हितों के लिए करती है, अतः कहा जा सकता है कि अब वह जनता का उपयोग सरकार के हित में करने के लिए फिल्में बना रहा था।

वॉल्ट का स्वभाव ऐसा था कि वह निराशाओं में भी आशाएँ खोज लेता। आलोचना, घाटा, निराशा के बीच जब **'न्यू स्पिरिट'** के प्रीमियर के लिए लिलियन के साथ लॉस एंजिल्स लौटना हुआ वह उत्साहित था। उसे अपने बचपन के स्थानों को देखने का अवसर मिलने जा रहा था। बचपन के शहर से जुड़ी खट्टी-मीठी यादें थीं। अखबार बाँटने का दुःखद अनुभव था तो स्कूल की मधुर यादें थीं खासकर अपनी छठीं कक्षा की टीचर डेजी बेक से मिलने का उत्साह था। उसने ख्याति प्राप्त करने के बाद भी इस टीचर से पत्राचार जारी रखा था। वह उसे नियमित रूप से पत्र लिखता और सूचनाओं का आदान-प्रदान करता। उसका पत्राचार कई अन्य टीचर से भी था। वाशिंगटन से लौटते हुए वह अपने स्कूल गया। उसने अपने स्कूल को दो मूरल दान दिये थे उन्हीं की स्थापना के लिए स्कूल ने उसे आमन्त्रित किया था। वैसे आजकल वह तमाम आमन्त्रणों को अस्वीकार कर दिया करता था। एक कारण उसकी व्यस्तता थी दूसरा उसे लगता कि वह बहुत अच्छा वक्ता नहीं है। खैर! स्कूल में उसका भव्य स्वागत हुआ। आठ सौ बच्चों, उनके अभिभावकों और टीचर को उसने **'न्यू स्पिरिट'** और अन्य कार्टून दिखाये। उसके सहयोगी ने डोनाल्ड डक का प्रदर्शन किया। स्कूल ने उसे एक सिल्वर कप उपहार स्वरूप दिया। जहाँ उसका 'लाफ ओ ग्राम्स स्टूडियो' था वहाँ के कैफेटेरिया में उसके सम्मान में भोज हुआ। इस भोज में तमाम उन लोगों ने भाग लिया जिनका उससे किसी तरह का सम्बन्ध था और जिन लोगों ने उसकी किसी प्रकार की सहायता की थी। उसे अपने लोगों के बीच बहुत अच्छा लगा। उसका आत्मसम्मान बढ़ गया।

सरकारी काम करने से उसके काम की गुणवत्ता पर असर पड़ा था, लेकिन यह भी सच था कि उस समय उसके स्टूडियो को काम की जरूरत थी। और दक्षिण अमेरिकी फिल्मों के साथ सरकारी फिल्में उसके स्टूडियो के जीवित रहने के लिए अत्यावश्यक थीं। यहाँ उसकी प्रतिबद्धता पर प्रश्न लग सकता है। सुकरात ने सत्य से डिगने की बनिस्बत जहर पीना स्वीकार किया, जबकि कुछ और विद्वानों ने यह सोचकर अपने विचार वापस ले लिये कि जीवित रहेंगे तो और काम कर पायेंगे। मगर लोग आज भी सुकरात को सम्मान के साथ याद करते हैं, जिसने सत्य के लिए जान देना उचित समझा। खैर! एक और अन्तर था वॉल्ट डिज़्नी की रगों में अमेरिकी खून बह रहा था, यूनानी नहीं। वह आज का व्यक्ति था, प्राचीनकाल का नहीं और समय के साथ नये मूल्यों का उदय होता है। मूल्यों में बदलाव आता है। जो भी हो वॉल्ट को प्रतिबद्धता से ज्यादा अपना स्टूडियो बचाना जरूरी लगा। एक और बात थी यहाँ अकेले उसके जीवन का प्रश्न न था स्टूडियो में अन्य कई सौ लोगों की जिन्दगी भी जुड़ी हुई थी। वॉल्ट को उनकी भी चिन्ता करनी थी।

उसे दक्षिण अमेरिका थीम पर 12 फिल्में बनानी थीं। वह नेवी के लिए फिल्म बना रहा था। इसी समय कृषि विभाग ने उसे लैण्ड लीज के लिए प्रमोशनल फिल्में बनाने का ऑर्डर दिया। सुरक्षा विभाग पोस्टर बनवाना चाह रहा था ताकि लोग संवेदनशील सूचनाएँ इधर-उधर न करें। वह जल, थल और वायु तीनों सेना विभागों के लिए फिल्में बना रहा था। फ्रैंक कापरा उस समय आर्मी सिग्नल कोर में था वह भी डिज़्नी से फिल्म बनवाना चाह रहा था। उसने **'ह्वाई वी फाइट'** नाम से एक सीरीज बनवाने का प्रस्ताव दिया। इस तरह देखा जाये तो लगता है कि वॉल्ट डिज़्नी की इन दिनों चाँदी हो रही थी। वह कृषि और स्वास्थ्य विभाग के लिए शैक्षिक फिल्में बना रहा था। लोगों को सिखा रहा था कि अमेरिका के लिए युद्ध में भाग लेना कितना आवश्यक है। मिलिट्री के लिए बिना किसी रकम के मात्र देश-प्रेम के नाते फिल्म बना रहा था। मगर वह अपनी वास्तविक धुरी से हट गया था। अब स्टूडियो उसका अपना नहीं रह गया था। उसे अपनी नहीं दूसरों की शर्तों पर काम करना था। दूसरों के आदेश पर चलना था।

वह शैक्षिक और इंडस्ट्रियल फिल्में बना रहा था। अब वह सरकार का एक अंग था। दिन-रात दोनों भाई वाशिंगटन की दौड़ लगा रहे थे। वॉल्ट जो केवल उच्चकोटि की फिल्में बनाना चाहता था, सर्वोत्तम श्रेणी का काम करना चाहता था वह इस सारे तामझाम से बुरी तरह बेचैन था। फ्रस्ट्रेटेड था। ब्यूरोक्रेसी से उसका पाला पड़ा था। वहाँ की बुराइयों को झेलना अब उसकी मजबूरी थी। अगर उत्पादन खर्च ज्यादा हुआ तो खमियाजा स्टूडियो को भरना था। लेकिन खुदा न खास्ता कहीं

खर्च कम हुआ तो बाकी की रकम वापस करनी होगी। सरकारी अमला उसके नफे में हिस्सा चाहता था, मगर नुकसान अकेले उसे भरना था। इन अजीबोगरीब नियमों के साथ उसे काम करना था, अतः उसका निराश-हताश होना स्वाभाविक था। कोई भी छोटा-बड़ा सरकारी अफसर उसके काम में मीन-मेख निकालने पहुँच जाता। सलाह देने लगता। कुछ समय पहले तक वह खुद मुख़्तार था और अब उसे दूसरों के नियन्त्रण और आदेश पर काम करना पड़ रहा था। इन परिस्थितियों में किसी भी सृजनात्मक प्रवृत्ति के आदमी की हालत समझी जा सकती है, वह तो वॉल्ट डिज़्नी था। अब बात-बात पर उसे काम बन्द कर देने की धमकी मिलती। उसे यह सब अच्छा न लगता, मगर वह खून का घूँट पीकर चुप रह जाता। मरता क्या न करता। अब उसके पास कोई चारा न था। यह उसकी मजबूरी थी कि उसे सरकारी अमले के साथ अच्छा सम्बन्ध बनाये रखना था। उसने ओखल में सिर दे दिया था, मूसल तो पड़ने ही पड़ने थे।

इन फिल्मों को बनाने के लिए कल्पना की या गुणवत्ता की उतनी आवश्यकता न थी जितनी कि उन्हें कम-से-कम समय में पूरा करके विभागों को भेजने की थी। मगर उसको इनकी महत्ता ज्ञात थी और उसने इसे देश-प्रेम की भावना से लिया। कम से कम ये फिल्में शिक्षा देने का काम कर रही थीं। मात्र प्रोपेगण्डा फिल्में न थीं। प्रचार फिल्मों से उसकी खासी बदनामी हो चुकी थी। प्रचार फिल्मों को लेकर उसके अपने मन में भी एक गाँठ थी। अब तक वह एक ऐसे कलाकार के रूप में जाना जाता था जिसका राजनीतिक से कुछ लेना-देना न था। मगर अब स्पष्ट रूप से वह राजनीति से प्रेरित होकर काम कर रहा था। किसी ने तो उससे स्पष्ट रूप से पूछ भी लिया था कि क्या इस तरह की फिल्में बनाकर उसकी इज्जत को खतरा नहीं है। जिसने कभी अपने बाप की न सुनी, अब कोई भी ऐरा-गैरा नत्थू खैरा उसे फिल्म की बारीकियाँ समझाने लगता और उसे मन मारकर उसकी बात सुननी पड़ती। वह एक काले भँवर (ब्लैक होल) में फँस चुका था। जिसमें गिरने के बाद उबरना असम्भव नहीं तो आसान भी न था। उसने **'रीडर डायजेस्ट'** के साथ मिलकर नात्सी लीडर हिटलर के विरुद्ध प्रोपेगण्डा फिल्म **'एजुकेशन फॉर डेथ'** की तर्ज पर **'रीजन एण्ड इमोशन'** फिल्म बनानी प्रारम्भ की। प्रत्यक्ष रूप से हिटलर का उपहास करने के लिए **'डोनाल्ड इन नटजी लैण्ड'** बनायी। अब इतनी तेजी से सारा काम होता कि इस फिल्म का संगीत स्टूडियो के कम्पोजर ओलिवर वैलस ने एक घण्टे में तैयार कर दिया। कहाँ तो एक-एक गाने के बनाने पर बहसें होतीं। महीनों-बरसों काम चलता। **'फैंटासिया'** के गानों पर कितनी मेहनत की गयी थी और उसका फल भी मिला था। कहाँ एक घण्टे में सब तैयार था। मगर देश कुछ ऐसी परिस्थितियों से गुजर रहा था कि यह गीत एक जबर्दस्त

हिट साबित हुआ और जैसे मन्दी के समय सब लोग गा रहे थे, **'हू इज अफ्रेड ऑफ बिग बैड वुल्फ'** वैसे ही अब सब यह गीत गा रहे थे। नात्सी थीम पर ही उसने **'चिकेन लिटिल'** भी बनायी।

एक बार उसने प्रोपेगण्डा फिल्म बनानी शुरू की तो उसे इसका भी चस्का लग गया। इस लाइन में भी उसकी महत्त्वाकांक्षा पींगें भरने लगी। इस क्षेत्र में भी वह अपना झण्डा गाड़ना चाहता था। यहाँ भी वह अग्रणी रहना चाहता था। किसी के पीछे चलना, किसी की नकल करना उसकी फितरत में न था। वह अपनी फिल्मों के द्वारा युद्ध की दिशा बदलना चाहता था। वह ऐसी फिल्में बनाना चाहता था जो उसके लिए अर्थपूर्ण थीं। इसके लिए वह किसी से भी हाथ मिलाने को राजी था और उसे शीघ्र ही इसका मौका मिल गया। प्रोपेगण्डा फिल्म बनाने के लिए वॉल्ट के सितारे बुलन्द थे। रीडर्स डायजेस्ट ने उसे पूर्व रूसी एयर कमाण्डर मेजर एलेक्जेण्डर पी डे सेवेस्की की एक किताब **'विक्टरी थ्रो एयर पॉवर'** दी। यह व्यक्ति प्रथम विश्वयुद्ध में मात्र 22 साल की उम्र में अपना दाहिना पाँव गँवा चुका था। वह इतना अच्छा पायलेट था कि उसे उसके पद पर पुनः बहाल कर लिया गया और उसने तेरह और जहाज मार गिराये। इसके बाद उसे सहायक नेवल अटासे बनाकर अमेरिका में रूसी दूतावास भेजा गया। रूसी क्रान्ति के बाद वह अमेरिकी वायु सेना का सलाहकार बना। उसने अमेरिका की नागरिकता ले ली। उसने अमेरिका के लिए कई बमवर्षक जहाज बनाये। उसकी पारिवारिक पृष्ठभूमि भी काफी रोचक थी। वह एक ओपेरा सिंगर का बेटा था। उनका पिता रूस का पहला व्यक्ति था जिसका अपना निजी जहाज था। 48 साल का सेवेस्की गहरी हरी आँखों, भारी पलकों, खड़ी नाक, भरे होठों वाला व्यक्ति था। उसके काले बालों में सफेदी झलकने लगी थी। रॉकफेलर सेंटर की चौंतीसवीं मंजिल पर उसका ऑफिस था। कई घरों का यह मालिक आत्मविश्वास से भरपूर था। उसकी **'विक्टरी थ्रो एयर पॉवर'** किताब के अनुसार केवल हवाई शक्ति ही दुश्मनों के छक्के छुड़ा सकती थी। मतलब कि थल और जल सेना व्यर्थ थीं। दुश्मन को एक-एक इंच खदेड़ने से अच्छा है उस पर भारी बम वर्षा करके उसे नेस्तनाबूद कर देना। जब उसकी यह किताब 1942 में प्रकाशित हुई रातों-रात प्रसिद्ध हो गयी। वह अपनी योजना के प्रचार-प्रसार के लिए घूम-घूमकर भाषण देता और लोगों को अपने विचार से सहमत करने का प्रयास कर रहा था। इस किताब ने खूब बहस और आलोचना को भी जन्म दिया। उसकी बात से सहमत होने का मतलब था अन्य सारे आयुधों का बेकार हो जाना। सारी अन्य सेना की आवश्यकता का समाप्त हो जाना। आदमी किस हद तक जा सकता है। लोग उपाय खोज रहे थे कि कैसे जल्द से जल्द ऐसे विमान बना लिये जायें। मनुष्य के अन्दर दुश्मन को नष्ट करने की कैसी

तीव्र लालसा होती है। वे यह भूल जाते हैं कि हिंसा हिंसा को जन्म देती है और हिंसा का अन्त सदैव नाश में होता है सृजन में नहीं।

सेना को भले ही सेवेर्स्की की योजना में कुछ शक हो मगर वॉल्ट को कोई शक न था। वह इस किताब पर पूर्ण विश्वास करते हुए इसे वास्तविकता में परिणत करना चाहता था। वह इस पर फिल्म बनाना चाहता था। उसे यह विचार बहुत उत्तेजक और उत्साहवर्धक लगा। वह इसमें पूरे मन से जुट गया। तकनीकि में उसकी रुचि थी। उसे विश्वास था कि इस सदी का यही उचित आयुध है। उसने अपने आदमी पता करने के लिए भेजे कि मेजर का किताब को फिल्म में रूपान्तरित करने के विषय में क्या ख्याल है। और दो महीने के भीतर जुलाई में वॉल्ट ने फिल्म बनाने का शर्तनामा पा लिया।

नेवी के लोग जिसके लिए वह पहले से ही काम कर रहा था इस हवाई विचार से बहुत खुश न थे। उन लोगों ने उसे यह काम न लेने की सलाह दी और उस पर दबाव भी डाला कि वह यह काम न ले। सरकार से भी अधिक काम उसे नेवी दे रही थी।

वे लोग उसे साम, दाम, दण्ड, भेद सब तरह से समझाने का प्रयास कर रहे थे। मगर वॉल्ट ने कभी किसी की न सुनी थी। उसे जो जँच जाता वह वही करता। यह काम आसान न था और कठिन काम, चुनौती भरे काम उसे रास आते। वह जोश से भरा हुआ था। उसे करने के लिए मन लायक कुछ मिल गया था। वह **'विक्टरी'** के लिए जी-जान से जुट गया। जो विशेषज्ञ इस योजना में विश्वास रखते थे उनका आना-जाना उसके स्टूडियो में बढ़ गया। वह इन लोगों से एयर बम वर्षकों के विषय में नवीनतम जानकारी हासिल करने लगा। लोग कहते थे कि सेवेर्स्की बहुत घमण्डी और सनकी किस्म का आदमी है, मगर डिज़्नी भाइयों को वह बहुत सहयोगी और मजेदार लगा। इन लोगों के लिए, खास कर रॉय के लिए उसकी एक और बात अच्छी थी वह पैसों के मामलों में बहुत लालची न था। वॉल्ट की भाँति उसे भी अपनी योजना के पूरी होने में ज्यादा रुचि थी, बनिस्बत लाभ कमाने के। दोनों ही चाहते थे कि जल्द-से-जल्द यह योजना पूरी हो और युद्ध जीता जा सके। वॉल्ट ने अपने सर्वे के द्वारा पता किया कि जनता युद्ध से आजिज आ चुकी है अतः इस तरह की फिल्म अवश्य पसन्द करेगी। दर्शकों को इस तरह युद्ध को शीघ्र समाप्त कर सकने वाले फार्मूले की फिल्म दिखाने के लिए यह समय बिल्कुल उपयुक्त था। यह फिल्म बतायेगी कि कैसे जल्द से जल्द युद्ध जीता जा सकता है अर्थात् युद्ध समाप्त किया जा सकता है।

वह पूरी तैयारी के साथ मेजर से मिला। उसने ग्राउण्ड वर्क, जमीनी कार्य कर लिया था। वॉल्ट ने स्पष्ट कर दिया था कि यह मेजर का प्रोजेक्ट है और

वॉल्ट केवल फेसीलिटेटर है। वॉल्ट अपने लोगों को अच्छा काम करने की चेतावनी देता रहता, क्योंकि उसे लगता कि पूरा देश उस पर निर्भर है और उसे अपने सहयोगियों पर निर्भर करना था। मेजर बीच-बीच में आकर उन लोगों का उत्साहवर्धन करता। **'फैंटासिया'** के इतने दिनों बाद वह फिर से किसी काम में ध्यान लगा रहा था। एक मजेदार बात हुई वॉल्ट इस फिल्म को प्रोपेगण्डा फिल्म के रूप में बनाना चाहता था जबकि सेवेर्स्की उसमें कुछ मनोरंजन भी डालने के पक्ष में था। हाँ, वॉल्ट इसमें कुछ कलात्मक सम्भावनाएँ अवश्य देख रहा था। यह मात्र ऐनीमेशन फिल्म न थी। **'द रेलक्टेंट ड्रैगन'** की भाँति यह भी ऐनीमेशन और लाइव एक्शन का मिश्रण थी। इसीलिए वह इसे **'बास्टर्ड फिल्म'** कहता। खासकर वह इस फिल्म के अन्तिम दृश्य को लेकर बहुत उत्साहित और उत्तेजित था। इसके अन्तिम दृश्य में दुश्मन को एक ऑक्टोपस और अमेरिका को एक गरुड़ के रूप में प्रदर्शित किया जाना था।

यह उसके लिए सामान्य प्रोपेगण्डा फिल्म न रह गयी। वह इसे एक विशिष्ट कार्टून फिल्म के रूप में देख रहा था, बना रहा था। एक ऐसी फिल्म जो दुनिया को हिला देगी। इसका मुख्य विचार बहुत बड़ा था। इसकी शूटिंग अक्टूबर, 1942 में प्रारम्भ हुई। वॉल्ट को मालूम था कि यदि फिल्म जनता के पास समय से पहुँची तो तहलका मच जायेगा। इसलिए उसने अपने लोगों से कहा कि हर हाल में फिल्म दिसम्बर तक बनकर रिलीज हो जानी चाहिए। दर्शकों तक पहुँच जानी चाहिए। शूटिंग रात को ही सम्भव थी, क्योंकि दिन भर पास के सैनिक अड्डे से जहाज के उड़ने और उतरने का शोर होता। समय कम था अतः युद्ध स्तर पर काम होने लगा। स्वयं वॉल्ट इतना व्यस्त हो गया कि दस-दस दिन तक अपने ऑफिस नहीं जा पाता। दाढ़ी नहीं बना पाता, कपड़े नहीं बदल पाता। उसका खाना, पीना, सोना सब हराम हो गया था। इतना सब होने के बाद भी जो काम हो रहा था उससे वह खुश नहीं था। एक ओर समय भाग रहा था दूसरी ओर मनचाहा काम नहीं हो पा रहा था। सब लोग सोच रहे थे कि युद्ध एक साल के भीतर समाप्त हो जायेगा, जबकि सेवेर्स्की का मानना था कि यह अगले पाँच साल और चलेगा। युद्ध समाप्त होने से पहले फिल्म का रिलीज होना अत्यावश्यक था। वॉल्ट का विचार था कि **'विक्टरी थ्रू एयर पॉवर'** बनाकर वह देश को नात्सी शक्ति से बचा रहा है। साथ ही वह दक्षिण अमेरिका को भी अपनी फिल्मों के द्वारा बचाने में सहायता कर रहा था। इसमें शक नहीं कि वह ऐनीमेशन का बादशाह था। वह ऐनीमेशन के मसीहा के साथ-साथ दुनिया का मसीहा भी बना हुआ था। पूरे मई-जून जमकर काम करके जुलाई में उसने दक्षिण अमेरिकी फिल्में **'सलूडोज'** भेज दीं ताकि रॉकफेलर और राष्ट्रपति रूजवेल्ट उसको प्रदर्शित कर सकें।

'सलूडोज' मेहनत पर उसे प्रतिक्रिया मिली। यह फिल्म महत्त्वपूर्ण सरकारी लोगों को दिखाई गयी। लोगों ने इसके पहले ऐसी कोई फिल्म नहीं देखी थी। इसकी कल्पना असंदिग्ध थी। स्वयं रॉकफेलर के अनुसार यह उनकी उच्च अपेक्षाओं से बढ़कर निकली। स्टूडियो उसका अगला भाग बनाने की सोच रहा था। वह दक्षिण अमेरिका को बीमारियों, प्रदूषण और कुपोषण से बचाना चाहता था। इसके लिए वॉल्ट स्टूडियो के अपने सहयोगियों को लेकर वाशिंगटन जाकर विचार-विमर्श कर आया। ये शैक्षिक फिल्में बनाना आसान था। यहाँ तक कि इनके शीर्षकों में भी किसी कलात्मकता या कल्पना की आवश्यकता न थी। पहले स्टूडियो फिल्में बनाता था। अब उसके जीवित रहने के लिए फिल्में बनानी आवश्यक थीं और वॉल्ट यही कर रहा था। उसने सरकार से और अधिक प्रोपेगण्डा फिल्मों का करार कर लिया। मगर वॉल्ट जानता था कि वह क्या कर रहा है। उसने अपनी कला से, अपने मूल्यों से समझौता किया था। अतः वह प्रसन्न न था। उसके भीतर कोई उत्साह न था। वह काम कर रहा था, मगर भीतर से बहुत इतना काम मिलने पर भी वह हतोत्साहित था। निराश-हताश था। अगर थोड़ा-सा सकून था तो वह **'विक्टरी'** को लेकर ही था। वह युद्ध से सम्बन्धित एक ऐनीमेटेड फिल्म बनाना चाहता था। उसने रॉयल एयर फोर्स के एक युवा लेफ्टिनेंट रोअल डाल (रोअल डाल ने बच्चों और वयस्कों दोनों के लिए बहुत सारी सफल कहानियाँ लिखीं। उसकी कई किताबों पर फिल्म भी बनीं। **'मटिल्डा'** उनमें से एक सफल फिल्म है) की कहानी **'जेरमेलिंग्स'** की कहानी चुनी। यह विचित्र काल्पनिक जीव इतने ऊटपटाँग काम करता है कि युद्ध विमान का चालक कुछ समझ नहीं पाता है और केवल परेशान होता रहता है। यह जीव बहुत दुष्ट प्रवृति का है और बराबर पायलेट को धमकी देता रहता है। मगर बात कुछ बनी नहीं वे लोग निश्चित न कर सके कि यह जीव **'जेरमेलिंग्स'** दिखाई कैसा देगा। रोअल डाल बराबर स्टूडियो आता रहा, मगर हर बार वॉल्ट उसे टाल देता। अन्त में उसने कहा कि अभी तक उसके लोग इस फिल्म में रुचि नहीं ले पाये हैं, ज्यों ही कोई सकारात्मक निर्णय लिया जायेगा वह रोअल डाल को बता देगा। मगर यह सकारात्मक निर्णय कभी नहीं लिया गया।

युद्ध काल बहुत भयानक होता है। सब कुछ उथल-पुथल कर देता है। वॉल्ट के स्टूडियो के बहुत सारे लोग युद्ध में भाग लेने चले गये। वह युद्ध स्तर पर युद्ध सम्बन्धित फिल्में बना रहा था। इसके साथ ही एक अन्य फीचर फिल्म भी धीरे-धीरे उसके स्टूडियो में आकार ले रही थी। **'बैम्बी'** का निर्माण इतनी धीमी गति से हो रहा था कि जब तक वह बनकर पूरी हुई बनाने वालों की रुचि उसमें समाप्त हो चुकी थी। आर्थिक स्थिति इतनी बदतर थी कि इस फिल्म को तमाम कटौतियों के साथ बनाया गया। काट-छाँट करते हुए किसी तरह फिल्म पूरी की गयी। जब

यह फिल्म प्रदर्शित हुई तो दर्शकों और समीक्षकों से प्रारम्भ में कोई बहुत उत्साहजनक प्रतिक्रिया न मिली। वॉल्ट फंतासी के लिए जाना जाता था। इसी के लिए प्रसिद्ध था। अतः जब उसने यथार्थवादी फिल्म बनायी तो पहले यह दर्शकों और समीक्षकों के गले नहीं उतरी। चूँकि यह पूरी कार्टून फिल्म थी इसलिए कुछ लोगों को अच्छी न लगी। कुछ का कहना था कि यह बहुत बचकानी है। मगर जैसे धीरे-धीरे यह बनी थी रिलीज होने पर वैसे ही बाद में धीरे-धीरे लाभ देने लगी। इसी बीच एक और बुरी बात हो गयी। संगीतकार जिसने **'स्नो ह्वाइट'** और **'बैम्बी'** के संगीत की रचना की थी उसने आत्महत्या कर ली। वैसे तो यह व्यक्ति फ्रैंक चर्चिल सदा से बहुत संवेदनशील और दुःखी मनःस्थिति का था, मगर उसे इस बात का बहुत कष्ट था कि **'बैम्बी'** के लिए वह जो भी संगीत तैयार करता वॉल्ट को वह नापसन्द होता। इस बीच उसने बहुत गाने बनाये थे, लेकिन वॉल्ट ने उसमें से **'बैम्बी'** के लिए एक बहुत अलग ढंग का संगीत चुना। जिससे फिल्म में कोई खास विशिष्टता उत्पन्न नहीं हो रही थी। लेकिन फ्रैंक चर्चिल को सबसे ज्यादा झटका लगा जब उसके अनुरोध को वॉल्ट ने ठुकरा दिया। चर्चिल ने **'बैम्बी'** के लिए एक गीत **'लव इज अ साँग'** लिखा था। वह चाहता था कि यह गीत उसकी पत्नी को समर्पित किया जाये। उसकी पत्नी कैरोलिन एक समय वॉल्ट की सचिव थी। वॉल्ट ने चर्चिल की यह विनती स्वीकार न की। उसकी आत्महत्या के कारणों में से यह भी एक कारण था।

'बैम्बी' एक यथार्थवादी फिल्म थी। डिज़्नी की इससे पहले के चरित्र मिक्की माउस, डोनाल्ड डक सब एक सुन्दर दुनिया में रहते आ रहे थे। वे हवा में उड़ते, पानी में तैरते, भले ही मरते मगर फिल्म के अन्त तक जीवित रहते। मगर **'बैम्बी'** की कहानी इस दृष्टि से भिन्न थी। अतः यह कुछ लोगों के अनुसार उबाऊ थी। लोगों की शिकायत थी कि जीवन को ज्यों-का-त्यों परदे पर दिखाने का क्या मतलब है? उनका इशारा **'बैम्बी'** की माँ की मौत दिखाने से था। लोग खुद ही युद्ध की छाया में थे। जीवन गम्भीर बना हुआ था ऐसे में भला कौन इस तरह की त्रासद फिल्म देखना चाहेगा? समय ऐसा था कि लोग नग्न यथार्थ को देखने के लिए राजी न थे। वे ऐसी सच्चाई के लिए प्रस्तुत न थे। वॉल्ट डिज़्नी दर्शकों की नब्ज पहचानता था, मगर खुद उसकी नब्ज ऐसी गड़बड़ चल रही थी कि उससे दर्शकों की मनःस्थिति पहचानने में चूक हो गयी। वह भूल गया कि युद्ध काल में लोग कॉमेडी देखना पसन्द करेंगे। ट्रैजडी नहीं। वैसे बैम्बी त्रासदी न थी। यह तो जीवन चक्र को प्रदर्शित करने वाली एक बहुत संवेदनशील और खूबसूरत फिल्म थी। मगर उसके प्रदर्शन का वक्त गलत था।

डिज़्नी फिल्मों ने मन्दी के साथ लोगों का दिल बहलाया था। युद्ध उससे

अधिक भयंकर परिस्थितियाँ लेकर आया था। उसकी छाया से पूरी दुनिया ग्रसित थी। ऐसे संकटकाल में **'बैम्बी'** जैसी गम्भीर और यथार्थवादी फिल्म दर्शकों के समक्ष परोसना कोई बुद्धिमानी की बात न थी। यह एक बहुत बड़ी गलती थी और वॉल्ट से यह गलती हुई थी। जब पूरी दुनिया बेसुरी हो रही थी ऐसे में **'बैम्बी'** से कौन सुर मिलाता। **'बैम्बी'** की आलोचना एक और कारण से हुई। इसमें मनुष्य को प्रकृति, पशु-पक्षी के दुश्मन के रूप में चित्रित किया गया है (क्या वह है नहीं?)। **'बैम्बी'** की माँ एक शिकारी का निशाना बनती है। इस बात को लेकर संरक्षणवादी और शिकार के पक्ष वाले फिल्म के खिलाफ थे। फिल्म शिकारियों को नकारात्मक (क्या वे होते नहीं हैं?) रूप में प्रस्तुत करती है। हालाँकि वॉल्ट ने सफाई दी कि यह मात्र एक फंतासी है। यह किसी यथार्थ को प्रस्तुत नहीं कर रही है। आलोचक ने इसे अमेरिकी शिकारियों और संरक्षणवादियों का अपमान कहा। आलोचक ने पहले ही उसे सावधान किया था और सलाह दी थी कि या तो वह फिल्म में ये दृश्य बदल दे, काट दे अथवा फिल्म की भूमिका में यह स्पष्ट करे। मगर वॉल्ट ने ऐसा कुछ नहीं किया। **'बैम्बी'** बनने में पाँच साल का समय लगा था। वॉल्ट ने सीख लिया था कि किसी काम पर भविष्य में वह इतना ज्यादा समय नहीं लगाने वाला है। वह पहले ही इस पर बहुत समय लगा चुका था अब और अधिक समय नहीं लगाना चाहता था। पैसों की बात भी थी और तो और उसका मन इस फिल्म के पूरा होने के पहले ही इससे उचट चुका था। जब उसने आलोचक की सलाह को नजरअन्दाज किया तो आलोचक ने भी अपनी खुन्नस निकाली।

युद्ध ने स्टूडियो का वातावरण पूरी तरह से बदल दिया था। स्टूडियो के 173 लोग करीब 28 प्रतिशत स्टॉफ सेना में जा चुके थे। सुरक्षा जवानों की गस्त बराबर लगती रहती। एक नौसेना ऑफिसर ने वॉल्ट के ऑफिस के सामने ही अपना डेरा-डण्डा डाल रखा था। वह अपने कपड़े तक वहीं धोता। युद्ध ने सब चीजों में कटौती कर दी थी। स्टूडियो को गैसोलीन बचानी होती। अतः रात को काम करना कठिन था। मगर इन भौतिक बदलावों से ज्यादा स्टूडियो की मानसिक सोच में परिवर्तन आया था। स्टूडियो अपनी गुणवत्ता के लिए प्रसिद्ध था अब वहाँ गुणवत्ता पर कोई ध्यान नहीं था। पहले काम करते समय पैसों की चिन्ता नहीं की जाती थी। अब पग-पग पर आर्थिक कटौती की सम्भावना का ध्यान रखा जाता। गुणवत्ता और पैसों की बचत में गुणवत्ता गौण हो गयी थी, आर्थिक कटौती प्रमुख हो गयी थी। अब **'ट्रायल एण्ड एरर मेथड'** (यह डिज़्नी का हॉलमार्क था) के लिए कोई स्थान नहीं था और काम को दोबारा करने का तो प्रश्न ही नहीं उठता था। सारा ध्यान वांछनीय तत्परता पर था।

आर्थिक कटौती की बात ध्यान में रखने से रॉय प्रसन्न था। उसे लग रहा

था कि अब जाकर वॉल्ट को पैसों की कीमत समझ में आयी है। युद्ध फिल्में वॉल्ट की प्रसिद्धि पर बट्टा लगा रही थीं। मगर विडम्बना यह थी कि उसका स्टूडियो इन्हीं के सहारे जीवित था। अगर ये फिल्में न होतीं तो वॉल्ट का दिवाला कब का पिट गया होता और उसका स्टूडियो कब का बन्द हो गया होता। समय को देखते हुए वॉल्ट ने अपने वेतन में भी कटौती कर ली थी। इन सरकारी और युद्ध सम्बन्धित फिल्मों से उसे कुछ खास लाभ नहीं हो रहा था। मगर स्टूडियो को किसी प्रकार जीवित रखे रहने के लिए वे आवश्यक थीं। और यही वॉल्ट कर रहा था। लोग सोच रहे थे कि इन फिल्मों को बनाकर वॉल्ट खूब पैसे पीट रहा है। वॉल्ट ने अपने चाचा को लिखा कि पिछला साल सबसे ज्यादा थका देने वाला था। उसने लिखा कि वे लोग ऐसे काम में डूबे हुए हैं जिसे वे छूना भी नहीं चाहते। कोई उनसे ऐसे काम की अपेक्षा नहीं करता था। इतनी मानसिक उपेक्षा और अवज्ञा के बावजूद उसे समय के सबसे बड़े शिक्षक का खिताब दिया जा रहा था। वह अपने माध्यम (ऐनीमेशन) से जो दिखाना चाहता था वह न करके वह दिखा रहा था कि उसका माध्यम क्या कर सकता है। उसके स्टूडियो के नियम बदल चुके थे। अब वह किसी भी अन्य सामान्य स्टूडियो की भाँति एक और स्टूडियो था।

वैसे डिज़्नी इन दिनों खूब व्यस्त था। उसका बाहर आना-जाना, खासतौर पर दक्षिण अमेरिका जाना भी खूब चल रहा था। कभी **'सालूडोज'** के प्रीमियर पर, कभी उसकी अगली कड़ी बनाने के लिए बातचीत करने वह बराबर दक्षिण अमेरिका जा रहा था। कभी वह लिलियन तथा अन्य सहयोगियों के साथ जाता, कभी बिना लिलियन के। खूब यात्रा हो रही थी। दक्षिण अमेरिका में उसकी जम कर प्रशंसा हो रही थी। उन लोगों ने अपनी जिन्दगी में ऐसी फिल्में नहीं देखी थीं। वॉल्ट डिज़्नी के नाम से ही दक्षिण अमेरिका के सरकारी अमले के लोग और दर्शक रोमांचित हो उठते। वहाँ के दर्शकों को एक शिकायत थी। शिकायत उन लोगों की ओर से थी, जिन्हें डिज़्नी ने अपने **'सालूडोज'** में छोड़ दिया था। उन लोगों का कहना था कि उन्हें भी शामिल किया जाना चाहिए। कई देश इसमें छूट गये थे। उन देश के लोगों को शान्त करने के लिए आश्वासन दिया गया कि जल्द ही **'सालूडोज'** का अगला भाग बन रहा है। जिसमें उनको भी शामिल किया जायेगा।

यह खबर फैलाना कि इसका अगला भाग बन रहा है प्रोपेगण्डा का एक हिस्सा था। मगर एक बात सत्य थी कि वॉल्ट का मन न तो **'सालूडोज'** में था न ही उसकी अगली कड़ी बनाने में। उसका सारा ध्यान और उत्साह तो **'विक्टरी थ्रू एयर पॉवर'** को लेकर था। उसे इस सिद्धान्त पर पूरा विश्वास हो गया था कि थल और नौसेना की सहायता से कभी भी युद्ध नहीं जीता जा सकता है। युद्ध जीतने का इसका एकमात्र उपाय वायु सेना, वह भी बम वर्षक वायु सेना ही हो

सकता है। और वह यह बात अमेरिकी सरकार और जनता के मन में भी पूरी तरह जमा देना चाहता था और इसके लिए बहुत जरूरी था कि **'विक्टरी'** जल्द से जल्द तैयार हो।

वह लोगों की सोच बदलना चाहता था। इसके साथ वह दुनिया की धारा मोड़ना चाहता था। लोग अभी भी परम्परागत तरीकों से सोच रहे थे। ये तरीके अब पुराने पड़ चुके थे। अब उपयोगी नहीं रह गये थे। और यह वॉल्ट के लिए असहनीय था। वह चाहता था कि लोग नये ढंग से सोचें और इसके लिए उसने लोगों को शिक्षित करने का बीड़ा उठा लिया था। वह लोगों को नये उपयोगी, शीघ्र कारगर होने वाले उपाय सुझाना चाहता था। वह सबसे पूछता, ''क्या आपको यह नहीं लगता है कि **'विक्टरी'** से लोग कुछ सीखेंगे।' वह इसे मात्र प्रोपेगण्डा फिल्म के रूप में नहीं देख रहा था। **'विक्टरी'** के द्वारा वह एक सन्देश देना चाह रहा था। एक ऐसा सन्देश जिससे कुछ भला होने वाला था। इस फिल्म से उसे लाभ भी कमाना था। यह केवल सरकारी काम न था, जिसे केवल लागत मूल्य पर किया जाये। अपने मिशन के उद्देश्यों तथा सफलता पर उसे इतना पक्का विश्वास और उत्साह था कि उसने नेवी और अन्य लोगों की आपत्ति और धमकियों की परवाह न की। चूँकि मेजर का लाइव एक्शन बहुत ज्यादा हो रहा था और जिसमें बहुत समय तथा धन लगने की सम्भावना थी। अतः उसने इस हिस्से को काट-छाँट कर छोटा किया। स्क्रिप्ट फिर से लिखी। मेजर के डॉयलॉग कम और सरल किये। मेजर के भारी-भरकम रूसी उच्चारण और लहजे को बदला। इसके लिए उसे काफी मशक्कत करनी पड़ी। मेजर से काम लेना वह भी अपनी शर्तों पर उसे मोड़ना आसान न था। मेजर के लिए भी यह एक कठिन कार्य था। मगर वॉल्ट जो चाहता वह करके रहता। मेजर को उसके अनुसार परिवर्तित होना पड़ा। खूब जमकर कार्य होने लगा। छः दिनों में मेजर के पूरे सीन कर लिये गये और अप्रैल-मई मात्र दो महीने की दिन-रात की मेहनत से फिल्म बनकर तैयार थी।

जून में जमकर समारोह मनाया गया। फिल्म की स्क्रीनिंग हुई। मेजर को पार्टी दी गयी। फिल्म का प्रचार कार्य तो उसके समाप्त होने के काफी पहले से चल रहा था। घोस्ट राइटर **'विक्टरी'** की प्रशंसा में खूब बढ़-चढ़ कर लेख लिख रहे थे। न्यूयॉर्क और वाशिंगटन में विशिष्ट लोगों को फिल्म दिखाई गयी और लोग इसे देखकर इसके सन्देश से मतमुईन होकर इसकी मुँह-मुँह चर्चा कर रहे थे। ऑफिसर की पत्नियाँ इस तरह के काम में ज्यादा उपयोगी होती हैं और पत्नियों के अनुसार अमेरिकी जनता के लिए यह एक सर्वाधिक शक्तिशाली और जीवन्त डॉक्यूमेंट्री थी। बस फिर क्या था वॉल्ट का दुनिया बदलने का सपना साकार होने लगा।

औपचारिक उद्घाटन के पूर्व ही वॉल्ट को तमाम बधाइयाँ मिल रही थीं। और जब ऑफिसियल प्रदर्शन हुआ तो नेवी जिसे इस सिद्धान्त पर शंका थी, जो इसके बनाने का विरोध कर रहे थे और बनाने पर धमकियाँ दे रहे थे, उनकी प्रतिक्रिया भी काफी उत्साहजनक थी। इस फिल्म को महान निर्मिति की संज्ञा से विभूषित किया जा रहा था। रॉकफेलर इसे न केवल युद्ध में सहायता देने के लिए उपयोगी मान रहा था वरन् वह इसमें मोशन पिक्चर की असीम सम्भावनाओं को देख रहा था। सरकार के सलाहकार लस्कर और वाशिंगटन सोशल क्वीन एल्सा मैक्सवेल ने इसका प्रदर्शन करवाया तो दर्शक सारे समय तालियाँ बजाते रहे और फिल्म की समाप्ति पर काफी देर खड़े होकर इसे सम्मान दिया। दर्शकों के साथ-साथ समीक्षक भी इसे लेकर उत्साहित थे। फिल्म का सन्देश इतने सरल ढंग से दिया गया था कि एक ग्यारह साल के बच्चे को भी समझने में दिक्कत नहीं होगी, ऐसा समीक्षकों का विचार था। कुछ लोगों को अवश्य यह लग रहा था कि वॉल्ट ने यह फिल्म अवश्य किसी दबाव में आकर बनायी है। उन्हें लग रहा था कि कहीं यह अमेरिका और रूस की मिलीभगत तो नहीं है? वॉल्ट को ऐसे लोगों की चिन्ता न थी। मिलिट्री जिसे इस सिद्धान्त को कार्यान्वित करना था वह इसे स्वीकार कर चुकी थी।

सेना का एक ऑफिसर हेनरी आर्नोल्ड एक अलग एयर फोर्स यूनिट बनाने का ख्वाब देख रहा था, अतः उसने बार-बार यह फिल्म सेना के लोगों को अलग-अलग दिखाई। रॉय अपनी तरह से लोगों से मिलकर उनका खाने-पीने से मनोरंजन करके इस फिल्म की सफलता के लिए मेहनत कर रहा था। खूब मेहनत की गयी और ब्रिटिश प्राइम मिनिस्टर विंसटन चर्चिल को भी दिखाने का उपाय कर लिया गया। और चर्चिल को यह फिल्म बड़े काम की लगी। उसने न केवल खुले दिल से इसकी प्रशंसा की वरन् इसके प्रिंट उस सम्मेलन में भिजवाये जहाँ वह रूजवेल्ट से मिलने वाला था। रूजवेल्ट ने न केवल फिल्म देखी वरन् इसे आगे के लिए प्रमोट भी कर दिया। देश-विदेश के सब प्रमुख लोग इसे देख-सराह चुके थे। इसके सिद्धान्त के कायल हो चुके थे। वॉल्ट का मिशन पूरा हुआ। उसने अपने तईं दुनिया को प्रभावित कर लिया था। वह प्रसन्न था कि उसने दुनिया को हिला दिया है। एक नयी सोच देकर उन्हें समय के साथ चलने के लिए तैयार किया है। लोग, सब महत्त्वपूर्ण लोग हवाई शक्ति के कायल हो रहे थे। हवाई शक्ति के विषय में सोच रहे थे। इतना सब होने के बावजूद फिल्म अपनी लागत न निकाल सकी। यह वॉल्ट डिज़्नी की एक और पराजय थी। उसे यह झटका सहना था। इसलिए अब वह फिल्म बनाने वाले से फिल्म बेचने वाले की भूमिका में उतर आया। उसके पतन का एक और आयाम। अब वह ऐनीमेशन का बादशाह न

होकर गुडविल एम्बेसडर बन चुका था। अपने स्टूडियो के द्वारा सरकार का प्रचार-प्रसार करने वाला। साथ ही वह बहुत बड़ा सेलेब्रिटी बन चुका था। अमेरिका का एक सबसे बड़ा सेलेब्रिटी। मगर दुर्भाग्य ने अभी वॉल्ट डिज़्नी का पीछा नहीं छोड़ा था। अभी उसे और झटके लगने थे। उसके मिशन की दिशा बदल गयी थी। वह मनोरंजन के स्थान पर शिक्षा दे रहा था। लेकिन सबसे पहले वह एक व्यापारी भी था। एक कुशल व्यापारी। समय का चक्र उसके विपरीत चल रहा था। उसे व्यापार में भी झटका लगना था।

वह चारों तरफ अपने हाथ-पैर फैला रहा था। उसने अपने लोग सेंट्रल अमेरिका और क्यूबा भेज रखे थे ताकि वे लोग फिल्म सम्बन्धित जमीनी तैयारी कर रखें। खुद वह **'सैलूडोज'** की अगली शृंखला **'सैलूडोज एमीगोज'** के संगीत रिकॉर्डिंग के नाम पर एक बार फिर दक्षिण अमेरिका के मैक्सिको की यात्रा पर चला। उसे इसके साथ-साथ दक्षिण अमेरिका से अशिक्षा दूर करने के विषय पर फिल्म बनाने के लिए भी बात करनी थी। उसे इससे पहले साल ही खूब लाभ की उम्मीद थी। उसने मैक्सिको के लिए अब तक जो कार्य किया था उसके एवज में मैक्सिकन सरकार उसे पुरस्कृत भी करने वाली थी। वह क्लेरेंस नैश तथा जो रेडी के साथ मैक्सिको के लिए चला। सदा की भाँति लिलियन उसके साथ थी। वे दोबारा मैक्सिको जा रहे थे। वापसी में उनके जहाज को तूफान का सामना करना पड़ा। जहाज को बड़ी मुश्किल से जमीन पर उतारा गया। वॉल्ट और लिलियन बाल-बाल बचे। उसके व्यापार का एक अंग डिज़्नी वस्तुओं का निर्माण और बिक्री थी। इससे उसे काफी लाभ था और यह विभाग के. कैमेन देखता था। वॉल्ट, रॉय, के. कैमेन और उसकी पत्नी यूरोप घूम रहे थे। घूम कर अमेरिका लौटते हुए हवाई दुर्घटना में कैमेन और उसकी पत्नी की मृत्यु हो गयी। वह एक विश्वासपात्र आदमी था। उसके जाने से न केवल वॉल्ट ने एक दोस्त खोया वरन् एक सहायक भी गँवा दिया।

अपनी सरकार से उसे भरपूर काम मिल रहा था। असल में इतना ज्यादा काम आ रहा था कि एक समय उन्हें स्टूडियो को नोटिस जारी करनी पड़ी कि रॉय अथवा वॉल्ट के द्वारा स्वीकृत न किये जाने तक कोई काम न लिया जाये। मगर उसने राजधानी की दौड़ जारी रखी। वह स्रोत सूखने नहीं देना चाहता था। ऊँचे पदों पर बैठे लोगों—जिनके द्वारा स्टूडियो को जरा भी लाभ होने की सम्भावना थी—उनको अपने पक्ष में रखना चाहता था। स्टूडियो को सरकारी काम का चस्का लग गया था। उसे इस काम का नशा हो गया था। कारण था कि उसे इसकी जरूरत थी। साथ ही इसलिए भी यह जरूरी था क्योंकि वे कोई और काम नहीं कर रहे थे। अब वॉल्ट डिज़्नी जनसम्पर्क के लिए कर्मिशनल और इंडस्ट्रियल फिल्में

बनाना चाहता था। उसने बहुत पहले 1939 में न्यूयॉर्क वर्ल्ड फेयर के लिए नैबिस्को पेवेलियन के प्रचार के लिए मिक्की माउस को लेकर एक छोटी फिल्म बनायी थी। मगर उस समय उसने दूसरे लोगों के लिए इस तरह की फिल्म बनाने से नम्रता के साथ इनकार कर दिया था। क्योंकि उस समय उसका आदर्श दूसरा था। वह मात्र मनोरंजन के लिए फिल्म बनाना चाहता था। अब वॉल्ट बदल चुका था। वह सबके लिए ऐसी प्रचारात्मक फिल्म बनाने को उत्सुक था। इतना ही नहीं उसने इस काम के लिए एक अलग विभाग खोल दिया और जॉन शीहान नाम के एक शख़्स को इस तरह का काम लाने के लिए दलाल के रूप में नियुक्त किया। डिज़्नी से अपनी कम्पनी के प्रचार-प्रसार के लिए फिल्म बनवाने की इच्छा रखने वालों की लाइन लग गयी। **'वेस्टिंगहाउस', 'फायरस्टोनटायर', 'जनरल मोटर्स', 'फोर्ड मोटर कम्पनीज', 'एवंस ग्लास', 'स्टैण्डर्ड ऑयल ऑफ इण्डियाना', 'नेशनल डेयरी प्रोडक्ट्स'** आदि कुछ बड़ी-बड़ी कम्पनियाँ थीं जो वॉल्ट डिज़्नी से अपने प्रमोशन के लिए फिल्में बनवाना चाहती थीं। ये सब कम्पनियाँ वॉल्ट से निजी तौर पर मिलकर बात करना चाहती थीं। ऐसा था वॉल्ट का जादू। वॉल्ट का मन कमर्शियल्स बनाने में न था। फिर भी उसने अपने स्टॉफ को यह काम लाने और करने के निर्देश दे रखे थे। और बेमन से किया गया काम कैसा होगा सोचा जा सकता है।

1943 में उसका स्टूडियो पूरी तौर पर युद्ध सम्बन्धित कार्य से सरकार के साथ जुड़ा हुआ था। उसके उत्पादन का 94 प्रतिशत केवल सरकार के लिए हो रहा था। वह एक तरह से डिफेंस फैक्टरी बन गया था। अब वह मनोरंजन के लिए फिल्में बनाने वाला स्टूडियो न था। पत्र-पत्रिकाओं में लिखा जा रहा था कि यदि प्रत्येक अमेरिकन नागरिक वॉल्ट डिज़्नी के स्टूडियो जा सके तो उसके मन में अपने देश के लिए नया सम्मान और प्रशंसा उत्पन्न होगी। दुनिया में इसके जोड़ का कोई नहीं है, कुछ नहीं है। विश्व के किसी भी अन्य संस्थान से ज्यादा डिज़्नी के यहाँ विशेषज्ञ, वैज्ञानिक और तकनीशियन काम कर रहे थे। वह देशभक्त था इसमें कोई शक नहीं। वैसे भी युद्धकाल में देशभक्ति की भावना जरा ज्यादा जोर से बहती है। इस बीच उससे किसी ने एक विज्ञापन फिल्म बनाने के लिए कहा, तो वॉल्ट ने बहुत रुखाई से कहा कि यह समय युद्ध के अनुसार खुद को समायोजित करने का है। जब तक दुनिया फिर से सामान्य नहीं हो जाती तब तक वह कोई और काम नहीं कर सकता है। उन लोगों को तब तक इन्तजार करना होगा। स्टूडियो में फिल्में बन रही थीं। मगर वे बिना वॉल्ट की सहायता के भी बन रही थीं। वह उसमें उतना लिप्त नहीं था जितना अक्सर अपनी पहले की फिल्मों में हुआ करता था। अतः इस समय उसके पास करने के लिए कुछ

खास नहीं था। स्वाभाविक है कि इससे वह बहुत बेचैन और परेशान था। आन्तरिक रूप से उसे अपने जीवन को लेकर कोई सार्थकता नजर नहीं आ रही थी। वह रॉय के साथ अगली योजनाएँ तय कर रहा था। उसके मन में **'द विण्ड इन द विलोज'** और **'जैक एण्ड द बीन्स स्टॉक'** बनाने के विचार कुलाँचे ले रहे थे। मगर रॉय इनके लिए बिल्कुल राजी न था। रॉय के राजी न होने की ठोस वजह थी। कोई भी अच्छी फिल्म बिना इफराद के पैसा लगाये नहीं बन सकती थी और बैंक ने उन पर प्रतिबन्ध लगा रखा था। वे लोग इतने बजट के लिए स्वीकृति नहीं दे रहे थे। उन्होंने सख्त हिदायत दे रखी थी कि किसी भी फिल्म का बजट उनके निर्देश के बाहर नहीं होना चाहिए। इसलिए रॉय के हाथ बँधे हुए थे और वह वॉल्ट की योजना में कोई उत्साहजनक सहयोग देने के लिए तैयार न था। और रॉय की सहायता के बिना कुछ नहीं हो सकता था। सरकार के लिए काम करने के अलावा कोई चारा न था।

युद्ध ने न केवल डिज़्नी स्टूडियो का रुख मोड़ दिया था वरन् वॉल्ट के मिजाज को भी बदल दिया था। इसका असर उसके पारिवारिक जीवन पर भी पड़ा। पहले भी उसके लिए लिलियन और बच्चियाँ स्टूडियो के बाद आती थी। मगर अब वह इन्हें बिल्कुल समय नहीं दे पा रहा था। रविवार को भी नहीं। एक दिन रविवार को बड़ी मुश्किल से वह बड़ी बेटी को घुड़सवारी के लिए ले जा सका और उसके बाद उसके संग खेलता भी रहा। मगर यह अब बहुत विरल बात थी। पहले की तरह वह पिता का दायित्व निभा नहीं पा रहा था। उसे इसका अफसोस अवश्य था। लिलियन को तो पहले भी शिकायत थी कि वह घर के लिए पर्याप्त समय नहीं देता है। घर में भी केवल अपने स्टूडियो और फिल्मों की बात करता रहता है। अब भी वह परिवार के साथ स्मोक ट्री में पाम स्प्रिंग्स में छुट्टियाँ बिताने जाता, मगर अब यह काम से निकल भागने का जरिया बन गया था। यहाँ वह स्टूडियो की उस हजारों बातों से बच सकता था जिनमें उसकी कोई रुचि न थी। मगर जानता था इनके लिए वह उत्तरदायी है।

कितने दिन ऐसा चलता। 1944 में भी काम का भार हल्का नहीं हुआ था। मगर वॉल्ट की प्रतिबद्धता और कम होने लगी थी। उसके इस व्यवहार का नतीजा था उसके लोग जो स्टूडियो के लिए अपनी जान देने को तैयार थे अब स्टूडियो छोड़कर जाने लगे। 1945 से 1946 एक साल के भीतर तिरपन लोग विभिन्न कारणों से स्टूडियो छोड़कर चले गये। कुछ लोगों को उसने निकाल दिया और जब वे स्टूडियो छोड़ना चाहते तो वह उन्हें रोकने का प्रयास न करता वरन् आराम से उनका इस्तीफा स्वीकार कर लेता। ऐसा ही हुआ जब डेव हैंड ने अपना इस्तीफा दिया। वॉल्ट ने चुपचाप इस्तीफा रख लिया और रॉय को उसका हिसाब-किताब

चुकता करने के निर्देश दे दिये। जिन लोगों ने बरसों वफादारी की थी वॉल्ट के ऐसे व्यवहार से उन लोगों को बहुत गहन दुःख हुआ। इससे उन लोगों की प्रतिबद्धता पर भी असर पड़ा।

उसने चार साल अपने स्टूडियो को वापस पाने का इन्तजार किया। चार साल बाद जाकर स्टूडियो सैनिकों से खाली हुआ। बंकर से वापस स्टूडियो बना। इस बीच वह खूब घूमता रहा। न्यूयॉर्क, वाशिंगटन, मैक्सिको, क्यूबा, वर्जीनिया सब जगह काम के सिलसिले में जाता रहा। यह साल उसके लिए आर्थिक तौर पर भले ही लाभदायक रहा कलात्मक रूप से उत्कृष्ट न रहा। अब चीजों पर उसका पहले जैसा नियन्त्रण भी न रहा था। उसके उद्देश्य और आदर्श बदल चुके थे। मच्छर नियन्त्रण पर बनायी उसकी फिल्म **'द विंग्ड स्कोर्ज'** ने उस समय की सर्वाधिक चर्चित फिल्म **'गॉन विथ द विंड'** से ज्यादा तहलका मचाया। उसने फिर से मनोरंजन के लिए फिल्म बनानी चाही और सोचा कि यदि इससे दर्शकों को कुछ शिक्षा मिल जाये तो मिल जाये मगर वह केवल शिक्षा देने के लिए फिल्म नहीं बनायेगा। **'द एमाज़ोन अवेकन्स'** इसी विचार के तहत बनी। उसने **'सील आइलैण्ड'** जैसी नेचर डॉक्यूमेंट्री फिल्में बनायी।

युद्ध के बाद तमाम और स्टूडियो ऐनीमेशन फिल्में बनाने लगे। अब बहुत सारे स्टूडियो में वॉल्ट डिज़्नी के ऐनीमेशन की नकल हो रही थी। मगर नकल तो नकल थी। एक कारण था कि वॉल्ट उत्कृष्टता के लिए दिल खोलकर खर्च करता था। बजट की सीमा की परवाह नहीं करता था। अक्सर बजट के बाहर जाकर काम करता। मगर अन्य स्टूडियो बजट में सदा बचत करते हुए काम करते थे। दूसरी बात उसमें खुद प्रतिभा थी और वह प्रतिभा पहचानता था। प्रतिभा की कद्र करता था, जबकि अन्य लोग जिस-तिस को काम पर रखने में कोई गुरेज नहीं करते थे। वॉल्ट के लिए फिल्म बनाना एक तरह का धार्मिक-आध्यात्मिक काम था, जिसे वह पूरे समर्पण के साथ करता था। वह दूसरों से स्पर्धा नहीं करता। उसकी स्पर्धा सदैव खुद से होती। अपने ही पिछले काम से होती थी। पहले स्पर्धा के लिए कोई गुंजाइश भी न थी। क्योंकि एकमात्र वही ऐसी फिल्में बना रहा था मगर अब खासकर एमजीएम उसका प्रतिद्वन्द्वी बन बैठा। वॉल्ट सदैव से अत्याचार, सेक्स और सेक्स अपील तथा डबल स्पीक के विरुद्ध था। उसने कभी भी अपनी फिल्मों में इनको नहीं आने दिया। मगर दूसरे स्टूडियो इन बातों की परवाह नहीं कर रहे थे। वे दर्शकों को ये सब खुलेआम परोस रहे थे। डिज़्नी के लिए यह सब सोच के बाहर था। उसने कभी दर्शकों को सस्ता मनोरंजन नहीं दिया। कभी उन्हें हीन तरीके से गुदगुदाने की बात न सोची। वह इन सस्ते हथकण्डों से दूर रहता था। दूसरे स्टूडियो प्रत्यक्ष और परोक्ष दोनों रूप में दर्शकों को वह सब परोस

रहे थे, जिन पर वॉल्ट को सदा से आपत्ति थी। खुलेआम क्रूरता, अत्याचार और असामाजिक व्यवहार फिल्मों में डाला जा रहा था। युद्ध के बाद दर्शकों और आलोचकों दोनों की कलात्मक रुचि में ह्रास हुआ था। ऐसी स्थिति में वॉल्ट के लिए कार्टून बनाना मुसीबत हो गया था। इसलिए उसने ऐनीमेशन से लाइव एक्शन की ओर जाने की सोची।

इन सब परिवर्तनों का असर उसके स्वास्थ्य पर भी पड़ रहा था। मात्र चौवालीस साल का वॉल्ट स्वयं को शारीरिक रूप से कमजोर पाने लगा। वह सदा से दुबला-पतला था, मगर अब और कमजोर हो गया। पोलो खेलने के दौरान लगी चोट उसे बहुत परेशान कर रही थी। उसका कॉलोस्ट्रॉल स्तर बढ़ गया था। उसके दाँतों में तकलीफ थी। आँखों पर चश्मा चढ़ गया था। बराबर सर्दी-जुकाम बना रहता। वह बाह्य और आन्तरिक दोनों रूप से बदल गया था। उसने अब अपनी पोशाक भी ज्यादा औपचारिक कर ली थी। अब वह चुने हुए कपड़े पहनता। पहले की तरह लापरवाही से कपड़े नहीं पहनता। पहले लापरवाही से पहने कपड़े उसकी पहचान थे। अब वह अन्तरराष्ट्रीय ख्याति का व्यक्ति था। कलाकार नहीं एक प्रसिद्ध बिजनेसमैन था। उसे ढेर सारे पुरस्कार और सम्मान मिल रहे थे। वह शुरू से स्वयं मिक्की माउस की आवाज देता आ रहा था, मगर निरन्तर सिगरेट पीने से उसकी आवाज फटने लगी थी और अब उसके लिए मिक्की की आवाज देना सम्भव न था, इससे भी वह बहुत परेशान था। अब उसकी जगह जिम्मी मैक्डोनाल्ड मिक्की की आवाज देने लगा। वह अपने ही सृजन से दूर होता जा रहा था।

इसके बाद वॉल्ट के जीवन में कई तरह के भटकाव आये। वह तरह-तरह के विचारों और योजनाओं को टटोलता रहा। उसने अपने मन लायक काम खोजने के खूब प्रयास किये। कहाँ तो उसकी आदत थी कि जो भी काम करता उसमें पूरी तरह से डूब जाता और कहाँ वह स्टूडियो से भागा-भागा फिर रहा था। जब युद्ध समाप्त हुआ उसका कहना था कि वह जब तक जीवित रहेगा, फिर कभी ट्रेनिंग फिल्म नहीं बनायेगा। वह फिर से मनोरंजन के लिए उत्कृष्ट तथा महान फिल्में बनाना चाहता था। मगर क्या वह बना सका? नहीं वह इसके बाद एक बिल्कुल नयी दिशा में मुड़ गया। उसने खुद कहा है कि मैं नये-नये सृजन में विश्वास करता हूँ। नवीनीकरण में मेरी आस्था है। सम्भव को असम्भव करना एक तरह का खिलवाड़ है और उसने आगे चलकर यही खिलवाड़ कर दिखाया। अमेरिका से जो उसने सबसे बड़ी चीज निर्यात की, वह है मनोरंजन, हँसी, प्रसन्नता। यह वह अपने जीवन के अन्तिम क्षण तक करता रहा। बाद में, अन्त समय तक भी लोग उसे कार्टूनिस्ट समझते रहे, इसी पदवी से नवाजते रहे। मगर खुद उसने एक

बार कहा कि अब आजकल मैं केवल हस्ताक्षर, चेक काटने अथवा ऑटोग्राफ देने के लिए पेन या पेंसिल हाथ में उठाता हूँ।

अब वह बूढ़े लोगों की तरह सदैव अपने अतीत को याद करता रहता उसी की बात करता रहता। उसे अपना मूल खोज निकालने की सूझी। वह अपने पूर्वजों के स्थान आयरलैण्ड गया। उसे कहीं चैन न था। वह राजनीति से दूर रहना चाहता था, मगर अब वह उसके लिए सम्भव न था। वह पूँजीपति था और हड़ताल के समय से कम्यूनिस्टों के प्रति बहुत गुस्सा। अब उसने एफ.बी.आई. को कम्यूनिस्ट सफाये में सहायता देनी शुरू की। उसने कम्यूनिज्म से लड़ने की ठानी। वह किसान परिवार से आया था, मगर उसके पिता के अनुसार वह अब पूँजीपति और दूसरों को नौकरी देने वाला व्यक्ति था। नतीजा हुआ कि कुछ लोग उसे हिटलर का समर्थक और यहूदियों का विरोधी भी कहने लगे। वैसे उसके स्टूडियो में यहूदी और अश्वेत दोनों काम कर रहे थे। वह लोगों की प्रतिभा का कायल था। उनकी जाति या धर्म से उसे खास लेना-देना नहीं रहता था। उस समय हॉलीवुड यहूदियों के हाथ में था। डिज़्नी स्टूडियो उसका अपवाद था।

एक समय ऐसा आया जब वह अपने काम और स्टूडियो से इतना उकता गया कि सब बेच-बाचकर कहीं और चला जाना चाहता था। उसकी नर्स जानती थी कि वह अपने उद्देश्य से हट गया है और कोई अन्य उद्देश्य उसे मिल नहीं रहा है। इसीलिए वह बहुत ज्यादा परेशान है। एक बार वह फिर यात्रा पर निकला। इस बार की यात्रा पहले की यात्राओं से भिन्न थी। एक ऐसी यात्रा जिसने उसके जीवन की दिशा बदल दी। अपनी नर्स हेज़ल जॉर्ज के कहे पर 1947 में वह **'शिकागो रेलरोड फेयर'** घूमने गया। उसने अपने साथ वार्ड किम्बॉल को लिया। किम्बॉल को भी रेल में रुचि थी। इस मेले में घूमने के बाद उसे फिर से अपने जीवन का मकसद मिल गया। मगर यह ऐनीमेशन फिल्म बनाने से भिन्न था। इस क्षेत्र में भी वॉल्ट डिज़्नी अग्रणी बना। उसने **'डिज़्नी लैण्ड', 'डिज़्नी वर्ल्ड'** बनाये। दुनिया को मनोरंजन के नये आयाम प्रदान किये। उसने इस क्षेत्र में भी सबको पीछे छोड़ दिया। अब भी वह दुनिया का मनोरंजन कर रहा था। सारी जिन्दगी करता रहा। मगर यह मनोरंजन दूसरे किस्म का था। ऐनीमेशन के बादशाह ने अपनी राह बदल ली थी। वह एक अलग कहानी है।

4

आदिम चिन्तन और वॉल्ट डिज़्नी

"यहाँ तक कि धनुष की डोरी भी सदैव के लिए तानकर नहीं रखी जा सकती है।"

–सरगेई मिखाइलोविच आइसनस्टाइन

एक सच्चा कलाकार सदैव दूसरे कलाकार का आदर करता है। अन्य कलाकार के उच्चकोटि के काम की प्रशंसा करता है। उससे संवाद करता है। यह संवाद कभी शब्दों में होता है, कभी उसके अपने काम में परिलक्षित होता है। इस संवाद में सहमति और असहमति दोनों शामिल होती है। वह दूसरे के कार्यों का, विचारों का अवलोकन करता है, उन पर चिन्तन-मनन करता है। उनको मथता है और उसमें से जो बहुमूल्य होता है उसे छाँटकर दूसरे लोगों के सामने प्रस्तुत करता है। वह अपने विवेक के कारण दूसरे कलाकार की कृतियों में एक ओर जहाँ अच्छाई देखता है वहीं दूसरी ओर उनकी कमियों, उनकी सीमाओं की ओर इंगित भी करता चलता है।

पिछली सदी में एक ऐसा ही उच्चकोटि का कलाकार रूस में पैदा हुआ। फिल्म निर्देशक, टीचर और लेखक सरगेई मिखाइलोविच आइसनस्टाइन (1898-1948) ने इसी गुण का परिचय दिया। आइसनस्टाइन ने कला के लिए अपना जीवन न्यौछावर कर दिया था। प्रारम्भ से ही रूस और अमेरिका दोनों देश एक दूसरे के विरोधी रहे हैं। उनकी राजनीतिक, आर्थिक, सामाजिक नीतियाँ, मूल्य सदैव दो छोरों पर रही हैं। मगर कला किसी सीमा को स्वीकार नहीं करती है और न ही एक

सच्चा कलाकार देशकाल की सीमाओं में बँधकर कार्य करता है। उसकी सोच किसी देश की राजनीतिक, आर्थिक, सामाजिक नीतियों, मूल्यों की मोहताज नहीं होती है। वह इन क्षुद्र बातों से ऊपर उठकर एक अन्य लोक में विचरण करता है। वह प्रशंसा करते समय दूसरे कलाकार के कार्य मात्र को ध्यान में रखता है। उसकी प्रशंसा का पात्र चाहे कोई भी हो, चाहे उसके दुश्मन देश का नागरिक ही क्यों न हो। इसीलिए आइसनस्टाइन ने खुले दिल से वॉल्ट डिज़्नी और उसके काम की प्रशंसा की। दिल खोलकर उस पर लिखा।

दिन-रात उसके पास फिल्म बनाने वाले, उसके एक समकालीन की कीर्ति पहुँच रही थी। जिस व्यक्ति ने फिल्म बनाकर अमेरिका के लोगों को कला का अद्वितीय उपहार दिया, उस व्यक्ति के विषय में वह निरन्तर पढ़ रहा था। अलग-अलग भाषाओं के, भिन्न-भिन्न देशों के अखबार लगातार उस व्यक्ति और उसके कार्यों का गुणगान कर रहे थे। विभिन्न पत्रकार एक व्यक्ति की खूबियों को सम्प्रेषित कर रहे थे। सब लोग वॉल्ट डिज़्नी के कार्य से अभिभूत थे। उसके बारे में चर्चा कर रहे थे। इसलिए जब 1929-30 में आइसनस्टाइन यूरोप और अमेरिका के दौरे पर आया तो उसे चारों ओर यही एक नाम सुनने-पढ़ने को मिला। वह डिज़्नी के विषय में इतना सुन, पढ़, जान चुका था कि मिलने के पूर्व ही वह वॉल्ट डिज़्नी से मैत्री सम्बन्ध कायम कर चुका था। एक रूसी और एक अमेरिकी के बीच घनिष्ठ सम्बन्ध स्थापित हो चुका था। अतः जब वे पहली बार मिले उसे लगा ही नहीं कि वह किसी अजनबी से मिल रहा है। वे ऐसे मिले मानो बरसों के परिचित हों। रूसी को यह जानकर और भी अच्छा लगा कि अमेरिकी व्यक्ति रूसियों के फिल्म सम्बन्धित कार्यों से परिचित था।

आइसनस्टाइन वॉल्ट डिज़्नी से इतना प्रभावित था कि वह डिज़्नी का सटीक शब्द चित्र खींचता है : युवा, छोटी मूँछों वाला। बहुत परिष्कृत। एक नर्तक की भाँति भव्यता जिससे किसी को आश्चर्य नहीं होना चाहिए। उसकी कृति **'मिक्की'** में वही मुद्रा, वही शालीनता है जो स्वयं वॉल्ट डिज़्नी में है। मिक्की ने डिज़्नी को हॉलीवुड का हीरो बना दिया था। चूहों के प्रति उसके आकर्षण और मिक्की के नामकरण के पीछे भी एक कहानी है।

1928 में उसके अपने ही विश्वासपात्रों से डिज़्नी को एक बड़ा झटका लगा था। उसने निश्चित किया था कि जब तक जीवित रहेगा किसी और के लिए काम नहीं करेगा। सदा खुद अपना बॉस बनकर रहेगा। वैसे भी यह उसके व्यक्तित्व के अनुरूप न था कि वह किसी का मातहत रहकर काम करे। उसने इसी मनःस्थिति में मिक्की का निर्माण किया था। न्यूयॉर्क से लौटते हुए उसने ट्रेन में ही एक चूहे का रेखांकन किया और उसे लेकर एक कहानी रच डाली। उसने तत्काल यह

कहानी अपनी पत्नी लिलियन को सुनायी। लिलियन के अनुसार वॉल्ट ने चूहे को **'मोर्टियर'** नाम दिया था। यह नाम लिलियन को इतना खटका कि उसने कहानी ध्यान से न सुनी और इस नाम को लेकर बखेड़ा खड़ा कर दिया। इस नाम से वह इतनी परेशान हो गयी कि कहानी पर ध्यान ही न दे सकी। जब वह शान्त हुई वॉल्ट ने पूछा कि अगर वह इसे **'मिक्की'** नाम दे दे तो कैसा रहेगा। यह एक आयरिश नाम है और बाहरी नाम है। अमेरिकी नाम नहीं है। लिलियन को यह नाम पसन्द आ गया। और इस तरह **'मिक्की माउस'** का नामकरण हुआ। असल में वॉल्ट का चूहों से पुराना नाता रहा था। एक बार जब वह कैंसास सिटी में एक बेंच पर बैठा हुआ था उसका ध्यान वहाँ घूमते एक चूहे पर गया था और जब वह **'फिल्म एड कम्पनी'** के लिए काम कर रहा था तो उसने कचड़े के डिब्बे से एक चूहा पकड़ा और उसे अपना पालतू बना लिया था। उसने उसके लिए एक डिब्बा तैयार किया जिसमें वह अपना चूहा रखता। वह उसे मोर्टियर कहकर बुलाता था। इतना ही नहीं वह उसे मेज पर रख लेता और उसका रेखांकन करता। कहा जाता है कि उसने कई बार चूहे पकड़े और पाले। एक बार जब वह कैंसास सिटी छोड़कर लॉस एंजिल्स जा रहा था तो उसने अपने प्रिय चूहे को मैदान में छोड़ दिया। वह चूहा बड़ी उदास आँखों से वॉल्ट को निहार रहा था वॉल्ट को लगा कि वह बहुत उदास और निराश है। वॉल्ट डिज़्नी सदैव बहुत उत्साहित और प्रसन्न रहने वाला आत्मसम्मानी व्यक्तित्व है और ये ही गुण मिक्की माउस में भी नजर आते हैं।

बाद में आइसनस्टाइन को ज्ञात हुआ कि मिक्की की जो मुद्राएँ, जो भूमिकाएँ यहाँ-वहाँ दिखाई देती हैं, वॉल्ट ने स्वयं वे भूमिकाएँ, वे मुद्राएँ की थीं। एक दर्जन से ज्यादा कलाकार—मिक्की का निर्माण करने वाले कलाकार—वॉल्ट डिज़्नी को चारों ओर से घेरकर खड़े होते और डिज़्नी अभिनय करता। अभिनय के द्वारा वह उन्हें दिखाता कि कैसे क्या होना है। अभिनय इतना सुन्दर और सजीव होता कि देखने वाले हँस-हँसकर लोटपोट हो जाते। फिर सब कलाकार मिलकर उन्हीं अदाओं को मिक्की में उतार देते। कलाकार वॉल्ट डिज़्नी के दिखाये गये सारे कार्यकलाप मिक्की में रूपान्तरित कर देते। इस तरह कार्टून तैयार होता जो परदे पर प्रदर्शित होकर हजारों-लाखों दर्शकों का मनोरंजन करता और उनका मन जीत लेता। आइसनस्टाइन लिखता है कि यह सारा कार्य व्यापार संक्रामक होता था। वह जो भी भूमिका करता वह लोगों के दिल में उतर जाती। उसके अन्य चरित्र भी चाहे वह भेड़िया हो या भालू या फिर हाउण्ड सजीव लगते हैं, क्योंकि वॉल्ट डिज़्नी उन्हें अपने आस-पास के लोगों की अनुकृति के रूप में गढ़ता। हाउण्ड का चरित्र उसके एक कज़िन का प्रतिरूप है। कज़िन जो देखने में गुलथुल और गावदी था, जिसकी मुद्राएँ बड़ी

ढुलमुल होती थीं। मिक्की की उत्पत्ति चार्ली चैप्लिन तथा फेयरबैंस के सम्मिश्रण का प्रतिफल था। मिक्की के एक निर्माता उबे इवरक्स के अनुसार उसने मिक्की को उस समय के सर्वाधिक प्रचलित सुपर हीरो डगलस फेयरबैंस के अनुरूप ढाला था। मिक्की उसी की तरह सदा विजयी, रोबीला और संगीत से जुड़ा हुआ है जैसे नामी डगलस फेयरबैंस करता था वैसे ही मिक्की भी करता है। यही कारण था कि जब चार्ली चैप्लिन अपने शबाब पर था उसकी ख्याति का झण्डा बुलन्द था तब भी दो साल तक मिक्की को उससे ज्यादा लोकप्रियता हासिल थी। जगह-जगह मिक्की माउस क्लब बने। यहाँ तक कि राष्ट्रपति रूजवेल्ट भी उसके दीवाने थे। रूजवेल्ट की पत्नी एलिनोर रूजवेल्ट के अनुसार उन्हें मिक्की इतना पसन्द था कि वे सदा उसका कार्टून ह्वाइट हाउस में रखते थे। मिक्की के प्रभाव का अन्दाजा एक और घटना से लगाया जा सकता है। एक बार न्यूयॉर्क सिटी के आरोग्य स्थल में मिक्की माउस का प्रदर्शन चल रहा था तो चमत्कार हो गया। एक अपाहिज व्यक्ति मिक्की में इतना खो गया कि वह अपनी बैसाखी भूलकर बिना किसी सहारे के चलकर थियेटर के बाहर निकल गया। डिज़्नी के कार्टून लोगों को मदहोश करते हैं उन्हें उनकी वर्तमान की समस्याओं, परेशानियों, चिन्ताओं, दमन, शोषण से कुछ समय के लिए मुक्ति दिला देते हैं।

जब डिज़्नी के छोटे से स्टूडियो में आइसनस्टाइन गया तो उसे और भी ज्यादा आश्चर्य हुआ क्योंकि यह हॉलीवुड के प्रचलित घमण्ड और टीमटाम से कोसों दूर था। इतने थोड़े से उपकरणों की सहायता से वॉल्ट डिज़्नी कैसे इतने बड़े पैमाने पर उत्पादन कर रहा है, यह आइसनस्टाइन के लिए और भी चकित करने वाली बात थी। क्योंकि उस समय वह सालाना 52 की दर से **'मिक्की'** बना रहा था। साथ ही साथ 12 **'सिल्ली सिम्पसंस'** भी उत्पादित हो रहे थे। इसके अलावा उसके **'द स्कैलिटन डांस'** की धूम मची हुई थी, जिसमें कंकाल अपनी पसलियों को साइलोफोन की तरह बजा-बजाकर नाच रहे थे। लोगों का मनोरंजन कर रहे थे। वह डिज़्नी का संगठन देखकर हैरान था। तकनीकी के सामंजस्य को देखकर अभिभूत था। उसे यह देखकर खासतौर पर हैरानी हो रही थी कि डिज़्नी का साउण्ड ट्रैक न्यूयॉर्क में बनता था। वे ड्राइंग की गति को संगीत के साथ सटीक बैठाते थे और यह सब मात्र प्रभाव न था, बाकायदा प्लास्टिक और संगीत का तालमेल बैठाया जाता था। चित्र और ध्वनि एक-दूसरे में समाये होते। कहीं कोई फाँक न होती। सब कुछ वास्तविक होता। दर्जनों हाथ इसका मेल-मिलाप कराते। यह सारा चमत्कार टीम वर्क का नतीजा था। कलाकारों का सहयोग कार्टून और ध्वनि का सामंजस्य मिलकर सारी दुनिया का मनोरंजन करते, उसे गुदगुदाते, हँसाते।

उसकी चतुर्दिक स्तुति, उसकी कार्यप्रणाली देखकर, उसका स्वयं अनुभव करके

आइसनस्टाइन वॉल्ट डिज़्नी का फैन हो गया उसने डिज़्नी और उसके काम पर विस्तार से लिखा।

उसने लिखा कि कभी-कभी मैं डिज़्नी के काम को देखकर डर जाता हूँ। उसके डर का कारण डिज़्नी के नाम की पूर्णता, एब्स्लूट परफेक्शन, उत्कृष्टता है। क्योंकि यह आदमी न केवल तकनीकी जानकारी रखता है, वरन् इसे मनुष्य के विचारों, कल्पनाओं, भावनाओं का रहस्य भी ज्ञात है। आइसनस्टाइन डिज़्नी के काम के प्रभाव की तुलना सेण्ट फ्रांसिस ऑफ असीसी के उपदेशों से करता है। वह उसकी तुलना फ्रा एंजेलिको की चित्रकला से करता है। जैसे ये मोहित करते हैं वैसे ही डिज़्नी का काम मोहित करता है। हम सबके भीतर एक बच्चा छुपा हुआ बैठा है। वॉल्ट इसी बच्चे को सम्बोधित करता है। यह हमारी आदिम भावनाओं को स्पर्श करता है। अपने अन्तस् की गहराई में हम अभी भी विशुद्ध हैं। प्रकृति के बच्चे हैं। यह बच्चा तर्क, कारण या अनुभव के बन्धनों से मुक्त है। अभी भी जंजीरों में नहीं जकड़ा है। तितली उड़ती है, फूल खिलते हैं, झरने बहते हैं। इसी कारण एलिस वण्डरलैण्ड हमें लुभाता है। डिज़्नी की एक सर्वाधिक चकित करने वाली फिल्म **'मेरबेबीज़'** है। ऐसी फिल्म बनाने के लिए आत्मा की विशुद्धता और स्वच्छता तथा पारदर्शिता चाहिए! पानी के बुलबुलों और बुलबुलों जैसे बच्चों के साथ डुबकी लगाने के लिए कुँवारी प्रकृति की गहनता की आवश्यकता है। एक ऐसी स्वतन्त्रता जो सब तरह के कंवेन्सन्स से मुक्त हो। परम्परा के बन्धन से मुक्त हो। तभी बच्चों जैसा हुआ जा सकता है और डिज़्नी में बच्चों जैसा यह गुण है।

आइसनस्टाइन डिज़्नी की तुलना करते हुए चार्ली चैप्लिन का उदाहरण देता है। मगर खुद ही उसे खारिज भी कर देता है, क्योंकि चार्ली बचपन के खोए हुए स्वर्णिम संसार की बात करता है। उसका महाकाव्य **'पैराडाइज लॉस्ट'** है। जबकि डिज़्नी का **'पैराडाइज रिगेन'** है। वह स्वर्ग जो कभी पृथ्वी पर आ नहीं सकता है। मात्र ड्राइंग के द्वारा रचा जाता है। यह बचपने की विद्रूपता नहीं है। वयस्कों के यथार्थ से उसकी कोई टकराहट नहीं है। सदा के लिए बचपन के खोने की उदासी को दूर कर वह इस स्वर्ण युग को वापस लाना चाहता है। बल्कि इसे एक बेहतर समाजवादी भविष्य के लिए रचना चाहता है। डिज़्नी सम्पूर्ण स्वतन्त्र दुनिया की वापसी है।

आइसनस्टाइन डिज़्नी के काम से अभिभूत है, मगर वह एक बुद्धिमान व्यक्ति है। साथ ही उसका अपना कार्य क्षेत्र भी फिल्म निर्माण है। वह फिल्म बनाता है। फिल्म के मूलभूत उद्देश्यों से वह पूर्णरूपेण परिचित है। उसकी नजरों से अमेरिकी समाज की वास्तविक स्थिति छुपी नहीं है। वह अमेरिका की आर्थिक मन्दी के समय अमेरिका गया था। साथ ही उसका ताल्लुक रूस से है, जहाँ कम्यूनिज्म का बोलबाला

था। और अमेरिका एक पूँजीवादी देश है। इसीलिए उसे दिखाई देता है कि कैसे डिज़्नी की फिल्में लोगों को वास्तविक स्थिति से पलायन में सहायता कर रही हैं। भले ही यह पलायन थोड़ी देर के लिए ही सही, मगर है तो पलायन ही। डिज़्नी के समस्त कार्य के प्रतीक के रूप में आइसनस्टाइन की नजरों के सामने ऑक्टोपस का परिवार खड़ा है। यह चार पैरों पर है। पाँचवाँ पैर उसकी पूँछ है, और छठा—एक सूँड़। इस कल्पना में कितनी दैवी सर्वशक्तिमान सत्ता है! अपनी मर्जी और फंतासी में जादू से कैसी दुनिया रची है वॉल्ट डिज़्नी ने! एक काल्पनिक संसार। रेखाओं और रंगों की एक निराली दुनिया जो आपके वश में है। जो आपके आदेश के अनुसार रूप धारण करती है। आप एक पहाड़ को कहते हैं कि : सरको, और वह सरकता है। आप एक ऑक्टोपस को कहते हैं : एक हाथी बन जाओ, और ऑक्टोपस हाथी बन जाता है। आप सूरज को कहते हैं : 'रुको!' और वह रुक जाता है। कैसी सर्वशक्तिमान सत्ता! देखा जा सकता है कि जिस हीरो ने सूरज को रोक दिया, उसकी छवि शक्तिहीन लोगों के बीच कैसी बनी और बढ़ी। अमेरिका जिसने सारी प्रकृति को अपना दास बना लिया था। उसी अमेरिका में आदमी पाषाण काल से ज्यादा निर्दयी हो गया। पुरा-ऐतिहासिक काल से भी ज्यादा गिरा हुआ हो गया है। दास युग से भी अधिक दासता में पड़ गया है।

सामान्य अमेरिकी बहुत लाचार और बेचारा है। वह बहुत असहाय है। पूँजी के समक्ष बेबस। ऐसे में दुःखी, दुर्भाग्यपूर्ण, दमित और वंचित लोगों के लिए डिज़्नी एक खूबसूरत लोरी है। लोग जो समय से बँधे हुए हैं। जो काम के घण्टों और आराम के क्षणों की जंजीर में जकड़े हुए हैं। समय की यान्त्रिक सटीकता के दास। जिनका जीवन सेण्ट और डॉलर के ग्राफ से बनता-बिगड़ता है। जिनका जीवन छोटे-छोटे चौकोर टुकड़ों में विभाजित है। जैसे शतरंज की बिसात। एक ही फर्क है कि आप राजा हैं या प्यादा, आप रानी हैं अथवा मन्त्री। पर अन्त में आपको हारना ही है। और इस बोर्ड के सफेद खाने काले खानों से तब्दील नहीं होते हैं। बल्कि सारे के सारे खाने सदा भूरे रंग (ग्रे कलर) के हैं। भूरे, भूरे और केवल भूरे। जन्म से मृत्यु तक भूरे। शहर के ब्लॉक भूरे स्कॉयर्स, शहर की सड़कों के भूरे कारावास की कोठरियाँ, सड़क पर अनन्त भीड़ के भूरे चेहरे। रिक्त भूरी आँखें जो कानून की दयारहित दया पर निर्भर हैं। ठीक वैसे ही जैसे शिकागो के बूचड़खाने के कंवेयर बेल्ट पर मरे हुए सूअर। या फोर्ड कम्पनी के कंवेयर बेल्ट पर कार के अलग-अलग हिस्सों का जोड़ा जाना। इसीलिए डिज़्नी की फिल्में रंगीन हैं। जैसे जो लोग प्रकृति के रंगों से वंचित हैं उनके कपड़ों रंगों के डिजाइन। इसीलिए उनमें असीमित कल्पना है। भारत में भी राजस्थान की प्रकृति धूसर है और यहाँ के लोग बहुत चटकीले रंग के कपड़े पहनते हैं।

डिज़्नी की फिल्में विभाजन और कानूनीकरण के प्रति विद्रोह हैं। वे कुण्ठित आध्यात्मिकता और धूसरपन के विरोध में हैं। मगर विरोध लयात्मक है। विद्रोह दिवास्वप्न है। फलहीन और बिना किसी परिणाम निष्कर्ष के हैं, ये दिवास्वप्न। ये वे दिवास्वप्न नहीं हैं जो एकत्र होकर कार्य में परिणत होते हैं और स्वप्न पूरा करने के लिए हाथ उठाते हैं। ये वे दिवास्वप्न नहीं हैं जो संगठित होकर विद्रोह करते हैं-परिवर्तन लाते हैं। मार्क्सवाद विद्रोह और परिवर्तन की बात करता है। मगर पूँजीवाद परिवर्तन और विद्रोह के पक्ष में नहीं है। यही अन्तर आइसनस्टाइन दिखा रहा है। डिज़्नी की फिल्में वे स्वर्ण स्वप्न हैं जो आप दुनिया से भागने के लिए प्रयोग करते हैं। जहाँ सब कुछ भिन्न है। जहाँ आप प्रत्येक बन्धन से मुक्त हैं। जहाँ आप प्रकृति के प्रसन्न युग में होते हैं। आप जैसा चाहते हैं वैसा मनचाहा होता है। डिज़्नी के द्वारा अन्वेषित दुनिया में बेतुका शुतुर्मुर्ग तार्किक मुर्गी के बगल में है। एबर्सड ज़िराफ स्वामिभक्त बिल्ले के पास और कंगारू भविष्य की मेडोना का मखौल उड़ाता है!

डिज़्नी के जानवर, मछली और पक्षी सबके पास फैलने और सिकुड़ने का गुण है। वे सबका मखौल उड़ाते हैं। अपनी खुद की आकृति का भी मखौल उड़ाते हैं। जैसे मछली—चीता और ऑक्टोपस—हाथी में परिवर्तित हो जाता है। **'मेरबेबीज़'** जीव विज्ञान की श्रेणियों की हँसी उड़ाते हैं। यह आकृति के बन्धन पर उसकी जीत है। सब तरह की बन्धनों, सब तरह की सीमाओं पर विजय है। जो भी जकड़ता है, बाँधता है, सीमित करता है, उन सब पर जीत। यह मात्र प्लास्टिक की ट्रिक में ही नहीं है। यह **'द थ्री लिटिल पिग्स'** के गीत में भी है जहाँ वे गाते हैं, **'वी आर नॉट अफ्रेड ऑफ बिग, ग्रे वुल्फ...'** लाखों लोग जो बड़े भूरे भेड़िये (आइसनस्टाइन इसे अमेरिकी शासन का प्रतीक मानता है जबकि कुछ और लोग इसे हिटलर के रूप में देखते हैं। हिटलर जिसकी दहशत उस समय सारी दुनिया पर छाई हुई थी।) से हर पल डरे हुए हैं, उन लोगों ने असीमित विजय और प्रसन्नता के साथ इस समूह गीत में दिल खोलकर साथ दिया। अमेरिका में हर कोने, हर काउण्टर, हर आदमी के पीछे ग्रे वुल्फ है। जो एक क्षण में किसान का घर-बार नीलाम कर सकता है। आर्थिक संकट से बरबाद कर सकता है। वह बरसों से फोर्ड कम्पनी के लिए काम कर रहे आदमी को अन्तिम किराया न दे पाने के कारण क्षण भर में उसके घर से निकाल बाहर कर देता है। बेरोजगारी, लाखों-लाखों बेरोजगार लोग इस डरावने भयंकर ग्रे वुल्फ के पेट में समा जाते हैं। अमेरिका में आम आदमी के जीवन में कोई स्थिरता नहीं है। अभी वह मजे में हँस-खेल रहा है, मगर अगले क्षण उस पर कानून की गाज गिर सकती है।

मगर परदे पर लहराता है, 'हम बड़े, भूरे भेड़िये से नहीं डरते हैं।' आशावाद

की यह चीख केवल चित्रित की जा सकती है। क्योंकि किसी पूँजीवादी व्यवस्था में ऐसी किसी सच्चाई को परदे पर नहीं दिखाया जा सकता है। इस आशावाद को मिथ्या रूप में ही प्रदर्शित किया जा सकता है। लेकिन सौभाग्य से रेखाएँ और रंग हैं। संगीत और कार्टून हैं। कानून से जकड़े भयभीत लोगों के लिए डिज़्नी के कार्टून हैं। ऐसे लोगों के लिए डिज़्नी की प्रतिभा और सिनेमा बहुत बड़ी सान्त्वना है।

एक बाजीगर के विषय में मध्य युग की एक बहुत संवेदनशील गाथा है, **'द जगलर ऑफ द होली मदर'**। एक तीर्थयात्री को मेडोना (मरियम) के लिए उपहार ले जाने का काम सौंपा गया है। उसके अपने पास मेडोना को देने के लिए कोई वस्तु नहीं है। अतः वह मेडोना की मूर्ति के सामने अपनी चादर बिछा देता है और अपने करतब दिखाता है। मगर उसकी इस बाजीगरी से मोटा संन्यासी और लालची पादरी खुश नहीं होते हैं। उन्हें चाहिए होता है मक्खन, मोमबत्ती, चाँदी के सिक्के और वाइन। फिर भी आख्यान कहता है कि बाजीगर की गाथा आदर के साथ आज तक सुरक्षित रही है। यहाँ तक कि सन्त और पादरी ने भी इस गाथा के सँजोने में सहयोग दिया है।

आइसनस्टाइन कहता है कि इसी तरह अमेरिकी लोग भविष्य में जब स्वर्ण युग की बात समझेंगे तो जोश और अनुग्रह के साथ उस व्यक्ति का स्मरण करेंगे जिसने भयंकर मन्दी के दौर में उन्हें **'स्वर्णिम स्वप्न'** से प्रसन्न किया। जिसने क्षण भर के लिए रीढ़ में सनसनी पैदा करने वाले धूसर भेड़िया के भय से उन्हें बचाया। उस डरावनी स्थिति को भूलने में उनकी मदद की। जब वे फिल्म देख रहे थे तब किराया न दे पाने के कारण उनकी गैस या पानी का कनेक्शन काट दिया जाता है। ऐसे हताश समय में डिज़्नी की फिल्में राहत का कार्य करती हैं। उसने लोगों को पक्षियों, कीट-पतंगों से नजदीकी प्रदान की और उन्हें एक सहृदयता दी। न्यूयॉर्क की सड़कों के लोग जो सदा खुशी और जीवन्तता से वंचित थे, उन्हें फूलों और पशु-पक्षियों का सामीप्य दिया। एक स्वतन्त्र, निर्भय जगत् की सैर करायी।

अपने आलेख में आइसनस्टाइन एक उदाहरण देता है जिससे डिज़्नी की ख्याति की झलक मिलती है। उत्तरी अमेरिका के बाशिन्दों की अनोखी विशेषताएँ हैं। वे अपने लिए एक स्टार चुन लेते हैं और अपना जीवन उसकी पूजा में गुजार देते हैं। ये स्वर्ग के सितारे नहीं हैं। ये हैं फिल्मों के सितारे। लेकिन इससे कोई फर्क नहीं पड़ता है। वह तनिक मजाक के साथ कहता है कि अपने प्यारे सितारों को लिखे गये पत्रों की बाढ़ के द्वारा डाक विभाग को आर्थिक मजबूती मिलती है। आज डाक का जमाना नहीं है, मगर कई देश में आज यही आलम है। अपने

चहेते स्टार के लिए बूढ़े-बच्चे सब एस.एम.एस. करते रहते हैं और मोबाइल कम्पनियों की चाँदी होती रहती है।

अमेरिकन मैगज़ीन **'द न्यूयॉर्कर'** ने एक बार एक कार्टून प्रकाशित किया था। जिसमें इसी अनोखे और आवेशपूर्ण व्यवहार की हँसी उड़ायी गयी थी। एक बहुत उच्च वर्ग की बूढ़ी स्त्री जिसके सफेद बालों में हीरे पिरोये हुए हैं। कार्टून में इस स्त्री की पृष्ठभूमि में एक बटलर अदब से खड़ा है। अर्थात् यह काफी उच्च वर्ग की महिला है। यह स्त्री उस काम में जी-जान से जुटी हुई है जो काम एक युवा सेल्सगर्ल या ऑफिसबॉय करता है। वह अपने मनपसन्द सितारे को पत्र लिख रही है...

आइसनस्टाइन कहता है कि पत्र लिखना अपने आप में कोई मुद्दा नहीं है। मुद्दा तो वह पता है जिस पर पत्र जायेगा। पत्र की शुरुआत **'डीयर मिक्की माउस'** से होती है। यह महत्त्वपूर्ण बात है।

महान कलाकार वॉल्ट डिज़्नी ने बहुत बड़ा, सबको समेटने वाला, सब उम्र के लोगों के बीच अन्तरराष्ट्रीय लोकप्रियता वाला हीरो, एक छोटा-सा **'चूहा ('मिक्की माउस'**) रेखांकित किया है। वॉल्ट डिज़्नी की खुद की लोकप्रियता अपने ही देश के एक कवि, अपने हमनाम वॉल्ट विटमैन की लोकप्रियता को लाँघ जाती है।

सच, सब उम्र—बच्चों से लेकर बूढ़े तक, सारे देश और सारी नस्लों तथा सब तरह की सामाजिक पद्धति को इसने मदमत्त किया है। एक जैसी खुशी प्रदान की है। सब उसकी मोहकता के सामने नत हैं। सब डिज़्नी की सजीव ड्राइंग्स-ऐनीमेटेड कार्टून के साथ चल पड़े। डिज़्नी ने सबको लुभाया है।

डिज़्नी ने समस्त अमेरिका, सारी दुनिया को चकित और आकर्षित किया है। आइसनस्टाइन प्रश्न करता है, 'भला यह उपलब्धि हुई कैसे?'

वह स्वयं ही इसका उत्तर भी देता है। पहली बात है कि डिज़्नी के कार्यों में त्रुटिरहित सजीव आकृतियाँ समाहित हैं। जिनसे कला प्रभावित होती है। और वे संख्या की दृष्टि से भी विपुल हैं। वे सर्वोत्तम तथा निष्पाप हैं। प्रभाव की दृष्टि से वे बेमिसाल हैं। उन्होंने इतनी बड़ी संख्या के दर्शकों का दिल जीता है। इसलिए आइसनस्टाइन का मानना है कि डिज़्नी का काम पूरी तरह से जायज है। इसके बाद जिन कारणों से डिज़्नी का काम विशिष्ट है उनकी विचित्रता और विशेषताओं का विस्तार से वह वर्णन करता है। वह इन आकृतियों का सामान्यीकरण भी करता है कि कैसे वे किसी भी कला की सर्वाधिक महत्त्वपूर्ण बात है। मगर केवल डिज़्नी के कार्यों में वह विशुद्ध रूप में उपलब्ध होती हैं।

आम अमेरिकन जिस सामाजिक जुआ तले दबा हुआ है। जिस अन्याय और यन्त्रणा को झेल रहा है। उसे बरक्स आइसनस्टाइन क़ो डिज़्नी का काम आराम की, राहत की बूँद लगता है। एक क्षण का छुटकारा लगता है। होठों पर एक

हल्का-सा, प्यारा-सा स्पर्श लगता है। लोगों को ऐसा इसलिए लगता है क्योंकि इसमें उनके समक्ष बचपन की कुछ स्मृतियाँ प्रकट होती हैं। आइसनस्टाइन ने बचपन में एक कविता पढ़ी थी। एक ऊँट के साथ एक अरब रेगिस्तान से गुजर रहा था। ऊँट जरा पागल किस्म का था। उसे अपने मालिक से रार करने में मजा आता था। सो उसने अपने मालिक को खदेड़ना शुरू किया। ऊँट से बचकर भागते-भागते वह अरब एक खड्ड में गिरा। गिरते हुए एक डाल उसके हाथ आ गयी और वह उसी को पकड़कर लटक गया। नीचे अतल गहराई और ऊपर गुस्से में बलबलाता ऊँट। मगर इसी बीच उसकी निगाह एक झाड़ी पर उगी कुछ लाल-लाल बेरियों पर पड़ी। बस, फिर क्या था वह सब भूलकर उन बेरियों की ओर लपका। अमेरिकी नागरिक भी इसी विचित्र स्थिति में फँसा हुआ है। जिसके लिए डिज़्नी की फिल्में बेरियों जैसा आकर्षण हैं। दूसरा दृश्य जो उन्हें स्मरण है वह है नरक का जहाँ पापियों को गर्म कड़ाह पर लटकाया हुआ है। लेकिन जिनके सिर पर कुछ पलों के लिए देवदूत अपना ताजगी भरा हाथ रखते हैं। नरक में जलते हुए लोगों के लिए डिज़्नी की फिल्में यही ताजगी भरा स्पर्श हैं। सामाजिक बोझ, अन्याय और यन्त्रणा-उत्पीड़न के नरक में ताजगी भरा स्पर्श हैं। और तीसरा दृश्य वे प्रसिद्ध लेखक विक्टर ह्यूगो से उठते हैं। वहाँ क्वासिमोडो को कोड़े लग रहे हैं। वह प्यास और भीड़ के उपहास से बेहाल है। मगर तभी एस्मेराल्डा अपनी बकरी के साथ वहाँ पहुँचती है और क्वासिमोडो के चेहरे पर अपने होठ रख देती है। उसे बकरी से दूध पीने देती है। यही राहत अमेरिका की जनता को डिज़्नी की फिल्में पहुँचाती हैं। अरब, पापियों और क्वासीमोडो का दारुण अन्त निश्चित है। फिर भी उन्हें कुछ पल के लिए राहत मिलती है। ठीक इसी तरह अमेरिका के लोग अपनी दैनन्दिन निरानन्दता से छुटकारा नहीं पा सकते हैं। उनका जीवन एक सतत संत्रास है। डिज़्नी अपनी फिल्मों से इन दर्शकों को पल भर के लिए भुलावे में ले आता है। दर्शक अपनी वास्तविक दशा को विस्मृत कर पाते हैं। डिज़्नी न तो किसी को दाग-धब्बा लगाता है, न ही किसी का भण्डाफोड़ करता है। किस्से-कहानियों के राक्षसों से हम परिचित हैं। वे किसी को राहत नहीं पहुँचाते हैं। वे पाठक-श्रोता को काटते नहीं हैं, न ही नोचते हैं। और न ही उन पर गुर्राते हैं। मगर वे काफी कुछ असुखकर करते रहते हैं। वे एक ऐसा आईना दिखाते रहते हैं जो छवि को बिगाड़कर दिखाता है। वे आदमी को उसकी तस्वीर दिखाते हैं कि आदमी इस तरह भी सोचता है। और यह विकृत तस्वीर काफी परेशान करने वाली होती है। उसके छोटे साथी, बकरी, भेड़, लोमड़ी, साँप, मेढ़क इस परेशानी को और अच्छी तरह से उजागर करते हैं। डिज़्नी स्वयं किसी को न तो दोष देता है, न ही किसी को उपदेश देता है। बस स्थिति को उजागर करता चलता है।

अगर यह सब एक लम्बे समय तक परदे पर भी दिखाया जाये तो हम इसकी व्यर्थता से क्रोधित हो सकते हैं। संगठित होकर विद्रोह कर सकते हैं। स्थिति परिवर्तन के लिए उद्धत हो सकते हैं। मगर यह सब इतने कम समय के लिए चलता है कि हमें गुस्सा आने का समय ही नहीं मिलता है। आइसनस्टाइन कहता है कि धनुष की डोरी भी सदा के लिए खींचकर नहीं रखी जा सकती है। यही स्थिति हमारे स्नायु की है। आदमी अधिक समय तक तनाव में नहीं रह सकता है। सामान्य अमेरिकी नागरिक बहुत तनाव में रहता है, ये फिल्में उसे इस तनाव से कुछ क्षण को मुक्ति दिलाती हैं। इसलिए डिज़्नी की फिल्में जीवन में राहत के लिए आवश्यक हैं। वह कहता है कि भविष्य का अमेरिकी सर्वहारा उसकी तरफ से लड़ने वाले डिज़्नी का कोई स्मारक नहीं बनायेगा। (डिज़्नी के स्मारक तो खूब बने हैं। अमेरिका में उनकी भरमार है। मगर वे पूँजी द्वारा बनाये गये हैं। सर्वहारा द्वारा नहीं।) मगर हर कोई उसे इस क्षणिक भुलावे के लिए, पल भर के आराम के लिए, जीवन संघर्ष से पल भर की राहत के लिए याद करेगा। वे लोग अवश्य डिज़्नी को याद रखेंगे, जिन्हें प्रजातान्त्रिक अमेरिका में मन्दी के कठिन दौर में उसकी फिल्मों ने जीवन की कठिनाइयों के बीच तनिक मोहलत दी। उनकी जिन्दगी की कठोरता, एकरसता को तोड़ा। उनकी यन्त्रणा भरी जिन्दगी में तनिक-सी मुस्कराहट ला दी।

अन्य बहुत से फिल्म बनाने वालों ने दर्शकों को विस्मृति का उपहार दिया है। बहुतों ने उन्हें जीवन की कटु सच्चाई को भुलाकर झूठ का सुनहरा स्वप्न दिखाया है। फिल्म सड़क के आदमी का ध्यान उसके संघर्षों से, उसकी वास्तविक परेशानियों, कठिनाइयों से, श्रम और पूँजी से, एबसर्ड सम्बन्ध से उत्पन्न समस्याओं से हटाती है। विस्मरणता बुरी है। यह संघर्ष की राह की बाधा है। यह व्यक्ति को सुलाती है, उसे जगाकर लड़ने के लिए तैयार नहीं करती है। अक्सर बड़े परदे पर दिखाई जाने वाली फिल्में सब कुछ अच्छा, सुखान्त, सुन्दर ही दिखती हैं। इस मायने में भी डिज़्नी की फिल्म अन्य फिल्मों से भिन्न है। वह बड़े परदे पर दिखाई जाने वाली फिल्मों के विपरीत मात्र अच्छा ही अच्छा नहीं दिखाता है। यह लड़ने के लिए उकसाता नहीं है, मगर वह बुराई को छिपाता भी नहीं है। वह बुराई के कारणों का शमन भी नहीं करता है। वह बुराई दिखाता है और उसे दिखाने की जिम्मेदारी भी लेता है। वह कभी नहीं कहता है कि 'जो मैंने रचा है, उसकी जिम्मेदारी मेरी नहीं है।' भले ही वह बुराई के कारणों, उसकी जड़ों में नहीं जाता है, मगर वह बुराई को खूब विस्तार से दिखाता है। आइसनस्टाइन के अनुसार डिज़्नी 'भले-बुरे के पार' है। जैसे कि सूरज, पेड़, पक्षी, पशु सब परदे पर दौड़ते रहते हैं। ये सब भले-बुरे से ऊपर हैं। उसके पार हैं। डिज़्नी चार्ली चैप्लिन से ज्यादा 'भले-बुरे से

ऊपर' है क्योंकि चार्ली चैप्लिन तो अक्सर उपदेश देने लगता है। डिज़्नी की फिल्में, शिक्षा नहीं देती हैं। उपदेश नहीं देती हैं। (युद्धकाल में डिज़्नी ने सरकार की सहायता के लिए उपदेशात्मक फिल्में बनायीं। ढेरों प्रोपेगण्डा फिल्में बनायीं। मगर यह काल उसके कलात्मक पतन का काल था।) डिज़्नी की फिल्म सूर्य के धब्बों को उजागर नहीं करती हैं। वे सूर्य की किरणों का प्रतिबिम्ब की तरह व्यवहार करती हैं। वे चमकती हैं। जलती हैं। और गायब हो जाती हैं। फुलझड़ी की तरह कुछ देर को रोशनी करती हैं और फिर बुझ जाती हैं।

आइसनस्टाइन उदाहरण देता है कि एक फ्रेंच गीत में एक बिल्ली चीज़ का एक गोल टुकड़ा कहीं से ले आती है। मगर चाँद एक खाली तश्तरी पर एक सफेद गोल चाँदनी का प्रतिबिम्ब रख देता है। डिज़्नी कला के उच्च माँग का विश्लेषण करता है साथ ही कविता की बिल्ली की भाँति अपने दाँत खाली हवा में भी गड़ाता है। फिर भी यह मनोरंजक है। यह आकृति तथा विशुद्ध चमक के साथ सुन्दर कला है। पक्षी का गान बिना किसी विषय वस्तु के होता है। उसमें कोई थीम नहीं होती है। फिर भी यह गान असीमित उत्साह प्रदान करता है। इसी में डिज़्नी की कला का रहस्य है। वह तत्त्व का विशुद्ध मॉडल है। यहाँ यह रासायनिक रूप से विशुद्ध आकार में प्रस्तुत होती हैं। मानो बिना फूल के खुशबू या फिर बिना फल के स्वाद मिलना। मानो ध्वनि बिना किसी उद्देश्य के।

डिज़्नी के कार्य के केन्द्र में आदमी है। मगर यह आदमी आदिमकाल का है। जैसे डार्विन आदमी की उत्पत्ति दिखाता है। **मेरबेबीज़** में पिंजड़े में बन्द धारीदार मछली बाघ में बदल जाती है और गरजती है। ऑक्टोपस हाथी बन जाता है। एक मछली गधा बन जाती है। मतलब ये सब स्वयं से विलग होते हैं। जो हैं उससे भिन्न होने की कूवत रखते हैं। आकृति से नाम मिलता है। उससे पहचान मिलती है। आकृति व्यवहार को भी सदा के लिए निश्चित कर देती है। आकृति बाँध देती है। जकड़ती है। डिज़्नी के यहाँ यह उलट जाता है। यह खुला है। किसी भी रूप को ग्रहण करने के लिए स्वतन्त्र है। आकृति कोई भी रूप ग्रहण कर सकती है। यह सब कॉमिक तरीके से होता है। यह सब हँसते-खेलते होता है। क्योंकि गम्भीरता से जिन्दगी में ऐसा कभी हो ही नहीं सकता है।

क्या यह डिज़्नी का मोटिव है? या यह सब संयोग से होता है? इसके लिए आइसनस्टाइन रंगों के पूर्व के **'मिक्की माउस'** का निरीक्षण करता है। ब्लैक एण्ड ह्वाइट के जमाने के **'मिक्की माउस'** का निरीक्षण करता है। बहुत कुछ याद आता है। स्टीमबोट है जो लकड़ी के लट्ठों को पेस्ट्री की भाँति मोड़ती है। हॉटडॉग की चमड़ी खींचकर उसकी पिटाई होती है। पियानो के कुंजी पटल की खूँटियाँ दाँत की भाँति रूप ग्रहण करके पियानोवादक को काटती हैं और बहुत कुछ इसी तरह

का होता है। यहाँ भी वही बात है, दुनिया बदल डालना। अपने अस्तित्व के पार जाना। खुद की सीमा को तोड़ना। आस-पास जो अमानवीय, क्रूर दुनिया है, शायद उसी के लिए डिज़्नी ने घास के टिड्डे, कुत्ते, बत्तख, मिक्की, मिनी सबको मानवीय बनाया है। मिक्की अपने दोनों हाथ जोड़कर गाने लगता है। हाथ संगीत को प्रतिध्वनित करते हैं। वैसी गति करते हैं जो मात्र डिज़्नी के चरित्र कर सकते हैं। और जब संगीत उच्च स्वर पर पहुँचता है तो बाँहें अपनी सामान्य लम्बाई से ज्यादा बढ़ जाती हैं। संगीत के टोन के साथ वे अपनी सीमा का उल्लंघन करती हैं। इसी तरह जब घोड़ा चकित होता है तो उसकी गर्दन, उसकी आकृति का अतिक्रमण कर लम्बी हो जाती है। और जब वह दौड़ता है तो उसके पैर अपनी सीमा पार कर जाते हैं। अपनी लम्बाई से कई गुना ज्यादा बढ़कर लम्बे हो जाते हैं। यही शुतुर्मुर्ग की गर्दन के साथ होता है। यही गाय की पूँछ के साथ होता है। यही सब संगीत के उतार-चढ़ाव के साथ **'सिली सिम्फनीज़'** में होता है। उसके अनुसार होता है। संगीत पंचम स्वर में पहुँचा और उनकी आकृति बढ़ी। असम्भव सम्भव हो जाता है।

क्या डिज़्नी दूसरों से प्रभावित है? क्या और लोगों ने भी आकृति की नमनीयता, इलास्टिसिटी की बात की है? क्या कला का यह गुण औरों के यहाँ भी उपलब्ध है?

मिथॉलॉजी में कई स्थानों पर हमें ऐसे उदाहरण मिलते हैं जिनमें रूप नमनीय (फ्लैक्सिबल) हैं, तरल हैं, खींचकर बढ़ाये-घटाये जा सकते (स्ट्रैचेबल) हैं। परिकथाओं में, लोककथाओं में अक्सर ऐसा होता है। इनमें चरित्र अपना रूप इच्छानुसार तत्क्षण परिवर्तित कर सकते हैं। भारतीय लोक कथाओं में इसके उदाहरण भरे पड़े हैं। लोक कथाओं के संग्रहकर्ता ए के रामानुजम ने एक लड़की के वृक्ष में बदल जाने की एक कथा (स्पीकिंग ट्री) संग्रहित की है। दक्षिण में ही एक कथा प्रचलित है, जिसमें एक शिष्य अपने दुष्ट गुरु से बचने के लिए तरह-तरह के रूप धारण करता है। गुरु भी अपना रूप बदलता जाता है। जब शिष्य बिल्ली बनता है, गुरु कुत्ता बन जाता है। जब शिष्य कुत्ता बनता है तो गुरु भेड़िया बन जाता है। अन्त में गुरु धान बनता है उसी समय शिष्य मुर्गा बनकर समस्त धान चुग जाता है। इस कहानी को सुन-पढ़कर डिज़्नी के **'द घोस्ट एक्सटर्मिनेटिंग कम्पनी'** की याद आती है। एक उजाड़ घर में भूतों को भगाने की मुहिम चल रही है। लाल नाक, हरे बादलों की तरह दिखने वाले भूत की रूप बदलने की क्षमता असीमित है। बड़ा दुष्ट और शरारती भूत है। मगर भगाने वाले भी कम नहीं हैं। नहले पर दहला हैं। इस फिल्म की एक परोक्ष थीम भी है। भूत चरका देकर घर भर में घूम रहा है और उसे घर से खदेड़कर निकालने के लिए प्रतिबद्ध आकृतियाँ भी उसके पीछे-पीछे, 'तू डाल-डाल तो हम पात-पात'

की तर्ज पर भाग रही हैं। मगर अन्त में वे आटे के ढेर में गिर पड़ती हैं। अब आटे से पूरी तरह सनी हुई वे खुद भूत नजर आ रही हैं और पूरी बाजी पलट जाती है। भूत भगाने वाले स्वयं भूत की तरह दीख रहे हैं। वे आटे की लम्बी सफेद लकीर छोड़ते हुए दौड़ रहे हैं और खुद भूत उन्हें ही भूत समझकर उनसे बचने की चेष्टा कर रहा है। और इस तरह दुष्ट को भगाने के लिए स्वयं दुष्ट का रूप धारण (भले ही इस फिल्म में यह संयोग से हुआ) कर उसे निकाल बाहर करने में सफल होते हैं। क्या दुष्टता को समाप्त करने के लिए कभी-कभी दुष्ट बनना आवश्यक नहीं है?

आकृति बदलने की प्रक्रिया के प्रति मनुष्य के मन में स्वाभाविक आकर्षण है। यह शेप सिफ्टिंग की प्रक्रिया सर्कस, नाइट क्लब में दिखती है। भारत में नट इसके सर्वोत्तम उदाहरण हैं। कैसे वे छोटे से छल्ले से पार हो जाते हैं। शरीर को तोड़-मरोड़कर करतब दिखाते हैं। यह उनका पेशा है। इसी के सहारे उनकी आजीविका चलती है। भारत में कहानियाँ प्रचलित हैं, जिनमें खूँटी साँप बनकर हार निगलती है और बाद में उगल भी देती है और वापस खूँटी बन जाती है। इच्छाधारी नाग-नागिन से कौन नहीं परिचित है? ग्रीक लोक कथाओं और पुराण कथाओं में ऐसे ही उदाहरण मिलते हैं। ग्रीक सुन्दरी लॉरेल अपने बलात्कारी से बचने के लिए एक वृक्ष में परिवर्तित हो जाती है। बलात्कारी के हाथ में ही लड़की पेड़ बन जाती है। बाद में इसी पेड़ के पत्ते विजय-चिह्न के रूप में मुकुट बनाकर पहने जाने लगे।

रूप बदलने की प्रक्रिया डिज़्नी का अपना आविष्कार नहीं कही जा सकती है। लेकिन इसको कार्टून की दुनिया में सफलतापूर्वक स्थापित करने का श्रेय निर्विवाद रूप से उसको ही जाता है। यह कार्य मौलिक भले न हो मगर उसने इसका प्रभावी उपयोग किया है। शेप सिफ्टिंग के प्रति स्वाभाविक आकर्षण का कारण हमारे गहन अवचेतन में, हमारे सामूहिक अवचेतन में है। अभी भी गहन अवचेतन में, हमारे सामूहिक अवचेतन में, उस अवस्था की स्मृति सुरक्षित है जब हम खुद आकार बदलने में सक्षम थे। जीवन की आदिम अवस्था में हम सब जीव-जन्तु आकृति विहीन अवस्था में थे। यह अवस्था **'प्लाज्मा'** की अवस्था है। इस अवस्था में कोश (सेल) का कोई निश्चित रूप नहीं होता है। आज भी हम अपना जीवन एककोशीय जीव के रूप में प्रारम्भ करते हैं। प्रारम्भ में इसकी कोई आकृति नहीं होती है। अस्थि कंकाल के साथ आकृति उत्पन्न होती है। आकृति तो बहुत बाद में आती है और आकृति आते ही हम बँध जाते हैं। जकड़ जाते हैं। सीमित हो जाते हैं। यह पानी के बरफ बनने जैसा है। ऐसे ही आकृति के आते ही हमारी स्वतन्त्रता खो जाती है। एक तरह से हमारी स्वतन्त्रता विनष्ट हो जाती है।

शायद इसीलिए हमारे अन्दर आकृति के पार जाने की, आकृतिविहीन होने की लालसा बराबर बनी रहती है। जहाँ भी हम ऐसा होता देखते हैं उसके प्रति हमारा लगाव हो जाता है। उसके प्रति हम आकर्षण अनुभव करते हैं। यह रूप परिवर्तन की क्षमता चाहे हम जीव-जन्तु में पायें अथवा पेड़-पौधे में यह हमें आकर्षित करता है। भारतीय कहानियों में इस तरह की सर्वाधिक आकर्षित करने वाली कहानियाँ **'विक्रम बेताल'** की कहानियाँ हैं। **'अबोली रानी'** की कथा में बेताल इच्छानुसार तीन-तीन रूप लेकर कहानी सुनाता है। वह परदे के रूप में कहानी सुनाता है। उत्तरीय में परिवर्तित होकर यही करता है और तब पढ़ने-सुनने वाले को कितना मजा आता है जब वह राजकुमारी की कंचुकी बनकर कहानी कहता है। सिंहासन बत्तीसी की कठपुतलियाँ मनुष्य की तरह बातें करती हैं। अरेबियन नाइट्स का जिन्न मनमाफिक रूप धारण करने की क्षमता रखता है।

स्वयं आइसनस्टाइन ने इसे कई बार नोर्ड मिथॉलॉजी के सन्दर्भ में आदर के साथ लिखा है। इस यूनिटी को दैवी कार्यों के रूप में नोर्डिक दुनिया में देवों के पिता **'ओडिन वोंटान'** के रूप में माना जाता है। वोंटान को हवा का कार्य सौंपा गया है और चूँकि यह तत्त्व **'वायु'** स्थिर नहीं रह सकता है, अतः इसे केवल गति की अवस्था में ही देखा जा सकता है। इसीलिए वोंटान गति का भी पर्याय है। सामान्य गति को वोंटान से सम्बोधित किया जाता है। अपने हर रूप में गति वोंटान कहलाती है। मदिर पवन से लेकर सब तहस-नहस कर डालने वाले तूफान तक को वोंटान कहा जाता है। लेकिन जो चेतना मिथ को जन्म देती है, उसका सृजन करती है वह सीधे और शाब्दिक विभाजन में फर्क नहीं करती है। वोंटान जो सामान्य गति को आरोपित करता है और खासतौर पर प्रकृति की ताकतों की गति को दिखाता है। इसके साथ ही वह आध्यात्मिक गति की सारी छटाओं को भी प्रस्तुत करता है। प्रेमी की नाजुक भावनाओं से लेकर गायक और कवि की लयात्मक प्रेरणा तक को प्रस्तुत करता है। यह मिलिटेंट के आवेश और हीरो के क्रोध को भी समेटे हुए है। वोंटान में सब समाया हुआ है। इसी विचार से यह विचार उत्पन्न हुआ कि अगर यह गति करता है तो यह जीवित है। जैसे एक स्वाभाविक, स्वतन्त्र, संकल्प शक्ति। तार्किक चेतना के रूप में नहीं मगर किसी हद तक हम हर पल इस बात को अनुभव करते हैं, हमारे देखने में डिज़्नी की ड्राइंग्स सजीव हैं। हम जानते हैं कि ये ड्राइंग्स हैं। सजीव वस्तुएँ नहीं हैं। हम जानते हैं कि वे परदे पर प्रक्षेपित ड्राइंग्स हैं। हम जानते हैं कि वे तकनीकी का 'जादू' और ट्रिक्स हैं कि ऐसी चीजें सच में नहीं होती हैं। फिर भी हमें लगता है कि वे सजीव हैं। हम अनुभव करते हैं कि वे गतिशील हैं क्रियाशील हैं।

शरीर के बन्धन भी तभी तक हैं जब तक हम मस्तिष्क के बायें भाग से संचलित होते हैं। डॉक्टर जिल इसे बहुत विस्तार से अपने एक वीडियो में समझाती हैं। वे स्वयं न्यूरो साइंटिस्ट हैं और अपने भाई के विभक्त व्यक्तित्व (स्प्लिट पर्सनालिटी) पर शोध कर रही थीं। उसी समय उन्हें खुद पक्षाघात हुआ। आज डॉक्टर जिल स्वस्थ हैं। उसने खुद की उस स्थिति पर भी शोध किया और इस नतीजे पर पहुँची हैं कि जब मस्तिष्क का बायाँ भाग काम करना बन्द कर देता है तो हम भूत और भविष्य से कटकर मात्र वर्तमान में केन्द्रित हो जाते हैं। शरीर की भौतिक सीमा अनुभव होनी समाप्त हो जाती है। शरीर मात्र ऊर्जा रह जाता है, अतः उसकी सम्भावनाएँ अनन्त हो जाती हैं। भारतवर्ष में भी हजारों सालों से योग विद्या यही बात कह रही हैं कि हम शरीर मात्र नहीं हैं। हमारा शरीर मात्र एक उपकरण है। हम असीमित हैं। लेकिन हम शरीर से तादात्म्य स्थापित कर लेते हैं। और इस तरह स्वयं को सीमित बना डालते हैं। अपने विशुद्ध स्वरूप के प्रति अज्ञान के कारण हम शरीर में ही कैद होकर रह जाते हैं। योगासनों में इस सीमा को तोड़ने का काम होता है। योगासनों में भी शरीर के बन्धनों, अस्थि-कंकाल के नियमों के विचलन का काम होता है। योगासनों में भी यह होता है। शरीर इतना लचीला हो जाता है, मानो हड्डियाँ हों ही नहीं। ज्ञान के कारण नहीं, योग के द्वारा नहीं, मस्तिष्क को काटकर अलग करके भी नहीं, मगर फंतासी द्वारा परोक्ष रूप से ही सही डिज़्नी हमें यह एहसास दिलाने में कामयाब हो जाता है कि रूप अभेद्य नहीं है। अपरिवर्तनीय नहीं है। इसमें परिवर्तन हो सकता है। स्थिर, दृढ़ आकृति के पार जाना सम्भव है।

हमारे अन्दर सदा के लिए मिली आकृति के प्रति, अस्थि-पंजर के कारण आकृति को मिली दृढ़ता के प्रति नकार का भाव है। अस्थि-पंजर के कारण निश्चित आकार में बँधे होने (ऑसीफिकेशन) के प्रति नकार का भाव है। हम हड्डियों के बन्धन से छुटकारा पाना चाहते हैं। हमारा अस्थि-पंजर, हमारा कंकाल हमें एक निश्चित आकार में बाँध देता है। हम उससे स्वतन्त्रता चाहते हैं मुक्ति चाहते हैं। अस्थि-पंजर की दृढ़ाकृति के पार जाने की गहन आकांक्षा हमारे भीतर है। मनचाहा रूप धारण करने की लालसा हमारे हृदय में गहराई से पैठी हुई है। यह हमारी आदिम आसक्ति है। यही कारण है कि **'फ्रीडम फ्रॉम शेप'** कहीं भी हो हमें आकर्षित करता है। इसीलिए डिज़्नी का कार्य हमें लुभाता है।

दूसरी ओर हमारा समाज हमें नियमों से जकड़े हुए है। ये सामाजिक नियम (सोशल ऑर्डर) हमें दयाहीन तरीके से बाँधे हुए है। हमारी सारी शिक्षा पद्धति हमें, हमारी आकृति से जकड़ने की क्रूर कवायद है। स्कूल-कॉलेज, यूनिफार्म बच्चों को बाँधते हैं। समाज व्यक्ति के व्यक्तित्व को हर सम्भव तरीके से नियम बनाकर

जकड़ता है। परम्परा, वेशभूषा, खानपान, भाषा-बोली, मूल्य-अवधारणाएँ, विश्वास, वर्ग, जातियाँ सब उसे बाँधने के लिए रोज नये-नये उपाय करते रहते हैं। दूसरी ओर मानव मन सदा इन्हें तोड़ने के उपाय खोजता रहता है। इनसे मुक्ति पाने के लिए आदमी बेचैन है। कुछ नहीं सम्भव होता है तो स्वप्न तो हैं ही। आदमी कम से कम स्वप्न में इन बन्धनों के पार चला जाता है या चले जाने की क्षमता रखता है। रूसो ने कहा भी है आदमी स्वतन्त्र पैदा होता है, मगर सब स्थानों पर शृंखलाबद्ध है। जंजीरों से जकड़ा हुआ है। डिज़्नी हमारी इसी मुक्ति की आकांक्षा को कार्टून के रूप में प्रस्तुत करता है। इसीलिए वह हमें लुभाता है। भले ही यह कुछ मिनटों के लिए होता है, मगर यह होता तो है। वह हमारे अवचेतन की इसी कामना की पूर्ति करता है। इसीलिए हमें उसके कार्टून आकर्षित करते हैं।

अस्थि-पंजर एक भौतिक यथार्थ है। मगर यह मनोवैज्ञानिक यथार्थ भी बन सकता है। समाज जितना ज्यादा सुसंस्कृत होगा वह उसी कठोरता से आदमी को उसकी भूमिका निभाने के लिए विवश करता है। आदमी भूमिकाओं में जकड़कर रह जाता है। मालिक-मजदूर, टीचर-छात्र, धनी-गरीब, पढ़ा-लिखा, अनपढ़-गँवार। ये भूमिकाएँ उसकी पहचान बन जाती हैं। यह **'मैं'** हूँ, और इसके अलावा कुछ और नहीं हूँ। यह पहचान आदमी को सीमित करती है। इससे मुक्त होने की इच्छा इतनी प्रबल है, फिर भी सामान्य आदमी इनसे मुक्त नहीं हो पाता है। जिन्दगी भर अपनी भूमिका से बँधा रहता है। सामान्य आदमी भी इससे मुक्ति पाना चाहता है। वह इनसे स्वप्न में मुक्ति पाता भी है। स्वप्न में जो वह होता है वह यथार्थ से बिल्कुल भिन्न होता है। जाग्रतावस्था में जो क्षमता उसके पास नहीं होती है वह स्वप्न में उसके पास होती है। स्वप्न में वह पक्षी की तरह उड़ता है। मछली की तरह तैरता है। मन में सवाल आता है कि कहीं स्वप्न का उद्देश्य इन्हीं बन्धनों से निकलना, जाग्रतावस्था के बन्धनों से स्वतन्त्रता दिलाना तो नहीं है? शायद डिज़्नी हमें यही स्वप्निल यथार्थ तो नहीं दे रहा है? स्वप्न में हमारी चिन्तन प्रक्रिया पूर्व तार्किक (प्रीलॉजिकल) होती है। पागलपन भी सामाजिक बन्धन, मनोवैज्ञानिक जकड़न से छुटकारे का एक तरीका है।

पागलपन में आदमी की पहली प्रवृत्ति सारे सामाजिक बन्धन तोड़ डालने की होती है। नियम तोड़कर यह बलहीन आदमी बलवान हो जाता है। इतना ही नहीं वह आदमी न रहकर जो भी बनना चाहता है, बन जाता है। और तो और अदृश्य भी होना चाहे तो हो सकता है। हो जाता है...शायद बच्चे बन्धन को सबसे ज्यादा नापसन्द करते हैं। भले ही रेजिमेंटेशन में पड़कर वे इसके आदी हो जाते हैं। **'थ्री एसेज ऑन द थ्योरीज ऑफ सेक्सुआलिटीज'** में फ्रायड कहता है कि जो काम पर्वर्ट मजबूरन करते हैं और जिनसे बचने की कोशिश में न्यूरोटिक बीमार हो जाते

हैं वो सब बातें एक मानव शिशु चाहता भी है और अपनी क्षमता के भीतर करता भी है। बन्धन से छुटकारे के विभिन्न उपाय बच्चे करते हैं। अपनी कल्पना में वे विभिन्न रूप धारण करते हैं। शायद उनकी कल्पनाओं में तार्किकता, क्रमबद्धता का कोई स्थान नहीं होता है। इसीलिए डिज़्नी के कार्टून बच्चों को सबसे ज्यादा आकर्षित करते हैं। क्योंकि ये कार्टून भी तार्किकता से परे होते हैं। कल्पना की उड़ान होते हैं।

अमेरिकी उस समय जो जीवन जी रहे थे वह जीवन कहलाने के योग्य ही नहीं था (क्या अभी है?)। डिज़्नी के करेक्टर्स सर्वशक्तिमान हैं। जो चाहे वह बनने की क्षमता उनमें है। अतः इनको देखकर लोग आनन्दित हो लेते हैं। भले ही कुछ पलों के लिए। भारतीय दर्शन भी कहता है कि व्यक्ति सर्वशक्तिमान, सर्वव्यापी और सर्वज्ञ है। वेदान्त कहता है कि जब तक हम सर्वशक्तित्व, सर्वज्ञत्व और सर्वव्यापकत्व को ज्ञान स्वरूप द्वारा वापस नहीं पा लेते हैं तब तक आनन्दित नहीं हो सकते हैं। डिज़्नी के कार्टून हमें यह होने का भान देते हैं, इसीलिए हमें अच्छे लगते हैं।

समाज जितना कठोर होता है, अनमनीय होता है, आदमी के भीतर उसे तोड़ने की इच्छा उतनी ही प्रबल होती है। उसे तोड़ने की इच्छा उतनी ही बलवती होती है। डिज़्नी तोड़ने का यह काम करता है। भले ही अल्पकाल के लिए। अट्ठारहवीं सदी के जापान, बीसवीं सदी के तीस के दशक के अमेरिका और यूरोप में आकृति को तोड़ने की प्रवृत्ति सबसे ज्यादा रही है। आदमी बाह्य आकृति पर ही नहीं रुकता। वह अन्दर भी बदलना चाहता है। विलेन हीरो बन जाता है। भूत भगाने के लिए भूत भगाने वाले स्वयं भूत बन जाते हैं। भूत भगाने के लिए और उपाय भी क्या है। डिज़्नी के कार्टून में विचार और चिन्तन लोककथात्मक हैं, पौराणिक हैं, पूर्वतार्किक (प्रीलॉजिकल) हैं। यहाँ आदिम मनुष्य और बालकों की भाँति तर्क का नकार, प्रायोगिकता का नकार हैं। हमें डिज़्नी में आदिम मनुष्य की सोचने की प्रक्रिया की विशेषताएँ मिलती हैं। आधुनिक न्यूरोसाइंस कहता है कि आज के आदमी का चिन्तन बाह्य मस्तिष्क (नियोकॉरटेक्स) आधारित होता जा रहा है। जैसे-जैसे वह सभ्य होता जा रहा है उसके विचार और चिन्तन का केन्द्र नियोकॉरटेक्स होता जा रहा है। जिसकी उपज आज का विज्ञान और तकनीकी है। आज का आदमी विचार-चिन्तन के लिए मस्तिष्क के इस हिस्से के अलावा किसी अन्य हिस्से को मानने से इनकार करता है। नियोकॉरटेक्स आधारित होने का मतलब है तार्किक होना, रेखीय (लीनियर) होना, क्रमबद्ध होना। किसी अन्य तरह के चिन्तन को मानने से इनकार करना। मगर विचार और चिन्तन मात्र नियोकॉरटेक्स आधारित नहीं होता है। हम जानते हैं कि आदिवासी चिन्तन तार्किक,

लीनियर तथा क्रमबद्ध नहीं होता है। बच्चों का चिन्तन तार्किक, लीनियर तथा क्रमबद्ध नहीं होता है। आज का विचार और चिन्तन मस्तिष्क के बायें भाग (लेफ्ट ब्रेन) पर आधारित है। ये ही इसकी विशेषताएँ हैं—तार्किकता, रेखीयता, क्रमबद्धता। मगर आदिवासियों और बच्चों का चिन्तन तथा डिज़्नी का सारा काम दायाँ मस्तिष्क (राइट ब्रेन) आधारित है। जहाँ तार्किकता, रेखीयता और क्रमबद्धता होना आवश्यक नहीं है। यह चिन्तन **सहज स्फूर्त** (स्पान्टेनियस), **अन्तःदृष्टि** (इन्ट्यूटिव) से प्रेरित है।

कृष्णा सोबती कहती हैं कि विभाजन को भूलना कठिन है, मगर याद रखना और भी खतरनाक। आज हम अपनी आदिम अवस्था, आदिम चिन्तन प्रणाली से कट गये हैं। उससे बहुत दूर आ गये हैं। मगर क्या हमारा अवचेतन उसे भूल सका है? आज उसे याद करना कम जोखिम भरा नहीं है। पर सोच-विचार की इस प्रणाली से बचा नहीं जा सकता है। क्या आज भी विज्ञान के आविष्कार, चमत्कार और साहित्य तथा कला जगत् की अद्‌भुत प्रस्तुतियाँ इसी चिन्तन का परिणाम नहीं हैं? डिज़्नी का कार्य हमारी इसी आदिम चिन्तन प्रणाली का परिणाम है।

इसी आदिम मस्तिष्क को झेन बौद्ध भाषा में **'बिगनर्स माइंड'** कहते हैं। इसके लिए वे लोग एक विशिष्ट पद **'शोशीन'** शब्द का प्रयोग करते हैं। झेन जीवन पद्धति, झेन भाषा में **'शोशीन'** शब्द का प्रयोग खुलेपन, जिज्ञासा, पूर्वाग्रह रहित नजरिये के लिए किया जाता है। इस शब्द का उपयोग जापान के मार्शल आर्ट में भी होता है। सीखने का सबसे बड़ा रहस्य है सीखने वाले के मस्तिष्क का खाली होना ताकि उसमें नयी बातों का प्रवेश हो सके। जैसे भरे हुए कप में और द्रव नहीं भरा जा सकता है। यह बाहर बह जायेगा। उसी तरह भरे हुए दिमाग में और भरना सम्भव नहीं है। इसके लिए एक झेन कहानी प्रचलित है।

एक यूनिवर्सिटी प्रोफेसर एक झेन मास्टर के पास झेन सीखने पहुँचा। मगर मास्टर के कुछ कहने के पूर्व ही वह झेन पर बात करने लगा। मास्टर चाय परोस रहा था। वह अतिथि के कप में चाय डालता जा रहा था। कप भर कर उपलाने लगा, मगर मास्टर चाय डालता गया। अन्त में प्रोफेसर खुद को न रोक सका उसने मास्टर से कहा, "कप भर चुका है आप तब भी उसमें चाय क्यों डाल रहे हैं? वह बाहर गिर रही है।"

मास्टर ने कहा, "तुम इसी कप की तरह हो। जब तक कि तुम्हारा कप खाली नहीं है। मैं तुम्हें झेन कैसे सिखा सकता हूँ।"

इसलिए कुछ सीखने से पहले हमारा खाली होना अत्यावश्यक है। खाली होने का तात्पर्य है पूर्व के सीखे हुए सब विचार, तकनीकियाँ तथा विधियाँ जो इस नयी

बात को सीखने में इसे ग्रहण करने में रुकावट हों उनसे छुटकारा। सुनने में लगता है कि इसे करना बहुत आसान है, मगर यह इतना सरल है नहीं। जब हम नया सीख रहे होते हैं तो कभी यह पुराना ज्ञान सहायक हो सकता है, मगर अक्सर यह पुराना ज्ञान बीच में आड़े आता है। ऐसा भी हो सकता है कि यह सहायक हो मगर यह दूध में नींबू की बूँद की तरह भी प्रतिक्रिया कर सकता है और सम्भव है कि पुराने ज्ञान के कारण नया सीखना हो ही न। न केवल हमें अपना कप पूरा खाली करना है, वरन् उसे धो-पोंछकर चमका भी लेना चाहिए। ताकि हम नया ग्रहण करने के लिए पूरी तरह से प्रस्तुत हो सकें। प्रकृति का नियम है पुराने पत्ते गिरने के बाद नये आते हैं। पुराना भरा रहेगा तो नये के लिए स्थान कहाँ बचेगा। इसलिए नये ज्ञान को ग्रहण करने के लिए पुराने ज्ञान को हटाना जरूरी होता है। दूसरी बात बिगिनर्स माइंड के सम्बन्ध में यह है कि 'अरे यह तो मुझे मालूम है', 'यह तो मैं कर चुका हूँ' से भी छुटकारा। हो सकता है कि आपने यह पहले किया है, मगर हर बार नये उत्साह से करना एक अलग अनुभव है। हर बार 'अहा! के आनन्द को अनुभव करना। 'अहा!' की प्रफुल्ल स्थिति में होना। हो सकता है कि पहले जब आपने किया था तब यह सम्पूर्ण कॉन्सेप्ट न था। शायद आपने अन्धों की तरह हाथी को समझा था। जिसमें आप सही भी थे और सही नहीं भी थे। अगर एक ही अन्धा हर अलग अवसर पर हाथी के अलग अंग का स्पर्श करे तब क्या होगा? क्या उसका हाथी का ज्ञान सही होगा? जबकि हर बार हाथी के विषय में उसके ज्ञान में इजाफा हो रहा है। फिर भी वास्तविकता से वह दूर है। अगर पहले अवसर के बाद ही वह अन्धा सोच ले, 'अरे! यह तो मैं जानता हूँ'। तब तो उसका ज्ञान और भी निचले पायदान पर होगा। उसे बड़ी पिक्चर, वास्तविक, सम्पूर्ण हाथी का कुछ पता ही नहीं होगा।

बिगिनर्स माइंड में आश्चर्य की प्रवृत्ति होती है। हर बार कार्य करते हुए एक नयी उत्तेजना। हर बार वह काम की ओर नयेपन से बढ़ता है। जाने हुए को भी यदि इस भाव से देखा जाये तो नयी उपलब्धि की सम्भावना है। नया मिल सकता है। नये की सम्भावना ही उत्तेजना, उत्साह और आश्चर्य का भाव उत्पन्न करता है। झेन माइंड खुला होता है। ग्रहण करने को तत्पर। इसमें बच्चे के मन की सारी विशेषताएँ होती हैं। इसमें इंटेलीजेंस, सृजनात्मकता, स्वाभाविकता, कल्पनाशीलता, साहस, स्रोतस्विता, ओजस्विता सब होती है। यह एक ही समय में एक ही साथ रिलैक्स और अलर्ट दोनों होता है। इसमें उच्च कोटि की सहज-संवेदना और तरलता होती है। यह ऋजु नहीं होता। अनमनीयता से दूर नमनीय होता है। यह मौलिक प्रश्न पूछता है। मौलिक उत्तर खोजता है। यह परम्पराओं से बँधा नहीं होता है और न ही परम्पराओं को तोड़ने में संकोच करता

है। झेन माइंड सदैव बहाव की स्थिति में होता है। अतः शान्त होता है। यह वर्तमान में स्थित होता है। भूत या भविष्य में अटका हुआ नहीं। इसलिए इसमें कोई विचलन नहीं होता है। यह स्वतन्त्र, बिना किसी कारण के प्रफुल्लित रहता है। इस तरह के मस्तिष्क में असाधारण स्पष्टता होती है। कोई आन्तरिक संघर्ष, कोई संशय, जटिलता या स्व-विरोध नहीं होता है। एडवेंचर के लिए तत्पर रहने के कारण इसे निरन्तर चुनौतियाँ मिलती रहती हैं। इसकी प्रेरणा आन्तरिक होती है। इसे किसी बाह्य प्रेरणा की आवश्यकता नहीं होती है। डिज़्नी का काम इन विशेषताओं को प्रदर्शित करता है। वह आदिम चिन्तन की विशेषताओं से लैस है। सोचने की उसी पद्धति से परिचालित है। उसके कार्टून इसी बिगनर्स माइंड का प्रतिफल हैं।

शायद मनुष्य के अन्तस् में, उसके हृदय की गहराई में आधुनिक चिन्तन, आधुनिक जीवन पद्धति के प्रति एक असंतृप्ति, एक असन्तुष्टि है। साथ ही आदिम जीवन की ओर लौट जाने, आदिम अवस्था की ओर वापस जाने की तीव्र इच्छा है। उस जीवन के प्रति अभी भी गहरा लगाव है। डिज़्नी इसी दबी मगर असीम और गहन इच्छा को संतृप्ति देता है। यह असम्भव को सम्भव बनाने का कार्य कला-जगत में मात्र डिज़्नी ने नहीं किया है। हाँ उसके शुद्धतम रूप में उसी के यहाँ यह प्राप्त होता है।

लुई केरोल ने यही अपनी किताब **'एलिस इन वण्डरलैण्ड'** में किया है। बड़ी जेबों वाले खरगोश, चूहा, कछुआ सब पन्नों पर इसी तरह साकार हुए हैं। जो हम चाह रहे होते हैं वह एलिस के एडवेंचर के पहले दो अध्याय में ही मिल जाता है। केरोल के यहाँ एलिस बहुत परेशान है। वह खरगोश की खोह से गिर पड़ी है और वहाँ से उसके निकलने का कोई उपाय नहीं है। दरवाजे हैं, मगर वे बन्द हैं। उनमें ताला जड़ा हुआ है। कुछ रास्ते हैं, लेकिन इतने छोटे हैं कि वह उनसे पार नहीं हो सकती है। सिर पार हो सकता है, कन्धे पार नहीं हो सकते है। **'मुझे पीओ'** छोटे टेबल पर रखी छोटी शीशी पर लिखा है। वहीं एक सुनहरी छोटी चाभी भी रखी है। वह शीशी का द्रव पी लेती है। और अब वह मात्र दस इंच की है। वह खुश है कि अब वह छोटे दरवाजे से पार हो सकती है और सुन्दर बगीचे में जा सकती है। पहले वह इन्तजार करती है कि क्या वह और छोटी होने जा रही है। वह तनिक चिन्तित भी है क्योंकि वह समाप्त भी हो सकती है। वह सोचती है, "क्या मैं पूरी तौर पर समाप्त होने जा रही हूँ। मोमबत्ती की तरह। तब मैं कैसी होऊँगी?" और वह सोचने की कोशिश करती है कि मोमबत्ती बुझने के बाद कैसी लगती है। मगर उसे ऐसा कुछ याद नहीं आता है। लेकिन वह बगीचे में नहीं जा पाती है। वह सुनहरी चाभी उठाना भूल गयी थी और अब वह इतनी छोटी है कि टेबल पर से भी चाभी नहीं उठा सकती है। वह टेबल के पाये के

सहारे चढ़ने का प्रयास करती है, मगर नाकाम रहती है। क्योंकि वह बहुत रपटीला है...और तब एलिस रोना शुरू कर देती है।

'मुझे खाओ'। केक पर सुन्दर अक्षरों में लिखा है, 'विलक्षण, दुर्लभ!' और वह केक खाती है। वह सर्वाधिक बड़े टेलीस्कोप की तरह खुल रही है! उसके पैर लम्बे होकर उससे इतनी दूर जा चुके हैं कि वह उन्हें अलविदा कह देती है। ''ओह, मेरे बिचारे पैर, अब कौन इन्हें मोजे-जूते पहनायेगा? पक्का है, मैं तो नहीं पहना सकती!''

अब वो फिर इतनी विशाल हो गयी है कि दरवाजे से पार नहीं हो सकती है। और परेशान-हताश होकर वह फिर से रोना शुरू कर देती है। जिस पंखे को वह घुमा रही थी उसके कारण वह फिर छोटी होने लगती है। वह पूरी तरह गायब न हो जाये, इसलिए जल्दी से पंखे को दूर फेंक देती है, मगर तब तक वह इतनी सिकुड़ चुकी है कि अचानक अपने आँसुओं में बहने लगती है। वह कहती है। ''काश! मैं इतना न रोती!'' वह नमकीन पानी में तैर रही है।

फैलने और सिकुड़ने का यह खेल डिज़्नी ने ही उधार नहीं लिया है और लोगों ने भी इसका उपयोग किया है। अट्ठारहवीं सदी के जापान की कला में यह है। योशीवारा के टी हाउस में गेयशा का कई मीटर लम्बा हाथ ग्राहक को डराता है। जर्मनी के एक केरीकेचरिस्ट ट्रायर ने भी इस तरह के कई प्रयोग किये हैं। उसके यहाँ एक छोटी लड़की की लम्बी-लम्बी बाँहें हैं। ये प्राचीन पैटर्न हैं—लम्बी गर्दन, लम्बे पैर, लम्बी नाक। सर्कस में भी हम इस तरह अपनी आकृति से बाहर जाने की बात देखते हैं। बिना रीढ़ का आदमी जिसका शरीर किसी भी दिशा में मुड़ सकता है। शरीर में इतनी लोच और खम मानो हड्डी हो ही न। वे न्यूयॉर्क के नाइट क्लब में साँप नर्तकों की बात करते हैं जो सिल्क के कपड़ों से ढँके शरीर को अद्भुत तरह से मोड़ते-तोड़ते हैं। आश्चर्य की बात है कि रूस का निर्देशक अमेरिका की बात करता है मगर भारत के नाग-नागिन नृत्य से परिचित नहीं है। भारत में सड़क पर करतब दिखाते छोटे-छोटे बच्चों के विषय में कुछ नहीं जानता है। यहाँ सड़क पर बाजीगरी करके पेट भरने वालों की कमी नहीं है। वे लोग आकृति को कैसे धता बताते हैं इस पर शोध होना चाहिए।

इन प्रक्रियाओं का आकर्षण जगजाहिर है। ये उदाहरण सोद्देश्य हैं। क्योंकि ऐसा नहीं है कि इनका उपयोग नैतिकता का उपदेश देने अथवा दार्शनिक उद्देश्य के लिए नहीं हो सकता है। मगर ये सारे उदाहरण एक बात को स्पष्ट करते हैं कि जो स्थिर आकृति हमें अस्थि के कारण मिली है उसका नकार। अस्थि की अनमनीयता का नकार, अस्थि से जुड़े नियमों से इनकार। किसी भी आकृति को ग्रहण करने की क्षमता के प्रति आकर्षण। और इस गुण का एक नाम है, यह

'प्लाज्मेटिकनेस' है। एक आकृति जो जीव की प्रारम्भिक अवस्था, जब उसने निश्चित आकार ग्रहण नहीं किया है, उस समय की अवस्था है। जिसे विज्ञान की भाषा में **'प्रोटोप्लाज्म'** कहा जाता है। जब विकास की प्रारम्भिक अवस्था में यह जेली जैसा पदार्थ कोई भी रूप धारण कर सकता है। यह नमनीय होता है। इतना लचीला होता है कि पारे की तरह किसी भी रूप में ढल सकता है। डिज़्नी के यहाँ भी वे ऐसे ही किसी भी रूप में ढल सकते हैं।

दर्शक के लिए अपनी स्मृति में अपने इस अस्तित्व—भ्रूण के प्रारम्भ—को स्मरण करना कठिन है। मगर इस चित्र को स्वीकार करना आसान है कि कैसे आकार के विरुद्ध सब तरह की आकृतियाँ धारण हो सकती हैं। उस देश और समाज जहाँ के जीवन में सब कुछ नियमबद्ध है। यान्त्रिक है। वहाँ ऐसे सर्वशक्तिमान दृश्य आकर्षित करेंगे। यह तत्कालीन अमेरिका के लिए सत्य है। यह अट्ठारहवीं सदी के जापान के लिए सत्य है। यह नाइट क्लब के लिए भी सत्य है, क्योंकि ये उच्च समाज के कठोर और अनमनीय रीढ़ के विषय में कुछ नहीं जानते हैं। डिज़्नी की ड्रॉइंग्स यही करती हैं। एक तरलीय, त्वरित बनावट के परिवर्तन के सबटेक्स्ट को दर्शक के सामने लाना जिनके जीवन से लोक कथाओं, कार्टून और सर्कस में करतब करने वाले लुप्त हो चुके हैं। जाहिर सी बात है कि ठोस आकृति का गतिशील आकृति में रूपान्तरण यथार्थ में सम्भव नहीं है। यह प्रवृत्ति आकृति की सीमा के पार जाकर विषय और कथानक को आगे बढ़ाती है। एक अस्थिर चरित्र एक फिल्म का नायक बन जाता है। एक ऐसा चरित्र जिसके लिए आकृति का परिवर्तन स्वाभाविक है। ऐसा लगता है कि ईश्वर ने स्वयं चरित्र को तरल होने का आदेश दिया है। **'द घोस्ट एक्सटर्मिनेटिंग कम्पनी'** ऐसी ही एक पिक्चर है। यह फिल्म न केवल तर्क और कानून से बँधी तथा सदा के लिए स्थिर आकृति के छुटकारे का अतीत मोह और दिवा-स्वप्न है बल्कि यह चुनौती और शिक्षा भी कि बन्धन की अचलता को ढीला करने से ही पूरी तौर पर जीना सम्भव है।

यह काल्पनिक स्वतन्त्रता है। एक पल के लिए। अमेरिकी जीवन की समय से बँधी यान्त्रिक जिन्दगी से एक क्षणिक, काल्पनिक, हास्य भरी स्वतन्त्रता है। चेतना के लिए पाँच मिनट का ब्रेक। जिस दौरान दर्शक खुद मशीन से बँधा बैठा रहता है। लेकिन उसी समय यह स्थिति डिज़्नी की विधि का एक प्रतीक भी है। अपने सम्पूर्ण कार्य पद्धति—कथानक, विषय से डिज़्नी हमें लोक-कथात्मक, मिथॉलॉजिकल, पूर्व तार्किक विचार से नुस्खे थमाता है। सदा तर्क को परे रखता है। रेडियो से सुने निर्देश को तत्परता से मानता हुआ निरन्तर बन्धन में रहते हुए हजारों दुर्भाग्य के पश्चात् कितनी प्रसन्नता से **'डोनाल्ड डक'** स्वानुशासन,

स्व-नियन्त्रण की मशीन, रेडियो को चकनाचूर करता है। रेडियो जो ईसाई मूल्यों की अपील द्वारा व्यक्ति को गुलाम बनाता है। इसी तरह से अमेरिका में चर्च, ब्रदरहुड्स, पर्चों, समाजों द्वारा दिन-रात उपदेशों की बाढ़ लोगों को गुलाम बनाती रहती है। अमेरिका में क्रिसमस के समय साल्वेशन आर्मी कितने मजबूत तरीके से अपील करती है। जिसमें सामाजिक ऑर्डर द्वारा कर्तव्य-परायणता के नाम पर स्वतन्त्र लोगों पर जंजीर लादी जाती है। उन्हें सामाजिक नियमों से जकड़ा जाता है।

डिज़्नी समस्या की जड़ में नहीं जाता है। मगर वह मनोरंजन और हास्य करता है। मखौल उड़ाता है। गिलहरी की तरह डाल से डाल पर कूदता है। बातों की सतह पर डोलता है। मूल में नहीं जाता है। वह उनके स्रोत को नहीं देखता-दिखाता है। वह कार्य-कारण, शर्तों और पूर्व शर्तों में नहीं जाता है। परन्तु अस्थिर हीरो प्रोटीन लालच की विशुद्धता से सदा नवीन आकारों का मूर्तिमान रूप खोजता है। उसके लिए आकृति की गतिशीलता ही काफी नहीं है। **'हवाइयन होलीडे'** में पानी का खेल, गूफी और उसके सर्फबोर्ड के साथ जीवित, आकृति विहीन अमीबा उसके लिए काफी नहीं हैं। उसके यहाँ निर्जीव वस्तुएँ भी अपनी आकृति बदलने में सक्षम हैं। डिज़्नी की एक श्वेत-श्याम फिल्म में अठखेलियाँ करती लहरें स्टीमबोट से टकराती हैं। लहरें इकट्ठी होकर फेन बनाती हैं, अचानक रूप बदलता है। लहरें मुक्केबाजी के दस्ताने बनती हैं। स्टीमबोट के किनारों पर घूँसे मारती हैं। स्टीमबोट चूर-चूर होकर बिखर जाना भी उसके लिए काफी नहीं है। कुछ नहीं से कुछ नहीं में विलीन होना। शून्य का शून्य में समाना है। आकाश में बादलों का तूफान और घर के भीतर भरे तूफान के भूत का अनन्त आकार ग्रहण करना भी उसके लिए काफी नहीं है। वह रुकता नहीं है सजीव-निर्जीव सबको उनकी आकृति से मुक्त करता चलता है।

आइसनस्टाइन के अनुसार डिज़्नी के कार्य में पशु मनुष्य का स्थानापन्न हैं। आकार की सीमा में बँधे हुए को आकार के बन्धन से मुक्त करना उसकी प्रवृत्ति है। यह कोई नयी बात नहीं है। यह युगों-युगों से होता आया है। पलायन के लिए पशु के खोल में प्रवेश और जानवरों को मानवीय गुण प्रदान करना। खासकर जब सामाजिक और दार्शनिक सिस्टम में मानवता का अभाव हो। चाहे वह अमेरिका का मशीनीकरण का कल्याणकारी और नैतिक समाज हो अथवा गणितीय वायवी और दर्शन में रहस्यवाद हो। विभिन्न देशों के साहित्य में इसके उदाहरण मिलते हैं। बहुत देशों में साहित्य और दर्शन में जानवरों की आदतें, व्यवहार और जीवन को आदमी की तरह प्रस्तुत किया गया है। जैसे फ्रेंच साहित्य में चींटी को उसकी रूखी-सूखी बनावट, पतली कमर और काली पोशाक के कारण एक अथक परिश्रम करने वाली गृहणी की तरह प्रस्तुत किया जाता है। मेढ़क बेवकूफ का प्रतिनिधित्व

करते हैं उनकी गोल और खाली आँखों में झाँकने से इसकी पुष्टि होती है। भारत में गधा बेवकूफ है और गाय-बैल बेबस, असहाय गुलाम का प्रतीक। डिज़्नी के गूफी की गले से निकली आत्म-सन्तुष्ट आवाज, विल्बर का सहजता से पानी पर तैरना सब बहुत सावधानी से चुने गये हैं।

लेकिन डिज़्नी मिक्की को आदमी बनाते हुए भी उसकी विशेषताएँ सुरक्षित रखता है। जैसे मिक्की की पाँच उँगलियाँ नहीं हैं पंजे में चार उँगलियाँ ही दिखती हैं। हाँ उसने सफेद दस्ताना पहना हुआ है और वह उन्हीं चार उँगलियों से बहुत शालीनता से हवाइयन गिटार बजाता है और बजाते-बजाते दोनों हाथ की ये उँगलियाँ अचानक रूप बदलकर हाथ-पैर में रूपान्तरित हो जाती हैं। दो पैर और दो हाथ। दूसरा हाथ भी इसी तरह रूपान्तरित होकर उसका साथी बन जाता है और वहाँ दो हाथ न होकर अब दो लोग होते हैं। वे गिटार के तारों के साथ राजसी ढंग से नृत्य कर रहे होते हैं।

डिज़्नी नकल नहीं करता है। वह रूपान्तरित करता है। उसने जो देखा है उसके आधार पर वह अन्वेषित करता है। कुछ नया बनाता है। जो उसने भौतिक जगत् में देखा है उसे वह आध्यात्मिक जगत् में ले जाता है। और लोग उससे सीखते हैं। वह सिद्ध करता है कि यह सब सम्भव है। वह नाटकीय आख्यानकर्ता है, इसलिए वह जानवरों और आदमी दोनों का एक साथ चित्रकार है। वह एक ओर पशु-पक्षियों को चित्रित करता है तो दूसरी ओर वहीं अपरोक्ष रूप से आदमी को भी चित्रित करता चलता है। जैसे कविता का सिद्धान्त रूपान्तरण है। परिवर्तन है। वैसे ही डिज़्नी रूपान्तरण करता है। उसके यहाँ पशु और आदमी एक-दूसरे में आते-जाते रहते हैं। डिज़्नी की ड्राइंग्स में यह बहुत स्पष्ट दीखता है। लहरें न केवल स्टीमशिप को मुक्के मारती हैं, वरन् वे सिमटकर बॉक्सिग ग्लब्स बनती भी दीखती हैं। आश्चर्य के समय गर्दन लम्बी होकर निकलती जाती है। भय से भागते समय पैर खिंचते चले जाते हैं दहशत के समय न केवल करेक्टर काँपता है वरन् काँपती हुई लहरें उसके सारे शरीर से निकलती हैं। और जब यह बढ़ना सीमा से ज्यादा हो जाता है, सीमा पार कर जाता है तो यह कॉमिकल हो जाता है। इंग्लिश भाषा में डिज़्नी के चलित रेखाचित्र (एनिमेटेड ड्राइंग) **'कार्टून'** कहलाते हैं। इस नाम के भीतर दोनों कान्सेप्ट्स बुने हुए हैं : **'सजीवता'** (अनिमा का मतलब आत्मा भी है) और **'गतिशील'** (ऐनीमेशन का अर्थ सजीवता या गतिशीलता भी है) और ड्राइंग असल में **'गतिशीलता के द्वारा सजीवता'** है। यह सजीवता और गतिशीलता आदिम विचार की संरचना के साथ बिल्कुल सटीक बैठती है।

समाज में तर्क जितना दृढ़ होगा, उसका विरोध भी उतना ही तगड़ा होगा। आदमी शायद अपने मस्तिष्क से उतना संचालित नहीं होना चाहता है जितना अपने

हृदय से। अमेरिकी समाज वैज्ञानिक, तकनीकी समाज है। बाद का हिप्पी कल्ट इसी के विद्रोह के फलस्वरूप जन्मा था। जिसने समाज की तार्किकता को सिरे से ही नकार दिया था। इसी तरह एक समय शंकराचार्य के शुष्क तार्किक दर्शन का प्रभाव पूरे भारत पर था। पूरे भारत में उत्तर से लेकर दक्षिण तक और पूर्व से पश्चिम तक उनकी विजय पताका फहरा रही थी। फिर उसका बहुत तगड़ा विरोध हुआ। उसके तत्काल बाद भक्ति आन्दोलन आ गया। पूरा भारत उसमें, भक्ति रस में डूब गया। भक्ति जहाँ तर्क नहीं होता है। शुष्क तर्क प्रायोगिक हो सकता है, मगर वह जीवन से दूर ले जाता है। केवल बौद्धिक व्यायाम से जीवन संचालित नहीं हो सकता है। जीवन में कुछ तर्कातीत अवश्य होता है। कुछ पूर्व-तार्किक भी अवश्य होता है। डिज़्नी के यहाँ सजीव निर्जीव बन जाता है और निर्जीव सजीव की भाँति व्यवहार करता है। यह तर्कातीत है। यह जादू है। यह जादू हमें लुभाता है। वह खुद **'थ्री ब्रदर्स'** में कहता है कि दुनिया जादू से भरी हुई है। उसके यहाँ छोटे बड़े बन जाते हैं। पतझड़ बसन्त में परिवर्तित हो जाता है।

डिज़्नी जीवन वृत्त को भी प्रस्तुत करता है। **'बैम्बी'** में उसने यही किया है। यह बहुत गम्भीर कार्य है। यह जीवनवृत्तों की आवृत्ति है। इसमें एक हरिण है जिसे मानवीय रूप दिया गया है या यूँ कह सकते हैं कि उसे हरिण के गुणों से हटाकर मानव के रूप में प्रतिष्ठित किया गया है। **'विली द ह्वेल'** में ह्वेल न केवल गा सकता है वरन् हर सुर ताल में गा सकता है। कभी-कभी सारे सुर में एक साथ। इसके लिए डिज़्नी ने गायकों के समूह का उपयोग नहीं किया है वरन् मात्र एक गायक नेल्सन एड्डी से सारे सुर लगवाये हैं। जबकि वह चाहता तो रिकॉर्डिंग के समय कई लोगों से अलग-अलग सुर लगवा सकता था। इसीलिए विली में अधिकारिता आ गयी है। लगता है कि सच में वह सारे सुर खुद ही लगा रहा है। जब युगल गीत गाना होता तो नेल्सन खुद से ही युगल गाता। पहले एक पार्ट रिकॉर्ड करता, फिर दूसरा गाता और दूसरा गाते समय पहला बजाया जाता रहता। एवा मारिया के लिए 400 स्वर जहाँ कोरस था वहाँ भी 100 को चार से गुणा कर उपयोग किया गया। डिज़्नी में न केवल उसकी आकृति में विभिन्नता है वरन् स्वर में भी विभिन्नता है। **'ओसीयन सी, ब्लू सी'** में वह गायन के लिए चार अलग-अलग समूह का प्रयोग करता है। एक समूह समुद्र की गहराइयों के लिए, एक सतह के लिए जो हल्का है। तीसरा समुद्र के सीमाहीन विस्तार के लिए और चौथा उसकी नीलिमा के लिए।

डिज़्नी के कार्य में प्राकृतिक शक्तियों की विशेषताओं का शाश्वत विस्तार मिलता है। जीवन की आवश्यक चीजें मिलती हैं। जिस वस्तु की जब आवश्यकता होती है तब वह अनायास उपलब्ध हो जाती है वहाँ किसी जादू से नमूदार हो जाती

है। **'डोनाल्ड हैच्ड एन एग'** में अण्डा ले जाने के लिए गाड़ी चाहिए, गाड़ी तत्काल उपलब्ध है। मेज चाहिए, मेज आ गयी। आवाज दूर तक पहुँचानी है। प्रश्नचिह्न कागज की फोंफी के रूप में परिवर्तित हो जाता है। लो, आवाज को दूर तक पहुँचाने का साधन हाजिर है। डिज़्नी के यहाँ सदैव कोमल रंगों का प्रयोग होता है। डॉयलॉग में म्यूजिकल क्वालिटी होती है। संगीतात्मकता उसका एक बहुत बड़ा गुण है। जिन्दगी आराम से चलती है, गाँव के जीवन की भाँति इसमें कोई हड़बड़ी नहीं है। हाँ, जब भूत भगाना हो या कोई अन्य मुसीबत आ जाये तो इसकी भागमभाग भी देखने लायक होती है।

हम ड्राइंग्स का अस्तित्व मानते हैं और यहाँ तक कि उन्हें चिन्तन करने वाला भी समझते हैं। इसी विचार से प्रकृति की सारी स्थिर वस्तुएँ भी गतिशील लगती हैं। उसके यहाँ निर्जीव वस्तुएँ भी अपनी आकृति बदलने में सक्षम हैं। हर वस्तु, सारे दृश्य गतिशील लगते हैं। इंटेलीजेंस, सृजनात्मकता, स्वाभाविकता, कल्पनाशीलता, साहस, स्रोतस्विता, ओजस्विता, पूर्व-तार्किकता, उत्सुकता, नवीनता के प्रति मोह, बन्धनों से मुक्ति, जिज्ञासा, आश्चर्य, ग्रहण करने की तत्परता—सारे गुण डिज़्नी के कार्य में मिलते हैं। डिज़्नी का कार्य हमारी आदिम अवस्था, आदिम तरीके की विचार-चिन्तन प्रवृत्ति को प्रदर्शित करता है। यह हमारी आन्तरिक आदिम इच्छाओं, कामनाओं का शमन करता है। आइसनस्टाइन के अनुसार डिज़्नी के कार्टून तत्कालीन अमेरिकी समाज के लिए प्रासंगिक थे। मगर आज भी वे बासी नहीं हुए हैं। आज के समाज में भी उनकी प्रासंगिकता बनी हुई है, शायद उस समय से भी ज्यादा। मात्र अमेरिका के लिए ही नहीं वरन् पूरे विश्व के लिए आज वे प्रासंगिक हैं।

यह बात दीगर है कि युद्ध काल में डिज़्नी के जीवन में एक नया अध्याय जुड़ा। इस काल में वह बचपन के क्षेत्र और आदिमानव के क्षेत्र से निकलकर प्रौढ़ता की ओर बढ़ता है। उसकी फिल्में ज्यादा उपयोगी होने लगती हैं। तकनीकि और विषय दोनों की दृष्टि से वे ज्यादा प्रगतिशील हो गयीं। इसके लिए उसकी प्रशंसा की जा सकती है, मगर इससे उसके काम में लोगों की रुचि घटी है। कार्टून के स्थान पर सच के अभिनेता (आदमी) डिज़्नी के यहाँ दिखने लगे। वह दर्शकों का मनोरंजन करने से ज्यादा उन्हें शिक्षा देने के लिए फिल्म बनाने लगा। उसका कार्य मुख्य रूप से लेफ्ट ब्रेन के स्थान पर राइट ब्रेन को प्रस्तुत करने लगा। उसके कार्टून आदिम सोच से हटकर वैज्ञानिक, तार्किक सोच पर आधारित होने लगे।

5

वॉल्ट डिज़्नी परिवार में

'आदमी को व्यापार के कारण अपने परिवार की उपेक्षा कभी नहीं करनी चाहिए।'

–वॉल्ट डिज़्नी

हालाँकि वॉल्ट की अपने पिता से कभी नहीं बनी। बनती भी कैसे? पिता ने उसे शुरू से अपने काम में ठेल दिया। बालक वॉल्ट को उसने सदा अपने काम में जोते रखा। उसका पिता इलियास डिज़्नी एक नम्बर का कंजूस व्यक्ति था और तो और वह अपने बच्चों की कमाई पर भी कुण्डली मारे बैठा रहता। उसकी आँख तब भी नहीं खुली जब उसके दो बेटे उसकी इस आदत से तंग आकर घर से भाग निकले। इस बात से सबक लेने की जगह उल्टा उसने घर में बच रहे बच्चों पर और ज्यादा सख्ती शुरू कर दी। जितना ही वह अपने बच्चों को जकड़ता, उतना ही वे उसकी मुट्ठी से रेत की तरह फिसलते जाते। उससे दूर छिटकते जाते। उसके दो बेटों हर्बर्ट तथा रे ने अपने चाचा के यहाँ थोड़ी खेती करके कुछ कमाई की थी। इलियास ने पूछा कि वे इस पैसे का क्या करेंगे? एक बेटे ने कहा कि वह इससे अपने लिए एक घड़ी खरीदने की सोच रहा है। इलियास को यह बहुत बुरा लगा। उसके लिए घड़ी रईसी, विलासिता का पर्याय थी। जिसकी बच्चों को कोई जरूरत नहीं होनी चाहिए। उसने बेटों से कहा कि अपनी कमाई मेरे हवाले करो। मैं उससे कुछ उपयोगी काम करूँगा। बेटे अपने पिता को जानते थे। उसी रात उन्होंने अपने पैसे समेटे और खिड़की के रास्ते उड़न-छू हो लिए।

इसी तरह वॉल्ट ने प्रथम विश्वयुद्ध के दौरान फ्रांस में रहते हुए कमाई की थी। जिसे उसने अपने पिता के पास जमा करा दिया था। बाद में जब वॉल्ट को पैसों की आवश्यकता हुई तो उसने पिता से अपनी रकम माँगी। वह अपने काम के लिए कुछ उपकरण खरीदना चाहता था। मगर इलियास की अण्टी से रकम निकालना इतना आसान काम न था। पिता जानना चाहता था कि इस रकम का कैसे उपयोग होगा? क्या इसके बिना काम नहीं चल सकता है? वॉल्ट ने चिढ़कर कह दिया यह उसकी कमाई है। वह इसे जैसे चाहे खर्च करेगा। वह चाहे तो इसे नाली में बहा देगा। उसे उसकी रकम चाहिए। उसे किसी को सफाई नहीं देनी कि वह यह रकम कैसे खर्च करेगा। यह सारा वाद-विवाद पत्रों द्वारा हो रहा था। खूब पत्र लिखे गये। मगर पत्थर से तेल निकालना आसान नहीं है। अन्त में वॉल्ट को बड़ी मुश्किल से उसकी आधी रकम मिली। वॉल्ट केवल दाँत पीसकर रह गया।

असल में इलियास एक कुण्ठित व्यक्ति था और एक कुण्ठित व्यक्ति से क्या उम्मीद की जा सकती है। वह जो काम प्रारम्भ करता उसमें उसे असफलता मिलती और वह और ज्यादा चिड़चिड़ा होता जाता। वह किसी की उन्नति से कभी प्रसन्न नहीं होता। अपने बेटे की उन्नति से भी नहीं। जब वॉल्ट बहुत उन्नति कर चुका था। चारों ओर उसकी ख्याति फैल चुकी थी। तब वह एक नया स्टूडियो बना रहा था। यह स्टूडियो 'स्टेट ऑफ दि आर्ट' का नमूना होना था। माता-पिता चाहे जैसे हों हमें जिन्दगी में जब कुछ प्राप्त होता है—कोई सम्मान मिलता है, कोई उपलब्धि होती है—हमारी पहली ख्वाहिश दौड़कर उसे अपने माता-पिता को दिखाने की होती है। वॉल्ट बहुत प्रसन्नता के साथ अपने पिता को अपना यह स्टूडियो दिखाने लाया। स्टूडियो दिखाने के लिए पिता को लाने के पीछे शायद यह भावना भी थी कि देखो, तुम्हारे सहारे के बिना भी मैंने कितनी उन्नति की है। अपने काम को दिखाने के अलावा उसका एक और उद्देश्य था। वॉल्ट पिता को यह सोचकर लाया कि पत्नी फ्लोरा की मृत्यु के बाद इलियास बहुत मायूस रहने लगा है। शायद इतना बड़ा प्रोजेक्ट देखकर उसका मूड बदल जाये। बेटे की उन्नति उसमें जीवन की सकारात्मक भावनाओं का संचार कर दे। मगर इलियास ठहरा सदा का हताश-निराश व्यक्ति। उसे जीवन की असफलताओं ने तोड़ दिया था। वह जिस काम में हाथ डालता, उसे नुकसान होता। अतः जब उत्साह से उफनते हुए वॉल्ट ने अपने पिता को अपनी योजना दिखाई तो निराशावादी इलियास ने कोई खुशी न जाहिर की। इतना ही नहीं उसकी टिप्पणी से वॉल्ट के सारे उत्साह पर पानी फिर गया। पिता इस महती योजना से तनिक प्रभावित न हुआ। उसने मात्र इतना ही कहा, "यह किस काम का है?" वॉल्ट को कितना धक्का लगा

होगा सोचा जा सकता है। उसने उत्तर में कह दिया, "यदि योजना फेल हो गयी तो इसे एक अस्पताल में परिवर्तित कर दिया जायेगा।"

पिता-पुत्र में कभी नहीं पटी। दोनों का स्वभाव बिल्कुल भिन्न था। इलियास जितना कंजूस और निराशावादी था, वॉल्ट बचपन से हँसमुख प्रवृत्ति का और दिल खोलकर खर्च करने वाला था। वह खिलवाड़ी था। बचपन में तरह-तरह की पोशाक पहन, रूप धरकर लोगों को डराता, हँसाता। डरावने रूप धरकर भाई-बहनों, माँ तथा अन्य परिवारजनों को डराता, चिढ़ाता और मजे करता। जैसे कि एक बार दरवाजे की घण्टी बजने पर उसकी माँ ने दरवाजा खोला तो एक लम्बी-सी स्त्री खड़ी थी। वह उससे ऊट-पटाँग प्रश्न पूछने लगी। उसके प्रश्नों से वॉल्ट की माँ परेशान थी। तभी उसकी नजर उस स्त्री के कपड़ों पर पड़ी और क्या देखा कि वह स्त्री उसी की मैक्सी पहने हुए है। असल में वॉल्ट उसे छका रहा था। बाद में इन बातों को याद करके वे लोग खूब हँसा करते। ऐसा था बचपन में हल्के-फुल्के मन वाला वॉल्ट। उसे परिहास करना, दिल्लगी करना, चुटकुले सुनाना बहुत अच्छा लगता। बाद में 'गैग' उसके काम का एक महत्त्वपूर्ण हिस्सा था। यह उसके कार्टून की जरूरत थी। उसने खूब सारे गैग इकट्ठे किये। उसके पास 124 श्रेणियों में करीब 1.5 मिलियन गैग थे। शायद अमेरिका में गैग का सबसे यह बड़ा संग्रहालय था। जरूरत पड़ने पर पैसे की कमी वह अपने मिलनसार स्वभाव-व्यवहार से पूरी करता और लोग उसके व्यक्तित्व से प्रभावित होते। उसमें असीमित ऊर्जा और उत्साह था। इन गुणों से उसे सम्पर्क में आने वाले व्यक्ति प्रभावित हुए बिना नहीं रहते।

बाद के जीवन में तो जैसे उसने कसम खा ली थी कि वह अपने पिता से ठीक उलट बनेगा। वह हँसी-खुशी पसन्द करने वाला व्यक्ति बना। उसे लोगों से घिरे रहना, लोगों के साथ काम करना अच्छा लगता था। बचपन में परिवार के दमघोंटू वातावरण से छुटकारा पाने के लिए वह अपने हमनाम साथी के घर जाया करता। उसे वॉल्ट फिफर के घर में बहुत सकून मिलता था। वहाँ उसे खुलकर हँसने, बात करने का अवसर मिलता। रात को सबके सो जाने के बाद खिड़की से कूदकर वॉल्ट उन लोगों के घर जाया करता और कुछ समय बिताकर वापस खिड़की के रास्ते घर में आकर सो जाया करता। ये कुछ घण्टे उसके जीवन में पौष्टिकता का संचार करते। जिसके बल पर वह अपने परिवार को झेलने की ताकत पाता। कुछ समय के लिए यही परिवार उसका अपना परिवार बन गया था। दोनों लड़के तरह-तरह की पोशाक पहनकर, मेकअप करके नाटक करते। चार्ली चैप्लिन की फिल्म देखते। उसकी नकल करते। वॉल्ट को शुरू से अभिनय करना पसन्द था। बाद में भी वह अभिनय द्वारा अपनी बात सबको समझाता। वॉल्ट कितना भी बड़ा आदमी हो गया वह अपने इन पुराने दुःख भरे दिन के साथियों को ही

याद किया। उन्हें बुला-बुलाकर अपने स्टूडियो में काम पर लगाया। वॉल्ट फिफर उन्हीं में से एक था। इसी तरह उसने अपने बचपन के स्कूल की टीचर से सदा पत्रों के द्वारा सम्पर्क बनाये रखा। बहुत प्रसिद्ध होने के बाद जब एक बार वह अपने बचपन के शहर कैंसास लौटा तो उसने अपनी टीचर के साथ खाना खाया। वह अपने व्यवहार से लोगों का दिल जीत लेता और लोग उसकी सहायता करना चाहते, उसके लिए काम करके खुश होते। उससे जुड़कर स्वयं को धन्य मानते।

कुछ दिनों तक भाई रॉय की प्रेमिका का घर उसका घर, परिवार बना रहा। उसके अपने परिवार में परिवार जैसा बहुत कुछ न था। इसलिए वह बाहर परिवार की खोज करता रहा। अपनापन पाने के लिए भटकता रहा। बाद में जब वह अपने पैरों पर खड़ा हुआ उसने अपना एक वृहतर परिवार बनाया। उसके स्टूडियो के सारे लोग उसके इस परिवार के सदस्य थे। वह परिवार के मुखिया की भाँति उनकी देखभाल करता था। कठोर, क्रूर बचपन का नतीजा था कि वह आगे चलकर कठिनाइयों का सामना कर सका। गुरबत के दिनों में बिना खाये-पीये काम करता चला गया। छोटे से कमरे में रहा। ऐसे होटल में खाना खाता जहाँ एक प्लेट से दो लोग खाना साझा कर सकते थे। दोनों भाई मिलकर एक प्लेट खाने से पेट भरते। कभी गैराज में, कभी कहीं रहते-सोते।

वह हॉलीवुड का बादशाह था। लेकिन उसका रहन-सहन हॉलीवुड की तड़क-भड़क से दूर था। वह न तो पार्टियों में जाना पसन्द करता, न ही उसे कभी बहुत महँगे कपड़ों में देखा गया। पहले वह अपने कपड़ों पर बहुत ध्यान नहीं देता था, मगर बाद में जब वह कॉरपोरेट लीडर बन गया तो कपड़ों पर जरा ध्यान देने लगा। साल में दो-तीन बार डिपार्टमेण्टल स्टोर में जाकर अपने नाप के कपड़े बनवाने लगा। और नीले या भूरे रंग के सूट पहनने लगा। जब वह किसी औपचारिक समारोह में न होता तो भूरे रंग या नीले रंग का ढीला स्वेटर या फिर गैबरडीन की जैकेट पहनता। टाई तभी पहनता जब बहुत आवश्यक होता। उसकी टाई पर स्मोक ट्री का एम्बलम बना होता। उसे अपना हैट बहुत पसन्द था। पत्नी लिलियन के अनुसार वह इसे पहनता था, क्योंकि वह इसे पहनकर बहुत आकर्षक लगता था। वह बहुत सादा जीवन बिताना चाहता था। कभी कोई आभूषण नहीं पहनता। केवल दो अँगूठियाँ उसके पास थीं। एक उसके जवानी के दिनों की 'डे मोले' तथा दूसरी उसने आयरलैण्ड में एक क्लैडैग खरीदी थी। जिसमें दो हाथ एक दिल पकड़े हुए थे। करीब बीस साल तक वह अपनी 14 कैरेट गोल्ड की हैमिल्टन घड़ी पहने रहा। फिर उसकी पत्नी लिलियन ने उसके लिए एक रॉलेक्स घड़ी खरीद दी। वही पहनने लगा। पच्चीस साल में उसने अपना नाई नहीं बदला। उसका नाई तय था। पच्चीस साल उसी नाई से वह अपने बाल कटवाता रहा। अपनी कार खुद

चलाता, जबकि आराम से शोफर रख सकता था। शायद ही कभी शोफर उसकी कार चलाता। खाने के मामले में भी उसकी पसन्द सादा थी। उसे मीट और आलू, मिर्च और टेपियोका पुडिंग पसन्द थी। मुसीबत के दिनों में आलू काफी दिन उसका एकमात्र भोजन रहा था।

उसने ज्यादा पढ़ाई नहीं की थी। मगर बाद में वॉल्ट को सत्रह से ज्यादा यूनिवर्सिटी ने डिग्रियाँ प्रदान की। उसने यूनिवर्सिटी ऑफ कैलिफोर्निया के अलावा सब डिग्रियाँ नम्रता के साथ नकार दीं, केवल एक डिग्री रख ली। उसके नाम पर स्कूल बनाये गये और कई स्थान पर उसके स्मारक बने। ऑस्कर के लिए उसे जितनी बार नामित किया गया उतना शायद किसी अन्य को नहीं किया गया। 1961 में लिलियन एक्ट्रेस डोरोथी गिश के साथ ओसलो गयी और उसने वहाँ कैम्पेनिंग की ताकि वॉल्ट को शान्ति के लिए नोबेल पुरस्कार मिल सके। उसे अनगिनत पुरस्कार और सम्मान मिले।

उसके घर में भी सजावट के नाम पर मिक्की माउस और उसकी अन्य कार्टून फिल्मों से सम्बन्धित वस्तुएँ थीं अन्य लोगों की भाँति महँगी पेंटिंग, अन्य दिखावटी सामान इत्यादि नहीं। उसकी भाषा बोलचाल की होती। बोलचाल भी बहुत साधारण होती। वह भाषण देने से बचता था। भाषण में अक्सर दैनन्दिन की शब्दावली का प्रयोग करता। उचित शब्दों के लिए उसे रुककर टटोलना पड़ता। गुस्सा होने पर जमकर गन्दे शब्दों को उगलता। खासकर भाई से जब लड़ाई होती तो उसकी शब्दावली बड़ी बुरी हो जाती। पर उसके चेहरे पर अन्त तक मासूमियत बनी रही जो उसकी भीतर की निश्छलता का प्रतिबिम्ब थी। वह अपनी पब्लिक इमेज के प्रति बहुत सजग था। जब एक फोटोग्राफर सिगरेट पीते हुए उसकी फोटो लेना चाहता था, उसने इसके लिए पोज देने से स्पष्ट इनकार कर दिया। वह चेन स्मोकर था और ड्रिंक भी करता था। मगर वह यह इमेज सार्वजनिक नहीं करना चाहता था। खासकर जब वह टेलीविजन पर आने लगा तो वह अपनी इमेज के विषय में बहुत सतर्क हो गया, क्योंकि अब लोग उसे पहचानने लगे थे। पहले वे केवल उसका नाम और काम जानते थे। वैसे उसकी बेटी डायने के अनुसार टेलीविजन ने उसे व्यक्ति के रूप में परिवर्तित नहीं किया। लेकिन उसे ज्यादा चमकता हुआ (पोलिश्ड) व्यक्तित्व देने में टेलीविजन का हाथ अवश्य था।

पिता ऐसा नीरस और निराश व्यक्ति था कि वॉल्ट के मन में पिता के लिए कोई सुखद भावना न थी। मगर माँ के प्रति उसकी भावनाएँ भिन्न थीं। उसकी माँ फ्लोरा एक सीधी-सादी और बहुत मेहनती स्त्री थी। वह घर के सारे कामकाज करती और बहुत कतरब्योंत करके घर चलाती। उम्र में वह उसके पिता से काफी छोटी थी। दोनों की उम्र में ग्यारह साल का फासला था। जब भी पिता और बच्चों

में तनातनी होती वह बीच-बचाव करने का प्रयास करती। लेकिन वह एक समर्पित पत्नी थी। अपने पति से कुछ नहीं छिपाती। यह बात बच्चों को मालूम थी। इसलिए जब सेना में जाने के लिए वॉल्ट उम्र के हिसाब से काबिल नहीं था तो यह बात उसने अपनी माँ को नहीं बतायी। सेना में भर्ती होने के लिए माता-पिता के हस्ताक्षर की जरूरत होती है। पिता ने हस्ताक्षर करने से साफ इनकार कर दिया। माँ भी हस्ताक्षर करके अपने बेटे को युद्ध में नहीं भेजना चाहती थी। मगर उसे अपने बेटे का स्वभाव मालूम था। वह जानती थी कि वह हस्ताक्षर करे या नहीं वह सेना में जायेगा जरूर। मगर तब वह लौटकर उसके पास कभी नहीं आयेगा। पहले ही पति की जिद के कारण दो बेटे परिवार से विमुख हो चुके थे। वह तीसरे और सबसे छोटे को नहीं खोना चाहती थी। इसलिए उसने हस्ताक्षर कर दिये और वॉल्ट फ्रांस चला गया।

वॉल्ट के मन में माँ के लिए प्यार और सहानुभूति दोनों थी। जब उसके पास पर्याप्त धन हो गया तो उसने माता-पिता की शादी की पचासवीं वर्षगाँठ पर एक अच्छा-सा घर खरीद कर उपहारस्वरूप उन्हें दिया। पहले उन लोगों को उसने किराये के घर में रखा और जब मनपसन्द नया घर मिल गया तो वह घर उसने माता-पिता के लिए खरीद दिया। दो लोगों के रहने के लिए यह घर अच्छा था। इसमें तीन बेडरूम, दो बाथरूम, एक लिविंग रूम के साथ दो गैराज थे। और सबसे अच्छी बात जो उसे इस घर में लगी वह था इसका हीटिंग सिस्टम। मगर यह उपहार, यही हीटिंग सिस्टम उसके लिए दुर्भाग्य लेकर आया। घर के इसी हीटिंग सिस्टम में खराबी के कारण माँ मर गयी और वॉल्ट सदा स्वयं को इसके लिए दोषी मानता रहा। वैसे उसने इस दुःख को कला में ढालकर कार्टून फिल्म की दुनिया में सदा के लिए अमर कर दिया। कार्टून फिल्म **'बैम्बी'** में माँ की मृत्यु के बाद बैम्बी की तड़प असल में वॉल्ट की अपनी तड़प का परदे पर सजीव चित्रण है।

उसका चाचा रॉबर्ट सदा अपने धन का दिखावा करता। वह खुद को महाराजा समझता और अन्य लोगों को अपना गुलाम। सब लोग पीठ पीछे उसकी आलोचना करते। मगर बच्चे वॉल्ट को उनका आना अच्छा लगता। कारण रॉबर्ट की पत्नी मार्गरेट थी। चाची मार्गरेट उसे अच्छी लगती। वह केवल उसे ही आण्टी कहता था। मार्गरेट जब आती बच्चों के लिए उनके मनपसन्द उपहार लाती। वह वॉल्ट की रुचि जानती थी और उसके लिए पेंटिंग का सामान लाती। वह उसे पेंटिंग के लिए उत्साहित और उसके लिए रेखांकन की दिल खोलकर प्रशंसा करती। वह बच्चे को भान कराती कि वह विशिष्ट है। उसमें प्रतिभा है। वह जिन्दगी में कुछ कर सकता है। कुछ बन सकता है। उसकी प्रशंसा का नतीजा हुआ कि बच्चे वॉल्ट के आत्मविश्वास और आत्म-सम्मान में खूब बढ़ोतरी हुई। जब वॉल्ट असल

में अपनी सफलता उससे शेयर करना चाहता था तब तक मार्गरिट काफी बूढ़ी हो चुकी थी। शारीरिक और मानसिक रूप से वह इतनी अशक्त हो चुकी थी कि वॉल्ट के साथ किसी तरह की साझेदारी करने में असमर्थ थी। वॉल्ट को इस बात से बहुत दुःख हुआ।

उसे अपना चाचा एडमण्ड बहुत अच्छा लगता। दोनों की खूब पटती थी। वॉल्ट का यह चाचा मानसिक रूप से अस्थिर और अविकसित था। लेकिन उसका स्वभाव बच्चों की तरह सरल था। वह एक खुशमिजाज व्यक्ति था और आठ साल के वॉल्ट को अपने साथी की तरह लगता। वह बच्चों के साथ बच्चा बनकर खेलता। एडमण्ड की प्रकृति बड़ी स्वतन्त्र थी। उसका जब मन करता वह इनके घर आता और जब मन करता चला जाता। वॉल्ट अपने इस चाचा को कभी न भुला सका। जब वह आता दोनों मिलकर जंगल, रेल लाइन पर घूमते और खूब मजे करते। इसी तरह वॉल्ट अपनी दादी के संग मजे करता। दादी-पोता मिलकर वह काम करते जो इलियास को नापसन्द होता। कभी-कभी इलियास को उनके साहसी कारनामे पता चलते तो वह दाँतों तले उँगली दबा लेता। दोनों को इलियास को चिढ़ाने में खास आनन्द आता। दोनों मिलकर कोई-न-कोई शरारत करते रहते।

वह अपनी बहन रूथ के बहुत निकट था। बचपन में दोनों मिलकर शरारत करते। उसने अपनी जिन्दगी की पहली फिल्म रूथ के साथ देखी थी और दोनों ने इसके लिए डाँट खायी थी। दोनों ने मिलकर घर की चूना पुती दीवार पर कोलतार पोता था और भी कई काम साथ-साथ किये थे। बाद में जब वह दूर रहने लगी तो भी दोनों के बीच लगातार पत्राचार चलता रहा। वॉल्ट अपनी छोटी-छोटी बातें उसे लिखा करता। उसे पत्र लिखकर अपने सुख-दुःख साझा करता। रॉय तो उसका दाहिना हाथ था। सदा आर्थिक परेशानियों का हल निकालने वाला। वॉल्ट जब योग्य हो गया तब अपने दोनों अन्य भाइयों हर्बर्ट और रे को भी अपने साथ लगाना चाहता था, मगर वे दोनों परिवार से भटक चुके थे। पिता के व्यवहार के कारण उन्होंने घर छोड़ा। इस कटु अनुभव ने पूरे परिवार से उनका विश्वास उठा दिया था। इसलिए उन दोनों ने वॉल्ट के प्रस्ताव को स्वीकार नहीं किया। बाद में वॉल्ट को हर्बर्ट की सीधी-सादी जिन्दगी और अच्छे स्वास्थ्य को देखकर थोड़ी ईर्ष्या होती थी और यह बात उसने अपने भाई को लिखी थी। उसने अपने दामादों को भी अपने साथ रखा हुआ था। जब वह डिज़्नी वर्ल्ड के लिए सामान खरीदने विभिन्न स्थानों पर गया पत्नी, बेटी शैरॉन के साथ उसका दामाद रॉबर्ट ब्राउन भी उसके साथ था।

वॉल्ट की पढ़ाई-लिखाई की चिन्ता न करते हुए उसके पिता ने उसे अपने

काम में लगा लिया। उसे तड़के सुबह उठकर अखबार बाँटने जाना पड़ता। यह काम ऐसा है कि मौसम जैसा भी हो करना होता। बच्चा आँधी-पानी और भयंकर सर्दियों में यह काम करता। बेचारा कभी-कभी अखबार बाँटते हुए किसी बरामदे-ओसारे में अखबार की ढेरी में गर्मी खोजता हुआ सो जाता। कभी बर्फ में धँसते, फँसते हुए जाना पड़ता। नतीजन अखबार बाँटने में देर हो जाती। सुबह बहुत जल्दी उठना होता। नींद पूरी न होती और जब अखबार बाँटने का काम समाप्त करके वह स्कूल जाता तो क्लास में अलसाया रहता। थकान के कारण पढ़ाई पर ध्यान लगना कठिन होता। अखबार बाँटने के साथ वह आइसक्रीम, पर्चे, अण्डे, मक्खन आदि भी घर-घर पहुँचाता। इससे हुई आमदनी पिता रख लेता। अतः बच्चे ने अपने लिए उपाय निकाला। वह स्कूल में खाने की छुट्टी में चीजें बेचने लगा। पैसों के मामले में वह बहुत लापरवाह था। इसका मतलब यह नहीं कि वह पैसे उड़ाता था। नहीं, वह कभी फिजूलखर्ची नहीं करता था। हाँ, पैसे सँभालकर रखना उसे नहीं आता था। जब वह ट्रेन में सामान बेचता था तब वह अक्सर अपना बॉक्स खुला छोड़ जाता और सामान बेचकर जब वह लौटता तो कोई उसे साफ कर चुका होता। कोक की बोतलें गायब हो चुकी होतीं।

वैसे वॉल्ट की बहन रूथ के अनुसार उनका पिता इतना बुरा नहीं था। उसके अनुसार बचपन में पिता ने उन्हें किसी बात की कमी नहीं होने दी। पिता उनकी जरूरतों का ध्यान रखता था। बेटियाँ सदा पिता का पक्ष लेती हैं। उन्हें पिता में केवल गुण नजर आते हैं। रूथ कुछ भी कहे डिज़्नी भाइयों का अपने पिता से मिला अनुभव कुछ और ही कहता है। इलियास का गुस्सा सदा उसकी नाक पर रहता। जरा-जरा सी बात पर वह बच्चों को पीटता था। जो भी हाथ लगे उससे पीटता था। वॉल्ट से उसे खास खार थी। शायद वॉल्ट को देखकर उसका पिता अपनी कमियों को और ज्यादा अनुभव करता था। वॉल्ट अक्सर उसकी मार खाता। एक बार ऐसे ही जब पिता ने मारने के लिए हथौड़ा उठाया तो बड़े भाई के शह देने पर वॉल्ट ने पिता का हाथ पकड़ लिया। वॉल्ट उस समय जवान और मजबूत था। इलियास वॉल्ट की जकड़ से छूट न सका। वह रोने लगा। अवश्य यह उसके जीवन की सबसे बड़ी हार रही होगी। जीवन में उसे सदा पराजय मिली थी, मगर यह पराजय सबसे ज्यादा दुःखदायी रही होगी। और इस तरह वॉल्ट ने सक्रिय प्रतिरोध के द्वारा पिता की मार से सदा के लिए छुट्टी पा ली। पिता के भयंकर गुस्से को पिता की प्रशंसा करने वाली उसकी बेटी रूथ भी स्वीकारती है। वॉल्ट को बढ़ा-चढ़ाकर बातें करने की आदत थी। वह अपने बचपन की तुलना डिकेंस के साहित्य में वर्णित भयंकर बचपन से करता। बचपन की इस दारुण स्थिति को उसने अपनी सृजनात्मकता से परिवर्तित कर दिया। उसके वॉल्ट डिज़्नी बनने

में इन घटनाओं का महत्त्वपूर्ण हाथ है। कहीं भीतर वह बहुत अकेला था। किसी से पूरी तौर पर कभी न जुड़ सका। एक साक्षात्कार में लिलियन ने बताया कि असल में उसका कोई दोस्त नहीं है।

अपने तीन भाइयों में वॉल्ट तीसरे नम्बर के भाई रॉय के सबसे ज्यादा निकट था। रॉय उसके लिए संरक्षक था। बचपन में वह उसे पिता की मार से बचाने का प्रयास करता। उसी के कहे पर वॉल्ट ने पिता का प्रतिरोध किया और जिन्दगी भर पिता की मार खाने से बच गया। वह सदा वॉल्ट के लिए पिता की भूमिका निभाता रहा। उसे लगता था कि यदि वह वॉल्ट की देखभाल नहीं करेगा तो फरेबी लोग उसका काफी नुकसान करेंगे। यह ठीक भी था। वॉल्ट अपने काम, अपनी सृजनात्मकता में इतना लीन रहता कि उसे लोगों की चालबाजी का पता अक्सर बड़ी देर से चलता। जैसा कि एक बिजनेस सहयोगी पॉवर के मामले में हुआ। वह उसे अपना बुजुर्ग और शुभचिन्तक मानता रहा और पॉवर उसे लूटता रहा। उसकी जड़ काटने का प्रयास करता रहा। रॉय ने बहुत बार वॉल्ट को परेशानियों और हानियों से बचाया। आगे चलकर रॉय उसके लिए सदा आर्थिक मामलों का स्रोत बना रहा। रॉय बीमार रहता था। लेकिन उसने अपनी बीमारी की परवाह न करते हुए सदा अपने छोटे भाई वॉल्ट के स्वास्थ्य की चिन्ता की। उसने सदा अपने छोटे भाई की सहायता की। उसे सदा आर्थिक चिन्ताओं से मुक्त रखा। भाई के भरोसे आर्थिक चिन्ताओं को छोड़कर वॉल्ट की सृजनात्मकता परवान चढ़ सकी। रॉय उसके लिए एक स्थायी स्तम्भ था, जिसके सहारे वह निश्चिन्त अपने काम में लगा रह सकता था। बेफिक्र सो सकता था। बड़ा भाई ताजिन्दगी छोटे भाई की ढाल बना रहा। दोनों भाइयों के परिवार में भी काफी मेल था। अक्सर छुट्टियाँ मनाने वे संग-संग जाया करते। पार्टियों में भी वे साथ देखे जाते। रॉय ने डिज़्नी स्टूडियो के लिए जिन्दगी भर भागदौड़ की। वह अपने छोटे भाई को बहुत अच्छी तरह जानता था। उसके बाह्य और आन्तरिक रूप दोनों से परिचित था। वॉल्ट ने जब सारे व्यापार **'डिज़्नी ब्रदर्स'** को अपने नाम कर लिया, तब भी उसने वॉल्ट का साथ दिया। उससे अपने हक के लिए झगड़ा नहीं किया। शुरू में जब व्यापार जमा नहीं था तब दोनों भाई बहुत दिन तक बिना वेतन काम करते रहे। बाद में नाममात्र के वेतन पर उन्होंने बहुत दिन काम किया।

अपनी भिन्न आदतों के कारण दोनों के बीच कई बार भयंकर बाताबाती हो जाती। कई दिन अबोला रहता, मगर फिर वे मिल जाते। पैसा दोनों भाइयों की समस्या थी। इसे लेकर दोनों भाइयों में खूब तनातनी चलती। यह लड़ाई निजी मामलों को लेकर थी भी और नहीं भी। वॉल्ट के लिए निजी और व्यापारिक बातें जुदा न थीं। उसका व्यापार ही उसका निजी जीवन भी था। व्यापार के लिए पैसा

चाहिए होता है। दोनों में इस बात पर खूब बहस होती कि पैसा कहाँ से और कैसे आयेगा। वॉल्ट अपनी धुन के चलते काम में खूब पैसा लगाता। रॉय के लिए पैसों का इन्तजाम करना आसान काम न था। इसके लिए उसे बहुत दौड़-भाग करनी होती। तरह-तरह के लोगों से मिलना पड़ता। अक्सर व्यापार में पैसा लगाने के लिए लोगों को पटाना पड़ता। एक बार गुस्से में रॉय के मुँह से यह बात निकल गयी जो वह बरसों से दबाये हुए था। उसने कहा कि यह कम्पनी हम दोनों ने मिलकर बनायी है। जब कम्पनी खड़ी करनी थी तो दोनों ने मुश्किलें झेलीं और जब यह लाभ दे रही है तो वॉल्ट अकेले उसका फायदा उठा रहा है। वॉल्ट अक्सर अपने भाई के साथ बड़ा क्रूर व्यवहार करता। वह उससे स्टूडियो के एक कर्मचारी के रूप में व्यवहार करता। बड़े भाई या कम्पनी के आर्थिक उपाय करने वाले के रूप में उसका सम्मान नहीं करता। 1961 में हालात यहाँ तक हो गये कि उन्होंने एक-दूसरे से बोलना बन्द कर दिया और जो बात कहनी होती किसी तीसरे के माध्यम से कही जाती। दोनों भाई इस बात से दुःखी थे। रॉय ज्यादा दुःखी था, क्योंकि वह जो भी करता वह वॉल्ट की भलाई के लिए करता। इस विषम परिस्थिति में भी उसने किसी से अपने छोटे भाई की आलोचना न की, बल्कि स्टूडियो में सबसे कहता कि हममें से कोई यहाँ नहीं होता यदि वॉल्ट नहीं होता तो। तुम सबके जॉब और सारे लाभ वॉल्ट और उसके प्रयासों से आते हैं। इतना सब होने पर भी रॉय ने अलग होने की बात क्यों नहीं सोची? शायद वह जानता था कि वह जिस मुकाम पर पहुँचा है वह यह मुकाम अकेले हासिल नहीं कर सकता था। पहले वह घर-घर जाकर वैक्यूम क्लीनर बेचा करता था और आज वह हॉलीवुड में एक महत्त्वपूर्ण स्थान रख रहा था। यह वॉल्ट के कारण हुआ था। दूसरी बात वह बचपन से वॉल्ट के अभिभावक की भूमिका निभाता आ रहा था। उनका रिश्ता खून का था। और जब आप किसी को प्यार करते हैं तो उससे अलग होने की बात नहीं सोचते हैं।

दोनों भाइयों के आर्थिक दृष्टिकोण बहुत भिन्न थे। वॉल्ट का मानना था कि पैसे के कारण काम की गुणवत्ता में फर्क नहीं आना चाहिए, जबकि रॉय का मानना था कि काम कम-से-कम रकम में होना चाहिए। वह अक्सर वॉल्ट की अनुपस्थिति में स्टूडियो जाता और काम कर रहे लोगों को सलाह देता कि कम खर्च में काम चलायें। कुछ लोगों की नजर में रॉय एक कंजूस और मैकियावेली प्रकृति का बिजनेसमैन था। असल में वह एक अनुशासित व्यक्ति था और दूसरों से भी अनुशासन की अपेक्षा करता था। साथ ही उसे रिश्तों में गरमाहट बनाये रखना आता था। पूरे हॉलीवुड में पैसे लगाने वाले उत्पादन करने वालों से दूर रह रहे थे और वे ही व्यापार को नियन्त्रित करते थे। यहाँ बात ऐसी न थी। दोनों एक

छत के नीचे थे और आर्थिक आधार जुटाने वाले का वर्चस्व न था। अर्थ और उत्पादन दोनों में वॉल्ट की चलती थी। परिवार का मुखिया वॉल्ट था और परिवार के बुजुर्ग की हैसियत रॉय को प्राप्त थी, जिसका काम वहाँ होते कामों को चुपचाप देखते रहना था। वह रिलैक्स और शान्त प्रकृति का था। रॉय उपयोगितावादी था और वॉल्ट एडवेंचर में विश्वास करता था। रॉय कर्ज से बचना चाहता और वॉल्ट सदैव उसे कर्ज में डुबोये रखता।

दोनों में अक्सर इस बात पर तकरार होती कि कम्पनी को किस दिशा में ले जाना है। वे एक-दूसरे पर चिल्लाते, खूब गरजते। हालाँकि यह सब सदा बन्द कमरों में होता। वे दूसरों के सामने कभी नहीं लड़ते थे। मगर सबको पता चल जाता था। स्टूडियो में बन्द दरवाजों से छनकर आवाजें बाहर आतीं। कुछ लोग कान लगाकर सुनते भी। जब घर पहुँचकर रॉय कार का दरवाजा धड़ाम से बन्द करता रॉय का बेटा जान लेता कि आज उसके पिता और चाचा में झगड़ा हुआ है। भड़ास निकालने का रॉय का यह अपना तरीका था। दोनों भाइयों के बीच में किसी के बोलने की हिम्मत न थी। दूसरे केवल मूक श्रोता बने रह सकते थे। जब भाई लड़ते वे बहुत बदजबानी पर उतर आते। मगर बाद में मिलकर एक हो जाते। वॉल्ट के अनुसार रॉय मात्र एक व्यापारी था और उसे कला के विषय में कोई जानकारी न थी, कोई समझ न थी। एक बार वॉल्ट रॉय को एक फिल्म दिखा रहा था। जाहिर है वह फिल्म की प्रशंसा की अपेक्षा कर रहा था। मगर जब फिल्म समाप्त हुई तो रॉय ने केवल पूछा कि फिल्म कितनी देर चली यानी कि उसकी लम्बाई क्या थी। ऐसा पूछने के पीछे उसका मकसद यह पता करना था कि क्या इसे छोटा करके इसकी लागत कम की जा सकती है। वॉल्ट ने यह सुनकर अवश्य माथा पीट लिया होगा। इतना होने पर भी दोनों भाई सदा साथ रहे। रॉय सदा वॉल्ट को लेकर परेशान रहता। उसके स्वास्थ्य की चिन्ता करता। जब-तब उसे सलाह देता कि वह काम करते थक गया है, थोड़ा घूम-फिर आये। कई बार वॉल्ट अपने इस अभिन्न भाई की बात मान लेता। दोनों एक-दूसरे का सहारा थे। दोनों एक-दूसरे के पूरक थे। 1961 के अबोलेपन का अन्त वॉल्ट ने किया। उसने रॉय के जन्मदिन पर एक कार्ड के साथ इण्डियन पीस पाइप उपहार के तौर पर भेजा। कार्ड पर लिखा था, "तुम्हारे साथ फिर से शान्ति (पीस) पाइप पीना बड़ा वण्डरफुल है। उससे जो बादल उठते हैं वो बहुत सुन्दर होते हैं।" आगे लिखा था, "हमने बरसों संग मिलकर काफी उपलब्धि की है—एक समय था जब हम एक हजार डॉलर उधार नहीं पा सकते थे। अब मेरी समझ से हमारा 24 मिलियन डॉलर दूसरों के पास है।" रॉय ने इस कार्ड को सँभाल कर वॉल्ट के फोटो के पास रखा। वह किसी से कह रहा था कि अब हमारी सन्धि हो गयी है। ऐसे

थे दोनों भाई। वे लड़ते-झगड़ते पर एक-दूसरे के बिना नहीं रह सकते थे।

वॉल्ट अपने काम का दीवाना था। लड़कियों, स्त्रियों में उसकी रुचि न थी। वह लड़कियों-स्त्रियों से बातचीत करता, उनके प्रति संवेदनशील था। मगर उनको लेकर उसके मन में कोई रोमांटिक भाव नहीं होता। वह कभी उनके पीछे नहीं भागा। उसकी रुचियाँ थोड़ी अलग हटकर थीं। लड़कियाँ उसकी रुचि में रुचि नहीं दिखातीं। चूँकि वे उसकी रुचि में रुचि नहीं लेतीं, अतः वे उसे उबाऊ लगतीं। शादी के बाद पूरी जिन्दगी उस पर किसी अफेयर का इल्जाम न लगा। उसका केवल एक बार अफेयर चला वह भी अपने होने वाली पत्नी लिलियन से। वह स्त्रियों से ज्यादा अपने मिक्की माउस से प्रेम करता था। उसने कहा भी है कि उसने किसी स्त्री को इतना प्यार नहीं किया जितना वह मिक्की माउस को करता है। इसी कारण उसकी पत्नी उसके कार्टूनों से चिढ़ती थी। लिलियन से मिलने के काफी पहले स्कूली दिनों में एक लड़की बी कोनोवर से उसकी दोस्ती थी। एक बार उसने उससे पूछा, कि वे लोग क्या खरीदें एक नाव या अँगूठी। जाहिर है बी कोनोवर ने अँगूठी कहा। वॉल्ट को बहुत निराशा हुई। उसने नाव खरीदी और उस लड़की को बॉय, बॉय कह दिया। वह बी कोनोवर की सहेली वर्जिनिया बेकर की ओर भी कुछ दिन आकर्षित रहा। वैसे यह भी कहा जाता है कि वॉल्ट के पेरिस प्रवास के दौरान दोनों में पत्राचार था। जब वॉल्ट लौटकर आया तो उसे ज्ञात हुआ कि वह किसी अन्य लड़के से शादी कर रही है। कुछ दिन तक वह अपने संरक्षक डॉक्टर कौलेस की साली डोरोथी को डेटिंग के लिए ले जाता रहा। कभी डांस पार्टी में ले जाता, कभी थियेटर ले जाता। बाद में भी वह उसे पत्र लिखता रहा। एक अन्य लड़की पीटरसन के संग वह घूमा-फिरा उसे पत्र लिखे। पर शादी से वह बचना चाहता था। उसने सोच रखा था कि पच्चीस साल से पहले वह शादी नहीं करेगा। उसने खुद पर दूसरी शर्त लगायी कि जब उसके पास 10,000 डॉलर होंगे तब वह शादी करेगा। असल में वह आजाद रहना चाहता था। शादी उसे बन्धन लगती, इसलिए जब तक हो सका वह उससे बचा रहा। एक दूसरी लड़की लिलियन ने भी उसके उसी प्रश्न के उत्तर में अँगूठी कहा तो इस बार उसने समर्पण कर दिया। भाई के साथ जाकर अँगूठी खरीदी और उस लड़की को पहना दी। जिसे अँगूठी पहनायी सदा के लिए उसका हो गया।

लिलियन बाउण्ड्स उसके यहाँ ऐंकर का काम करती थी। जब रॉय की शादी हुई तो उस शादी में वॉल्ट बेस्ट मैन था और लिलियन बेस्ट गर्ल बनी थी। उस दिन के वीडियो में वे दोनों आलिंगनबद्ध दिख रहे थे और एक-दूसरे को चूम रहे थे। शुरू में जब वह काम करने आयी तो उसे वॉल्ट में कोई खासियत नजर नहीं आयी। वॉल्ट भी उस पर कोई ध्यान नहीं दे रहा था। वह सुन्दर और नागरी थी,

उस समय के फैशन के अनुकूल चलने वाली। छोटे कद और सुन्दर कद-काठी की लिलियन कब वॉल्ट के दिल में उतर गयी बताना कठिन है। दस बच्चों में सबसे छोटी लिलियन का परिवार बराबर संघर्ष से गुजरा। लिलियन ने बिजनेस स्कूल में पढ़ाई की। वॉल्ट के यहाँ काम करते समय वह स्टूडियो के नजदीक रह रही थी, फिर भी वॉल्ट काम के बाद उसे और एक अन्य सहयोगी को अपनी कार से उनके घर छोड़ने जाता। इन्हीं करीबी यात्राओं के दौरान वे एक-दूसरे पर ध्यान देने लगे। दोनों का बचपन गरीबी और कठिनाइयों में गुजरा था। लिलियन अपनी बहन-बहनोई के साथ रह रही थी। उन्हें भी वॉल्ट की सादगी और मासूमियत भली लगी। दोनों का उस समय कोई और मित्र नहीं था, अतः दोनों सामाजिक रूप से मिलने-जुलने लगे। उन दोनों के बीच प्रेम से ज्यादा मैत्री-भाव था। एक साल तक यह कोर्टशिप चली। इस दौरान वे लम्बी ड्राइव पर जाया करते। कभी सन्तरों के बाग में, कभी नदी किनारे, कभी सान्ताबारबरा तक। डिनर करते, फिल्में देखते। इन सारे वक्त वॉल्ट बातें करता रहता। उसे अपने काम के विषय में बात करना अच्छा लगता। उस समय लिलियन को उसकी ये बातें अच्छी लगती थीं, मगर शादी के बाद उसके लिए वॉल्ट की बातें करने की आदत सहना कठिन था। यह उसे अपने ऊपर उसका अत्याचार लगता। यह भी सही था कि शादी के पहले की वॉल्ट की बातों के दो विषय होते थे। वह अपने काम की बातें करता और उसकी भाभी रॉय की पत्नी एडिना के अनुसार जिस दूसरे विषय पर उन दिनों वॉल्ट बात करता था वह विषय लिलियन थी। वह लगातार अपने काम और लिलियन के बारे में सोचता रहता। काम और लिलियन के अलावा वह कुछ और नहीं सोचता था।

शादी के बाद रॉय दूसरे घर में रहने चला गया। वॉल्ट अकेला हो गया, अतः उसने लिलियन से शादी का प्रस्ताव रखा। अन्यथा इतनी जल्दी शादी करने का उसका कोई इरादा नहीं था। एक बार शादी होने के बाद उसने फिर कभी किसी अन्य स्त्री की ओर नहीं देखा। वह लिलियन की बहुत इज्जत करता था। रॉय के अनुसार वॉल्ट लिलियन की समर्पित प्रकृति का प्रशंसक था। उसकी प्रकृति दूसरों पर हावी होने की थी और लिलियन को उसकी हर बात पसन्द थी। वह जो भी करता लिलियन को वह सब ठीक लगता। स्वयं वॉल्ट के अनुसार लिलियन एक अच्छी श्रोता थी। यह शादी के पहले की बात थी। शादी के बाद लिलियन इतनी दबी हुई नहीं थी। अपनी नाराजगी को खुलकर व्यक्त करती थी। चुप नहीं रहती, गुस्सा होने पर चीज़ें उठा कर फेंकती। जब उन लोगों की शादी हुई उस समय तक लिलियन की प्रोन्नति हो चुकी थी वह स्टूडियो में रॉय की सहायक के रूप में कामकाज देखने लगी थी। वह डिक्टेशन लेते समय इतनी गलतियाँ

करती कि वॉल्ट मजाक में कहा करता कि स्टूडियो को लिलियन से छुटकारा दिलाने के लिए उसे उससे शादी करनी होगी। उसका व्यापार उन दिनों मन्दा चल रहा था। इसलिए लिलियन कहा करती कि उसे वेतन न देना पड़े इसलिए वह उससे शादी कर रहा है। जो भी हो 13 जुलाई, 1925 को लिलियन और वॉल्ट डिज़्नी की शादी हो गयी। वे अपने हनीमून से लौटते हुए वॉल्ट के माता-पिता से मिलने गये, क्योंकि वे लोग शादी में शामिल नहीं हो सके थे। शादी वाली रात वॉल्ट के दाँत में बेहद दर्द था और सुबह उसने अपना दाँत निकलवाया तब उसे चैन पड़ा। इन लोगों ने हनीमून माउण्ट रेनियर नेशनल पार्क तथा सीटेल में मनाया। वॉल्ट बहुत बार मनमानी करता। शादी करते ही उसने अपना वेतन बढ़ा लिया। वह रॉय से 25 डॉलर प्रति सप्ताह ज्यादा वेतन लेने लगा।

लिलियन को घर की देखभाल करना अच्छा लगता था। उसने शादी के बाद स्टूडियो का काम छोड़ दिया। पिता के मामले में वॉल्ट के पास कोई चुनाव नहीं था। उसे एक अच्छा पिता न मिला। मगर पत्नी के मामले में भी वह बहुत सौभाग्यशाली न था। लिलियन को वॉल्ट के काम में, उसके स्वप्न में कोई खास रुचि न थी। वह उसकी कठोर आलोचक थी। उसे सदा शिकायत रहती कि वॉल्ट जितना अपने काम और स्टूडियो पर ध्यान देता है उसका शतांश भी घर पर नहीं देता है। वॉल्ट घर पर भी अपना काम और स्वप्न की बात करता रहता। भले ही वह शारीरिक रूप से घर पर होता, मगर मानसिक रूप से सदा अपने स्टूडियो में ही रहता। कोई पत्नी इस बात को कैसे सहन कर सकती है। वह अपने सहयोगियों और कर्मचारियों के प्रशिक्षण के लिए आर्ट क्लास चलाता था, जिसे लेकर लिलियन सदैव ताना कसती। वह कहती कि तुम कम्युनिस्टिक आउटफिट चलाते हो। हड़ताल के फलस्वरूप स्टूडियो घाटे में जा रहा था और ये क्लासेज बन्द हो गयीं, तब अवश्य उसने राहत की साँस ली होगी। वह बहुत ईर्ष्यालु प्रवृत्ति की महिला थी। वॉल्ट का काम और उसका स्टूडियो उसे सौत की तरह लगते। शादी के बाद उसने एक भिन्न दुनिया के सपने देखे थे, जिसमें एक सजा हुआ घर, वह और उसका पति थे। वह बच्चों के लिए भी ज्यादा उत्सुक न थी।

वॉल्ट अपनी ख्याति, अपने सम्मान में लिलियन को सदा शामिल करता। वह निजी यात्राओं पर उसे सदा संग ले जाता और अक्सर व्यापारिक यात्राओं पर भी वह उसके संग जाती। जब वह फोर्ड ऑटोमोबाइल फैक्टरी और ग्रीनफील्ड विलेज गया, जहाँ फोर्ड ने उसके सम्मान में भोज दिया और जिस भोज में फोर्ड खुद भी उपस्थित हुआ तब भी लिलियन उसके साथ थी। जब वह दक्षिण अमेरिका गुडविल ट्रिप के लिए गया तो सत्रह सहयोगियों के अलावा लिलियन भी उसके साथ थी। इस यात्रा में लिलियन ने पाया कि वॉल्ट को उसके अपने देश से ज्यादा दक्षिण

अमेरिका में सम्मान मिलता है। लोग उसे वहाँ ज्यादा पहचानते हैं और वे उसके नखरे भी उठाते हैं। दक्षिण अमेरिका में उसकी बहुत सराहना हो रही थी और जब 1942 में **'सालूडोज'** पर शोध करने के लिए वह दो सप्ताह के लिए स्टॉफ के बारह सदस्यों के साथ मैक्सिको गया तब भी लिलियन उसके साथ थी। बाद में जब परिवार बढ़ा वह बेटियों, दामादों और नाती-नातिनियों को भी जब सम्भव होता अपने साथ ले जाता। सिंड्रेला बनाने के दौरान वॉल्ट का उत्साह जाता रहा। वह स्टूडियो से कटता जा रहा था। इसलिए वह समय काटने के लिए और स्टूडियो से दूर रहने के लिए स्मोक ट्री चल दिया। इसी तरह जून 1948 में मेलोडी टाइम के रिलीज के बाद वह तीन सप्ताह के लिए हवाई चला गया। दोनों समय लिलियन उसके साथ थी। वह सब कुछ भूलकर अपने परिवार के साथ रहना चाहता था।

उसके जैसे आदमी के लिए अभिभावक की भूमिका निभाना बहुत कठिन कार्य था, परन्तु वॉल्ट भरसक कोशिश करता कि वह लड़कियों का साथ दे। खासतौर पर वह अपनी दत्तक बेटी शेरॉन के काफी नजदीक था। क्योंकि वह उसके पीछे-पीछे लगी रहती थी। वह उसके साथ कहीं भी जाने रहने के लिए राजी रहती। चाहे- वह अलाक्सा हो अथवा रात की ट्रेन से सैन फ्रांसिस्को जाना हो या फिर न्यूयॉर्क जाना हो। जब अलास्का पर फिल्म बननी थी तो वह खुद अलास्का गया। अपने साथ अपनी दूसरी बेटी शेरॉन को ले गया। वह उसके साथ समय बिताना चाहता था। उस समय वह मात्र ग्यारह साल की थी। वहाँ वह उसकी देखभाल कर रहा था। उसके कपड़े धोता। उसके लम्बे बाल सँवारकर उसे तैयार करता और जब बच्ची ने खूब ज्यादा चॉकलेट खाने के बाद वमन कर दिया तो उसने उसकी साफ-सफाई भी की। वह स्टूडियो जाते हुए दोनों लड़कियों को रोजाना उनके स्कूल छोड़ता हुआ जाता। स्कूल से लेकर आता। बाद में वह अपने नवासों को भी स्कूल छोड़ने जाता था।

आज शिक्षा के क्षेत्र में बच्चों के गृहकार्य को लेकर चिन्ता जताई जा रही है। उनके इस काम के बोझ को कम करने की बात की जा रही है। मगर वॉल्ट यह काम बहुत पहले कर आया था। वह बच्चों को बहुत ज्यादा गृहकार्य दिये जाने के खिलाफ था। एक बार इस बात के लिए शेरॉन की प्रिंसिपल को डाँट भी आया कि वह बच्चों को इतना होमवर्क क्यों देती है, जिससे बच्चों को परिवार के लिए समय नहीं मिलता है। वह बच्चियों को खूब बढ़ावा देता। जब डायने आर्ट सीखने लगी तो वह उसके काम की खूब प्रशंसा करता। वह बच्चों के स्कूल प्रोग्राम में जाता और प्रोग्राम के बाद उन्हें कहता कि वे कितना अच्छा कर रही थीं। जब डायने की रुचि संगीत में हुई तो उसने ओपेरा जाने की इच्छा जाहिर की। वह उसे वहाँ ले जाने लगा। यदि कुछ और लड़कियाँ ओपेरा जाना चाहतीं

तो वह उन्हें वहाँ छोड़कर आता। अन्यथा वह स्वयं उसके साथ ओपेरा देखने जाता। डायनिंग टेबल पर वह परिवार के साथ बैठता, हालाँकि उस समय वह अपने काम की बात करता रहता, जिससे लिलियन चिढ़ती थी। मगर लड़कियाँ बड़े ध्यान से उसकी बात सुनतीं और उसे यह अच्छा लगता। वह कभी उनके साथ कठोर व्यवहार नहीं करता न ही उन्हें अनुशासित करने का प्रयास करता। उसके आँख के इशारे से वे समझ जातीं कि अब वे कुछ गलत कर रही हैं और वहीं रुक जातीं। और तो और वह उनके सामने किसी अन्य पर भी अपना क्रोध दिखाने से बचता।

वह सप्ताहान्त में उन्हें अपने साथ स्टूडियो ले जाता जहाँ वे कमरों में घूमती रहतीं। उन्हें एयरपोर्ट ले जाता और जहाज का उड़ना और उतरना दिखाता या फिर ट्रेन स्टेशन ले जाता और बच्चों के साथ वह भी पटरी पर कान लगाकर गाड़ियों के आने-जाने की आवाज सुनता जैसा कि वह मार्सिलाइन में खुद बचपन में किया करता था। उसे कुत्तों से विशेष प्रेम था। जिसे पसन्द करता उसे उपहार में पिल्ले दिया करता। वह लड़कियों के लिए एक स्पेनियल पिल्ला ले आया। यह बात दीगर है कि इस पिल्ले को वह खुद और लिलियन लड़कियों से ज्यादा प्यार करते। जब भी वह किसी बात के लिए खुद को ज्यादा महत्त्व देता, आत्म-प्रशंसा करता, बढ़ा-चढ़ाकर कुछ बताता तो लड़कियाँ खासतौर पर डायने उसे ऐसी निगाह से देखती कि उसका सारा नशा दूर हो जाता। वह जमीन पर उतर आता। मगर इतने प्रेम और समर्पण के बावजूद उसके लिए इस भूमिका को निभाने के लिए समय निकलना अति कठिन कार्य था। जब वह अपने किसी काम के समय में कटौती करता तभी वह यह भूमिका निभा पाता था। जैसे अपना मनपसन्द रविवारीय रेडियो प्रोग्राम छोड़कर वह उन्हें घुड़सवारी के लिए ले जाता या रविवार उनके संग बिताता।

छुट्टियाँ वह सदा अपने परिवार के साथ बिताता। इसके लिए या तो वह 'शूगर बॉउल स्की एरिया' जाता या फिर नब्बे मील दूर 'लेक ऐरोहेड' जाता। मगर अक्सर वह परिवार को लेकर 'पॉम स्प्रिंग्स' में 'स्मोक ट्री रिसोर्ट' जाता। यहाँ जाने का एक फायदा यह था कि वह हर तीसरे-चौथे दिन स्टूडियो आ सकता था। लिलियन के अनुसार वॉल्ट को पॉम स्प्रिंग्स का खुलापन अच्छा लगता था। असल में उसे यह खुलापन भाता, क्योंकि यह उसे स्टूडियो के बन्द वातावरण से कुछ समय के लिए छुटकारा दिलाता था। खासकर जब चालीस के दौर में वह सरकारी काम के बोझ से दबा हुआ था। और उन हजारों बातों के लिए जिम्मेदार था जिनमें उसकी तनिक भी रुचि न थी।

वैसे तो वह राजनीति में सीधे तौर पर रुचि नहीं रखता था। मगर उसने कम्यूनिज्म से लड़ने का फैसला कर लिया। स्टूडियो में हुई हड़ताल ने उसे कम्युनिस्टों के प्रति बहुत कटु बना दिया था। उसका पिता इलियास रेडिकल स्वभाव

का था, मगर जाहिर तौर पर वह सोशलिस्ट उम्मीदवार को वोट देता था। इसलिए उसकी पत्नी फ्लोरा भी ऐसा ही करती थी। लेखक अपटोन सिंक्लेयर ने वादा किया कि वह गरीबी हटा देगा। मगर हॉलीवुड की भारी-भरकम रकम उसे हराने में कामयाब रही। इस बात को लेकर रॉय अपने पिता का मजाक उड़ाता। उसके पिता का विचार था कि अब उसके लड़के पूँजीपति वर्ग तथा मालिक वर्ग के हो गये हैं। इसलिए अब वे दूसरा राग अलापते हैं। पिता से विद्रोह के कारण वॉल्ट दूसरी पार्टी के प्रति सहानुभूति रखता था। असल में वह राजनीति को लेकर बहुत स्पष्ट नहीं था और अक्सर निरपेक्ष रहता था। वह किसी पार्टी के साथ अपना नाम जोड़ना नहीं चाहता था। उसने 1936 में रूजवेल्ट को वोट दिया जबकि रॉय ने रिपब्लिकन पार्टी के उम्मीदवार को वोट दिया था। जब 1940 में रिपब्लिकन पार्टी के राष्ट्रपति उम्मीदवार ने स्टूडियो आकर उससे शिक्षा पर बातचीत की और सहायता माँगी तो उसने स्पष्ट कह दिया कि बहुत पहले उसे पता चल गया है कि राजनीति का खेल उसे नहीं आता है, इसलिए मैं किसी पार्टी के साथ अपना नाम जुड़ा हुआ नहीं देखना चाहता हूँ। वह देशभक्त था मगर दूसरे अर्थ में।

उसकी अपने पिता से कभी न पटी, लेकिन जब भी मौका मिलता वह उसकी सहायता करता। पिता कंजूस था। मगर बेटे ने योग्य होने पर उसके घूमने और अपने सब रिश्तेदारों से मिलने का इन्तजाम किया। एक बार जब वे लोग यात्रा पर थे तभी वॉल्ट के जीवन की एक महत्त्वपूर्ण घटना घटी। उसका पिता उसकी माँ की मृत्यु के बाद काफी टूट गया था। हालाँकि डॉक्टर का कहना था कि बयासी साल की उम्र के हिसाब से वह स्वस्थ है। पिता की स्मृति नष्ट होने लगी थी और अक्सर वह सोचता कि उसकी पत्नी अभी भी जीवित है। अक्सर रविवार को जब भी मौका मिलता वॉल्ट अपनी बेटियों को लेकर अपने पिता के पास जाया करता। ताकि बाबा पोतियाँ एक-दूसरे से मिल सकें और बाबा का मन थोड़ा बहल जाये। वह देख रहा था कि पिता अब इस कगार पर हैं जहाँ कभी भी कुछ भी हो सकता है। वॉल्ट उसे इस हालत में देखकर बहुत उदास होता। उसे लगता कि इसी आदमी ने अपने बेटों को भयभीत किया हुआ था। उन्हें घर से भागने पर मजबूर कर दिया था और वही व्यक्ति अब कितना लाचार हो गया है। 6 सितम्बर, 1941 को जब पिता की हालत खराब हुई वे लोग दक्षिण अमेरिका के दौरे पर थे। रॉय ने वॉल्ट को लिखा कि बीच-बीच में पिता ठीक रहता है। थोड़ी गड़बड़ी उसके पेट में है। चाचा रॉबर्ट भी पहुँच गये। मगर इलियास की हालत बिगड़ती गयी और 13 सितम्बर को उसने दम तोड़ दिया। वॉल्ट पिता की अन्त्येष्टि के लिए नहीं आया। उसे मृत्यु से बहुत डर लगता था जब तक अति आवश्यक न हो वह किसी के अन्तिम संस्कार में नहीं जाता था। शायद वह पिता को तब

तक माफ नहीं कर पाया था। पिता से उसका मन बहुत पहले भटक गया था और फटे दूध को सिला नहीं जा सकता है।

वैसे यह भी सही है कि लिलियन बुरे-से-बुरे वक्त में उसके साथ रही। तब भी जब वॉल्ट मिंट्ज़ की बेईमानी से बुरी तरह से टूट चुका था और वे लोग खाली हाथ लॉस एन्जिल्स लौट रहे थे। वॉल्ट उन दिनों बहुत अपसेट रहा करता। वह वक्त-बेवक्त दहाड़ता हुआ घर आता। वह बराबर दोहराता कि जिन्दगी में वह अब कभी किसी दूसरे व्यक्ति के लिए काम नहीं करेगा। लिलियन उसकी यह हालत देखकर बहुत डरी हुई थी। वह उसके गुस्से से उतना परेशान नहीं थी। मगर उन दिनों उनके पास आमदनी का कोई जरिया नहीं था और वह नहीं जानती थी कि उनका भविष्य क्या और कैसा होने वाला है। मगर वॉल्ट इन विषम परिस्थितियों में भी निराश नहीं था। उसके दिमाग में योजनाएँ चल रही थीं और इसी ट्रेन यात्रा में उसने मिक्की माउस की कल्पना की। मिक्की माउस जिसने कार्टून की दुनिया बदल दी। इसके साथ ही लिलियन और वॉल्ट की भी। ऐसे भी दिन उनकी जिन्दगी में आये जब वे दिन-रात काम कर रहे थे और केवल भुने आलू खाकर जिन्दा थे। आलू इसलिए क्योंकि उन दिनों वह सस्ता था। गरीबी में आटा गीला, इन्हीं दिनों लिलियन की एक पोशाक गैराज की सीढ़ियों से अटककर नष्ट हो गयी। खाने के लाले पड़े हुए थे। काम का बोझ था और तिस पर यह मुसीबत। पत्नी को इस तरह दुःखी देखकर वॉल्ट अवश्य परेशान होता होगा। लिलियन अपने फैशन के प्रति बहुत सजग रहती थी। अच्छे कपड़ों, चीजों का उसे शौक था।

लिलियन को अपना घर छोटा लगता खासकर जब वह देख रही थी कि वॉल्ट का स्टूडियो बढ़ता जा रहा है। शादी के बाद एक साल लिलियन को इन्तजार करना पड़ा तब जाकर वह नया फर्नीचर खरीद सकी। वॉल्ट को अब बाहर और घर दोनों स्थानों पर संघर्ष करना पड़ रहा था। जब उनकी शादी हुई वे मेलबर्न एवेन्यू के एक छोटे से अपार्टमेण्ट में रह रहे थे। लिलियन इस घर से बहुत नाखुश थी। क्योंकि इसके पहले वह कभी अपार्टमेण्ट में नहीं रही थी। उसे ऐसे घरों में रहने की आदत थी जहाँ दरवाजा खोलते ही बाहर खुले में जाया जा सकता था। घर से खुलेपन के अहसास की वह आदी थी। अपार्टमेण्ट में उसका दम घुटता था। बाद में भी जब वॉल्ट ने अपना पहला घर बनाया तो यह हॉलीवुड के लोगों की भाँति महल न था। वॉल्ट और रॉय ने आस-पास घर बनवाये। उनके घर मात्र ग्यारह सौ वर्ग फीट के थे, जिसमें किचन, डाइनिंग रूम तथा लीविंग रूम और केवल दो बेडरूम थे। यह एक मध्यवर्गीय परिवार का घर था। लेकिन इस घर में नफासत थी, ऐसा उसकी भान्जी मार्जोरी का कहना है। वैसे घर की देखभाल का क्रेडिट लिलियन को जाता है। वॉल्ट को लिलियन पर बहुत गर्व था। लिलियन

का अपना एक अलग समूह था। उनके संग वह ब्यूटी पार्लर, जिम, कपड़े सिलवाने और बाजार जाया करती। सदा घर की सजावट के लिए कुछ न कुछ खरीदती रहती। असल में वह एक टिपिकल हाउस वाइफ थी। वॉल्ट उसे 'मैडम क्वीन' कहकर पुकारता। वह समय और फैशन के अनुसार फैशन करती और बहुत कम सहायकों के साथ घर की अच्छी देखभाल करती। घर में केवल एक रसोइया था।

वॉल्ट परिवार से दूर नहीं रहना चाहता था। जब भी वह अकेले कहीं जाता तो जल्द से जल्द लौट आना चाहता। एक बार उसे काम के सिलसिले में काफी दिनों बल्कि महीनों न्यूयॉर्क में रहना पड़ा। दो महीने घर से दूर रहने के कारण उसे न्यूयॉर्क से ही नफरत होने लगी। उसे रात काट खाने को दौड़ती लगती। अजनबियों से बात करना अखरता। वह मजबूरी में वहाँ रह रहा था, मगर उसने अपने खाने-पीने पर ध्यान देना छोड़ दिया। उसका वजन घट गया। वह इतना परेशान रहता कि रात को ठीक से सो नहीं पाता। यहाँ तक कि उसके पत्रों से रॉय को उसकी चिन्ता होने लगी। वॉल्ट सब मामले लिलियन के सामने रखता। जब बाहर रहता तो उसे बराबर पत्र लिखता। एक बार जब उसे पैसों की जरूरत थी उसने लिलियन को लिखा कि वह रॉय से कहे कि जैसे भी हो पैसे भेजे। जरूरत हो तो सामान गिरवी रखकर भी। लिलियन ने रॉय को उनकी मनपसन्द, प्रिय कार बेचने की इजाजत दे दी। इसी कार में वे लोग शादी के पहले घूमा करते थे। वह छोटी-छोटी बातें लिलियन से साझा किया करता। दिन भर का रोजनामचा उसे देता। न्यूयॉर्क में जब उसने मिक्की माउस का बड़ा कटआउट देखा तो खुशी से पत्नी को लिखा कि मिक्की की लोकप्रियता बढ़ रही है। उसे साउण्ड रिकॉर्डिंग के लिए न्यूयॉर्क जाना और वहाँ रहना पड़ता था। इसके बाद उसने अपना खुद का साउण्ड रिकॉर्डिंग स्टूडियो खोलने का निश्चय किया। पैसों की बचत के साथ इस योजना का लाभ यह था कि उसे लम्बे समय तक घर और लिलियन से दूर नहीं रहना होगा। मिक्की माउस से सम्बन्धित वस्तुओं के निर्माण की कहानी जब प्रारम्भ हुई तब न्यूयॉर्क में लिलियन उसके साथ थी। जब पॉवर से व्यापारिक सम्बन्ध तोड़ना था और वह पॉवर का सामना करने 1930 में न्यूयॉर्क जा रहा था तब भी लिलियन को संग ले गया था। वहाँ की सारी बातें लिलियन पत्र द्वारा रॉय को सूचित करती रही। वही बातें लिखती जो रोज वॉल्ट उससे कहता।

वॉल्ट को लिलियन के अकेलेपन की जानकारी थी। इसलिए वह लिलियन की माँ को अपने यहाँ ले आया। सास के प्रति उसका व्यवहार सदा बहुत अच्छा रहा। वह उसे महारानी की तरह रखता। एक रात वह घर नहीं लौटा स्टूडियो में ही काम करता रह गया। लिलियन सारी रात बहुत परेशान रही। सो न सकी। लिलियन की हालत से वह बहुत द्रवित हुआ। उसने उसका अकेलापन दूर करने

का एक और उपाय निकाला। लिलियन के एकाकीपन को ध्यान में रखते हुए उसने क्रिसमस उपहार के रूप में उसे एक बहुत प्यारा पिल्ला भेंट किया। उसने पिल्ले को एक सुन्दर बॉक्स में रखकर लिलियन को दिया। लिलियन ने पहले सोचा कि वह उसके लिए हैट लाया है। उसे बुरा लगा कि वह बिना उससे चुनवाये अपने आप, अपनी पसन्द का हैट क्यों लाया है। मगर जब उसने डिब्बा खोला तो वह खुश हो गयी। वैसे लिलियन को कुत्ते पसन्द न थे, मगर इस कुत्ते ने उसका दिल जीत लिया। वह उसे अपनी आँखों से ओझल नहीं होने देती। वह उनके कमरे में सोता। जब वे घूमने बाहर जाते, कुत्ते को ले जाते। अपने साथ-साथ उसे भी आइसक्रीम खिलाते। एक बार कुत्ता गलती से रॉय के गैराज में बन्द हो गया। उसे न पाकर लिलियन बहुत परेशान हो गयी। वॉल्ट सारी रात नहीं सोया और पत्नी को ढाढ़स बँधाता रहा। सुबह जाकर कुत्ता मिला तो उन लोगों की जान में जान आयी।

दिन भर वह स्टूडियो में रहता और अक्सर रात को भी स्टूडियो चला आता। रात को वह अपने संग लिलियन को भी स्टूडियो लाता। मगर लिलियन उसकी सनक से परेशान रहती। वह एक बार एक बैंकर शार्पनटीन को एक कहानी सुना-दिखा रहा था। उसने इतने विस्तार से कहानी सुनाई कि ट्रैफिक पुलिस ने जुर्माना लगा दिया। कहानी से परेशान होकर लिलियन ने कहा कि वह यह फिल्म कभी नहीं देखेगी। इसी तरह जब वह **'स्नो ह्वाइट'** बना रहा था तब भी लिलियन ने चिढ़कर कहा कि भला कौन इन बौनों को देखने आयेगा। **'स्नो ह्वाइट'** जिसने ऐनीमेशन कार्टून में कितना कुछ नया जोड़ा। जिसने ऐनीमेशन का इतिहास रचा, उसकी दिशा बदल दी। इसी **'स्नो ह्वाइट'** के विषय में लिलियन ने इतनी टुच्ची टिप्पणी की थी। वह सदा उसके काम में मीनमेख निकालती। कभी उसे बढ़ावा न देती। काश! उसे बढ़ावा देने वाली पत्नी मिली होती। ऐसी पत्नी मिली होती जो उसके काम में रुचि लेती। उसके काम की प्रशंसा करती। शायद लिलियन की आलोचना वॉल्ट को चुनौती देती थी और चुनौतियाँ उसे सदा अच्छी लगती थीं। लिलियन सदैव अँधेरा पक्ष देखती। टाइम मैगज़ीन को साक्षात्कार देते समय उसने खुद को **'चूहे की विधवा'** (माउस विडो) कहा था। आगे बात को हल्का करने के लिए मजाक के तौर पर उसने जोड़ा कि उसे अपने पति की बातें अच्छी लगती हैं। मगर वे केवल मिक्की माउस के बारे में होती हैं। मगर जब मिक्की माउस को अपार सफलता मिली तो वह भी औरों की तरह इसका क्रेडिट लेना चाहती थी। उसके अनुसार उसी ने वॉल्ट को मिक्की माउस नाम सुझाया था। वरना वॉल्ट तो चूहे को बड़ा बेकार और भयंकर-सा नाम **'मोर्टीमर'** दे रहा था।

वॉल्ट अपनी पत्नी को बहुत प्यार करता था। उसके पास बहुत पैसे नहीं

थे, फिर भी उसने बहुत कीमती अँगूठी विवाह के लिए खरीदी। जब भी उसे समय मिलता वह परिवार के साथ बिताता। उसे बाहर की पार्टियाँ पसन्द नहीं थीं। उसके बहुत थोड़े से दोस्त थे, जिनके साथ वह अपने या अपने भाई के घर पार्टी करता। वह उसे कार्टून दिखाने थियेटर ले जाता। लिलियन को वह घुड़सवारी के लिए भी ले जाता। फिर भी वह शिकायत करती कि वॉल्ट घोड़ों को भी स्टूडियो की ओर मोड़ देता है। उसके साथ तैराकी, आइस स्केटिंग करता। यहाँ तक कि उसने लिलियन के साथ डांस सीखने का भी अभ्यास किया। वॉल्ट को बचपन से समूह में रहना अच्छा लगता था। मगर लिलियन के कारण उसने लोगों से मिलना-जुलना छोड़ दिया। उसका कहना था कि लिलियन को प्राइवेसी पसन्द है और घर औरतों का होता है। अतः उसने घर पर पार्टी करना, लोगों को आमन्त्रित करना बन्द कर दिया। उसने स्टूडियो की गैदरिंग्स में भी जाना छोड़ दिया। क्योंकि इन पार्टियों में अन्य सहयोगियों की पत्नियों का व्यवहार लिलियन को पसन्द नहीं आता था। अब जब बाहर जाने का मौका आता, वह कहता उसे घर पर छुट्टी मनाना अच्छा लगता है। हाँ, आउटडोर एक्टिविटी के रूप में वह काफी समय तक पोलो खेलता रहा। मगर बाद में वह भी छूट गया। वह पोलो खेलता और लिलियन पॉपकॉर्न चबाती हुई उसे देखा करती। उसका कहना था कि मैं जुआ नहीं खेलता हूँ, दूसरों की पत्नियों पर पैसे नहीं लुटाता हूँ या इस तरह का कोई काम नहीं करता हूँ। पोलो खेलता हूँ क्योंकि मेरी पत्नी इससे सहमत है। मगर वह भी समाप्त हो गया। अब वॉल्ट अपना खाली समय केवल लिलियन के साथ बिताता।

कई बार लिलियन स्टूडियो में दीवान पर सो जाती और वॉल्ट काम करता रहता। उसे समय का पता न चले इसलिए कई बार वह घड़ी की सुई पीछे कर देता जब अधनींद में वह पूछती कि कितना समय हुआ है तो वह कहता कि सो जाओ अभी बहुत समय नहीं हुआ है। लिलियन को शिकायत थी कि वह बिस्तर पर भी चैन से नहीं सोता है। नींद में भी अपने कार्टून और अन्य कामों के विषय में सोचता रहता है। रात भर करवट बदलता है और सुबह जल्दी उठकर स्टूडियो चल देता है। वॉल्ट को अपने काम से दीवानगी की हद तक प्रेम था। इसीलिए रास्ता चलते कोई मिल जाता तो वह उसे अपनी कल्पना को मौखिक और शारीरिक रूप से समझाने लगता। वह अपनी बात सदा अभिनय के द्वारा स्पष्ट करता। अभिनय करके बताता, खूब विस्तार से बताता। ऐसे मौकों पर लिलियन खुद को उपेक्षित अनुभव करती। बात समाप्त होने—जिसमें अक्सर खूब समय लगता—तक उसे चुपचाप इन्तजार करना पड़ता। यह इन्तजार उसे बहुत नागवार गुजरता। वह चिढ़ जाती। मगर उपाय क्या था। वॉल्ट अपनी बात समाप्त करके ही दम लेता। यह चिढ़ वह किसी न किसी प्रकार अवश्य निकालती।

लिलियन की माँ उनके यहाँ रह रही थी। जब उसकी साली हेज़ल सेवेल ने तलाक लिया तो वह भी अपनी बेटी मार्जोरी सेवेल के साथ उसी के घर में रहने लगी। वॉल्ट ने तेरह साल की मार्जोरी को अपना लिया और उसके पिता की भूमिका निभाने लगा। वह उस बच्ची को बहुत प्यार करता था। जब कभी वह बाहर जाती और जब तक लौट नहीं आती वह उसका इन्तजार करता बैठा रहता। जब वह पढ़ने के लिए हॉस्टल चली गयी तो वॉल्ट को यह अच्छा नहीं लगा। छुट्टियों में वह घर आती तो वह कहता, "क्यों आती हो जब यहाँ रहना नहीं है।" डायने के अनुसार घर में इन बाहरी लोगों का रहना तनाव का एक प्रमुख कारण हुआ करता। सदा कोई-न-कोई उनके यहाँ रहता। पहले लिलियन की माँ फिर उसकी तलाकशुदा बहन और भान्जी मार्जोरी और फिर लिलियन की एक और बहन ग्रेस। स्टूडियो और घर पर बहस और झगड़े का एक कारण और भी था। वह दोनों भाइयों के मनमुटाव का कारण भी बनता। रॉय का बेटा और वॉल्ट का दामाद दोनों स्टूडियो में काम करते थे और उन दोनों की नहीं बनती थी। वॉल्ट घर में शान्ति बनाये रखने के लिए लिलियन को शान्त करता। उसे अपनी बाँहों के घेरे में लिए रहता। देखने वालों को यह बहुत रोमांटिक लगता। उसी के लिए उसने नृत्य का अभ्यास किया। क्रिसमस पर उपहार देता। एक बार जब उसने रेडियो की फरमाइश की तो वॉल्ट ने रेडियो का ढेर लगा दिया। कभी नेकलेस देता, कभी कुछ। वह डिनर के लिए घर आता तो लिलियन के साथ बैठकर कॉकटेल लेता, तब फिर वे खाना खाते।

वॉल्ट का अपना बचपन कष्टकर और कठिन था। फिर भी वह अपने बच्चे चाहता था। एक-दो नहीं दस-दस बच्चे चाहता था। दूसरी ओर लिलियन परिवार में सबसे छोटी थी। उसने अपनी माँ की परेशानियाँ देखी थीं, अतः वह बच्चों के मामले में ज्यादा उत्सुक नहीं थी। लेकिन जब रॉय के घर बच्चा हुआ तो दोनों उसे खूब प्यार करने लगे। जब लिलियन गर्भवती हुई वॉल्ट की खुशी का ठिकाना न था। खुशी में आकर उसने अपने लिए एक नये घर की जमीन तलाश करनी शुरू कर दी। मगर उसकी यह खुशी ज्यादा दिन न रही। जल्द ही लिलियन का गर्भपात हो गया। इस गर्भपात से लिलियन से ज्यादा वॉल्ट दुःखी हुआ। यहाँ तक कि वह बुरी तरह बीमार हो गया। रॉय की सलाह थी कि वह लिलियन को कहीं बाहर घुमाने ले जाये। अगर हो सके तो वे लोग होनोलूलू घूम आयें। हालाँकि वह तुरन्त राजी नहीं हुआ। उस समय उस पर काम का काफी बोझ था। पहले उसने सोचा कि समुद्र के रास्ते वह सीटेल जायेगा। फिर वहाँ से अपने माता-पिता से मिलने पोर्टलैण्ड और उसके बाद इडाहो जाकर लिलियन के रिश्तेदारों से मिलेगा। बाद में योजना बदल गयी और उसने लिलियन के साथ हवाई जाने की सोची

और इसके लिए बुकिंग भी करवा ली। फिर अचानक योजना बदल गयी। हवाई ट्रिप रद्द करवा दिया और पनामा कैनाल के लिए हवाना के रास्ते से चल पड़े। वह मिसीसिपी नदी नापना चाहता था। यह उसकी पुरानी तमन्ना थी। पहले भी फ्रांस से लौटने पर उसने अपने एक मित्र रसल मास के साथ यह योजना बनायी थी मगर इसे पूरा न कर सका था। मगर अब मिसीसिपी के लिए रिवरबोट नहीं मिल रही थी। अतः लिलियन और वॉल्ट ट्रेन से वाशिंगटन डी सी गये। तीन दिन मेफेयर होटल में ठहरकर अजायबघर, पार्क घूमते रहे। कबूतरों को दाना डालते रहे। इसके बाद वे हवाना गये। यह शादी के छः सालों में उनका असली घूमना-फिरना था। दोनों ने खूब मजे किये और वॉल्ट स्वस्थ होकर स्टूडियो लौटा।

तुरन्त ही वे दोनों फिर से यात्रा पर निकल पड़े। इस बार वे कैंसास सिटी गये। वहाँ उसे एक पुरस्कार मिलना था। इस तरह जब भी सम्भव होता वह लिलियन को अपने संग ले जाता। वह परिवार के साथ यात्रा का कोई अवसर नहीं छोड़ता, यहाँ तक कि मौका पड़ने पर बहाने भी गढ़ लेता। जब वह रॉबर्ट लुई स्टीवेंशन की किताब 'ट्रेज़र आइलैण्ड' पर लाइव एक्शन बना रहा था तो लिलियन और लड़कियों को यूरोप के टूर पर ले गया। बहाना था कि वह खुद प्रोडक्शन का काम देखना चाहता है। वह 1949 में इंग्लैण्ड में परिवार के साथ होटल में मजे करता रहा और उन्हें लन्दन घुमाता रहा। जब उन लोगों का लन्दन से मन भर गया तो आयरलैण्ड और फ्रांस चले गये। वहाँ से स्विट्ज़रलैण्ड होते हुए करीब डेढ़ महीने के बाद वे लोग अमेरिका वापस लौटे। बीच-बीच में उसके लिए स्टूडियो से दूर रहना जरूरी था। अन्यथा काम के दबाव से उसे नर्वस ब्रेकडाउन हो जाता था। काम के सिलसिले में भी उसे दुनिया घूमनी पड़ती और अक्सर लिलियन उसके साथ होती। उसके लिए शारीरिक व्यायाम भी बहुत जरूरी था।

डॉक्टर ने भी कहा था कि यदि वे कुछ शारीरिक व्यायाम करते रहेंगे तो बच्चा पैदा होने की उम्मीद ज्यादा है। इसलिए भी वे बाहर निकलते। इस बार नतीजा अच्छा निकला। 1932 में लिलियन एक बार फिर गर्भवती हुई। वॉल्ट फिर से उत्साहित हो गया। उसने तुरन्त डेढ़ एकड़ जमीन खरीदकर बारह कमरों का फैशनेबल घर बनवाना शुरू कर दिया। मगर यह उसका दुर्भाग्य था कि इस बार भी गर्भपात हो गया। लेकिन इस बार जल्द ही कुछ महीनों में 1933 में वह फिर से गर्भवती हुई। इस बार दोनों खूब सावधान थे। वॉल्ट लिलियन की भरपूर देखभाल करता। वह सारे समय उसके स्वास्थ्य की जानकारी पत्रों द्वारा अपनी माँ को देता रहा। जब कुछ समय ठीक-ठाक गुजर गया तो वह फिर से बहुत उत्साहित हो उठा। बच्चे के लिए उसने न केवल एक सजी-धजी नर्सरी बनायी वरन् होने वाले बच्चे के लिए एक पोनी भी खरीद लाया। सारी तैयारी के बावजूद वह खुद को

आने वाले बच्चे से जोड़ नहीं पाता। उसे अजीब-सा लग रहा था। उसे समझ नहीं आ रहा था कि पिता बनकर उसे कैसा लगेगा। वह इस जिम्मेदारी को कैसे निभायेगा। ठीक से निभा सकेगा या नहीं। यही सब प्रश्न उसे घेरे रहते। वह अपने मन की भावनाओं को अपनी माँ से साझा करता। लिलियन लड़की चाहती थी। वॉल्ट मन-ही-मन प्रण करता कि वह आने वाले बच्चे को लाड़-प्यार से बिगाड़ेगा नहीं। मगर उसे बखूबी मालूम था कि वह ऐसा नहीं कर सकेगा। उसे डर था कि कहीं वह अपने लाड़-प्यार से बच्चे बिगाड़ न दे। यदि ऐसा हुआ तो वह दुनिया का सबसे बिगड़ा बच्चा होगा।

सोचा जा सकता है कि जब उनके यहाँ बच्चा हुआ तो वॉल्ट की हालत कैसी रही होगी। वह नहीं चाहता था कि बच्चे के जन्म की बात सार्वजनिक हो। कारण था कि इसी समय एक अन्य व्यक्ति के शिशु का अपहरण कर उसकी हत्या कर दी गयी थी। मगर वॉल्ट के यहाँ बच्चा हो और यह बात छिपी रहे यह सम्भव न था। मजेदार बात है कि जब उसे **'पेरेंट्स'** नामक पत्रिका सम्मानित कर रही थी उसी समय उसे इस बात की सूचना मिली। 18 दिसम्बर, 1933 को मिक्की माउस के लिए उसे यह पत्रिका सम्मानित करने वाली थी। उसी का लंच चल रहा था कि किसी ने आकर उसके कान में कुछ कहा। उसने उस व्यक्ति को केवल धन्यवाद कहा। वहाँ प्रेस के 75 लोग उपस्थित थे। वॉल्ट ने मैगजीन वालों से कहा कि मेरे जीवन का सर्वाधिक महत्त्वपूर्ण क्षण है। मुझे माफ करें, अगर मैं जल्दी से गया तो अपनी पत्नी और...को यह पुरस्कार दिखा सकूँगा। उसने अपना कोट उठाया और वहाँ से चल दिया। यूनिवर्सिटी ऑफ सदर्न कैलिफोर्निया के डॉ. रफस ने उपस्थित लोगों को बताया कि वॉल्ट का पुरस्कार मैं ग्रहण करूँगा। क्योंकि उसकी पत्नी उसे एक अन्य प्रकार का पुरस्कार प्रदान करने वाली है। वह अभिभावक बनने जा रहा है और तब वह इस मैगजीन (पेरेंट्स) का सटीक पाठक होगा। बच्चे के पैदा होने से कुछ पहले वह अस्पताल पहुँच गया। लिलियन को उसकी चिर-परिचित खाँसी की आवाज से पता चल गया कि वह आ चुका है और तभी उसका बच्चा इस दुनिया में आया। उसने अपने भाई रॉय को तत्काल यह शुभ समाचार तार द्वारा दिया। उसने लिखा, "मैं एक बच्ची का गर्वीला पिता हूँ। बच्ची और लिलि स्वस्थ हैं।" उसकी एकमात्र सन्तान का जन्म हो चुका था। लिलियन ने एक स्वस्थ आठ पाउण्ड दो औंस की बच्ची को जन्म दिया था। जिसका नाम डायने मेरी डिज़्नी पड़ा। सच, यह वॉल्ट की जिन्दगी का सबसे ज्यादा खुशी का दिन था।

जब तक बच्चा नहीं हुआ था लिलियन वॉल्ट के साथ स्टूडियो चली आती थी। मगर जब उनकी बेटी डायने पैदा हो गयी तो लिलियन ज्यादा वक्त बच्ची

के साथ गुजारने लगी। इसका मतलब था वॉल्ट स्टूडियो में रहता और वह घर में। इस बात से वह बहुत खफा रहती। उसे लगता कि वॉल्ट घर पर ज्यादा ध्यान नहीं देता है। उसे पति का अपने काम में डूबा रहना नहीं सुहाता था। एक पिता के रूप में वॉल्ट बहुत समर्पित था। स्टूडियो के बाद यदि उसका ध्यान और समय कहीं लगता तो वह उसकी बेटी थी। लिलियन के परेशान रहने का एक और कारण था। तीन बार उसका गर्भपात हुआ और डॉक्टर ने बता दिया कि वह अब और माँ नहीं बन सकेगी। मगर वे और बच्चे चाहते थे। इसीलिए जब स्नो ह्वाइट रिलीज हुई उसी समय उन्होंने एक छः सप्ताह की बच्ची शैरॉन गोद ली। वॉल्ट बच्ची की निजता की रक्षा करना चाहता था। वे लोग खुद बच्ची लेने नहीं गये। उसे डर था कि लोग डिज़्नी को पहचान लेंगे। वह नहीं चाहता था कि लोग जाने की वह उसकी दत्तक पुत्री है। उसने अपने माली, डायने की नर्स और भान्जी मार्जोरी को बच्ची लाने अस्पताल भेजा। आते ही बच्ची को निमोनिया हो गया। अतः उसे एक महीने के लिए अस्पताल में रखना पड़ा। पति-पत्नी ने दोनों लड़कियों के बीच कभी भेदभाव नहीं किया। वे शैरॉन के प्रति भी पूरी तरह से समर्पित थे। वह नहीं चाहता था कि लोगों को पता चले कि उसने बच्ची गोद ली है। बीस साल बाद **'लुक'** मैगज़ीन ने जब इसकी चर्चा की तो वह बहुत नाराज हुआ। उसने कहा कि उसके अपने बारे में लोग जो चाहे कहें, उसे परवाह नहीं, मगर उसकी बच्चियों के बारे में किसी को कुछ कहने का कोई अधिकार नहीं है। मैगज़ीन ने उस लाइन को हटा दिया। वे और बच्चे गोद लेना चाहते थे मगर यह कभी न हो सका। लिलियन भले ही लड़कियों की ओर उतना ध्यान नहीं देती थी, परन्तु वह उनके प्रति बहुत संवेदनशील था। एक बार जब शैरॉन की क्लास की दो लड़कियों ने उसे बताया कि वह गोद ली हुई बच्ची है। वे दोनों भी दत्तक थीं तो शैरॉन ने घर आकर माँ से सीधे यह बात पूछी और उसकी माँ ने बिना इस बात की परवाह किये हुए कि बच्ची को कैसा लगेगा, कह दिया कि हाँ यह बात सच है।

वह पोलो खेलने जाता था। यह उसकी एकमात्र सोशल एक्टिविटी थी। मगर लिलियन को यह नहीं रुचता। पोलो खेलने जाने का मतलब था वॉल्ट का उतनी देर और उससे दूर रहना। कुछ दिन बाद पोलो खेलते हुए उसके पैर में चोट लग गयी जो जिन्दगी भर उसे परेशान करती रही। इसके बाद भी वह कुछ दिन खेलता रहा। दुर्घटना में एक व्यक्ति की मृत्यु हो गयी। इससे आहत होकर रॉय ने पोलो खेलना छोड़ दिया और अपने घोड़े बेच डाले। वॉल्ट ने भी खेलना बहुत कम कर दिया। बाद में उसने क्लब को कहा कि स्टूडियो में काम बहुत बढ़ गया है, अतः उसे खेलने का समय नहीं मिलता है। वह अपने पोनी बेचना चाहता

था। बारह में से दो पोनी वह अपने और लिलियन के लिए रखकर बाकी बेचना चाहता था। पोलो खेलना रुकने से पोलो के साथियों से भी उसका सम्बन्ध टूट गया। हाँ, अब लिलियन को ज्यादा समय मिलने लगा। व्यायाम के लिए अब वह बैडमिंटन खेलने लगा। अपने एकाध दोस्तों को घर पर बुलाकर अपने पूल में तैरता, उनके साथ बैडमिंटन खेलता। लिलियन जानती थी कि वॉल्ट का कोई भी अभिन्न मित्र नहीं है। फिर भी वह बहुत पजेसिव थी, किसी के साथ वॉल्ट को साझा नहीं करना चाहती थी।

जिन बच्चों को माता-पिता का अपेक्षित प्यार प्रेम नहीं मिलता है, प्रतारणा मिलती है, बचपन में माता-पिता उन पर अत्याचार करते हैं। ऐसे बच्चे आगे चलकर अक्सर दो तरह से प्रतिक्रिया करते हैं। या तो वे माता-पिता से विमुख होकर गलत राह पर पड़ जाते हैं। अपना और परिवार का जीवन नष्ट करते हैं। अथवा जीवन को एक चुनौती के रूप में लेकर बहुत आगे निकल जाते हैं। वे दिखाना चाहते हैं कि वे बिना माता-पिता की सहायता के खुद भी बहुत कुछ कर सकते हैं। बच्चा चाहे जैसा व्यवहार करे एक बात तय है कि जिन बच्चों को माता-पिता की सही देखभाल और सुरक्षा नहीं मिलती है वे घर से छिटक जाते हैं। घर से जुड़ नहीं पाते हैं। जो बच्चे इस व्यवहार को चुनौती के रूप में लेते हैं अक्सर वे भी अपने माता-पिता से दूर हो जाते हैं। अक्सर उनके लिए आगे चलकर अपना परिवार होता है तो अपने परिवार से जुड़ना भी कठिन हो जाता है। उनके लिए परिवार में सामंजस्य करना बहुत कठिन होता है। कई बार जब वे अपना परिवार बनाते हैं तो अपने परिवार के प्रति बड़े समर्पित होते हैं। वॉल्ट डिज़्नी इसी तरह का व्यक्ति था। जिसे बचपन में अपेक्षित देखभाल न मिली, मगर उसने अपने जीवन को सँवारा। और जब उसका अपना परिवार बना तो उसने परिवार के प्रति अपना दायित्व यथासम्भव निभाया। वह एक प्रतिबद्ध पति और दायित्वपूर्ण पिता था।

वह बहुत प्रसिद्ध व्यक्ति था। मगर नहीं चाहता था कि इस प्रसिद्धि की भरपाई उसकी बेटियों को करनी पड़े। वह उन्हें इस चकाचौंध से दूर रखता। घर में वह केवल उनका पिता था। उनके लिए वह प्रसिद्ध वॉल्ट डिज़्नी नहीं था। जब उसकी बेटी डायने छः साल की थी, उसे कहीं से पता चला कि उसका पिता बड़ा आदमी है। उसने वॉल्ट से पूछा कि क्या वही प्रसिद्ध वॉल्ट डिज़्नी है? जब उसने कहा कि हाँ वही वॉल्ट डिज़्नी है, तो बेटी ने मासूमियत से कहा कि उसे उसका ऑटोग्राफ चाहिए। वॉल्ट लड़कियों पर जान छिड़कता था। वह उनके साथ सारे घर में दौड़ता-कूदता रहता, तरह-तरह के खेल खेलता। उन्हें अपने कन्धे पर चढ़ाकर घुमाता। स्वीमिंग पूल में उनके साथ तैरता। उन्हें घुड़सवारी के लिए ले जाता। बेटियों की नजर में वह दुनिया का सबसे मजबूत आदमी था और सबसे मजेदार भी।

सच में वह एक पिता के सारे दायित्व निभाना चाहता था। वक्त निकालकर उनके स्कूल समारोहों में जाता, भले जब वे कहतीं कि यह कोई खास समारोह नहीं है तब भी वह उनके स्कूल के कार्यक्रम में जाता। रात को वह बिस्तर में लेटकर उन्हें कहानियाँ पढ़कर सुनाता। कहने का मतलब यह है कि वह बच्चियों के साथ एक सामान्य पिता की तरह पेश आता था। खुद वॉल्ट की धर्म विशेष में खास रुचि न थी। मगर बच्चों को वह धार्मिक शिक्षा देना चाहता था। अतः उन्हें चर्च ले जाता। वहाँ से निकलकर उन्हें मेले, झूले आदि की सैर कराता। जब वह स्टूडियो में काम कर रहा होता तब भी वे उसके साथ होतीं। वह काम करता रहता वे साइकिल चलातीं। जहाँ ले जाना सम्भव होता वह लड़कियों को अवश्य ले जाता। जब उसका नया स्टूडियो बन रहा था वह उन्हें वहाँ ले जाता। वे बन रहे बड़े खाली कमरों में चिल्लातीं और उनकी आवाज गूँजती। व्यस्त रहते हुए भी वह उनके लिए समय निकाल लेता। बेटियाँ भी उसे बहुत प्यार करती थीं। वॉल्ट के अनुसार जब बच्चियाँ छोटी थीं और वह उनके संग समय गुजारता था तो वे उसके जीवन के सर्वाधिक सुहावने दिन थे। दुनिया के लिए भले ही वह अंकल वॉल्ट था। मगर बेटियों के लिए केवल उनका प्यारा पिता था।

वॉल्ट के जीवन में दिसम्बर महीने का बड़ा महत्त्व रहा। अक्सर वह इसी महीने में अपनी फिल्में पूरी करके रिलीज करने का टारगेट रखा करता। **'स्नो ह्वाइट'**, **'फैंटासिया'**, **'डम्बो'** का प्रीमियर दिसम्बर महीने में हुआ। **'टाइम मैगज़ीन'** ने वॉल्ट डिज़्नी को तीन बार अपनी कवर स्टोरी बनाया। जिसमें से दो दिसम्बर महीने में हैं एक 1937 में तथा दूसरा 1954 में। एक और दिसम्बर को उसकी डम्बो फिल्म को उन्हें कवर स्टोरी बनाना था, लेकिन दिसम्बर, 1941 में जापान ने पर्ल हार्बर पर बम गिराया और अमेरिका की पॉलिसी बदल गयी। सो उस महीने वॉल्ट टाइम मैगज़ीन पर न आ सका, मगर कई सालों के लिए उसका स्टूडियो बरबैंक सेना की छावनी बना रहा। जिससे उसके काम की दशा और दिशा में काफी परिवर्तन आया। चार साल तक उसका स्टूडियो सेना के कब्जे में रहा और देशभक्त वॉल्ट देश-सेवा में लगा रहा। एक और विचित्र बात हुई कई सालों बाद जब 1897 में लिलियन गुजरी तो वह भी दिसम्बर की 16 तारीख थी। संयोग की बात है कि वॉल्ट और दोनों लड़कियों का जन्म दिसम्बर में हुआ। डायने का जन्म 18 दिसम्बर, 1933 को हुआ और शैरॉन भी दिसम्बर की 21 तारीख को जन्मी थी। वह डायने से केवल एक साल छोटी थी। वॉल्ट की मृत्यु भी दिसम्बर में हुई अपने 65वें जन्मदिन के दस दिन बाद 15 दिसम्बर, 1966 को उसने अन्तिम साँस ली।

वह कोशिश करता कि बच्चों के जन्मदिन पर वह उनके पास रहे समारोह

में शामिल रहे। मगर उसके काम और जिम्मेदारियों को देखते हुए यह सदैव सम्भव नहीं हो पाता था। एक बार जब **'डम्बो'** फिल्म की 1944 में आउटडोर शूटिंग चल रही थी वह चाहकर भी डायने के जन्मदिन पर घर न आ सका। मजबूरी थी उसने यह लोकेशन बहुत महँगे किराये पर लिया था और समय की कमी भी थी। इससे वह बहुत अपसेट था। वह अपनी लड़कियों को अपनी आँख के इशारे से अनुशासन में रखता। उसकी भौंह चढ़ते ही वे रास्ते पर आ जातीं। शैरॉन को याद है कि उसे केवल एक बार पिटाई मिली जब उसने खाना खाते समय कोई अश्लील बात कह दी थी। एक बार वह डायने से भी गुस्सा हो गया था जब वह उसकी कार लेकर ट्वनीयेथ सेंचुरी फॉक्स के प्रोडक्शन चीफ की बेटियों के साथ पूरी छुट्टियों में पॉम स्प्रिंग्स में घूमती रही थी। वॉल्ट ने डाँटा था कि वह कभी घर पर नहीं रहती है। उसका कहना था कि जब बेटी ही वहाँ नहीं रहती है तो भला वह वहाँ क्यों है? उसने बेटी को वही कहा जो वह अपनी भान्जी मार्जोरी को कहा करता था। वह बच्चों को अपने आस-पास देखना चाहता था। जब बेटियों के बच्चे हो गये तब वह नाती-नातिनियों से घिरा रहना चाहता था। लेकिन इसके कुछ दिन बाद ही डायने से एक दुर्घटना हो गयी। खबर मिलते ही वह वहाँ पहुँच गया और बेटी को कुछ नहीं कहा। असल में जब उसे चोट पहुँचती थी तभी वह गुस्सा होता था।

जब वह अपनी जड़ों की खोज में निकला वह 1947 में ओंटारिओ के गुडरिक तक गया। करीब एक सौ साल पहले उसके बाबा आयरलैण्ड से आकर यहाँ बसे थे। यहीं उसके पिता का जन्म हुआ था। उसके माता-पिता सदा यहाँ की बातें किया करते थे। पहले कभी काम की अधिकता के कारण वह नहीं जा पाया था और अब उसका पिता गुजर चुका था। वह लिलियन और अपनी साली हेज़ल और उसके पति बिल कोटॅरेल के साथ पहले जहाज और फिर कार से लम्बी यात्रा करके यहाँ पहुँचा। अपने पिता के एक चचेरे भाई की सहायता से उसने अपने बाबा और अन्य रिश्तेदारों की कब्र खोज निकाली। उसने अपनी दादी के विषय में भी पता किया और उनकी तथा उनके परिवार की कब्र देखी। उसने वह केबिन भी देखी जहाँ उसे बताया गया कि उसके बाबा-दादी की शादी हुई थी। वॉल्ट एक भावुक व्यक्ति था। वह इन स्थानों के फोटो लेने लगा। उसने उस केबिन के भी खूब सारे फोटो लिए। बाद में उसे ज्ञात हुआ कि असल में यह वह केबिन नहीं थी जहाँ उसके बाबा-दादी की शादी हुई और जहाँ वे रहते थे। इस पूरी यात्रा में लिलियन की कोई दिलचस्पी नहीं थी। वॉल्ट कहीं अकेले नहीं जाता था, अतः वह जिद करके उसे अपने संग ले गया था। वह उसके संग घिसट रही थी। तब उसे पता चला कि वॉल्ट ने गलत स्थान के फोटो ले लिए हैं तो उसने वॉल्ट का

खूब मजाक उड़ाया और भविष्य में भी जब मौका मिलता वह वॉल्ट की इस गलती को याद दिलाती रहती। वह कभी इस वाकिये को भूलने नहीं देना चाहती थी। वह कोई मौका नहीं छोड़ती। जब वॉल्ट कोई भूल करता वह उसके लिए उसे बराबर कोंचती। वह उसकी बड़ी कटु आलोचक थी। लिलियन को सदा शिकायत थी कि सप्ताहान्त में जब भी कोई योजना बनती है उसका अन्त स्टूडियो में होता है और योजना धरी की धरी रह जाती है। वह सदैव चाहता था कि लोग उसके काम में रुचि लें और वही उत्साह दिखायें जो उसे है। मगर उसकी पत्नी को उसके काम में कोई रुचि न थी यहाँ तक कि बाद में वह उसके काम से नफरत करने लगी थी। क्योंकि काम के कारण वह घर पर और उस पर पूरा ध्यान नहीं देता था। हालाँकि वह उसे जीनियस मानती थी और उसकी प्रशंसा से प्रभावित थी। एक बार उसने कहा कि मिक्की माउस और वॉल्ट एक दूसरे से बहुत मिलते हैं। ऐसा लगता है कि दोनों की पहचान समान है। दूसरी ओर वॉल्ट का कहना था कि वह उसकी सर्वोत्तम मित्र है।

उसका कुत्ता सुनी उसका दूसरा बेहतरीन दोस्त था। सुनी के बाद उसने एक और कुत्ता डचेज पाला। उसे कुत्तों से विशेष लगाव था। लेकिन काम उसके जीवन में सबसे पहला स्थान रखता था। उसने ईमानदारी से स्वीकार किया कि जब लिलियन स्टूडियो में सोफे पर सो जाती तो वह चालाकी से घड़ी की सुई घुमा देता। लिलियन भले ही उपेक्षित अनुभव करती थी मगर वह दोनों के सहजीवन का एक मिनट भी बदलने के लिए, किसी अन्य व्यक्ति या बात से विनिमय के लिए राजी न थी। वह मानती थी कि उनका जीवन बहुत अच्छा है। वण्डरफुल है। वह वॉल्ट को चाहती थी और यदि कोई अन्य व्यक्ति उसे प्रेम करता तो लिलियन को ईर्ष्या होती। लिलियन को पब्लिक की परवाह नहीं थी। वह वॉल्ट को केवल अपने लिए चाहती थी। वह भूल जाती कि वॉल्ट केवल उसके लिए ही नहीं बना था। वह तो पूरी दनिया के लिए बना था और वह पूरी दुनिया के लिए मनोरंजन के साधन बना रहा था। ऐसा व्यक्ति किसी एक का होकर कैसे रह सकता है? हाँ, उसने कभी लिलियन से बेवफाई न की। यह बात वह जानती थी।

वह परिवार, लिलियन, बच्चों और कुत्तों को बहुत चाहता था। लेकिन जब काम और स्टूडियो की बात आती तो वह बिल्कुल नयी ब्याई कुतिया की तरह व्यवहार करता। किसी कीमत पर वह स्टूडियो की हानि सहन नहीं करता। तब उसके लिए परिवार या रिश्तेदारी कोई मायने नहीं रखती थी। उसके लिए स्टूडियो की भलाई सर्वोपरि होती। जैसे कि जब उसकी साली हेज़ल सेवेल को नर्वस ब्रेकडाउन हुआ तो उसने उसका वेतन काट लिया जबकि वह ग्यारह वर्षों से वहाँ काम कर रही थी। वह इंक और पेंट विभाग की प्रमुख थी। साली ने यह कहते

हुए इस्तीफा दिया कि उसने गुरबत के दिनों में उसके यहाँ काम किया है। और उसके कारण स्टूडियो को बहुत लाभ हुआ है। इस पर वॉल्ट का कहना था कि अगर उसके स्थान पर वह होता तो ऐसा ही सोचता और ऐसा ही करता। लेकिन वह उसके स्थान पर होती तो वह वही करती जो वह कर रहा है। उसने साली का इस्तीफा बिना किसी झिझक के स्वीकार कर लिया।

बचपन से ही ट्रेन उसकी कमजोरी थी। बचपन में वह रेल की पटरी पर कान लगाकर दूर से आती ट्रेन की आवाज सुना करता। ट्रेन में सामान बेचता, ट्रेन से यात्रा करता। ट्रेन से मेले देखने जाता। बाद में वह अपनी खुद की ट्रेन ले आया। अपनी ट्रेन को लेकर वह इतना उत्साहित था कि एक बार वह ट्रेन का पिस्टन घर ले आया और उसने सबको दिखाने के लिए बहुत गर्व के साथ डायनिंग टेबल पर सजा दिया। लिलियन की प्रतिक्रिया का अनुमान लगाया जा सकता है। एक बार 1947 में उसने अपनी बहन के तीन पोतों के लिए ट्रेन खरीदी और उन्हें क्रिसमस उपहार के रूप में दी। उसने अपनी बहन रूथ को लिखा कि उसने अपने लिये भी क्रिसमस उपहार के रूप में एक इलेक्ट्रिक ट्रेन ली है। वह यह भी जानता था कि उसकी बहन लड़की होने के कारण इस उपहार का वास्तविक महत्त्व नहीं समझ सकती है। मगर बचपन से उसकी इच्छा थी कि उसकी अपनी ट्रेन हो और यह उसने कर दिखाया। उसने अपनी ट्रेन अपने ऑफिस के बाहर वाले कमरे में सेट की और जब भी समय मिलता वह उससे खेलता। बाद में उसने पूरी रेलरोड बिछाकर बाकायदा ट्रेन चलाई अपने लिए और दूसरों के लिए भी।

उसकी जान-पहचान एक और ऐसे व्यक्ति डिक जैक्सन से हुई जिसे ट्रेन में रुचि थी। वह व्यक्ति ट्रेन के पुर्जे बनाते हुए सेवानिवृत्ति हुआ था और उसके पास अपना एक स्टीम इंजन था। वॉल्ट मौका मिलते ही उसके यहाँ बेवरली हिल्स गया और उसका इंजन चलाकर देखा। यहाँ भी वह पत्नी को भूला नहीं। वह जैक्सन के यहाँ अपने साथ लिलियन तथा शैरॉन को भी ले गया। वह अपनी खुशी अपने परिवार के साथ साझा करना चाहता था। इसी साल उसकी पहचान विलियम केसी इओंस से हुई वह भी ट्रेन प्रेमी था। उसने अपनी ट्रेन पर वॉल्ट को हाथ आजमाने दिया। इसके लिए उसने केसी को कृतज्ञता दिखाई और खुले मन से उसे धन्यवाद दिया। जब वह अपने लिए मिनियेचर ट्रेन खरीदना चाहता था, तब वह नहीं चाहता था कि लोग जानें कि वह ऐसा कर रहा है। कारण अगर लोगों को पता चलता कि वॉल्ट डिज़्नी ट्रेन चाहता है तो लोग मुँह माँगे दाम माँगते। उसकी ख्याति थी। अतः उसने बिचौलिये के माध्यम से काम किया। उसने अपने यहाँ ट्रैक बिछाया और शैरॉन के साथ कैलिफोर्निया में लगे मेले में इंजन देखने गया। वर्कशॉप में

जहाँ उसकी ट्रेन का काम हो रहा था वहाँ भी वह अपने कुत्ते और शैरॉन को ले जाता और सप्ताहान्त में खुद मशीनों पर काम करता। अब वह जहाँ-जहाँ जाता परिवार के साथ उसकी ट्रेन भी चलती। वह धूप में बैठकर रेती चलाता रहता। अपनी ट्रेन के पुर्जों का काम करता रहता। उसे मशीनों से खास प्रेम था और मशीन पर अपने हाथ से काम करना अच्छा लगता।

इसमें कोई दो मत नहीं है कि घर से ज्यादा उसे स्टूडियो पसन्द था। वहाँ उसका बिस्तर भी था और कई बार वह रात को वहीं रह जाता। मगर घर पर खबर देना कभी नहीं भूलता। अपनी सेक्रेटरी से लिलियन को फोन करवा देता कि वह डिनर के लिए नहीं आयेगा। जैसे-जैसे उसकी उन्नति होती गयी वह परिवार के लिए सुख-सुविधाएँ जुटाता गया उनके लिए बेहतर घर बनाता गया। मगर उसका घर सदा तड़क-भड़क से दूर था। बाद में उसने जो घर बनाया उसमें स्वीमिंग पूल और बैडमिंटन कोर्ट के अलावा उसकी ट्रेन के लिए भी स्थान था। उसे लग रहा था कि यह उसके लिए बहुत अच्छा होगा। उसने अपनी आण्टी को लिखा कि वह सोचता है कि इसके बाद वह घर पर ज्यादा समय बिता पायेगा। इस बड़े से घर के लिए लिलियन और डायने ने मिलकर जो स्थान चुना उसे वॉल्ट ने खारिज कर दिया, क्योंकि उसमें उसकी ट्रेन योजना के लिए पर्याप्त स्थान न था। लिलियन ने एक दलाल से बात की और वह वॉल्ट के साथ जगह देखने गयी। यह ढाई एकड़ का पेड़ों से घिरा स्थान था। 1948 में इसे देखते ही वॉल्ट ने पसन्द कर लिया। लिलियन का कहना था कि उसे यह स्थान पसन्द आया, क्योंकि उसे वहाँ अपनी ट्रेन दिख रही थी। इस स्थान का एक फायदा और था। यह स्टूडियो से खासी दूरी पर था। स्टूडियो आते-जाते वह काफी योजनाएँ बना सकता था। इस घर को तैयार होने में बहुत समय लगा और जब 1950 में वे लोग इस घर में आये तब भी वॉल्ट के रेलरोड का काम छः महीने और चलता रहा। इसे लेकर बहुत दिनों तक लिलियन खासी परेशान रही।

उसने यह घर काफी कुछ अपने बचपने के मार्सेलाइन के घर के अनुरूप बनाया था और तो और उन लोगों ने यहाँ फल के पौधे भी लगाये जैसे उनके यहाँ पहले वाले घर में थे। वैसे तो इस घर में सत्रह कमरे थे, मगर हॉलीवुड के हिसाब से यह फिर भी कुछ नहीं था, उसकी बेटी के अनुसार वॉल्ट का सारा पैसा स्टूडियो में जाता था वह हॉलीवुड वालों की भाँति पैसे नहीं बनाता था। फिर उसका घर हॉलीवुड वालों जैसा कैसे हो सकता था। उसने घर को सादगी दी ताकि लिलियन को इसे चलाने में बहुत मेहनत न करनी पड़े, अब वह अपने नये घर में शाम गुजारता। मगर परिवारजनों के साथ नहीं। इस समय भी वह वर्कशॉप में अपनी रेलरोड के लिए फर्नीचर बनाता रहता। उसकी कुतिया डचेज उसके पास बैठी रहती।

कुतिया के लिए वह अपनी जेब में हॉट डॉग रखता था, जिसे वह जेब से निकालकर खिलाता रहता। आधी रात तक यह चलता तब कुतिया उठती और उसे बिस्तर की ओर चलने के लिए खींचने लगती। जब तक वह उठ नहीं आता वह उसे देखती रहती। जब वॉल्ट की यह पालतू कुतिया मरी तो उसे शक था कि हो न हो लिलियन ने डॉक्टर से मिलकर उसे मरवा दिया है। कुतिया बहुत बीमार थी। डॉक्टर का कहना था कि इसे मार दिया जाना चाहिए। वॉल्ट इसके खिलाफ था उसने सख्त हिदायत दी कि ऐसा न किया जाये। वह बहुत क्रोधित था और शक की पुष्टि के लिए कुतिया की देह का पोस्टमार्टम करवाना चाहता था। उसे डचेज से इतना लगाव था कि उसके मरने के बाद उसने उसका कम्बल स्टूडियो में सँभालकर रखा।

वह अपनी ट्रेन के लिए आधा मील का ट्रैक बिछाना चाहता था, मगर लिलियन को इस पर आपत्ति थी उसके अनुसार यदि उसने ट्रैक बिछाया तो लिलियन के फूलों की क्यारी नष्ट हो जायेगी। वॉल्ट की सृजनात्मकता यहाँ फिर जाग उठी उसने उपाय खोज निकाला। उसने अपने इंजीनियर के साथ मिलकर क्यारियों के नीचे से रेलरोड के लिए एक सुरंग निकाल ली यह और भी मजेदार हो गया। अब ट्रेन एक सुरंग से होकर भी गुजरेगी। इंजीनियर ने इस सुरंग को एक 'एस' आकार का घुमाव भी दे दिया, जिससे ट्रेन में यात्रा करने का मजा दोगुना हो गया। और तो और खिलवाड़ के लिए उसने झूठमूठ का एक करारनामा भी साइन किया, जिसमें लिलियन से उसे लिलियन की जमीन का 'करोलवुड पैसीफिक रेलरोड' के लिए इस्तेमाल करने का अधिकार प्राप्त होता था। उसके इस रेलरोड के खेल का खर्च करीब 27 हजार डॉलर आया। लिलियन के पास शिकायत के लिए अनगिनत मुद्दे थे। छः महीने तक घर के पीछे रेलरोड के काम के लिए बुलडोजर चलता रहा, जिससे उसे बड़ी परेशानी हुई। लिलियन ने पत्रकारों को साक्षात्कार देते वक्त भी ये शिकायतें की। वॉल्ट को लिलियन की परेशानियों का भान था उसे उससे सहानुभूति भी थी, मगर वह जो करना चाहता था वह तो उसे करना ही था। वरना वॉल्ट डिज़्नी वॉल्ट डिज़्नी कैसे होता। उसका एक और शगल सोडा फाउण्टेन था। लोगों के लिए वह बड़े प्रेम से तरह-तरह के मिश्रित पेय बनाया करता।

रविवार को वह लड़कियों को चर्च ले जाता। वह खुद कभी चर्च नहीं जाता था। धर्म विशेष में उसकी रुचि न थी। यह शायद उसके बचपन के अनुभव का फल था। उसका पिता अपने बच्चों को नैतिकता का पाठ बहुत ज्यादा पढ़ाता था। चर्च से जब लड़कियाँ निकलतीं वह उन्हें ग्रिफिथ पार्क ले जाता। वे वहाँ झूला झूलतीं। वहाँ बहुत से और लोग अपने बच्चों को लाते बच्चे खूब मजे करते, मगर

बड़ों के लिए वहाँ बेकार बैठे रहने के अलावा कुछ न होता। वॉल्ट को वहीं से अम्यूजमेंट पार्क बनाने की सूझी। उसे लगा कि एक ऐसा स्थान होना चाहिए जहाँ पूरा परिवार एक साथ मनोरंजन कर सके। कुछ लोग मानते थे कि उसके पार्क का विचार उसकी रेलरोड की रुचि का ही विस्तार था। कुछ और लोग मानते हैं कि उसने एक बार इलेक्ट्रिक पार्क देखा और उसे वहीं से अपने प्रोजेक्ट की प्रेरणा मिली। मगर जो भी हो उसे एक नयी योजना पर काम करने की लगन लग गयी। वह लड़कियों के साथ अपने प्रोजेक्ट के लिए अन्य पार्कों का अध्ययन करने जाने लगा। चुनौतियाँ उसे सदा अच्छी लगतीं।

जब ब्रिटेन में दूसरी लाइव एक्शन फिल्म **'द एडवेंचर्स ऑफ रॉबिन हुड एण्ड हिज मेरी मेन'** बन रही थी वह परिवार को यूरोप भ्रमण के लिए ले गया। वहाँ से लौटते ही वह डिज़्नीलैण्डिया और अपने पार्क में पूरी तरह से डूब गया। वह शाम को घर आता और परिवार को अपनी योजना बताने लगता। कितना भी थककर घर आता वह रोज अपने पार्क की बातें करता और रोज उसकी योजना का विस्तार होता जाता। ऐसा समय आया जब परिवार ने उसमें रुचि लेना बन्द कर दिया, उन्हें नहीं लगा कि इतनी विशाल योजना कभी पूरी हो सकती है। योजना इतनी बड़ी होती जा रही थी कि लिलियन उससे डरने लगी। उसे घबराहट होने लगी कि कोई आदमी इतना बड़ा ख्वाब कैसे देख सकता है। मगर वॉल्ट ख्वाबों को ठोस रूप देना जानता था। स्टूडियो में काम पर लोगों की नियुक्ति में वह सदा परिवारजनों को प्राथमिकता देता। रॉय का बेटा और उसका दामाद भी उसके स्टूडियो में काम करते थे। अपने पार्क पर काम करने के लिए जो सबसे पहला व्यक्ति उसने चुना वह लिलियन का बहनोई बिल कोटरेल था।

जब उसने डिज़्नीलैण्ड के लिए अपनी लाइफ इंश्योरेंस पॉलिसी से उधार लेकर रकम लगा दी तो लिलियन की प्रतिक्रिया बहुत तिक्त थी। उसने स्पष्ट कह दिया कि यदि वॉल्ट को कुछ हो गया तो उसका क्या होगा। उसकी सारी सम्पत्ति वॉल्ट पहले ही खर्च कर डाल रहा है। वॉल्ट इतना लापरवाह नहीं था। उसे परिवार के भविष्य को लेकर चिन्ता थी और उसने इसका इन्तजाम भी कर रखा था। वह बराबर लिलियन के नाम स्टूडियो के शेयर खरीदता रहता था। उसे भान था कि वह जल्द जाने वाला है। उसने अपनी वसीयत पहले ही बना दी। लिलियन के नाम अपनी कम्पनी के 28,000 शेयर ले रखे थे और उसके नाम पर 26,000 शेयर थे दोनों के नाम से संयुक्त 250,000 शेयर थे। इस तरह कुल मिलाकर उनके पास 14 प्रतिशत शेयर थे। वह रकम 20 मिलियन के आस-पास थी। उसने अपनी वसीयत में 45 प्रतिशत लिलियन और लड़कियों के नाम किया। 45 प्रतिशत एक चैरिटेबल ट्रस्ट डिज़्नी फाउण्डेशन के लिए रखा, जिसका 95 प्रतिशत उसके आर्ट

स्कूल 'कैल आर्टस' (Cal Arts) के लिए था। बाकी के बचे 10 प्रतिशत को उसने अपनी बहन, भान्जे-भान्जियों के लिए रख छोड़ा। वॉल्ट को अपनी बेटियों की बहुत चिन्ता थी। उसने सोचा कि अगर उसकी जीवनी लिखी जायेगी तो उसकी रॉयल्टी उसकी बेटियों को मिलनी चाहिए। इसलिए तय हुआ कि डायने का नाम जीवनीकार के रूप में जायेगा। असल में किताब पेट मार्टिन नाम के एक पत्रकार ने लिखी। वॉल्ट ने अपनी बेटी के लाभ के लिए अपने व्यस्त जीवन में से कई घण्टे निकाले। मार्टिन ने वॉल्ट का कई घण्टों साक्षात्कार लिया और यह एक मैगजीन में प्रकाशित हुआ। इससे डायने को आमदनी भी हुई। उसे सदा लगता कि वह लड़कियों के लिये कुछ खास नहीं कर सका है। खासतौर पर डायने के लिए जो उसके कारण कर्ज में थी। इसलिए जब वह अस्पताल में था उसने अपने दस हजार शेयर बेच डाले और इस तरह उसे कर्ज मुक्त किया। डायने के यहाँ बच्चे पैदा होने के साथ खर्च बढ़ गये थे और इस बात को लेकर वह चिन्तित रहता। रॉय ने किसी को कहा कि मरने से पहले यह काम करके वह बहुत निश्चिन्त हो गया था।

वह लिलियन का बहुत ध्यान रखता। अपनी फिल्म या किसी अन्य प्रोजेक्ट के समारोह ऐसे समय रखता, जिसका सम्बन्ध लिलियन से होता। जैसे कि उसने अपने डिज़्नीलैण्ड पार्क के उद्घाटन की तिथि अपनी और लिलियन की शादी की तीसवीं वर्षगाँठ के चार दिन बाद रखी ताकि वे अपना समारोह कुछ चुनिन्दा लोगों के साथ मना सकें। इसलिए उसने एक पार्टी 13 जुलाई को रखी जिसका उद्देश्य सालगिरह मनाना तो था ही साथ ही अपने लोगों को पार्क दिखाना भी था। उसने इस दिन अपने परिवारजनों के अलावा कुछ महत्त्वपूर्ण लोगों को आमन्त्रित किया था। उस दिन ट्रैफिक जाम होने के कारण आमन्त्रित लोग जरा देर से पहुँचे। वॉल्ट सारे समय इन्तजार करते हुए नर्वस था साथ ही हड़बड़ा भी रहा था। वह उत्तेजित था क्योंकि इस दिन वह अपनी मेहनत पर लोगों की प्रतिक्रिया देखना चाहता था। और जब पार्टी सफलतापूर्वक समाप्त हुई तो पता चला कि उसने भी जरा ज्यादा पी ली है। डायने उसे घर लेकर आयी सारे समय वह डिज़्नीलैण्ड के मानचित्र वाले कागज की पिपहरी बनाकर बजा रहा था, मानो वह कोई बहुत बड़ी तुरही हो। वह गाता जा रहा था और जब तक वे घर पहुँचे वह सो चुका था। उसकी इतने दिनों की मेहनत सफल हो गयी थी। वह इस मेहनत और उत्तेजना से बहुत थक गया था। अब वह निश्चिन्त लग रहा था। वह काफी समय से काम से संन्यास लेने की सोच रहा था। उसका कहना था कि 'एस्कॉट' के बनते ही काम छोड़ देगा और समय बिताने के लिए वह लिलियन के साथ वहीं एक बेंच पर बैठा करेगा। वह अपने अवकाश के समय की कल्पना लिलियन के बिना नहीं कर पाता था।

जिस दिन पार्क का उद्घाटन होना था उस दिन उसने सारे महत्त्वपूर्ण कार्य परिवारजनों को सौंप रखे थे। जैसे उद्घाटन पर जो कहा जाना था उसे अपनी भान्जी के पति ग्लेन पुडर के जिम्मे रखा था। उसकी बेटी के अनुसार उस दिन वह बहुत खुश था। उसने अपने पिता को जिन्दगी में इतना प्रसन्न कभी नहीं देखा था। वह अपने पार्क के एक-एक कोने से पूरी तरह परिचित था। लिलियन कहती कि वह उसकी एक-एक कील का स्थान जानता था। वह अपने पार्क को लेकर जितना उत्साहित था, लिलियन उसका शतांश भी उत्साहित न थी। यहाँ तक कि वह उद्घाटन समारोह में भी नहीं गयी। अच्छा हुआ नहीं गयी, क्योंकि उस दिन जो हड़कम्प मचा था, यदि वह उसे अपनी आँखों से देख लेती तो वॉल्ट की जिन्दगी भर खिल्ली उड़ाती। उसे इस हंगामे का पता चला पर अपनी आँख से देखना और बाद में पता चलने में फर्क होता है। हाँ, पार्क के बारे में उसकी राय पूछे जाने पर उसने बड़ी टुच्ची बात कही। उसने कहा कि यह (पार्क) वॉल्ट को अन्य औरतों के आस-पास घूमने में सहायता करता है। जबकि यह बिल्कुल गलत बात थी। वॉल्ट ने खुद स्वीकार किया है कि उसे स्त्रियों से ज्यादा अपने माउस से प्यार है। एक बार वॉल्ट ने किसी को बताया कि लिलियन कभी पत्रकारों की बात पर ध्यान नहीं देती है। हाँ, यदि कोई वॉल्ट की आलोचना करता है तो लिलियन तुरन्त उसके साथ हो लेती है। इसीलिए वह पत्रकारों को लिलियन से दूर रखता था।

बाहरी लोगों के अनुसार वॉल्ट और लिलियन शहर के दो खुशनुमा व्यक्ति थे। जिन्हें सदा संग-संग देखा जा सकता था। लिलियन उसके सबार्डिनेट की भूमिका निभाती, मगर इस बात से कभी खुश न थी। स्टूडियो का एक आर्टिस्ट बकरी पालने का शौकीन था। एक बार पिकनिक पर वह बच्चियों के पालने के लिए एक मेमना ले आया। उसने मेमने के गले में लाल रिबन बाँधा हुआ था साथ ही गले में घण्टी लटकाई हुई थी। जो मेमने के चलने पर टुन-टुन आवाज करती। उसने बहुत प्रेम से लड़कियों को यह उपहार दिया। जब पिकनिक समाप्त कर वे लोग चलने लगे वॉल्ट ने मेमना कार में चढ़ा लिया बस फिर क्या था लिलियन का पारा चढ़ गया। उसने स्पष्ट कह दिया कि मेमना उनके संग नहीं जायेगा। जब वॉल्ट ने कहा कि यह उपहार है वह इसे ले चलेगा तो वह फूट-फूटकर रोने लगी। हारकर वॉल्ट ने उन लोगों को घर छोड़ा और मेमने को कार में लिये पहले इधर-उधर भटकता रहा, फिर स्टूडियो चला गया। कई दिन इस बात से घर में अबोला रहा। 1954 में वॉल्ट को लग रहा था कि उसे ऑस्कर पुरस्कार नहीं मिलेगा, अतः उसने लिलियन को कहा कि वह समारोह में न जाये। और वॉल्ट को उस साल चार ऑस्कर मिले। लिलियन इसे कैसे भूल सकती थी उसने वॉल्ट को इतनी जली-कटी सुनाई कि उस रात वह स्टूडियो में ही रह गया, घर नहीं गया। इसी

तरह जब उसने अपनी भतीजी फिलिस को दोबारा काम पर रख लिया तो लिलियन ने उसे काफी खरी-खोटी सुनाई कि लिलियन की बहन के अनुसार वॉल्ट पहले ही अपनी इस भतीजी की बहुत सहायता कर चुका था। इस बात को लेकर इतनी तनातनी हुई कि वॉल्ट तीन रात स्टूडियो में ही सोया। उसने लिलियन को फोन तक नहीं किया। डिज़्नीलैण्ड में तो उसने अपने अलग रहने के लिए एक अपार्टमेण्ट ही बनवा लिया था।

लिलियन को लगता कि वॉल्ट से जुड़ना वैसा ही है जैसा कि लोग उड़न तश्तरी के विषय में बात करते हैं पता नहीं वह कब क्या करे, कब फट पड़े। पर असल में वह फटती थी। उसे वॉल्ट की कल्पना की उड़ान समझ में नहीं आती थी। वह वॉल्ट की सृजनात्मकता को हजम नहीं कर पाती थी। उसे उसकी कल्पना उत्तेजित करती, मगर वह उत्तेजना से ज्यादा अनिश्चितता से परेशान रहती थी। वह जीवन में निश्चिन्तता चाहती थी, जबकि कलाकार और सृजनशील लोगों के जीवन में ज्यों निश्चिन्तता आती है उनका विकास समाप्त हो जाता है। किसी भी कला के विकास के लिए अनिश्चिन्तता एक बड़ी शर्त होती है। लिलियन के अनुसार वह सदैव चिन्तित रहती। जब भी वॉल्ट कोई नयी बात शुरू करता उसके कान खड़े हो जाते, क्योंकि उसे मालूम था कि अगर कोई बात उसके पति के मन में आ गयी है तो वह उसे पूरा करके रहेगा और इस चक्कर में वह बाकी सब भूल जायेगा। दूसरी ओर वॉल्ट पक्का जानता था कि यदि वह अपनी पत्नी की बात सुनेगा-मानेगा तो वह कहीं नहीं पहुँचेगा। मजाक में वह कहता कि वह पत्नी की सारी बातें मानता है। लिलियन कभी उसकी कोई बात चुपचाप नहीं मानती थी। सदा अपना पक्ष जोरदार शब्दों में रखती थी। बेटियों के अनुसार घर में पति-पत्नी में से कोई चुप रहने वाला न था। ज्यादातर समय लिलियन ताव दिखाती। गुस्सा होने पर वह चीजें उठाकर फेंका करती। अपने जीवन से असन्तुष्ट लिलियन अपना असन्तोष दिखाने का कोई अवसर न छोड़ती। वैसे यह भी सच है कि किसी सृजनात्मक व्यक्ति की पत्नी का दायित्व निभाना बहुत कठिन काम है। वे बहुत मूडी होते हैं और जब पति-पत्नी दोनों मूडी हों तब भगवान खैर करे।

जब लड़कियाँ छोटी थीं तब लिलियन की बहन ग्रेस उनके साथ रहती थी। जब पति-पत्नी बाहर जाते तब मौसी बच्चों की देखभाल करती। लेकिन दोनों के रिश्ते में दरार थी। घर के प्रति उसे अपने काम और स्टूडियो से ज्यादा लगाव न था। और जब लड़कियाँ पढ़ने चली गयीं तो उसका रहा-सहा लगाव भी टूट गया। जब डायने घर आती तो वॉल्ट अब उसमें परिवर्तन देखता। पहले वह लड़कियों के स्कूल में पढ़ रही थी, मगर अब सहशिक्षा में थी। इससे भी उसे चिन्ता होती।

जब डायने का रॉन मिलर से प्रेम हुआ तो यह वॉल्ट ही था जिसने उसे सलाह दी कि वह उससे शादी करे। इसके पीछे कारण एक खास था। रॉन मिलिट्री में जाने वाला था और वॉल्ट को डर था कि कहीं ऐसा न हो कि डायने किसी गलत लड़के से शादी करे। मिलर एथलीट था और जब 9 मई को डायने और मिलर की शादी हुई तो ऐसा लगा मानो फुटबाल सेरेमनी हो रही हो क्योंकि चारों तरफ खिलाड़ी छाये हुए थे। पाँच मंजिले केक पर भी दूल्हा-दुल्हन की नहीं, फुटबॉल खिलाड़ियों की मूर्तियाँ थीं। शादी के तुरन्त बाद डायने को बेटा पैदा हुआ। इस बच्चे का जन्म भी दिसम्बर में हुआ। वॉल्ट नाना बनकर निहाल था। उसे केवल एक शिकायत थी कि बेटी ने उसके नवासे को उसका नाम न देकर क्रिस्टोफर नाम दिया था। फिर भी वह बच्चे पर अपना प्यार लुटाता रहता। जल्द ही उसका दूसरा बच्चा हुआ और इस बार उसने अपनी बच्ची को जुआना नाम दिया। वॉल्ट ने अपने बेटी-दामाद और नाती-नातिनी के लिए घर डिजाइन खुद किया। डायने और रॉन ने जितने घर पसन्द किये उसने उन सबको नापसन्द कर दिया। जब तक उनका घर बन रहा था वे लोग वॉल्ट और लिलियन के साथ रह रहे थे। और नाना-नानी को बच्चों पर प्यार लुटाने का भरपूर मौका मिल रहा था। दोनों ने कहीं बाहर आना-जाना छोड़ दिया। लिलियन जिसने लड़कियों पर कभी ज्यादा ध्यान नहीं दिया था वह भी अब बच्चों में लगी रहती। अब जब वे टूर पर जाते तो लिलियन लौटने की जल्दी मचाती। वॉल्ट को भी अपने नाती-नातिन से ज्यादा दिन दूर रहना नहीं भाता था। उसे भी उनकी याद सताती और वे काम खत्म करते ही लौट पड़ते।

वह दोनों लड़कियों से बहुत प्यार करता था। उसके अनुसार डायने परिवार का दिमाग थी और शैरॉन परिवार का सौन्दर्य। यह इसलिए क्योंकि डायने पढ़ने में होशियार थी और बिना किसी परेशानी के एक के बाद एक क्लास पार करती गयी। मगर शैरॉन का मन पढ़ने में उतना नहीं लगता था। उसे पढ़ने से ज्यादा घुड़सवारी करना अच्छा लगता था। वह बहुत शर्मीली थी। उसने किसी तरह स्कूल खत्म किया वॉल्ट खुद उसे एरीज़ोना यूनिवर्सिटी लेकर गया। उसे लगा कि शैरॉन को यहाँ अच्छा लगेगा, मगर वह वहाँ भी ज्यादा दिन न टिकी डेढ़ साल में ही पढ़ाई छोड़कर लौट आयी। उसने नाइट क्लासेस में दाखिला लिया, मगर वहाँ भी उसका मन नहीं लगा। हल्के भूरे बाल और नीली आँखों वाली शैरॉन एक लम्बी और बहुत सुन्दर लड़की थी। अतः वह मॉडलिंग में गयी। उसे वह काम अच्छा और मन लायक लगा। वॉल्ट ने उसे अपनी एक फिल्म में काम दिया। फिर भी शैरॉन को मॉडलिंग ज्यादा अच्छी लगी और फिल्म छोड़कर वह वही करने लगी। बेटियाँ वॉल्ट के बहुत करीब थीं वे लिलियन की अपेक्षा उससे अपनी बातें साझा

करतीं। जब शैरॉन को रॉबर्ट ब्राउन से प्रेम हुआ तो उसने अपने पिता को बताया और वॉल्ट ने तत्काल उनकी शादी कर दी। जब शैरॉन ने उसे ब्राउन से मिलवाया उस समय वॉल्ट अस्पताल में था। शादी इतनी हड़बड़ी में हुई कि बहुत से लोग न पहुँच सके। रॉय उनमें से एक था, जबकि वह शैरॉन को बहुत चाहता था। वॉल्ट को अपनी दूसरी बेटी की शादी के बाद अपने अकेले रह जाने की बात सोचकर कचोट हो रही थी। शादी वाले दिन वह बहुत चिड़चिड़ाया हुआ था। जब नवदम्पत्ति नृत्य कर रहे थे वॉल्ट ने ब्राउन को हटाकर शैरॉन के साथ खुद नृत्य प्रारम्भ कर दिया। ब्राउन से उसने कहा कि तुम्हारे लिए शैरॉन के साथ नाचने को सारी जिन्दगी पड़ी है। अभी तुम्हारा नाचना शुरू करने का दिन नहीं आया है। उस दिन वह बहुत भावुक और परेशान था और लगातार काँप रहा था। दोनों बेटियों के चले जाने के बाद लिलियन और वॉल्ट घर में अकेले रह गये। फिर भी उनमें ज्यादा न पटी। लिलियन की शिकायतें बरकरार थीं।

वॉल्ट का अपने घर में काम करने वालों के साथ सदा बहुत अच्छा व्यवहार होता। वे लोग परिवार का अंग हुआ करते। थेल्मा हॉवर्ड उनके यहाँ 1951 में काम करने आयी इसके पहले उसने बहुत दुर्दिन देखे थे। जब वह मात्र छः साल की थी उसकी माँ गुजर गयी तुरन्त बाद एक बहन मर गयी इस बहन की मृत्यु एक बहुत दर्दनाक घटना से हुई। दोनों बहनें खाना बना रही थीं कि स्टोव से आग लग गयी और बहन जलकर मर गयी। जब वह वॉल्ट के घर काम करने आयी वह अड़तीस साल की थी। उसे सिगरेट पीना अच्छा लगता था। इसलिए भी वॉल्ट की उससे बनती। वह एक खुशमिजाज स्त्री थी और वॉल्ट अक्सर उससे मजाक करता, उसे चिढ़ाता। उसे तंग करने के लिए जानबूझकर उसके खाने में मीन-मेख निकालता। खासकर जब वह लिलियन को देखता तो उसे थेल्मा का व्यवहार बहुत अच्छा लगता। जैसे वह अपनी नर्स हेज़ल जॉर्ज के निकट था वैसे ही वह थेल्मा से निकटता अनुभव करता। उससे अपना सुख-दुःख साझा करता। उसे औरतों में विशेष दिलचस्पी नहीं थी। उसे जानने वाले कुछ लोग तो यहाँ तक सोचते कि उसे औरतों से खास नफरत है वह औरतों और बिल्लियों को नापसन्द करता है, उसके सारे बुरे चरित्र या तो स्त्रियाँ हैं अथवा बिल्लियाँ हैं। वह औरतों को सन्देह की दृष्टि से देखता है ऐसा कुछ लोगों का विचार था। मगर उसकी नर्स हेज़ल जॉर्ज का मानना था कि यह सही नहीं है वॉल्ट औरतों से ज्यादा अच्छी तरह जुड़ता है और उनसे उसका अच्छा तालमेल होता है। असल में उसे वे स्त्रियाँ अच्छी लगतीं जो बकवास नहीं करती थीं और सीधे सच्चे तरीके से व्यवहार करतीं। वॉल्ट हेज़ल और थेल्मा जैसी स्त्रियों से बहुत अच्छी तरह से जुड़ पाता था। थेल्मा उसके प्रति बहुत समर्पित थी। वह उससे कभी मालिक की तरह पेश नहीं आता।

ज्यों ही स्टूडियो से फोन आता कि वॉल्ट घर के लिए चल पड़ा है थेल्मा खाना लगाने की तैयारी शुरू कर देती। लिलियन कभी खाना नहीं बनाती थी। यदि किसी दिन थेल्मा छुट्टी पर होती वे होटल में खाते।

वॉल्ट की आदत थी खाना खाते समय वह टी.वी. देखता। जब तक बच्चियाँ घर पर थीं वह केवल न्यूज देखता था। उनके जाने के बाद वह सब तरह के प्रोग्राम देखने लगा। जब कोई प्रोग्राम लिलियन को अच्छा नहीं लगता था, वह पूछती क्या चैनल बदल दें, तो वह मना कर देता। कहता कि वह प्रोग्राम का अध्ययन कर रहा है। वह गुस्से और चिढ़ से उठकर तुरन्त ऊपर अपने कमरे में चली जाती। इसी तरह यदि फिल्म देखते हुए लिलियन कहती कि इस फिल्म की समीक्षा बहुत बुरी हुई है तो भी वह जोर देता कि वह उसके साथ बैठकर फिल्म देखे। अगर वह नजर हटाती तो वह तुरन्त पूछता क्या वह देख रही है? या कहता कि तुम देख नहीं रही हो। उसने परिवार के मनोरंजन के लिए घर में एक वाइड स्क्रीन सिनेमास्कोप प्रोजेक्शन सिस्टम लगवा रखा था। मगर वह अपनी फिल्में घर नहीं लाता था। उसके अनुसार लिलियन और थेल्मा उन्हें देखकर उतना नहीं हँसती हैं, जितना उन्हें हँसना चाहिए। उसे लगता कि ये फिल्में उन्हें पसन्द नहीं आती हैं। और यह वह सहन नहीं कर सकता था। अतः वह उन्हें घर पर फिल्में दिखाता तो, मगर अपनी या अपने स्टूडियो की बनायी हुई नहीं।

रात को वह जल्दी करीब नौ-दस बजे बिस्तर पर चला जाता। मगर लिलियन के अनुसार चैन से सोता नहीं था और आधी रात को उठकर या तो ड्रेसिंग टेबल के सामने खड़ा होकर कुछ बोलता रहता या फिर कोई स्क्रिप्ट पढ़ता रहता। और सुबह जल्दी स्टूडियो के लिए निकल पड़ता। असल में जिसकी बीवी ऐसी तुनकमिजाज हो उसके लिए घर में रहना आसान नहीं है। ऐसा व्यक्ति किसी न किसी बहाने घर से बाहर रहना पसन्द करेगा। वॉल्ट को बहाने की जरूरत न थी उसके पास जेनुइन काम की कमी नहीं थी। वह दो पाटों के बीच पिस रहा था। उसे घर-परिवार से गजब का प्यार था और घर में रहना आसान न था। कभी वह लिलियन से बचने के लिए घर नहीं जाता। कभी लिलियन का गुस्सा उसे घर से बाहर ले जाता।

वह ड्रिंक करता मगर उसमें पानी की मात्रा सदा अधिक होती। लेकिन जब डॉक्टर ने उसे वजन कम करने के लिए कम खाने की सलाह दी तो वह खाने की पूर्ति पीने से करने लगा और खूब जमकर पीने लगा। कई बार जब वह घर आता लिलियन को उसके मुँह से शराब की बदबू आती। जब वह अधिक पीकर घर आता कोशिश करता कि लिलियन से दूर रहे। उसके न तो बहुत दोस्त थे न ही उसके मनोरंजन के बहुत साधन थे। उसे बेसबॉल का खेल देखना पसन्द था। बाद में

अपनी रेलरोड में रुचि लेने लगा। जब उससे मन भर गया तो वह लॉन बाउलिंग की ओर मुड़ गया। उसने बेवरली हिल्स लॉन बाउलिंग क्लब की सदस्यता ले ली। वह स्मोक ट्री बाउलिंग क्लब का भी सदस्य था। एक समय पोलो उसकी रुचि का खेल था। वैसे वॉल्ट कभी भी अच्छा और कुशल खिलाड़ी नहीं रहा। एक बार उसे एक इक्यासी साल के बाउलर ने हरा दिया तो उसने उससे कहा ज्यादा खुश मत हो जाओ, मुझे तो सब लोग हराते रहते हैं। पर वह अपने खेल के मामलों में भी बड़ा गम्भीर था। साथ ही वह दूसरे खिलाड़ियों को बढ़ावा दिया करता। उन्हें टूर्नामिण्ट में भाग लेने को प्रेरित किया करता। लिलियन को यह खेल बकवास लगता था, फिर भी जब वहाँ ऑस्ट्रेलियन चैम्पियनशिप लॉन बाउलिंग टूर्नामिण्ट होने वाला था वह उसके साथ ऑस्ट्रेलिया जाने को राजी हो गयी। अपने जीवन के अन्तिम दिनों तक वह बाहर जाता रहा। हर बार लिलियन को संग ले जाता और जब से बेटियों के बच्चे हो गये वह उन्हें भी अपने साथ ले जाने लगा।

उसने अपने नवासों के लिए स्मोकिंग ट्री में स्वीमिंग पूल बनवाया। पहले जैसे उसके आकर्षण का केन्द्र उसकी बेटियाँ रहीं बाद में वही आकर्षण नवासों की ओर हस्तान्तरित हो गया। जब 1961 नवम्बर में डायने ने अपने दूसरे बेटे को जन्म दिया तो वॉल्ट की खुशी का ठिकाना न रहा। एक कारण यह भी था कि इस बार उसने बच्चे का नाम अपने पिता के नाम पर वॉल्टर इलियास डिज़्नी मिलर रखा। अपने नाम के वारिस को पाकर वॉल्ट निहाल था। उसके लिए यह एक बड़ी खबर थी जो उसने लोगों से साझा की। उसे बच्चों का संग-साथ भला लगता था। उनकी मासूमियत उसकी मासूमियत से मेल खाती थी। वह स्क्रिप्ट पढ़ता रहता और बच्चे उसके आस-पास खेलते रहते। वह उन्हें स्कूल ले जाता और स्कूल के बाद घर लाता। लड़कियाँ भी अपने बच्चों के साथ अक्सर अपने पिता के घर चली आतीं।

वह हवाई जहाज उड़ाना चाहता था। मगर रॉय उसे ऐसा नहीं करने देना चाहता था उसे डर था कि कहीं वह कोई दुर्घटना न कर दे। शैरॉन के अनुसार वह कभी जहाज बहुत अच्छी तरह नहीं चलाता। फिर भी वॉल्ट ने 1965 से 1966 एक साल में जेट के भीतर 150 घण्टे बिताये। मशीनें उसे आकर्षित करतीं। बहुत पहले एक बार एक पायलेट ने उसे कॉकपिट में बैठने दिया इस बात से वह बहुत खुश हो गया और उसने पायलेट को धन्यवाद का पत्र लिखा। 1966 में शैरॉन की बेटी पैदा हुई तो वह बहुत खुश था। उस साल अपनी शादी की एकतालिसवीं वर्षगाँठ मनाने के लिए सारे परिवार को जमा किया और सबको लेकर पहले हवाई जहाज से वैकूवर गया। वहाँ से पन्द्रह दिन के लिए वे लोग 140 फुट के याट पर समुद्री यात्रा के लिए निकले। इस याट में मछली पकड़ने के लिए सोलह फुट

की दो नौकाएँ थीं और इसके चालक दल में आठ सदस्य थे। वह सदा परिवार को संग रखना चाहता था। उसने लिखा कि यह बहुत दिन की इच्छा थी जो अब जाकर पूरी हो पायी है। वह लंगर गिराकर केवल मछलियाँ पकड़ना चाहता था मगर जब भी परिवार मिलता कलह होती। सबके सब ताव वाले थे। पति-पत्नी के बीच झगड़ा होता, माँ-बेटी लड़तीं। लिलियन और डायने लड़ती। वॉल्ट बीच-बचाव करता। उम्र के साथ वह बहुत शान्त होता जा रहा था। अक्सर चुपचाप अकेला बैठा रहता। जहाज के डेक पर बैठकर या तो स्क्रिप्ट देखता या फिर सिटी प्लानिंग। मगर उसे आराम न था। काम का दबाव बराबर बना रहता। पोलो दुर्घटना से लगी चोट से होने वाले दर्द के कारण वह आधी रात को जग जाता। यह दर्द जिन्दगी भर उसके साथ बना रहा। इसके लिए उसे सदा दवा और इलाज की सहायता लेनी पड़ी। इसके चलते वह ठीक से सीधा होकर बैठ नहीं पाता था। उसे मृत्यु से बहुत भय लगता था वह किसी के अन्तिम संस्कार में जाने से बचता। अपने पिता के संस्कार के लिए नहीं गया। अगर कभी उसे मजबूरन जाना पड़ जाता तो वह वहाँ बहुत नर्वस अनुभव करता और उँगलियाँ हिलाता रहता। वहाँ से लौटकर काफी समय तक वह बहुत चिड़चिड़ा रहता। कभी मृत्यु और अन्तिम संस्कार की बात न करता। वॉल्ट के पास बहुत सृजनात्मक ऊर्जा थी, बहुत काम था और बहुत कम आराम था। बचपन से वह शारीरिक और मानसिक दोनों तरह के कामों में व्यस्त रहा। यहाँ तक कि उसे अपने स्वास्थ्य पर ध्यान देने का बहुत कम अवसर मिलता। वह बीमार होने पर भी काम करता रहता।

पोलो से लगी चोट सदा तंग करती, मगर वह अपना काम नहीं छोड़ता। उसे सदा सर्दी-जुकाम बना रहता। साइनेस उसे लगातार तंग करता। दो बार वह निमोनिया का शिकार हुआ। निरन्तर सिगरेट पीने से उसे खाँसी की शिकायत थी। खाँसी उसकी पहचान बन गयी थी। लिलियन और स्टूडियो के लोग उसके आने को दूर से आती उसकी खाँसी से पहचान लेते थे। एक बार तो शैरॉन ने उसे कह दिया कि वह उसके स्कूल के कार्यक्रम में न आये जहाँ वह नाटक में भाग ले रही थी। उसका कहना था कि उसकी खाँसी सुनते ही वह अपने संवाद भूल जायेगी। लिलियन का कहना था कि वॉल्ट ने इतने बिस्तर, फर्नीचर और कालीन जलाये हैं जितने उसने किसी और को जलाते नहीं देखे हैं वह हमेशा बात को बढ़ा-चढ़ाकर कहती, खासतौर पर यदि बात वॉल्ट के नकारात्मक पक्ष से जुड़ी हो तो। वॉल्ट के सिगरेट के टोटे अलग से पहचाने जा सकते थे। वह उन्हें ऐशट्रे में तब डालता जब पकड़ने के लिए कुछ नहीं बचता और आँच उँगली के पोर तक न पहुँच जाती। अक्सर वह सिगरेट बुझाना भूल जाता। वह सिगरेट जलाकर उँगलियों या मुँह में पकड़े कुछ सोचने या करने लगता और भूल जाता। कई बार

सिगरेट पर दो इंच लम्बी राख जमा हो जाती। बहुत बार वह सिगरेट पीना छोड़ना चाहता था, मगर यह हो न सका। जवानी में वह पाइप पीता था। बाद में एक बार सिगरेट छोड़ने के लिए उसने फिर से पाइप पीना शुरू किया। मगर जैसी कि आदत थी बुझाना भूल गया और पाइप पॉकेट में रख लिया। नतीजा वही हुआ जो होना था। पॉकेट जल गयी और वॉल्ट पाइप छोड़कर पुनः सिगरेट पर लौट आया। इसी तरह उसकी सिगरेट की निकोटिन की मात्रा कम करने के लिए डायने उसके लिए क्रिसमस उपहार के रूप में फिल्टर्ड सिगरेट के दो डिब्बे ले आयी। वॉल्ट ने उनका उपयोग करने का वादा किया। मगर वह उनके फिल्टर तोड़कर पीता और मजाक में कहता उसने पीने का वादा किया है, कैसे पीयेगा यह वादा नहीं किया है। लोग बिना सिगरेट के उसकी कल्पना नहीं कर पाते थे। हालाँकि उसने टेलीविजन स्क्रीन पर अपनी अलग छवि बना रखी थी। एक बार जब वह बुरी तरह खाँस रहा था वार्ड किम्बॉल ने पूछा जब इतनी परेशानी होती है तो वह इसे छोड़ क्यों नहीं देता तो वॉल्ट का उत्तर था कि आखिर उसे भी कुछ बुरी आदतें पालने का हक है। जब उसकी आर्थिक स्थिति अच्छी हो गयी तब से वह फ्रांस से मँगाकर खास तरह की सिगरेट पीने लगा था। निरन्तर सिगरेट पीने से उसकी उँगलियों पर निकोटिन के दाग पड़ गये थे। बात करते समय खँखारकर वह बार-बार अपना गला साफ करता। सफाई देता कि वह अपनी पोलो वाली चोट के दर्द को सहने के लिए पीता है। पचास साल सिगरेट पीने का असर होना था। उसके फेफड़े पर हमला हुआ था। वह रूटीन चेकअप के लिए गया तो उसे पता चला कि फेफड़े पर कुछ दाग है। उम्र के साथ बढ़ता वजन भी उसके लिए परेशानी पैदा कर रहा था। बाद में उसका वजन तेजी से गिरने लगा। वह दिखने में बीमार लगने लगा था। लोग उसके स्वास्थ्य को लेकर चर्चा करते।

वह रोज शाम को अपनी नर्स के पास पोलो चोट के लिए ट्रैक्शन और मालिश के लिए जाता। 1966 अक्टूबर में उसके पैर और कन्धे में इतना दर्द होने लगा कि उसके डॉक्टर ने कहा कि नस दब रही है, अतः ऑपरेशन लाजमी है। वॉल्ट डॉक्टरों पर विश्वास नहीं करता था। वह उनसे बचना चाहता था। स्थिति इतनी बिगड़ गयी थी कि अब कोई और उपाय न था। अन्त में वह बहुत हिचकिचाहट के साथ ऑपरेशन के लिए राजी हुआ। लग रहा था कि यह बहुत मामूली ऑपरेशन होगा। वह यू.सी.एल. के मेडिकल सेण्टर में भर्ती हुआ। रॉय अपनी छुट्टी मनाने चला गया। 11 नवम्बर, 1966 का दिन ऑपरेशन के लिए तय हुआ, तब तक रॉय को लौट आना था। ऑपरेशन के समय वह अपने छोटे भाई के साथ रहना चाहता था। स्टूडियो से प्रेस विज्ञप्ति निकली कि वॉल्ट सामान्य रूप से चेकअप के लिए कुछ दिन के लिए अस्पताल जा रहा है। दस-पन्द्रह दिन में लौट आयेगा।

अस्पताल जाने के ठीक पहले एक दिन वह चमकीला पीला स्वेटर पहनकर लिफ्ट में था। उसी लिफ्ट में उसका सहयोगी लेखक जैक स्पायर्स भी था। उसने मजाक में कहा कि इस स्वेटर के लिए वह वॉल्ट से लड़ने को तैयार है। वे कुछ देर बात करते रहे। लिफ्ट से बाहर निकलकर वॉल्ट ने कहा कि वह अस्पताल से लौटकर उससे लड़ेगा। यह कभी नहीं होना था। उसे विश्वास था कि वह बहुत दिन अस्पताल में रहने वाला नहीं है। मगर जब डॉक्टरों ने जाँच शुरू की तो उसके फेफड़े पर अखरोट बराबर गाँठ मिली। उसे फेफड़े का कैंसर हो गया था। जाँच से यह भी पता चला कि गाँठ खतरनाक थी। जब वह अस्पताल गया उसके घर में मरम्मत का काम चल रहा था। डायने अपने नये घर में जा चुकी थी और उसके खाली घर में लिलियन और वॉल्ट रह रहे थे। अस्पताल जाने वाले दिन वह डायने के नये घर गया और वापसी में कुछ दूर जाकर कार रोककर चुपचाप अपने नाती और दामाद को खेलते हुए देखता रहा। फिर कार स्टार्ट करने चला आया। शायद उसे अपनी हालत का भान था। अगले दिन डॉक्टर ने सर्जरी के बाद परिवार को बता दिया कि वह मात्र छः महीने से दो साल बचेगा। रॉय ठगा खड़ा रह गया। लिलियन उसे स्वीकार करने को तैयार न थी। वॉल्ट को कोबाल्ट थेरेपी दी जाने लगी। वह अस्पताल से ही अपना कामकाज देखने लगा। वॉल्ट के कैंसर की बात बहुत कम लोगों को पता थी। परिवार में भी सबको नहीं मालूम था। उसकी बहन और भाई रे को भी अखबार से ऑपरेशन की सूचना मिली। कुछ दिनों बाद वह स्टूडियो लौट आया। सब मन को समझाने लगे कि वह ठीक हो जायेगा। एक दिन उसने जमकर स्टूडियो में काम किया वहीं उसने लंच खाया। यह खबर इंग्लैण्ड गये हुए रॉय और उसकी पत्नी एडना को मिली तो उन्हें बहुत अच्छा लगा। अगले तीन दिन वह डायने के घर में रहा वहाँ उन्होंने थैंक्सगिविंग समारोह मनाया। 25 नवम्बर को वह लिलियन के साथ पॉम स्प्रिंग्स गया। मगर तीन-चार दिन में असहनीय दर्द होने लगा। उसे सीधे सेण्ट जोसेफ अस्पताल ले जाया गया।

अस्पताल में ही 5 दिसम्बर को उसने अपना पैंसठवाँ जन्मदिन मनाया। उस दिन रॉय ने न्यूयॉर्क से उसे व्यापार में हुए एक लाभ की खबर सुनाई और उसके स्वास्थ्य की कामना की। मगर उसकी हालत गिरती जा रही थी। एक समय ऐसा आया जब परिवार वालों के अलावा किसी को भी उससे मिलने से रोक दिया गया। परिवार ने वहीं उसके कमरे के बगल में एक कमरा ले लिया। अभी भी कोई स्वीकार नहीं करना चाहता था कि वह मरने वाला है। यहाँ तक कि 14 दिसम्बर को डायने क्रिसमस शॉपिंग करने भी गयी। उसने पिता के लिए एक जोड़ी ऊनी चप्पलें खरीदी। वॉल्ट ने शिकायत की थी कि अस्पताल में सदा वह पैरों में ठण्ड अनुभव करता है। डायने का भोला विश्वास था कि वह इन चप्पलों के कारण बच जायेगा,

मरेगा नहीं। लिलियन ने फोन करके उस शाम उसे बता दिया कि उसका पिता आज बेहतर लग रहा था। उसने लिलियन को बाँहों में घेरकर चुम्बन दिया और विदा किया है। जब वॉल्ट ने उसे बाँहों में लिया तो लिलियन को उसकी पकड़ में बहुत दिन के बाद ताकत और गरमाहट अनुभव हुई थी। उसे पक्का विश्वास हो चला था कि उसकी हालत सुधर रही है और वह काफी समय तक जीवित रहने वाला है। उस रात रॉय उससे मिलने अस्पताल गया और दोनों भाई काफी देर तक बातें करते रहे। शैरॉन का पति बॉब ब्राउन भी उस दिन उसे देखने गया और उसने भी लिलियन को बताया कि वॉल्ट की हालत अच्छी लग रही है। उस दिन असल में वह अच्छा लग रहा था। मगर वह दीपक के बुझने के पहले की आखिरी चमक थी।

अगले दिन सुबह लिलियन और डायने को खबर मिली कि वॉल्ट की हालत बिगड़ रही है। डायने अपनी माँ को लेने पहुँची। लिलियन धीरे-धीरे तैयार हो रही थी, मानो वह काम धीरे करके वॉल्ट की मृत्यु को टालना चाहती हो। जब वे लोग अस्पताल पहुँचे तो पहले डायने का पति वॉल्ट के कमरे में गया और तेजी से बाहर निकल आया। देखकर ऐसा लगा कि किसी ने उसे जबरदस्ती बाहर ढकेल दिया हो। असल में उसे विश्वास नहीं हो रहा था कि उसने वॉल्ट का मृत शरीर देखा है। वॉल्ट के दोनों हाथ उसके सीने पर मुड़े हुए थे। रॉय उसके बिस्तर के पैताने खड़ा उसके पैर की मालिश कर रहा था, असल में वह उसे सहला रहा था और अपने छोटे भाई से कहता जा रहा था कि मुझे लगता है यही अन्त है। थोड़ी देर में शैरॉन और उसका पति भी आ गया। शैरॉन के पति ने डायने से कहा कि वह शैरॉन को अन्दर ले जाये। शैरॉन ने उसे छूकर कहा कि डैडी अब तुम किसी को कष्ट नहीं पहुँचाओगे। वॉल्ट मृत्यु से इतना भयभीत रहता कि कभी इसकी चर्चा न करता और उसने कभी किसी को नहीं बताया था कि उसका अन्तिम संस्कार कैसे और कहाँ किया जाये। उसने देखा था कि अक्सर लोग ऐसे मौकों पर बहुत बकवास करते हैं। इसलिए उसने लिलियन से कहा था कि उसका अन्तिम संस्कार बहुत सादगी से निजी तौर पर किया जाये। इसे सार्वजनिक न बनाया जाये। उसके दोनों दामादों ने मिलकर मृत्यु के एक दिन बाद 16 दिसम्बर को अन्तिम संस्कार के लिए स्थान और कार्यक्रम निश्चित किया। ग्लेनडेल में फोरेस्ट लॉन पर स्थित लिटिल चर्च में अन्तिम संस्कार हुआ। मात्र परिवारजन उपस्थित थे। वॉल्ट की बहन रूथ इसलिए नहीं आयी कि उसे डर था कि उसके साथ अखबार और तमाम मीडिया वाले न पहुँच जायें।

वॉल्ट की मृत्यु की घोषणा के पूर्व ही उसकी मृत्यु की खबर फैल चुकी थी। बाद में रॉय ने औपचारिक घोषणा की। उसने कहा कि वॉल्ट डिज़्नी की मृत्यु दुनिया

के लिए अपूर्णीय क्षति है। उसका स्थानापन्न नहीं हो सकता है। वह एक बहुत विशिष्ट आदमी था। शायद ऐसा कभी कोई और नहीं होगा। जैसे उसने कम्पनी बनायी थी और उसे चलाने के जैसे निर्देश दिये थे उसी के अनुसार हम उसका काम आगे बढ़ाते रहेंगे। उसकी सारी योजनाओं को आगे बढ़ाते रहेंगे। अन्तिम संस्कार के लिए लिलियन ने डायने के चर्च के पादरी को बुलाया। जिसने संस्कार करवाये। बॉब ब्राउन ने कहा कि वॉल्ट को 'बैटल हिम ऑफ द रिपब्लिक' पसन्द था सो वही बजाया गया। जब संगीत समाप्त हुआ लिलियन ने आगे जाकर ताबूत में रखे वॉल्ट के शव को छूकर कहा, ''मैं तुम्हें कितना प्यार करती थी। मैं तुम्हें बहुत प्रेम करती थी।'' इसके बाद किसी ने खुले तौर पर कुछ नहीं कहा। एक साल पूरा होने से पहले ही शैरॉन के पति बॉब ब्राउन की कैंसर से अचानक मृत्यु हो गयी। तब परिवार ने विशेष रूप से शैरॉन ने सोचा कि दोनों की राख को अन्तिम रूप से सम्मान दिया जाना चाहिए। डायने और शैरॉन ने मिलकर फोरेस्ट लॉन के फ्रीडम मोसोलेयम के बाहर एक प्लॉट में उनके अवशेषों को दफनाने का निश्चय किया। यहाँ तीन एकड़ की कब्रगाह में अगल-बगल दोनों की समाधि बनी। वॉल्ट की समाधि पर एक काँसे की पट्टिका पर केवल उसका नाम **'वॉल्टर इलियास डिज़्नी'** लिखा है।

वॉल्ट डिज़्नी सच में एक अनोखा व्यक्ति था। उसके जोड़ का कोई इस धरती पर होगा कहना कठिन है। उसके जीवन में कई विसंगतियाँ, कई विरोधाभास थे। वह परिवार पर जान छिड़कता था और परिवार उसे बन्धन भी लगता। अपने काम में बाधा लगता। वह परिवार के साथ समय गुजारना चाहता था और उसके पास परिवार के लिए समय नहीं होता था। वह अपनी काल्पनिक दुनिया में खोया रहता। वास्तविक परिवार से पूरी तरह कभी नहीं जुड़ पाता। पत्नी को प्रेम करता और उसी के कारण घर से भागा फिरता। भाई को चाहता, मगर उसका कहा अक्सर नहीं मानता। असल में वह एक स्वतन्त्र प्रवृत्ति का व्यक्ति था। उसे अपने सृजनात्मक कार्यों के लिए बहुत स्वतन्त्रता की आवश्यकता थी। यह उसकी आन्तरिक जरूरत थी। अगर यह बात लिलियन समझ पाती तो उनका दाम्पत्य जीवन बिल्कुल दूसरा होता। रॉय ने उसकी प्रकृति को समझा था, अतः वह अन्त तक उसे निभाता गया। उससे जुड़ा रहा। बच्चों के अलावा इन्हीं दो व्यक्तियों की उसके वयस्क जीवन में मुख्य भूमिका थी। वॉल्ट परिवार को अपने आस-पास, अपने साथ रखना चाहता। इसकी भरपूर कोशिश करता। वह एक पारिवारिक व्यक्ति था भी और नहीं भी। यही उसके जीवन की सच्चाई थी।

6

वॉल्ट डिज़्नी : एक विजनरी लीडर

'आपके सारे सपने सच हो सकते हैं, यदि आपमें उनके पीछे निरन्तर लगे रहने का साहस है।'

–वॉल्ट डिज़्नी

किसने सोचा था श्वेत-श्याम चूहा, खरगोश रेखांकित करने वाला आदमी दुनिया का सबसे बड़ा बिजनेसमैन, करोड़पति बनेगा। शायद उसने भी नहीं। मगर वह बना। कैसे बना? कौन से गुणों ने उसे ऐसा अनोखा व्यक्ति बनाया? उसने बहुत सारे ऐसे काम प्रारम्भ किये जो उससे पहले किसी ने सोचा भी न था। उसने दो साल के प्रयोग के लिए टेक्नीकलर का एक्सक्लूसिव राइट ले लिया और अपना पहला एकेडमी अवार्ड 1932 में जीता। यह एक ऐनीमेटेड शॉर्ट पूरी लम्बाई का कार्टून **'फ्लॉवर्स एण्ड ट्रीज'** था। अपनी जिन्दगी में उसे कुल मिलाकर 26 ऑस्कर मिले। उस समय तक किसी व्यक्ति को मिलने वाले सर्वाधिक पुरस्कार। उसने मिक्की माउस को लेकर 1928 में **'स्टीमबोट विली'** ऐनीमेटेड फिल्म बनायी। 1937 में **'स्नो ह्वाइट'** बनायी। 1937 में उसने ऐनीमेटेड मूवी टेक्नीकलर में **'स्नो ह्वाइट एण्ड सेवेन ड्वार्फ्स'** बनायी। यह पहली पूरी लम्बाई की पहली फीचर कार्टून फिल्म थी। मन्दी के दौर में उसने 1.5 मिलियन खर्च करके यह फिल्म बनायी थी। 1944 में जब यह दोबारा रिलीज हुई तो फिर इसने तहलका मचाया और खूब कमाई की। फिर तो हर दस वर्ष पर फिल्म **'रि रिलीज'** करने का चलन ही बन गया। **'बुएना विस्टा डिस्ट्रीब्यूशन कम्पनी'** बनायी और इससे वितरण का

खर्च भी बचने लगा। हॉलीवुड में वह पहला व्यक्ति था जिसने टेलीविजन का उपयोग किया। वह न केवल टेलीविजन कम्पनी के लिए फायदेमन्द माध्यम रहा, वरन् टेलीविजन स्वयं डिज़्नी के लिए भी प्रचार-प्रसार का एक अच्छा जरिया बना। 1954 में उसने टी.वी. पर **'डिज़्नीलैण्ड प्रोग्राम'** शुरू किया। ऐनीमेशन की दुनिया में उसने तमाम नये शब्द गढ़े और शब्दकोश को समृद्ध किया। **'वेड इंटरप्राइजेज'** एक अलग कम्पनी बनायी और डिज़्नीलैण्ड की कल्पना करने लगा। वह एक विशाल थीम पार्क बनाना चाहता था और उसने बनाया। पारिवारिक मनोरंजन के व्यापार की शुरुआत वॉल्ट डिज़्नी ने ही की। उसके थीम पार्क, स्टूडियो और टेलीविजन प्रोग्राम ने अमेरिका को गढ़ने में एक महत्त्वपूर्ण भूमिका निभाई। उसने भविष्य के लिए भी काफी कुछ सोचा। **'एक्सपेरिमेंटल प्रोटोटाइप सिटी ऑफ टुमारो'** (ईपीसीओटी) और **'वॉल्ट डिज़्नी स्की रिसोर्ट'** की कल्पना की। मीडिया का साम्राज्य स्थापित किया। एक जीवन में और वह भी बहुत लम्बे नहीं वरन् कुल जमा 65 साल के जीवन में कितने व्यक्ति इतना सब उपलब्ध कर पाते हैं। मगर वॉल्ट डिज़्नी ने यह सब किया।

उसने यह सब अकेले नहीं किया। लोगों के सहयोग से किया। यह एक टीम वर्क का नतीजा था। उसमें एक लीडर की सारी क्षमताएँ और गुण थे तभी वह यह सब सम्भव कर सका। लीडरशिप की प्रमुख विशेषता साहस है। यह साहस कहीं भी काम आ सकता है। अक्सर इसके साथ कुछ खतरा, जोखिम जुड़ा होता है। खासकर यदि आप कोई नया कार्य करने जा रहे हैं तो। लीडरशिप का मतलब है एक व्यक्ति का किसी बात में घोर विश्वास और आत्म निश्चय। यह एक कारण, एक संस्था, एक राजनीतिक या व्यापारिक कार्य कुछ भी हो सकता है। जिसमें वह अपनी आस्था और आत्मविश्वास के कारण सक्रिय निर्देशन करता है। लीडरशिप का अर्थ है—एक समूह, छोटे अथवा बड़े समूह का एक ऐसे व्यक्ति में अपनी सत्ता सौंपने की इच्छा रखना जिसने बुद्धि, न्याय, निजी अपील और क्षमता सिद्ध की हो। वॉल्ट डिज़्नी ने यह कर दिखाया। वह सच्चे अर्थों में एक लीडर था। प्रारम्भ में एक छोटे और बाद में एक बड़े समूह ने उसे अपनी सत्ता सौंपी। उस पर लोगों ने विश्वास किया क्योंकि उसे अपने स्वप्न पर विश्वास था। वह अपने आत्मविश्वास के कारण वॉल्ट डिज़्नी स्टूडियो, डिज़्नीलैण्ड का सक्रिय निर्देशन कर सका।

किस प्रकार का लीडर था वह? लीडर कई प्रकार के होते हैं। मैनेजमेंट विज्ञान में लीडरशिप को कई प्रकार में बाँटा जाता है, जैसे—ट्रांसफॉर्मेशनल लीडर, करिश्मैटिक लीडर, सर्वेंट लीडर, सिचुएशनल लीडर, ट्रांजेक्शनल लीडर, विजडम लीडर, नरचरेंट-टास्क लीडर, इम्प्रेसनल लीडर, विजनरी लीडर, आदि आदि। आज मैनेजमेंट और लीडरशिप कार्यक्रमों ओर शिक्षण संस्थानों में भारतीय विचारों का

जोर-शोर से स्वागत हो रहा है। भारतीय विचारों का शिक्षण-प्रशिक्षण हो रहा है। भारत ही नहीं अमेरिका में भी इसे मान्यता प्राप्त है। भारतीय विचार के अनुसार लीडरशिप मुख्य रूप से दो प्रकार की होती है–दैवी लीडरशिप तथा आसुरी लीडरशिप। कोई लीडर पूरी तौर पर आसुरी हो सकता है, यह सम्भव है। मगर मनुष्य होने के नाते किसी का पूरी तौर पर दैवी लीडर होना असम्भव नहीं पर कठिन अवश्य है।

लीडर की कुछ सामान्य विशेषताएँ होती हैं। साथ ही हर प्रकार के लीडर के कुछ विशिष्ट गुण होते हैं। कोई लीडर पूरे तौर पर किसी एक प्रकार में फिट नहीं हो सकता है। हाँ, किसी लीडर में किसी प्रकार की लीडरशिप के गुण बहुलता से झलकते हैं, तो किसी में किसी अन्य प्रकार के। ऐसे भी लीडर हुए हैं जिन्होंने अपने जीवन में विभिन्न समय पर अलग-अलग तरह के गुणों का प्रदर्शन किया है। वॉल्ट डिज़्नी को किसी एक प्रकार के लीडरशिप खाँचे में नहीं बैठाया जा सकता है। लीडरशिप उसके बहुआयामी व्यक्तित्व का एक पहलू था और इस पहलू के कई आयाम थे। हाँ, यह देखने का प्रयास किया जा सकता है कि किस खास प्रकार के लीडरशिप के लक्षण उसमें अधिक नजर आते हैं। चाहे लीडर किसी प्रकार का हो, वह ट्रांसफॉर्मेशनल लीडर हो, टास्क ओरियेंटेड हो, विजनरी हो अथवा विजडम लीडर हो। चाहे दैवी लीडर हो। कुछ विशेषताएँ सब लीडरशिप में कॉमन होती हैं। इन गुणों के बिना कोई व्यक्ति लीडर हो ही नहीं सकता है। ये हैं स्वप्न, साहस, निष्ठा, प्रामाणिकता, विश्वसनीयता, संगठन की क्षमता, दूसरों पर विश्वास करने की क्षमता, आदि। वॉल्ट में ये सारे गुण भरपूर थे। निर्विवाद रूप से वह एक उच्च कोटि का लीडर था। इसीलिए वह भविष्य के लिए एक लेगसी छोड़ गया।

ट्रांसफॉर्मेशनल लीडर प्रेरणा के द्वारा राह दिखाता है। वह अपने सहयोगियों को कुछ अधिक ही प्रेरणा देता है। आदर्शों के पालन के लिए। नैतिक मूल्यों के लिए और उन्हें समस्याओं को नये तरीकों से देखने के लिए उत्साहित करता है। सहयोगी अपने लीडर में अगाध विश्वास करते हैं। उसको एडमायर करते हैं और उसके प्रति स्वामिभक्ति की भावना रखते हैं। उसका सम्मान करते हैं और जितना उनसे अपेक्षा की जाती है, उससे ज्यादा काम करते हैं। वॉल्ट ने अपने लोगों को प्रेरणा दी और वे उसमें विश्वास करते थे इसमें कोई दो राय नहीं है। ट्रांसफॉर्मेशनल लीडरशिप अपने अनुयायियों के लिए भविष्य के स्वप्नों को साकार करता है। शायद इस तरह के लीडरशिप की सबसे बड़ी विशेषता यह है कि उनके पास ऐसा विजन निर्मित करने की क्षमता होती है कि वे लोगों को एक-दूसरे से जोड़ पाते हैं। जब मार्टिन लूथर किंग ने कहा, 'मेरे पास एक स्वप्न है' तो नागरिक अधिकारों का आन्दोलन उठ खड़ा हुआ। जिसमें लाखों लोग एक साथ काम कर रहे थे। एक

लक्ष्य की प्राप्ति के लिए काम कर रहे थे। वॉल्ट के पास भी विजन था। लोग उसके लिए काम करने को अपना सौभाग्य मानते थे। वॉल्ट डिज़्नी के पास भी एक विजन था और उसे साकार करने की क्षमता भी। ऐसे लीडर के पास विजन के अलावा यह संवेदना भी होती है कि इस लक्ष्य की प्राप्ति के लिए कौन-सा मार्ग चुना जाना चाहिए। वह सहयोगियों को विजन के प्रति आकर्षित करता है और उन्हें उस तक पहुँचने के लिए ऊर्जा प्रदान करता है। वॉल्ट में ये गुण थे। किसी भी काम की सफलता के लिए विजन एक महत्त्वपूर्ण भूमिका अदा करता है और जो लीडर अपने विजन और उसके लिए आवश्यक कार्यों के प्रति समर्पित होते हैं वे विजनरी लीडर कहलाते हैं।

करिश्माई लीडर अपने विजन और मिशन में इतना पक्का यकीन रखते हैं कि कोई उन्हें इससे डिगा नहीं सकता है। उन्हें अपनी सफलता का पूरा भरोसा होता है और इस भरोसे को वे अपने अनुयायियों तक सम्प्रेषित भी कर पाते हैं। बदले में उन्हें अपने लोगों से बिना शर्त स्वामिभक्ति और आज्ञाकारिता प्राप्त होती है। वॉल्ट डिज़्नी को विश्वास था कि गुणवत्ता की सदा विजय होती है। वह कहता, "क्वालिटी जीतेगी, इसलिए मुझे लगता है कि लोग इस पॉलिसी के संग रहेंगे। क्योंकि यह सिद्ध हो चुका है। यह एक अच्छी बिजनेस पॉलिसी है।" सफलता भविष्य में आर्थिक परेशानी के लिए प्रतिरोधक टीका नहीं है। वॉल्ट डिज़्नी ने अपनी गारण्टी स्वयं विकसित की। उसने अपनी मेहनत, लगन और उच्च मूल्य में अपनी आस्था से लोगों का विश्वास जीता।

ट्रांसफॉर्मेशनल लीडरशिप दो परिस्थितियों में बेहतर तरीके से प्रभावशाली होती है। पहला जब कर्मचारी नया होता है। उसकी उम्र और अनुभव कम होता है। दूसरा जब उसके बचे रहने, जीवित रहने पर खतरा मँडरा रहा होता है। वॉल्ट ने अपने व्यावसायिक जीवन में समय-समय पर इस तरह की लीडरशिप का परिचय दिया। जब वातावरण में परिवर्तन प्रारम्भ होता है तो यह संगठन के लिए खतरा होता है। लेकिन अक्सर मैनेजर इसे पहचानने से चूक जाते हैं। डिज़्नी स्टूडियो में हड़ताल के पूर्व वातावरण में परिवर्तन हो रहा था, मगर वॉल्ट इसे समझने-परखने में चूक गया। उसकी भारी कीमत उसे चुकानी पड़ी। वातावरण में परिवर्तन की जानकारी के लिए ट्रांसफॉर्मेशनल लीडर को अपना विजन ऐसे बनाना है कि कर्मचारियों को काम करने का नया उद्देश्य मिल जाये। विजन को फ्रेम करना भी एक कुशलता है। एक प्रक्रिया है। इस प्रक्रिया के द्वारा वह अपने कर्मचारियों को अपने संगठन का लक्ष्य अर्थपूर्ण तरीके से बताता है। फ्रेमिंग का मतलब है मूल मूल्यों की पहचानना। वे मूल्य जो कर्मचारियों को राह दिखायेंगे। विश्लेषण करने पर देखा जा सकता है कि वॉल्ट डिज़्नी में इस तरह के लीडरशिप के गुण भी थे।

इम्प्रेशन (प्रभाव) मैनेजमेंट का मतलब है लीडर के विषय में दूसरों पर पड़ने वाले प्रभाव को नियन्त्रित करना। यह नियन्त्रण लीडर के व्यवहार से होता है। जो लीडर को अधिक आकर्षक और अपीलिंग बनाता है। प्रभाव के लिए किया गया व्यवहार भुनाने वाला (मैनीपुलेटिव) व्यवहार लगता है और कभी-कभी यह होता भी है। दूसरी ओर यह स्वाभाविक और गम्भीर अभिव्यक्ति भी हो सकती है जो व्यक्ति और उसके विजन में साम्य दिखाती है। इसलिए प्रभावशाली लीडर में इंट्रीग्रिटी होना जरूरी है। वॉल्ट अपनी सार्वजनिक छवि के लिए बहुत सतर्क था। वह चेन स्मोकर था, परन्तु टी.वी. पर वह कभी सिगरेट के साथ नहीं दिखना चाहता था। इसी तरह जब उसे लोग पहचानने लगे और उसके लिए बिजनेस कम्युनिटी में उठना-बैठना लाजमी हो गया तो वह अपने कपड़ों, अपनी पोशाक सावधानी से चुनने लगा। अपने अनुभव और अपने विषय में समय-समय पर बताना, प्रभाव डालने का एक अच्छा तरीका हो सकता है। यह करिश्माई लीडर का गुण भी है। वॉल्ट में यह गुण अति की सीमा पर था। वह दिन-रात अपने काम के विषय में बातें करता। राह चलते यदि कोई सुनने वाला मिल जाता तो वह शुरू हो जाता और बिना रुके धाराप्रवाह अभिनय के साथ अपनी बात कहता चला जाता। वह इसमें पूरी तरह से खो जाता। यहाँ तक कि उसकी पत्नी लिलियन उपेक्षित अनुभव करने लगती और वह उसकी इस आदत से बुरी तरह चिढ़ती थी।

नर्चरेन्ट-टास्क लीडरशिप के दो प्रमुख अंग होते हैं—पहला काम के प्रति सरोकार और दूसरा पोषण अनुकूलन। इस तरह का लीडर यह बात अपने मातहतों के सामने स्पष्ट कर देता है कि काम हर हाल में पूरा होना चाहिए। समय पर पूरा होना चाहिए। मातहत लीडर के उद्देश्यों को स्वीकारते हैं। इसके लिए वे संगठन की संरचना को स्वीकारते हैं और समूह या संगठन के प्रति समर्पित होते हैं। लीडर मातहतों की भूमिका स्पष्ट कर देता है ताकि संगठन की संरचना बनी रहे और सम्प्रेषण में कोई परेशानी न आये। लीडर कार्य की शुरुआत करता है वह अपने मातहतों को गाइड करता है। उचित निर्देश देता है ताकि वे मेहनत और लगन से काम कर सकें। वह निश्चित करता है कि उत्पादन की गुणवत्ता बनी रहे। संख्यात्मक और गुणात्मक दोनों दृष्टि से उत्पादन उच्च कोटि का हो। वह हरेक का दायित्व और कार्यक्षेत्र निश्चित कर देता है और इस तरह निर्णय लेने में सहूलियत होती है। शुरू में वॉल्ट के यहाँ कोई बॉस या मातहत न था। मगर जब काम करने वालों की संख्या बढ़ गयी, भौतिक रूप से भी स्टूडियो बहुत विशाल हो गया और कई काम एक साथ होने लगे तब उसने अलग-अलग विभागों का निर्माण किया और काम करने वालों को तीन स्तर पर बाँट दिया। नये रंगरूट अनुभवी लोगों के साथ काम करके काम में पारंगत होते और तभी उन्हें प्रोन्नति

मिलती। ऐसा नेतृत्व अपने मातहतों की चिन्ता करता है। उनके दुःख-सुख में उनका साथ देता है। वह उनके पोषण के लिए सदैव तत्पर रहता है। अपने मातहतों के विकास में रुचि लेता है। वह उनके विकास में रुचि लेता है ताकि वे अपने काम में कुशलता और प्रौढ़ता को प्राप्त हों। वे आगे चलकर ज्यादा से ज्यादा दायित्व सँभाल सकें। इससे लीडर अन्य कार्यों के लिए, नये कार्यों के लिए, कम्पनी के विस्तार के लिए मुक्त हो सकेगा। दूसरे कार्यों में अपनी ऊर्जा लगा सकेगा। इस तरह की लीडरशिप गरमाहट निष्ठा और समझ तथा समर्पण का एक रिश्ता विकसित करती है। इन विशेषताओं पर वॉल्ट डिज़्नी बहुत सटीक बैठता है। कहा जा सकता है कि वह एक नर्चरेन्ट-टास्क लीडर था।

दैवी लीडरशिप में लीडर स्वयं तो मुक्त होता ही है वह अपने सहयोगियों और अपने अनुयायियों को भी मुक्त करता है। उन्हें उनके गुणों से परिचित कराता है और उनको उनकी सीमा से बाहर निकालकर विकसित होने में सहायता प्रदान करता है। वॉल्ट ने न जाने कितने लोगों की प्रतिभा को निखारा। उन्हें प्रशिक्षित करके जीवन की नयी ऊँचाई प्रदान की। वह लोगों की क्षमताओं को पहचान कर उनका आदर करता था। उन्हें सम्मान देकर उनकी साथ-ही-साथ अपनी भी गरिमा बढ़ाता था। उसमें लोकसंग्रह की भावना थी। वह मानव-कल्याण के प्रति सजग था। उसका मिशन और विजन बहुत स्पष्ट था। उसने बहुत पहले तय कर लिया था कि वह पारिवारिक मनोरंजन के लिए स्वस्थ कार्टून फिल्में बनायेगा। बाद में उसने अपने उद्योग का विस्तार करते हुए इसी मिशन के तहत थीम पार्क—**'डिज़्नीलैण्ड'** बनाया। वह अपने मिशन के प्रति पूर्णरूपेण समर्पित था। पत्नी द्वारा उसका मखौल उड़ाना, भाई की बार-बार की चेतावनी, पैसे की कमी, कर्मचारियों की हड़ताल, निवेशकों का हाथ पीछे खींचना और कई बार की असफलता भी उसे उसके मिशन से न डिगा सकी। उसकी बपौती, विरासत (लेगेसी) उसके काम में बोलती है।

दैवी लीडर का एक गुण है कि वह उच्च नैतिकता के स्तर से सोचता है और इसी उच्च नैतिकता को ध्यान में रखते हुए अपना काम करता है। डिज़्नी ने सदा नैतिकता का ध्यान रखा। उसने कभी लाभ को ध्यान में रखते हुए ऐसी फिल्में नहीं बनायी जिसमें अनैतिकता हो। उसका मिक्की न केवल उसकी नैतिकता का पर्याय था, वरन् यह समूचे अमेरिका में नैतिकता का प्रतीक बन गया। लोग उसका उदाहरण देते थे। लोग उसकी नैतिकता को गाते थे। मिक्की माउस के विषय में कहा जाता था कि **'मिक्की माउस डू नॉट स्योर, स्मोक, चीट ऑर लाई।'** दैवी लीडर की कथनी और करनी में साम्य होता है, तालमेल होता है। डिज़्नी कभी डबल स्पीक नहीं करता था, न ही कभी दोहरा व्यवहार करता। वह अपने-पराये

का भेद भी नहीं करता था। यदि ऐसा न होता तो वह अपनी साली को अपने स्टूडियो से निकाल न देता।

दैवी लीडर अपने लिए, अपने लोगों के लिए, अपने व्यापार के लिए चिन्ता करके मुक्त नहीं हो जाता है। वह भविष्य के लिए, दुनिया के लिए सोच-विचार करता है। वह दुनिया से जितना लेता है उसके लिए कृतज्ञ होता है। जितना ग्रहण करता है उससे अधिक देकर अपनी कृतज्ञता ज्ञापित करता है। वह लोकमंगल की बात सोचता है। वॉल्ट जानता था कि स्टूडियो के रूप में अपनी विरासत छोड़ जायेगा, अपने परिवार के लिए अपनी आर्थिक विरासत छोड़ जायेगा। मगर वह इतने से ही सन्तुष्ट न था। वह इन सबसे बड़ी विरासत की बात सोच रहा था। वह दुनिया को सशक्त बनाना चाहता था। वह लोगों को सशक्तीकरण का उपहार देना चाहता था। वह उन लोगों को कभी नहीं भूलता था, जिन्होंने गुरबत के दिनों में उसकी सहायता की थी। तीस के दशक में जब उसके पास पैसों की तंगी थी। वह ट्यूशन फीस दे पाने की स्थिति में नहीं था। तब मिसेज श्वानर्ड ने उसकी मदद की थी। उन्होंने अपने आर्ट स्कूल में उसके ऐनीमेटरों को पढ़ने दिया था। इसलिए जब पचास के दशक में उनको हृदयाघात हुआ और वे शारीरिक रूप से लाचार हो गयी तो आर्थिक रूप से उसने उनकी सहायता की। साथ ही उसने ऑडिटर मिक्की क्लार्क को भेजकर उनका ऑडिट का काम भी करवाया। बाद में उसने मिसेज श्वानर्ड की सहमति से अपनी कम्पनी के लोग भेजकर उनका स्कूल चलाने में मदद की। इतना ही नहीं, आगे चलकर उसने श्वानर्ड स्कूल के विस्तार के लिए नयी जमीन देखी और **'सिटी ऑफ दि आर्ट्स'** की स्थापना की। उसने इसके लिए अमेरिका के बेहतरीन प्रशिक्षकों का इन्तजाम किया। और बाद में साठ के दशक में यह **'कैलिफोर्निया इन्स्टीट्यूट ऑफ दि आर्ट्स'** में मिलकर एक प्रमुख संस्था के रूप में स्थापित हुआ। कला का यह एक विशिष्ट प्रशिक्षण केन्द्र है।

ऐसे लीडर के पास दैवी सम्पत्ति होती है। क्या है यह दैवी सम्पत्ति? साहस, निडरता, आत्मनियन्त्रण, दया, बुद्धिमत्ता, सकारात्मक ऊर्जा, ऊर्जा का बिना रुकावट प्रवाह, आत्म-सम्मान और आत्म-नियन्त्रण, बच्चों जैसा स्वभाव और युवा जैसा जोश, नमनीयता, सृजन की क्षमता। यह सब है दैवी सम्पत्ति। यदि निरीक्षण किया जाये तो वॉल्ट डिज़्नी ने अपने जीवन के अधिकांश समय में इन गुणों का प्रदर्शन किया है। साहस की उसके पास कमी न थी। वह कोई भी जोखिम लेने को सदा तत्पर रहता। वह निडर था। जो भी करता निर्भय होकर करता। उसमें गजब की सूझ-बूझ थी। सकारात्मक ऊर्जा का पुंज था वॉल्ट। दिन-रात सृजन में जुटा रहता। उसके स्टूडियो से प्रतिमाह निकलने वाले काम की संख्या देखकर रूसी फिल्मकार सरगेई मिखाइलोविच आइसनस्टाइन चकित था। सुबह वॉल्ट बहुत जल्दी स्टूडियो पहुँच

जाया करता। दिनभर काम करता। रात को फिर वहाँ पहुँच जाता और गयी रात तक काम करता। घर में भी वह काम के विषय में सोचता रहता। बिस्तर पर भी उसका मन सृजन करता रहता। प्रौढ़ावस्था में भी उसमें युवकों जैसा उत्साह और ऊर्जा थी।

इतने व्यावसायिक कामों के बीच वह समय निकालकर अपनी बेटियों को उनके स्कूल लाने-ले जाने का समय निकाल लेता। बाद में अपने नाती-नातिनियों को भी स्कूल ले जाता ले आता रहा। दिन भर में वह न जाने कितने लोगों से मिलता। कभी पत्रकारों को साक्षात्कार दे रहा होता, कभी टी.वी. के कार्यक्रम में व्यस्त होता। कभी इस देश जाता, कभी उस देश जाता। उसके पास असीमित ऊर्जा थी और उसकी यह ऊर्जा छुतहरी थी। जो भी उसके सम्पर्क में आता वह भी ऊर्जा से भर उठता। उत्साहित होकर काम में जुट जाता। ऑपरेशन और कोबाल्ट थेरेपी के बाद जब वह स्टूडियो लौटा वह जोश से भरा हुआ था। 11 नवम्बर, 1966 को वह वहाँ गया। उसने सबको ग्रीट किया। सबका अभिवादन अपनी चिर-परिचित बड़ी मुस्कान के साथ किया। लंच के लिए कोरल रूम में उससे बेन शार्पस्टीन मिला तो उसने देखा कि वॉल्ट उससे अपनी योजना पर विचार-विमर्श कर रहा है और उसने पाया कि वह काफी कुछ पहले की तरह ही व्यवहार कर रहा था। जोश में था। इमेजिनियर जॉन हेंच ने भी उस दिन ऐसा ही अनुभव किया। लंच के बाद वॉल्ट ग्लेंडेल गया और उसने वहाँ **'वेड'** की योजना की बात की। उसके स्वर में उत्साह था। उस दिन उसने बीस मिनट मार्क डेविस के ऑफिस में स्केचेज देखते हुए बिताये। वहाँ वह खूब हँस रहा था। वह बरबैंक गया। वहाँ वह प्रोड्यूसर विंसटन हिब्लर से मिला। दोपहर को उसने **'द हैप्पीएस्ट मिलनियर'** के रफ कट देखे। वह उन्हें देखता जाता और रोता जाता। वह उस दिन **'ब्लैकबड्र्स घोस्ट'** के सेट पर भी काम देखने गया। यह उसके स्टूडियो में अन्तिम दिन का लेखा-जोखा है। सोचा जा सकता है कि जब वह स्वस्थ था तब कितना काम करता होगा। काम के प्रति इतना समर्पित था कि अपने अन्तिम घण्टों में भी वह अपने भाई रॉय से अपने स्टूडियो, अपने काम की आगे की योजना पर बात कर रहा था।

दैवी लीडर अपनी सफलता पर प्रसन्न होता है। मगर अपनी पराजय छुपाता नहीं है। खुलकर अपनी हार स्वीकार करता है। वॉल्ट सफलता को अपने लोगों के साथ समारोह करके मनाता। स्टूडियो के लोगों के लिए पार्टी का इन्तजाम करता। उन्हें फिल्म प्रीमियर पर खुद लेकर जाता। **'मेरी पोपिंस'** के रिलीज होने के बाद वर्ल्ड फेयर का दूसरा सीजन शुरू हुआ था। वह अपने लोगों को बोनस के रूप में फेयर दिखाना चाहता था। अपने स्टूडियो के सारे लोगों को कई खेप में खुद

कैलिफोर्निया से मेले तक ले गया। वहाँ एक मजेदार बात हुई मेले में वह स्वयं आकर्षण का केन्द्र बन गया।

असफलता को वह जरूरी मानता था। असफलता से मिलने वाले धक्के के विषय में उसका विचार था कि यह आवश्यक है आप तब इसे नहीं पहचानते हैं कि यह दुनिया की सर्वोत्तम बात है जो आपके साथ हो रही है। इस झटके से आपकी नींद खुल जाती है और आप आसमान से धरती पर उतर आते हैं। फिर से सही तरीके से काम करने के लिए तैयार हो जाते हैं। गलती को दोहराने से बचते हैं। ठहरकर अपना मूल्यांकन करते हैं। **'फैंटासिया'** पर उन लोगों ने बहुत मेहनत की थी मगर दर्शकों से उसे इसके लिए उतना उत्साह न मिला। कारण यह फिल्म सामान्य दर्शक के सिर के ऊपर से पार हो गयी। इसको एप्रीशियेट करने के लिए खास तरह की रुचि होनी चाहिए। इस असफलता को स्पष्ट रूप से स्वीकार करते हुए वॉल्ट कहता है कि उसने दर्शकों को निराश किया है। उसने निराश किया है क्योंकि दर्शक डिज़्नी से जो अपेक्षा करते हैं यह फिल्म उस पर खरी न उतरी। बाद में उसने कहा कि हर बार जब भी वह उस दिशा में गया जो दर्शकों की संवेदना के अनुकूल न था तो उसे हार का मुँह देखना पड़ा। एक लीडर को कभी भी अपनी गलती स्वीकार करने में हिचकिचाना नहीं चाहिए यह पाठ वॉल्ट ने बहुत बचपन में अपने पड़ोसी डॉ. शेरवुड से सीख लिया था। बाद में जब भी उससे गलती हुई उसने इसे खुले दिल से स्वीकार किया। विंकलर से सौदे के समय वह बराबर कहता रहता कि उसका काम अभी उच्च क्वालिटी का नहीं है। उसे और सुधार करना है। अपने इस गुण के चलते उसे काम मिलता गया और उसके काम की माँग बढ़ती गयी। सुधार करते जाना, अपने काम में निखार लाते जाना उसकी खासियत थी। वह सुधार के मूल मन्त्र को लेकर चलता था। इसी कारण सदैव विकास के रथ पर अग्रसर होता रहा।

दैवी लीडरशिप लोकसंग्रह, लोकहित, लोककल्याण की बात करता है। यह उसके लिए टचस्टोन होता है। यही उसका श्रेयस होता है। प्रेयस में वॉल्ट की रुचि थी मगर श्रेयस को कभी नहीं भूलता था। प्रेयस का अर्थ है तात्कालिक उद्देश्य और श्रेयस वे उद्देश्य हैं जो सदा बने रहते हैं। जो लास्टिंग होते हैं। उसका ध्यान हाथ के काम पर होता, मगर वह अपने मिशन और विजन से न हटता। तात्कालिक लाभ की प्राप्ति के लिए अपने मूल उद्देश्य से समझौता न करता। उसके लिए साध्य और साधन दोनों का महत्त्व था। गलत साधन के उपयोग से उसने सदैव परहेज किया। दैवी लीडर स्वप्न द्रष्टा होता है। और अपने स्वप्न को सम्प्रेषित करने की क्षमता भी उसमें होती है। ऊपर यह दिखाया जा चुका है कि वॉल्ट डिज़्नी में ये दोनों गुण भरपूर मात्रा में मौजूद थे। ऐसे लीडर के लिए उसका काम उसका

धर्म होता है। वॉल्ट किसी धर्म विशेष को नहीं मानता था। उसका काम ही उसके लिए पूजा था। इसी के लिए वह सम्पूर्ण रूप से समर्पित था। वह बहुत गहरे अर्थों में नैतिक था। अपने निजी जीवन और व्यावसायिक जीवन में उसने सदा नैतिकता का परिचय दिया। दैवी लीडर के निजी और व्यावसायिक जीवन में सामंजस्य होता है। वॉल्ट के दोनों जीवन में नैतिकता को लेकर कोई दरार न थी। उसकी कथनी और करनी में फर्क नहीं होता है। उसे सही-गलत का बहुत स्पष्ट भान था। क्या करना है और क्या नहीं करना है यह उसके लिए बहुत स्पष्ट था। उसने इसमें कभी घालमेल नहीं किया। गर्दिश के दिनों में भी नहीं। डिज़्नीलैण्ड घूमने के बाद प्रकाशक वॉल्टर ने साक्षात्कार में कहा कि यदि मुझे इसे एक शब्द में व्यक्त करना है तो वह **'होलसमनेस'** शब्द होगा। यही होलसमनेस शब्द उसके समस्त व्यापारिक जीवन का मूल मन्त्र था। वह जो भी दर्शकों को देना चाहता था उसे स्वस्थ और हितकारी होना ही चाहिए।

दैवी लीडरशिप की एक और विशेषता है कि यह लोगों पर बहुत ज्यादा विश्वास करता है। यह लोगों पर आस्था रखता है। वॉल्ट कई बार लोगों पर आँख मूँदकर विश्वास करता है। जैसा कि मिंट्ज के सन्दर्भ में हुआ। उसने इस व्यक्ति पर बहुत ज्यादा भरोसा किया। जबकि यह दुष्ट व्यक्ति शुरू से उसे उल्लू बना रहा था। मगर जब वॉल्ट को पता चल गया तो उसने उससे अपने सम्बन्ध काट लिए। इसी तरह उसने स्टूडियो के अपने कर्मचारियों पर विश्वास किया था। और जब इनमें से कुछ ने उसके साथ धोखा किया तो वॉल्ट का आसुरी लीडर जाग उठा। जिन लोगों ने हड़ताल की थी उनके विश्वासघात से वॉल्ट को बहुत चोट पहुँची थी। मनुष्यता पर से उसका विश्वास हिल गया था। कई बार वॉल्ट डिज़्नी परिवर्तन को पहचानने में चूक गया। मसलन हड़ताल से पहले उसने अपने लोगों की नब्ज नहीं समझी। जीवन के इस मोड़ पर वॉल्ट आसुरी लीडर की बहुत-सी विशेषताओं का प्रदर्शन करता है। वह लोगों से प्रतिकार लेने लगा। जिससे नाखुश होता उसे बिना नोटिस दिये काम छोड़ने पर मजबूर कर देता। कलाकारों का दूसरों के सामने अपमान करता। उनके काम को सबके सामने नष्ट कर देता। उसका व्यवहार जानना कठिन हो गया था। वह कब क्या कर बैठेगा, कब क्या कह देगा, बताना मुश्किल हो गया था। वह लोगों पर बात-बेबात चिल्लाता। स्थिति इतनी खराब हो गयी कि जिस स्टूडियो में हँसी-ठहाके गूँजते रहते थे वहाँ सन्नाटा छाया रहने लगा। लोग उससे भयभीत रहने लगे। उसे इस बात का पता था। वह लोगों से कहता कि मुझसे डरने की जरूरत नहीं है। यह बात वह कुछ ऐसे अन्दाज में कहता कि लोग उससे और ज्यादा डरते। जब वह किसी विभाग की ओर आ रहा होता तो लोग एक-दूसरों को सावधान होने के लिए संकेत देते। कहते आदमी

जंगल में आ रहा है। यह बैम्बी कार्टून फिल्म का वाक्य था जिसका तात्पर्य था संकट है। भागो, अपना बचाव करो। आसुरी लीडरशिप के दौरान लोग वॉल्ट से इसी तरह से बचने का प्रयास करने लगे थे, जैसे जंगल में बन्दूक लिये शिकारी से बचने के लिए पशु-पक्षी करते हैं। हड़ताल के बाद कुछ समय तक वह केवल एक मैनेजर बनकर रह गया था और माइक्रो मैनेजिंग करने लगा था। एक अच्छा लीडर मैनेजर भी होता है। मगर एक अच्छा मैनेजर लीडर भी हो यह आवश्यक नहीं है।

बाद में फिर वह लोगों पर विश्वास करता रहा। वह लोगों को काम की जिम्मेदारी सौंपकर उन्हें काम करने की पूरी स्वतन्त्रता देता। काम के बीच में विघ्न न डालता। 1946 में जब वह **'साँग ऑफ द साउथ'** बना रहा था उसने इसके लिए ट्वैन्टींथ सेंचुरी से हेरॉल्ड शूस्टर को डायरेक्शन के लिए बुलाया था। कैलिफोर्निया की एक घाटी में सेट लगा था। वॉल्ट वहाँ रह रहा था। मगर हेरॉल्ड का कहना है कि उसने कभी उसके काम में दखलन्दाजी न की। लगाम सदा हेरॉल्ड के हाथ में रही। उसने डिज़्नीलैण्ड पार्क चलाने का जिम्मा दूसरों पर छोड़ दिया, मगर निरीक्षण अपने हाथ में रखा ताकि क्वालिटी में फर्क न पड़े। आसुरी लीडरशिप उसका स्वभाव न था। यह उसके व्यक्तित्व, उसके जीवन का एक छोटा-सा समय था। इस समय उसे तानाशाह कहा जाने लगा था। इस समय वह कान का कच्चा हो गया था। लोग निजी वैर निकालने के लिए उसके कान भरने लगे थे। वह लोगों को इस बात के लिए स्पष्ट रूप से न सही पर संकेतों में बढ़ावा देता। वॉल्ट एक खुशमिजाज व्यक्ति था। और खुशमिजाज व्यक्ति आसुरी लीडर के खाँचे में नहीं समाता है। स्लीपिंग ब्यूटी को स्वर देने वाली मेरी कोस्टा के अनुसार वॉल्ट की आँखें चमकती हुई थीं। मानो कोटर में जड़ी हुई हों। सिने अभिनेत्री जूली एंड्रूज के अनुसार उनमें एक प्रकार की प्रसन्नता दिखती जैसी कि एक सन्तुष्ट व्यक्ति की आँखों में दिखती है। वह अक्सर प्रसन्न रहता। जो काम कर रहा होता उसी में डूबा रहता। जब वह **'ज़ोरो'** बना रहा था उस समय तलवार के रूप में नापने वाला गज लिये स्टूडियो में सबको द्वन्द्व युद्ध के लिए मजाक में ललकारता रहता। बिल वल्श के अनुसार वह स्टूडियो में हवा में तलवार से 'ज़ेड' की आकृति बनाता घूमता रहता और हँसता रहता था।

दैवी लीडर श्रेयस के लिए बलिदान करता है। वॉल्ट ने अपने मिशन के लिए कभी शॉर्टकट नहीं अपनाया। कभी निजी लाभ-हानि की चिन्ता नहीं की। वह काम के कारण अपने स्वास्थ्य की भी चिन्ता नहीं करता था। उसे काम की अधिकता के कारण कई बार नर्वस ब्रेक डाउन हो गया। वह छुट्टी नहीं लेता था। कई बार उसका बड़ा भाई और उसके आर्थिक इन्तजाम करने वाला रॉय डिज़्नी

उसके स्वास्थ्य से चिन्तित होकर उसे जबरदस्ती घूमने-फिरने की सलाह देकर, किसी-न-किसी बहाने से स्टूडियो से दूर भेज देता था। 1924 में पूरे साल वॉल्ट और रॉय ने न के बराबर वेतन लिया। वे कभी पाँच डॉलर लेते, कभी दस डॉलर। बाद में भी काफी दिनों तक उन्होंने लगातार वेतन नहीं लिया। कई बार मात्र आलू खाकर गुजारा किया। उधार खाना खाया। वह उन लीडर में से था जो अपनी लगन से आगे बढ़ते हैं। अपनी मेहनत से सफल होते हैं। उनका ध्यान प्रेयस से ज्यादा श्रेयस पर होता है। उनका ध्यान सदा दूर क्षितिज पर होता है। क्षितिज जो असीमित है। ऐसा लीडर दूरन्देशी होता है। दूर भविष्य पर उसकी दृष्टि होती है। वह सम्भावनाओं की आहट पहचानता है उन्हें सुनता है और उनको उत्तर देता है।

दैवी लीडर अपने साथ काम करने वालों का ख्याल रखता है उनके सुख-दुःख की चिन्ता करता है। उन्हें काम के लिए बेहतर वातावरण प्रदान करता है। वह जानता था कि अनुभवी लोगों के साथ काम करने के अपने फायदे हैं। इसलिए वह अपने यहाँ काम करने वालों के लिए प्रशिक्षण का इन्तजाम करता रहता। वह लोगों को बड़े शहर में मिलने वाले एक्सपोजर के फायदे बता रहा था। उन्हें अपने यहाँ लाने के लिए, बड़े शहर में काम करने का लालच दे रहा था। उसने अपने पुराने शहर के बहुत सारे लोगों को बताया कि कैंसास सिटी में काम करने की सुविधाएँ नहीं हैं और वहाँ कुछ नया सीखने की गुंजाइश भी नहीं है। इसलिए वह अपने लोगों को कैलिफोर्निया, लॉस एन्जिलस और हॉलीवुड बुला रहा था।

लाभ होने पर कर्मचारियों को बोनस देता। वॉल्ट एक निःस्वार्थ लीडर था। जो लाभ को अपने लोगों में बराबर बाँटता था और आवश्यकता पड़ने पर अपने लोगों के हक के लिए दूसरों से लड़ भी जाता था। **'स्नो व्हाइट'** के निर्माण के दौरान उसने कर्मचारियों से वादा किया था कि उन्हें बोनस दिया जायेगा। सबको इसका लाभ मिलेगा। उसने सबको तीन महीने का वेतन देने की घोषणा की थी। लेकिन जब बोनस देने का समय आया तो जॉर्ज मोरिस ने इसमें आनाकानी की। वॉल्ट एक दिन गुस्से में फनफनाता हुआ मोरिस के ऑफिस में घुसा और उसने तत्काल बोनस के भुगतान की माँग की। उसका तर्क था कि इन लोगों ने पिक्चर बनायी है, अतः यह उनका प्राप्य है। यह उन्हें मिलना ही चाहिए। बाद में उसने कम्पनी के शेयर भी उन्हें दिये।

वॉल्ट अपने कर्मचारियों को सुविधाएँ देता। बहुत साल तक उसके स्टूडियो में शनिवार को भी काम होता रहा। शनिवार को आधा दिन मात्र दोपहर तक ही काम होता था मगर वॉल्ट को लगा कि यह सही नहीं है। अतः उसने सप्ताह में पाँच दिन काम के लिए तय कर दिये। इतना ही नहीं वह अपने लोगों को सप्ताहान्त में मनोरंजन की अन्य सुविधाएँ भी देना चाहता था। हालाँकि उसकी इस

उत्साहजनक योजना की परिणति बहुत बुरे अनुभव में हुई। उसने अपने कर्मचारियों और उनके परिवारों को सप्ताहान्त में पॉम स्प्रिंग्स के निकट लेक नारकोनियन होटल एण्ड क्लब में आमन्त्रित किया। इतने साल से लोग सब भूल-भालकर **'स्नो ह्वाइट'** बनाने में जुटे हुए थे। अचानक उन्हें मौज-मस्ती का वातावरण मिला तो वे बहक गये। जमकर शराब बही और लोग आदमी-औरत खुले तौर पर जोड़े बनाने लगे। और तो और एक वॉचमैन ने जोश और नशे में आकर अपनी पत्नी को स्वीमिंग पूल में फेंक दिया और खुद दौड़कर होटल की छत पर चढ़कर उसे बचाने के लिए वहाँ से कूदा। एक दूसरा कर्मचारी होटल की लॉबी में ही घुड़सवारी करने लगा। नशे में धुत फ्रेड मूर होटल की दूसरी मंजिल की एक खिड़की से नीचे गिर पड़ा, अच्छा हुआ कि वह लॉन में झाड़ियों पर गिरा और उसे चोट नहीं लगी। इन बातों को आज याद करने पर, पढ़ने पर हँसी आती है, मगर उस समय यह सब वॉल्ट के लिए बहुत शर्मिन्दा करने वाला हो गया था। उसे इन वाकयों से बहुत निराशा भी हुई। मगर जो भी हो यह घटना दिखाती है कि वह अपने लोगों का कितना ध्यान रखता था और उन्हें कितनी सुविधाएँ देना चाहता था।

उसकी बेटी के अनुसार वॉल्ट सदा जानना चाहता था कि उसके यहाँ काम करने वाले लोग किस हालत में हैं। यदि कोई बीमार होता तो वह उसकी चिन्ता करता। यदि किसी को कोई आवश्यकता होती तो वह उसे पूरी करने का प्रयास करता। वह लोगों को बीमार होने पर तीन दिन की छुट्टी वेतन के साथ देता और अगर जरूरत होती तो उसे बढ़ा भी देता। वह अपने लोगों की निजी जिन्दगी के विषय में भी जानकारी रखता। समय-समय पर काम की अधिकता के बाद वह लोगों को छुट्टी पर जाने के लिए कहता। एक बार स्नो ह्वाइट के समय उसने स्टूडियो काफी दिनों के लिए बन्द कर दिया ताकि लोग आराम करके तरोताजा हो सकें। कुछ विशिष्ट लोगों को और लम्बी छुट्टी दी। उसने कहा कि मैं चाहता हूँ कि तुम इस छुट्टी का पूरी तरह फायदा उठाओ। बाहर निकलो। घूमो-फिरो। वर्ल्ड फेयर चल रहा है, वहाँ जाओ। हवाई, क्यूबा, अलास्का, न्यूयॉर्क बहुत सारे स्थान हैं। कहीं भी जाओ, मजे करो और जब स्टूडियो लौटो तो काम में जुट जाओ। वह मन्दी के दौर में लोगों को बुला-बुलाकर काम दे रहा था। उसके यहाँ अन्य स्टूडियो की बनिस्बत वेतन भी अच्छा हुआ करता। वह अपने लोगों को इतना वेतन देना चाहता था कि वे मजे में परिवार के साथ रहें और तो और उसे उनके बुढ़ापे की भी चिन्ता रहती। वह चाहता था कि इतना वेतन हो कि वे अपने बढ़ापे के लिए भी कुछ बचाकर रख सकें। इन योजनाओं से उसका अपने लोगों के प्रति नेक इरादा झलकता है।

वह समय-समय पर अपने काम में लाभ होने पर स्टूडियो के सब लोगों को

बोनस देता। 1934 में उसने बोनस के रूप में 32,000 डॉलर बाँटे। वह यह अपनी उदारता के कारण करता था। उसका विचार था कि उसका संगठन मात्र उसके लिए नहीं है वह उसमें काम करने वाले सारे लोगों का है। बाद में जब स्टूडियो बहुत विस्तृत हो गया। इन्सेंटिव देने के लिए मूल्यांकन होने लगा। मूल्यांकन के आधार पर लोगों को ए बी सी ग्रेड मिलते और उसी के अनुरूप उपहारस्वरूप रकम। ए ग्रेड काम करने वाले को 8 डॉलर, बी ग्रेड को उससे कम और सी ग्रेड को 4 डॉलर मिलते। लोग उस पर विश्वास करते थे। उसके एक पोलो साथी ने एक बार कहा कि यदि वॉल्ट यह काम करेगा और उसे मालूम है कि वह यह काम करेगा तो लाखों लोग इसे पसन्द करेंगे। ऐसा था वॉल्ट पर लोगों का विश्वास। वॉल्ट में विजनरी और दैवी लीडर के गुण बहुतायत से मिलते हैं। इन दोनों लीडरशिप में ज्यादा अन्तर भी नहीं है। वह मानता था कि कम्पनी का प्रत्येक व्यक्ति महत्त्वपूर्ण है। वह दूसरों तक पहुँचने का प्रयास करता। हर स्तर के व्यक्ति के पास जाता। सबकी प्रशंसा के साथ-साथ सृजनात्मक समीक्षा भी करता। उसे मालूम था कि प्रत्येक व्यक्ति का शब्द, कार्य और अपीयरेंस काम पर असर डालता है।

एक पुरानी चीनी कहावत है यदि आप अपनी दिशा नहीं बदलते हैं तो जहाँ से चले हैं एक दिन वहीं पहुँच जाते हैं। अगर आप कोई ऑर्गनाइजेशन बनाते हैं, तो कैसा बनाना चाहते हैं? उसे किस दिशा में ले जाना चाहते हैं? यही बात जब एक लीडर की भूमिका में आप सोचते हैं इसे जब सम्प्रेषित किया जाता है तो आपके साथ के सारे लोगों का यही एक कॉमन उद्देश्य होता है। यही लीडर का उद्देश्य होता है, अपने उद्देश्य को टीम का उद्देश्य बना देना। लीडर का विजन साथियों को काम के लिए उकसाता है और भविष्य को आकार देता है। विजन का अर्थ है ऑर्गनाइजेशन के लिए एक वास्तविक, विश्वसनीय और आकर्षक भविष्य। विजन सदैव भविष्य के लिए होता है। वह एक स्वप्न है जिसे आप सहयोगियों के साथ साकार करना चाहते हैं। विजन मात्र शुरुआत में ही काम नहीं करता है। वह ऑर्गनाइजेशन की सारी जिन्दगी, उसके हर मोड़ पर उसे दिशा देता है। यह एक तरह का साइनपोस्ट है जो आपकी दिशा निर्धारित करता है। विजन वह विचार है जिसे ऑर्गनाइजेशन भविष्य में चाहता है। विजनरी लीडर स्वप्न देखता है। स्वप्न को वास्तविकता में परिणत करता है। वॉल्ट डिज़्नी एक विजनरी लीडर था इसमें कोई शक नहीं है। उसने दुनिया को स्वस्थ मनोरंजन प्रदान करने का स्वप्न देखा था और अपने स्टूडियो के द्वारा इस स्वप्न को साकार किया। इसके लिए उसने अपने साथ काम करने वाले लोगों को सदा ऊर्जा से भरे रखा, उन्हें स्वप्न पूरा करने के लिए प्रेरित किया। उन्हें यह भी भान कराया कि उन लोगों के बचे रहने के लिए इस स्वप्न का क्या महत्त्व है। उसने उन्हें विश्वास दिलाया

कि इस स्वप्न से जुड़कर उन लोगों का विकास होगा और वे अपने सर्वोत्तम गुणों को प्रदर्शित कर सकेंगे। उसका कहना था कि उसने जितने भी काम किये हैं उनमें सबसे महत्त्वपूर्ण है अपने साथ काम करने वालों का संयोजन। उन्हें संगठित करके उनके प्रयास को एक खास लक्ष्य की ओर ले जाना।

विजनरी लीडर नवीनीकरण करता है, मौलिक होता है। विजनरी लीडर के रूप में वॉल्ट एक परिवर्तनकारी एजेण्ट था। परिवर्तन का वाहक था। सटीक विजन सर्वोत्तम स्तर कायम करता है और वर्तमान को भविष्य से जोड़ता है। विजनरी लीडर दिशा निर्धारित करने वाला, परिवर्तनकामी और अपने विजन की वकालत करने वाला होता है। विजनरी लीडर दिशा तय करता है और इस दिशा के द्वारा वह परिवर्तन लाता है। वॉल्ट ने अपने विजन के द्वारा अमेरिका में मनोरंजन उद्योग में क्रान्तिकारी परिवर्तन ला दिया। हॉलीवुड के द्विअर्थी, सेक्स से भरपूर, बेहूदा मनोरंजन के स्थान पर उसने सम्पूर्ण परिवार के स्वस्थ मनोरंजन की परम्परा डाली। उसका कहना था कि डिज़्नीलैण्ड एक शो है। वह प्यार के लिए किया गया काम है पैसे के लिए नहीं। लीडर लोगों में अपेक्षाएँ उत्पन्न करता है। उसने **'स्नो ह्वाइट'** बनाकर दर्शकों में ऐसे स्वस्थ मनोरंजन के प्रति अपेक्षाएँ पैदा कर दीं यह उसके मूल्यों पर आधारित फिल्म थी इससे उसके स्टूडियो का मूल्य भी बढ़ गया। इसके बाद दर्शक उससे बेहतर फिल्मों की उम्मीद करने लगे। इस उम्मीद से उसे चुनौती मिली और बेहतर काम करने की प्रेरणा भी। डिज़्नीलैण्ड से उसने पार्क के प्रति जनता की अपेक्षाओं को नयी दिशा दी। उसके पास सदा बड़ी योजना होती। वह अपने वण्डरलैण्ड में लिबर्टी स्ट्रीट, एडीसन स्कॉयर जोड़ना चाहता था जिसमें अमेरिका के उन्नीसवीं सदी की वास्तुकला का प्रदर्शन होगा। इसे तकनीकी और विज्ञान की सहायता से दिखाया जायेगा ऐसा उसका विचार था। इस बड़ी योजना को वह जनरल इलेक्ट्रिकल से प्रायोजित करवाने की बात सोच रहा था। और उसने यह किया।

प्रभावशाली लीडरशिप संगठन को मजबूत बनाता है ताकि संगठन अपने सदस्यों तथा वृहत्तर समाज को अपना योगदान दे सके। इसका लाभ न केवल इसके सदस्यों को मिलता है वरन् समाज के वृहत्तर भाग को भी मिलता है। ऐसे लीडर संस्थान डिजाइन करने और उसे बनाने में माहिर होते हैं। वॉल्ट ने पहले हाइपीरियन खड़ा किया, फिर बरबैंक बनाया। विजन वहीं होता है जहाँ से आने वाला कल शुरू होता है। जहाँ भविष्य होता है। अधिकतर लोग समय निकालकर भविष्य के विषय में क्रमबद्ध रूप से नहीं सोचते हैं। जो सोचते हैं और अपनी योजना तथा कार्य को विजन के अनुकूल रखते हैं वे भविष्य को सँवारने की शक्ति रखते हैं। वॉल्ट ने **'डिज़्नीलैण्ड'** का विचार साकार करने में पाँच साल लगाये। तब जाकर

उसने **'वेड इंटरप्राइजेज'** बनाया। इस कम्पनी का काम थीम पार्क की योजना को कार्य रूप में परिणित करना था। डिज़्नी स्टूडियो से कुछ इमैजिनियर इस काम में जुटे। बैंक ऑफ अमेरिका से उसने इसकी फण्डिंग कराई। उसने अपने लोगों से स्पष्ट कह दिया था कि यह ऐसा दिखना, होना चाहिए जैसा दुनिया में कुछ नहीं है। बेजोड़। उसने अपने घर के पिछवाड़े **'कैरोलवुड पैसिफिक रेलरोड'** बना रखा था। आगे चलकर रेल डिज़्नीलैण्ड का एक अहम हिस्सा बना। एक-एक कर वह इसमें तमाम चीजें जोड़ता गया। उसने इसके लिए विशेष टी.वी. प्रोग्राम **'वन ऑवर इन वण्डरलैण्ड'** नाम से बनाया। उसने एबीसी के साथ भी इसके लिए **'डिज़्नीलैण्ड प्रोग्राम'** बनाया और चलाया। बाद में यह प्रोग्राम रंगीन होकर एनबीसी से प्रसारित होने लगा। इसके भी आगे चलकर उसने **'डिज़्नी वर्ल्ड'** का विजन रखा और **'एक्सपेरिमेण्टल प्रोटोटाइप सिटी ऑफ टुमारो'** (ईपीसीओटी) की कल्पना की। **'वॉल्ट डिज़्नी स्की रिसोर्ट'** बनाने का भी इरादा था। यह योजना उसकी मृत्यु के कारण साकार न हो सकी।

विजन का अर्थ है भविष्य के लिए दिमाग में एक मॉडल की इच्छा होना। अपनी प्रसिद्ध पुस्तक **'विजनरी लीडरशिप'** में बर्ट नैनस कहता है कि ऑर्गनाइजेशन के लिए एक वास्तविक, विश्वसनीय और आकर्षक भविष्य ही विजन है। विजन उद्देश्य को स्पष्ट रूप से प्रस्तुत करता है, ताकि भविष्य बेहतर, ज्यादा सफल और ज्यादा काम्य हो जाये। विजनरी लीडर न केवल स्वप्न देखता है, उसे स्पष्ट शब्दों में व्यक्त भी करता है ताकि दूसरे उसके विजन को समझें, उसका सहयोग करें। उसके उद्देश्य के महत्त्व को समझते हुए स्वप्न को साकार करने में अपना योगदान दें। वॉल्ट ने स्वप्न देखा और उसे शब्दों में व्यक्त भी किया। उसने कहा कि डिज़्नीलैण्ड एक ऐसा स्थान होगा जहाँ लोग प्रसन्नता और ज्ञान पा सकेंगे। यह ऐसा स्थान होगा जहाँ बच्चे और उनके अभिभावक एक-दूसरे के साथ अच्छा समय गुजार सकेंगे। एक स्थान जहाँ टीचर और छात्र बोध और शिक्षा खोज सकेंगे। यहाँ पुरानी पीढ़ी अपने गये जमाने को पुनः पा सकेगी और नयी पीढ़ी आने वाले समय की चुनौतियों का स्वाद ले सकेंगी। सबके देखने और समझने के लिए यहाँ प्रकृति और मानव निर्मित अजूबे होंगे। डिज़्नीलैण्ड आदर्शों और स्वप्नों तथा कठोर तथ्यों पर आधारित होगा और इन्हीं आदर्शों, स्वप्नों और कठोर तथ्यों को समर्पित होगा।

आगे उसने कहा कि डिज़्नीलैण्ड एक तरह का मेला होगा, एक प्रदर्शनी, एक खेल का मैदान, एक सामुदायिक केन्द्र, सजीव तथ्यों का एक म्यूजियम। इसके साथ ही यह सुन्दरता और जादुई दुनिया का एक शोप्लेस भी होगा। हम खुशियों, उपलब्धियों और आशाओं की जिस दुनिया में रहते हैं। यह उससे भरा होगा। यह हमें याद दिलायेगा और दिखायेगा कि इन आश्चर्यों को कैसे हम अपने जीवन

का अंग बना सकते हैं। इससे ज्यादा स्पष्ट शब्दों में शायद ही किसी लीडर ने अपने स्वप्न को अभिव्यक्त किया हो। यह बात दूसरी है कि शुरू में जब वह अपने इस स्वप्न को लोगों से साझा करता तो लोग पतियाते नहीं थे। यहाँ तक कि उसकी पत्नी लिलियन को भी विश्वास नहीं था कि कभी ऐसा कुछ बनाया जा सकता है। कई बार वह वॉल्ट के महास्वप्नों से भयभीत हो जाती थी। मगर आज वॉल्ट का विजन एक यथार्थ है। उसका डिज़्नीलैण्ड एक साकार ठोस सच्चाई है। उसने न केवल विजन देखा वरन् प्राणपण से लगकर उसे पूरा भी किया। वॉल्ट के मन में भविष्य के लिए एक नये प्रकार के अम्यूजमेण्ट पार्क का मॉडल था। उसका विजन उसके मन में बहुत स्पष्ट था इसीलिए वह कहता है कि डिज़्नीलैण्ड का विचार बहुत सरल है। 'लोगों को खुश करना' उसका बीज मन्त्र (कोर वैल्यू) था। बहुत सरल-सा मगर महत्त्वपूर्ण मूल्य। उसे अपने विजन में पूर्ण आस्था थी। वह कहता था कि हम अपने स्वप्न में विश्वास करते हैं–एक फेमिली पार्क जहाँ अभिभावक और बच्चे साथ-साथ मनोरंजन कर सकें।

सामान्य रूप से माना जाता है कि लीडर विजन रखने वाला व्यक्ति है। जो भी लोगों को अपना विजन बेचने की क्षमता रखता है। जो लोगों को अपने विजन के साथ जोड़ता है, वही लीडर होता है। यह सोच खतरनाक है। क्योंकि जिन लीडरों ने समाज और संगठनों के लिए भला किया है वे लोग विजन वाले लीडर नहीं थे। ऐसे सारे लीडर विजनरी लीडर नहीं होते हैं। विजनरी लीडर समुदाय या संगठन के उत्कृष्ट मूल्यों को वाणी देते हैं। एक लीडर का विजन सटीक होना चाहिए। मात्र अपील और कल्पना नहीं। किसी समुदाय या संगठन के विजन को वाणी देने का काम सबसे पहले सुनने से प्रारम्भ होता है। खूब अधिक सुनने से और खूब विचार-विमर्श और संवाद-वार्तालाप से। मूल्यों को स्थापित करने के लिए यह आवश्यंक है। वॉल्ट अपने मूल्यों के विषय में निरन्तर बातें करता रहता है। उसके एक प्रोड्यूसर डेव हैण्ड का कहना था कि वह अपने नये विचारों की खूब बातें करता। जब-जब वह अपने सहयोगियों की बात सुनने से चूका इसका खामियाजा उसे भुगतना पड़ा। उसे अपनी बात मनवाने की कला आती थी। इसीलिए वह अपने निवेशकों को अपने यहाँ निवेश करने के लिए राजी करवा पाता था। टफ से टफ बैंकर भी उसकी सहायता के लिए तैयार हो जाता था। बाजार में उसकी अच्छी साख थी। लोग उसके यहाँ निवेश के लिए उत्सुक रहते, निवेश करते।

बिना अधिकार के लीडरशिप कठिन और खतरे से भरी हुई होती है। अतः अधिकार होना आवश्यक है। दिशा-निर्देशन के लिए राह सुझाने और उत्तर देने से ज्यादा प्रभावशाली है प्रश्न पूछना। लोगों को समस्याओं के समक्ष खड़ा कर देना। सदा लोगों को बचाना, परिवर्तन से सुरक्षित रखना जरूरी नहीं है। उन्हें यथार्थ

का भान होना चाहिए। अगर ऐसा नहीं होगा तो भला क्यों सीखने का कष्ट वे उठाना चाहेंगे? अक्सर लोग कष्टकर काम सीखने से बचना चाहते हैं। लोग विभिन्न तरीकों से नयी परिस्थितियों, परिवर्तनों का प्रतिरोध करते हैं। एक लीडर को इन विभिन्न तरीकों के प्रतिरोध की जानकारी होनी चाहिए। न केवल जानकारी होनी चाहिए इनसे निपटना भी आना चाहिए। बाद में जब वह रेखांकन और लेखन छोड़ चुका था, उसने खुद कहा है कि वह मात्र ऑटोग्राफ देने या चेक काटने के लिए ही कलम उठाता था तब भी पूरे स्टूडियो में उसका दबदबा था। निर्विरोध वही प्रमुख कर्ता-धर्ता था। वह न केवल वहाँ बॉस था वरन् उसी की संवेदनशीलता से काम होता था। उसके स्टूडियो से जो भी उत्पादित होता वह उसकी नजर से सही होकर निकलता। उसकी स्वीकृति के बाद ही काम पूरा माना जाता। इस कारण कुछ लोग उसे तानाशाह भी कहा करते। पूरा स्टूडियो उसके सामने झुकता। अन्त तक सारे अधिकार उसके हाथ में बने रहे। वह अक्सर अपनी संवेदना, अपनी इंस्टिंग से काम करता। इससे कभी-कभी परेशानी भी खड़ी हो जाती। क्योंकि कई बार दूसरे लोग उसकी संवेदना को समझने में सक्षम नहीं हो पाते थे। उन्हें समझाने के लिए उसे काफी मेहनत करनी पड़ती थी। वह न केवल पूरे स्टूडियो का निरीक्षण करने की क्षमता रखता था, वरन् उसमें सामंजस्य बनाये रखने, उसे नियन्त्रित करने का गुण भी उसमें था। वह खुद ऐनीमेशन कार्टून की तुलना एक सिम्फनी से करता और मानता था कि वह इस सिम्फनी का कण्डक्टर है। वही सारे कर्मचारियों को साथ लेकर चलता है। उसकी सिम्फनी में स्टोरीमैन, कम्पोजर, ऐनीमेटर, संगीतकार, ब्वॉएज आर्टिस्ट, इंक और पेंट करने वाले सब शामिल थे। वह इनके सहयोग से जो बनाता वह खूबसूरत होता। एक सिम्फनी जैसा होता ऐसा वह खुद कहा करता।

लीडर का एक गुण हाता है उसका साहस। जोखिम उठाने की क्षमता। बहुत कम बिजनेस लीडर हैं जो डिज़्नी की तरह तलवार की धार पर चलते हैं। कितने लोग हैं जो अपना सब कुछ दाँव पर लगाकर अपने सपने पूरा करना चाहते हैं। कबिरा खड़ा बाजार में लिये लुआठी हाथ, जो घर जारे आपना चले हमारे साथ, के भाव से काम करते हैं। उसने यह किया। अपना घर-बार गिरवी रखकर व्यापार किया। अपनी पत्नी की प्रिय कार और जमीन गिरवी रखी। वह किसान परिवार से आता है, अतः हो सकता है कि लाभ को पूँजी बनाकर व्यापार में पुनः निवेश करने का गुण उसे वहीं से मिला हो। पैसा उसके लिए अपने आप में कोई लक्ष्य न था। वह तो उसके स्वप्न पूर्ति का साधन था। उसके सपनों को मूर्त रूप देने का एक उपाय मात्र। दूसरे शब्दों में एक पुराने किसान की तरह आपको जमीन में सब डालना है जो आप उससे पाना चाहते हैं। इसी तरह व्यापार में आपको अपना सब डालना पड़ता है। यही उसने किया। यही उसकी फिलॉसफी थी। उसके

भाई की भी यही फिलॉसफी थी। उसके जीवन का लक्ष्य अपना लाभ बढ़ाना नहीं था, वरन् कम्पनी की सम्पत्ति का मूल्य बढ़ाना था। लम्बी अवधि में लाभ उत्पन्न करना था। और उस लाभ को भी कम्पनी की सम्पत्ति के मूल्य को बढ़ाने, उसका इजाफा करने के लिए पुनर्निवेशित करना था।

विजनरी लीडर सृजनात्मक होता है। उसके भाई रॉय का कहना था कि वॉल्ट स्वभाव से ही किसी काम को दोहराना नहीं चाहता है। वह सदा कुछ नयी चीज करने की कोशिश में लगा रहता है। वह अध्यवसायी था। निरन्तर मेहनत करने वाला। वह स्पॉट का खुद निरीक्षण करता। सब बातों को खुद अनुभव करके देखना चाहता था। जरूरत होने पर दक्षिण अमेरिका, इंग्लैण्ड यहाँ तक कि अलास्का की यात्राएँ भी उसने कीं। सृजनात्मक लोग अपना सब कुछ अपने सृजन में लगा देते हैं। उनके लिए सृजन सर्वाधिक महत्त्वपूर्ण होता है बनिस्बत इससे प्राप्त होने वाला धन। सृजनात्मक व्यक्ति सृजन करता है और उस सृजन को उन लोगों में बाँटकर प्रसन्न होता है जो उसका महत्त्व जानते हैं। जो उसकी प्रशंसा कर सकते हैं। वह सृजन करता है। जो उपलब्धि होती है उसे पुनः सृजन में लगा देता है ताकि एक चक्र चलता रहे। जो और सृजन करे और गुणवत्ता दे और लोगों से सहभागिता करे। सारे सृजनशील व्यक्ति बिजनेसमैन नहीं होते हैं। हो नहीं सकते हैं। वॉल्ट डिज़्नी जैसे एकाध सृजनशील व्यक्ति सफल उद्योगपति भी होते हैं वरना ज्यादातर तो सृजन और उत्पादन में छत्तीस का आँकड़ा होता है। अक्सर लोगों के पास महत्त्वाकांक्षा होती है। लेकिन उनके पास इंट्यूशन सहजबोध नहीं होता है। वॉल्ट के पास दोनों था। वह सृजन करता और उन लोगों को अपने काम में जोड़ता जो सृजन कर सकते थे। वह कहता कि उसने जो भी किया है उसमें सर्वाधिक महत्त्वपूर्ण कार्य जो उसने किया है वह है अपने संग काम करने वालों का समायोजन करना। उनकी मेहनत को एक दिशा, एक लक्ष्य देना। वह सदैव आगे बढ़ता रहता। नये द्वार खोलता रहता, नये काम करता रहता। नये-नये लोगों को अपने संस्थान के साथ जोड़ता गया। वह ऐसा कर सका क्योंकि वह जिज्ञासु था और जिज्ञासा उसे सदैव नये पथ पर लेती जाती। अगर आप कौतूहलपूर्ण हैं तो आपके पास करने के लिए बहुत कुछ होता है। तीस का दशक उसका सर्वोत्तम काल था। उसने टेक्नीकलर, सवाक्, कहानी और स्वस्थ तथा हँसाने वाले कार्टून दुनिया को दिये। कभी प्यार से, कभी डाँटकर, कभी फुसलाकर, वह लोगों में से उनका सर्वोत्तम काम निकलवाता। उनकी छिपी प्रतिभा को उजागर करता। उनकी सम्भावनाओं को टटोलकर उसे ठोस कार्य में परिणत करवाता।

वॉल्ट ने गुणवत्ता (क्वालिटी) और संख्या (क्वांटिटी) दोनों उत्पन्न की। वह दोनों का मास्टर था। वह सदा कहता कि चाहे हम कितना भी अच्छा कर लें, कितनी

भी सफलता पा लें, सर्वोत्तम आना अभी बाकी है। संख्या भले ही धीमी गति से आये पर गुणवत्ता सहारा देने को सदा उपलब्ध थी। गति (स्पीड) कभी भी उसके लिए मुद्दा न थी। उसका मिशन, उसका मुद्दा तो ट्रैक पर बने रहना था। अपनी गुणवत्ता को बनाये रखना था। कम्पनी कैसे चलानी है, उसके अन्दर इसका अच्छा बिजनेस सेंस तो था ही, यह अच्छा बिजनेस सेंस भी था कि खुद को कैसे ऐसे लोगों से घिरा रखा जाये जिन पर विश्वास किया जा सके। जो उस पर विश्वास करते हों। जो एक विचार के लिए अपनी जान देने को राजी हों। मात्र इसलिए कि वे इसमें विश्वास करते हैं। यह अच्छा बिजनेस सेंस भी था कि खुद को कैसे प्रमोट किया जाये भी। उसकी प्रचार मशीनरी बहुत विस्तृत और मजबूत थी।

वह सदैव प्रयोग करता था। बिना इसकी चिन्ता किये हुए कि प्रयोग सफल होगा अथवा असफल। **'ट्रायल एण्ड एरर'** विधि से काम करता जाता था। वह अपनी असफलताओं से निरन्तर सीखता गया। ''अगर तुम कभी अपनी सफलता की फूल-मालाओं पर आराम करने लगे तो इसे भूल जाओ।'' वह अपने स्टॉफ से कहा करता। यह उसकी भविष्य के लिए गारण्टी थी। वह कहता जब भी मैं घुड़सवारी के लिए जाता हूँ सदा सोचता रहता हूँ कि क्या गलत हुआ है और मैं उसमें कैसे सुधार कर सकता हूँ। वह दिन-रात काम को और अच्छे तरीके से करने के विषय में विचार करता रहता। लीडरशिप एक तरह का नशा है। दिन-रात चौबीस घण्टों का काम है। फुलटाइम जॉब है। काम करते वक्त वह उसमें आने वाले खर्च की भी परवाह नहीं करता था। उसके लिए काम की गुणवत्ता, उसका एक्सलेण्ट होना मायने रखता था। जब वे लोग **'नेचर्स वण्डरलैण्ड'** प्रोजेक्ट पर काम कर रहे थे तो मार्क डेविस ने यह कहते हुए अपनी बात शुरू की कि हम दो तरह से प्रोजेक्ट को कर सकते हैं। कम खर्च में या बहुत खर्चीले रूप में। इतना सुनते ही वॉल्ट अपनी जगह से उठकर मार्क के पास आया और उसके कन्धे पर हाथ रखकर बोला—''मार्क! हम यह चिन्ता नहीं करते हैं कि कोई चीज महँगी है या सस्ती। हम केवल एक चिन्ता करते हैं कि यह अच्छी है।''

विजनरी लीडर ऐसा वातावरण बनाता है जो काम को मजे के साथ-साथ करने को प्रोत्साहित करे। काम के प्रति प्रतिबद्धता उत्पन्न करे और काम के प्रति गर्व पैदा करे। वातावरण में खुलापन, विश्वास और सम्मान होना चाहिए। इसके लिए लीडर के निजी जीवन और कार्य में सन्तुलन होना चाहिए। दूसरों को भी ऐसा करने में सहायता देनी चाहिए। अपनी विशेषताओं तथा कमियों, सीमाओं को बताना चाहिए और हँसी का माद्दा होना चाहिए। उत्सुक रहना और सीखने के लिए तत्पर रहना चाहिए। परिवर्तन को स्वीकार करना। दूसरों को सूचनाओं, प्रशिक्षण और आगे बढ़ने का अवसर देना चाहिए ताकि वे विकसित हो सकें।

प्रगति कर सकें। वॉल्ट काम करते समय सीटी बजाता, क्योंकि काम करते समय वह एक खुश, बहुत खुश व्यक्ति होता था। कभी उदास मूड में नहीं रहता। खुशमिजाज इतना था कि अन्तिम दिन तक वह हँसी-मजाक करता रहा। प्रशिक्षण के लिए तो उसने क्या कुछ नहीं किया।

लीडर के पास विजन होना चाहिए। खुद पर विश्वास और काम करने का पक्का इरादा होना चाहिए। और दूसरों को प्रभावित कर उत्साहपूर्वक कार्य की ओर प्रेरित करने की क्षमता होनी चाहिए। साथ ही जो करने जा रहे हैं स्पष्ट रूप से दूसरों को उससे जोड़ने की योग्यता होनी चाहिए। वॉल्ट टीम वर्क में विश्वास करता था। जब वह हारपीरियन के बाद नया स्टूडियो बना रहा था तो उसने सबसे विचार माँगे। वह नये स्टूडियो का मॉडल सामने रख लेता और साथी बताते कि कहाँ क्या होना चाहिए। कहाँ इंक रूम हो, कहाँ स्टोरी विभाग हो। इसी बीच किसी ने पूछा कि बरसात में क्या होगा। फिर इस समस्या से निपटने के लिए सब मिलकर विचार करने लगे और मिलकर तय पाया गया कि ऐनीमेशन बिल्डिंग तथा इंक-पेंट बिल्डिंग की जमीन के नीचे सुरंग बनायी जाये। वह लोगों की सुविधा का ख्याल रखता था। जब **'फैंटासिया'** की रिकॉर्डिंग होनी थी तो 85 संगीतकार एक साथ काम कर रहे थे। उसके अपने स्टूडियो में इतने लोगों के लिए जगह न थी, अतः उसने एक दूसरा स्टूडियो किराये पर लिया। घर के फर्नीचर खरीदने में उसने ज्यादा रुचि न ली। लिलियन को सालों इन्तजार करना पड़ा। मगर स्टूडियो की सम्पत्ति बढ़ाता जाता। स्टूडियो में जमीन, बिल्डिंग, उपकरण जोड़ता जाता। उसका स्टूडियो कलाकारों के लिए स्वर्ग था। भौतिक सुख-सुविधाएँ तो थीं ही, मनोवैज्ञानिक वातावरण भी इसकी सुविधा देता था। भौतिक सुख-सुविधाएँ और मनोवैज्ञानिक वातावरण दोनों काम करने के लिए अनुकूल थे।

विजनरी लीडर अपने लोगों को काम करने की पर्याप्त सुविधाएँ देता है। वॉल्ट अपने कर्मचारियों को सुविधाएँ देता। वह अपने लोगों की फिक्र करता जब-तब उनसे भरपूर काम लेता, मगर उनके खाने की चिन्ता करता। जब भी उन्हें देर तक काम के लिए रोकता, खाने के लिए पैसे या टिकट देता। इसीलिए उसके यहाँ ज्यादा मेहनत करके भी लोग खुश रहते थे। जब उसने अपने एक पुराने साथी उबे इवरक्स को न्यूयॉर्क बुलाया तो उसे लिखा कि यहाँ आकर तुम कभी नहीं पछताओगे, क्योंकि यहाँ तुम काम के साथ मजे भी कर सकोगे। इतनी स्वतन्त्रता तुम्हें कहीं और नहीं मिलेगी। यह एक वास्तविकता थी कि उसके यहाँ काम आनन्द के साथ किया जा सकता था। एक और विशेषता थी जो कलाकारों के लिए अत्यन्त आवश्यक होती है। वह थी उसके स्टूडियो में काम करने वालों

को प्रयोग करने की पूरी छूट। इसी कारण कुछ लोग अपने अधिक वेतन को छोड़कर उसके यहाँ कम वेतन पर काम करने के लिए राजी हो जाते।

विजनरी लीडर सदा कुछ नया जोड़ता है। वह कई मामलों में अग्रणी होता है। वॉल्ट ने पहली टेक्नीकलर कार्टूर फिल्म बनायी। पूरी लम्बाई की पहली फीचर ऐनीमेटेड मूवी टेक्नीकलर में **'स्नो ह्वाइट एण्ड सेवेन ड्वार्फ्स'** बनायी। **'रि रिलीज'** करने का चलन बनाया। व्यापार के प्रचार-प्रसार के लिए टेलीविजन का उपयोग किया। अमेरिका में पहला थीम पार्क बनाया। पारिवारिक मनोरंजन के व्यापार की शुरुआत की। मीडिया का साम्राज्य स्थापित किया। वॉल्ट कार्टून में संगीत और प्रभाव डालने वाला प्रथम व्यक्ति था। वह ऐनीमेशन कला का अग्रणी था। उसने इस विषय की नयी शब्दावली गढ़ी। इस कला को समृद्ध करने के लिए नये-नये शब्दों का ईजाद किया और इसे एक मुकम्मल विज्ञान बनाया। उसने इस क्षेत्र मे कई क्रान्तिकारी ईजाद किये और इसे नयी-नयी दिशा प्रदान की। न केवल इसके भौतिक स्वरूप में परिवर्तन किया वरन् एक नये धरातल पर दर्शकों से इसके मूलभूत सम्बन्ध को भी विकसित किया। उसके यहाँ प्रत्येक करेक्टर को ऐसे ट्रीट किया जाता मानो वे जीवित चरित्र हों। वे उसके लिए मात्र ऐनीमेशन न थे और दर्शकों के लिए भी उसने उन्हें मात्र ऐनीमेशन नहीं रहने दिया। प्रत्येक चरित्र को उसने विकसित किया। उन्हें विशिष्ट व्यक्तित्व प्रदान किया और यहीं से एक नया शब्द **'पर्सनालिटी ऐनीमेशन'** बना। वॉल्ट डिज़्नी के पहले यह काम किसी ने नहीं किया था। उसके सब कार्टूनों का एक खास व्यक्तित्व है। यहाँ तक कि पेड़-पौधे भी एक खास अन्दाज में व्यवहार करते हैं। दुष्ट पेड़ दुष्ट व्यक्ति की तरह और साधु पेड़ साधु की भाँति व्यवहार करता है।

ऐनीमेशन कार्टून निर्माण एक टीम वर्क है। यह काम बहुत सारे लोगों के सहयोग से होता है। बहुत सारे कलाकार बैकग्राउण्ड में रहकर काम करते हैं। वॉल्ट ने इन कलाकारों की जिम्मेदारी बढ़ा दी। पहले ये लोग सारे कार्टून को ऐनीमेशन के पूर्व बनाते थे। वे अपने विषय के जानकार लोग होते। निर्देशक कहानी को **'समय'** में देखता था और लेआउट करने वाले लोग इसे **'स्पेस'** में देखते। अब वे निर्देशक के साथ मिलकर काम करते। अब वे सीन की स्टेजिंग, कैमरा का एंगल सब में सहयोग देने लगे। जबकि पहले वे मात्र स्केच बनाया करते थे। काम के इस विस्तार के बाद उन्हें **'लेआउट आर्टिस्ट'** कहा जाने लगा। एक और नया शब्द। लीडर टीम बिल्डर होता है और अपनी टीम के सदस्यों को मजबूत बनाता है। उन्हें सशक्त करता है। प्रतिभा को पहचानता है और उसका आदर करता है। अपने लोगों में निष्ठा का निर्माण करता है और उनके विकास में सहायक होता है। वह उन्हें बताता है कि कैसे निरन्तर खुद को विकसित किया जा सकता

है, सुधारा जा सकता है। वॉल्ट का लीडरशिप का यह पक्ष काफी मजबूत था।

स्टोकोव्स्की के साथ मिलकर जब वह **'फैंटासिया'** बना रहा था तब वह दर्शकों को एक नया अनुभव देना चाहता था। उसने किसी को विशिष्ट तरह के ग्लासेस का प्रयोग करते हुए देखा, जिससे त्रिआयामी प्रभाव पड़ता था। बस फिर क्या था उसे भी इसकी धुन सवार हो गयी। उसने अपने स्पेशल इफेक्टमैन को इस काम पर लगा दिया। वह इतना उत्साहित था कि उसने स्टोकोव्स्की के साथ विचार-विमर्श किया कि क्यों न जब फूलों वाला दृश्य फिल्म में आये उस समय थियेटर में खुशबू छिड़की जाये। वह मजाक नहीं कर रहा था। बहुत गम्भीरता से इस पर विचार कर रहा था। और अन्त में इस फिल्म के लिए उसने विशिष्ट ध्वनि पद्धति के प्रयोग का विचार किया और इसे उसने कार्यान्वित भी किया। चूँकि यह फिल्म संगीत से सम्बन्धित थी, अतः वॉल्ट चाहता था कि दर्शकों को संगीत का पूरा-पूरा आनन्द मिले। जहाँ भी फिल्म प्रदर्शित हो रही थी उसने थियेटर में एक सामने, एक पीछे, बीच में और दायें-बायें सब ओर स्पीकर लगवाये। इससे दर्शकों को सच में ऑर्केस्ट्रा का मजा मिला। यह एक बहुत सनसनीखेज प्रयोग था। दर्शक सच में इस अनुभव से उत्तेजित थे। एक ओर पिक्चर आपको त्रिआयामी दीख रही है और दूसरी ओर आप चारों तरफ से संगीत की ध्वनि से घिरे हुए हैं। हमें भूलना नहीं चाहिए कि यह सब उस जमाने में हो रहा था जब मूक सिनेमा वाचाल हुआ ही हुआ था। आज के जमाने में जब तरह-तरह के साउण्ड सिस्टम उपलब्ध हैं, तब भले ही इसका महत्त्व समझ में न आये और हम इसे एप्रीसियेट न कर सकें। पर उस समय यह जादू से कम न था। और चूँकि पिक्चर और साउण्ड दर्शकों को पूरी तरह से घेरे हुए रहेंगे, इसलिए एक नया शब्द बना **'फैंटासाउण्ड'**।

इमैजिनेशन और इंजीनियरिंग को मिलाकर उसने एक नया शब्द **'इमैजीनियरिंग'** बनाया। इस तरह वॉल्ट डिज़्नी ने शब्दकोश को कई नये शब्द दिये। **'डोप शीट'** बनी जिसे बाद में **'बार शीट'** कहा गया। संगीत और आकृति के तालमेल के लिए उसने साउण्ड ट्रैक और फिल्म दोनों पर बॉल प्रिंट कर दी। इसी बॉल के उठने-गिरने से संगीतकार को संकेत मिलता और वह ऑर्केस्ट्रा का स्वर बदलता। यह विधि कारगर रही। स्नो ह्वाइट के समय पेंट लगाने का उसने एक नया तरीका ईजाद किया। इसे **'ब्लैण्ड'** कहा जाता है। यह सूखे ब्रशिंग तथा एयरब्रशिंग का सम्मिश्रण है। इससे गोलाई का प्रभाव उत्पन्न होता है। उस समय से खासकर गालों के चित्रण के लिए इसका प्रयोग होने लगा। उस समय यह बहुत खर्चीला था। डिज़्नी ने खर्च की परवाह करके गुणवत्ता से कभी समझौता करना नहीं सीखा था। वह कहा करता कि वह सदा नवीनता में विश्वास करता है। उसे सदा चुनौतियाँ

चाहिए होती। क्योंकि वह पिटे-पिटाये रास्ते पर नहीं चलना चाहता था। न वह खुद लीक पर चलते रहना चाहता था और न ही अपने लोगों को घिसे-पिटे रास्ते पर चलने देना चाहता था। उसे सदा नया काम चाहिए होता। उसका मानना था कि यदि वह पुरानी लकीर पीटता रहा तो वे लोग मरने लगेंगे। अपने इस गुण के कारण वह ऐनीमेशन की दुनिया में इतना कुछ जोड़ सका।

लीडर सिस्टम या संरचना पर उतना ध्यान नहीं देता है जितना कि उससे जुड़े लोगों पर ध्यान देता है। वह लोगों पर ध्यान केन्द्रित करता है। उन्हें नियन्त्रित न करके अधिक से अधिक प्रेरणा देकर उनमें आस्था उत्पन्न करने में विश्वास करता है। वह आगे बढ़ने की बात करता है और आगे बढ़ने की दिशा दिखाता है। संगठन के लिए विजन एक विचार मात्र है। संगठन के भविष्य के लिए ज्यादा काम्य। सटीक विजन एक ऐसा विचार होता है जो ऊर्जित करता है। जिसका स्वप्न होता है वह ऊर्जा से भरा होता है साथ ही वह दूसरों को भी ऊर्जा से भर देता है। विजनरी लीडर ऐसे लोगों को साथ लेकर चलता है जिनके पास विजन को सम्भव करने की कुशलता, प्रतिभा और स्रोत होते हैं। डिज़्नी के पास विजन था और इस विजन को साकार करने के लिए उसने कुशल ऐनीमेटर को अपने साथ रखा, नये लोगों को कुशल बनाया। आर्थिक स्रोत के लिए वह रॉय पर निर्भर था। रॉय उसके विजन के लिए पूँजी का इन्तजाम करने में सक्षम था। डिज़्नीलैण्ड के लिए वह इंजीनियर, इमैजीनियर को संग रखता। जनरल इलेक्ट्रिक कम्पनी के पास स्पॉन्सरशिप के लिए गया। डिज़्नीलैण्ड के विचार को साकार रूप देने के लिए उसने अमेरिकन ब्रॉडकास्टिंग कम्पनी को अपने साथ लिया।

लीडर का एक बहुत बड़ा गुण उसका आत्मविश्वास होता है। वॉल्ट डिज़्नी जब पहली बार हॉलीवुड पहुँचा उसकी उम्र बहुत ज्यादा न थी। फिर भी वह आत्मविश्वास से भरा हुआ था। नये स्थान पर भी उसके इस गुण में कोई कमी न आयी और इसी कारण वह अजनबियों के बीच भी न केवल खुद को स्थापित कर सका। वरन् उन सबसे काफी आगे निकल गया। वह निधड़क होकर लोगों से मिलने पहुँच जाता और अपनी बात उन्हें कहता-सुनाता-दिखाता। जब वह हॉलीवुड आया था उसके पास पैसे नहीं थे। ढंग के कपड़े भी न थे वह दूसरों से माँगे, दूसरों के दिये कपड़े पहनकर किसी और से पैसे ले टिकट कटाकर वहाँ पहुँचा था। 1923 में वह वहाँ पहुँचा था उसके पास लोगों को अपना काम दिखाने के नाम पर **'एलिस'स वण्डरलैण्ड'** की रील और अपने कुछ रेखांकन थे। भीतर से भले ही वह चिन्तित रहा हो, मगर उसके व्यवहार में यह नहीं झलकता था। बाहर से वह आत्मविश्वास से परिपूर्ण एक युवा लगता। उसने सबसे पहले हॉलीवुड को समझने का प्रयास किया। इसके लिए वह खूब पैदल चलता और तमाम स्टूडियो

के चक्कर लगाता। वह उस समय बिजनेस करने से पहले एक काम चाह रहा था ताकि वह वहाँ अपने पैर जमा सके। उसका आत्मविश्वास ही उसे हॉलीवुड में जमा सका और एक बार जमने के बाद उसने क्या-क्या किया यह आज न केवल हॉलीवुड के बल्कि अमेरिकी इतिहास में दर्ज हो चुका है।

1933 में बैंक ने छुट्टी घोषित कर दी, सवाल था कि कर्मचारियों को वेतन कैसे दिया जाये। रॉय बहुत परेशान था। वह बैंक गया। वहाँ से उसे सोने का एक टुकड़ा दिया गया। मगर उसी सप्ताह सोने द्वारा व्यापार करना गैरकानूनी घोषित कर दिया गया। अब क्या किया जाये? रॉय को काटो तो खून नहीं, मगर वॉल्ट इसको लेकर तनिक भी परेशान नहीं हुआ। उसने कहा कि हम जरूरत पड़ने पर विनिमय विधि का उपयोग करेंगे। काम के बदले लोगों को आलू देंगे। उसने कहा कि यदि बैंक बन्द है तो लोग जीना तो नहीं छोड़ देंगे। भाई को कहा कि वह ज्यादा चिन्ता न करे। विपरीत परिस्थितियों में भी वॉल्ट का आत्मविश्वास नहीं डिगता। वह हर समस्या का कोई हल निकाल लेता था।

वैसे तो वॉल्ट डिज़्नी कभी भी सामाजिक जीवन में बहुत रुचि नहीं लेता था। हॉलीवुड के अन्य प्रसिद्ध लोगों की तरह पार्टियों का बहुत शौकीन न था, मगर लोगों से मिलना-जुलना उसे अच्छा लगता था। वह अपने एक छोटे से समूह में काफी सहजता अनुभव करता और वे ही उसके मित्र हुआ करते थे। वह उनसे काफी निकटता बनाये रखता। पहले मित्रता की यह आवश्यकता उसने अपने साथ काम करने वालों से ही पूरी हो जाया करती थी। काफी समय तक उसके स्टूडियो का वातावरण बहुत अनौपचारिक और सहज हुआ करता था। उसके सहयोगी ही उसके मित्र हुआ करते थे। उसने अपने मित्रों और निकट के लोगों को ही अपने काम में शामिल किया हुआ था। उसका अपना भाई रॉय उसका सबसे विश्वस्त और निकट का व्यक्ति था। हालाँकि दोनों भाइयों के स्वभाव में जमीन आसमान का अन्तर था। यदि वॉल्ट जिन्दगी और पैसों के प्रति बेफिक्र नौजवान था तो रॉय जिन्दगी के प्रति काफी गम्भीर और पैसों के प्रति काफी कंजूस किस्म का इनसान था। दोनों भाई कम्पनी को सही दिशा देने और उसकी भलाई को लेकर खूब लड़ते भी।

जब वह इस योग्य हो गया कि दूसरों को काम दे सके उसने तमाम लोगों को काम दिया। खासकर अपने पुराने साथियों को। उसने शुरुआत में किसी समय अपने संग काम करने वाले को अपने यहाँ काम करने के लिए निमन्त्रित किया। इसी तरह अपने बचपन के दोस्त और अपने हमनाम वॉल्ट फिफर को भी अपने स्टूडियो में अपना सहयोगी बनाया। स्टोरी विभाग में काम दिया। एस रिचर्ड ने कहा है कि वॉल्ट में बनाते जाने की अपार क्षमता थी। वह कभी रुका नहीं, कभी

उसने उलटकर पीछे नहीं देखा, कभी उसका काम समाप्त नहीं हुआ। यदि उसका विश्लेषण किया जाये तो उसका सबसे बड़ा सृजन **'वॉल्ट डिज़्नी कम्पनी'** था। उसका सबसे बड़ा सृजन **'फैंटासिया'** या **'स्नो ह्वाइट'** न था यहाँ तक कि **'डिज़्नीलैण्ड'** भी नहीं था। यह उसकी वॉल्ट डिज़्नी कम्पनी थी जो उसने सबसे बड़ी चीज सृजित की। लोगों को प्रसन्न रखना उसका महान सृजन था। उसने विजनरी लीडर के रूप में समर्पित लोगों को अपने स्टूडियो से जोड़ा। बाधाओं को पार किया और लोगों को अपने उद्देश्य से जुड़ने के लिए प्रभावित किया। लोगों को गाइड किया। पहले उसने अपने अन्य दो भाइयों को अपने साथ लेना चाहा, मगर वे राजी न हुए। लड़कियों को काम के लिए बहाल कर लिया। 1925 में जब काम मिलने लगा उसने कैमरामैन किराये पर बुलाया। उसी साल उसने **'लाफ ओ ग्राम्स'** के अपने दो पुराने साथियों हग हर्मन तथा रूडी आइसिंग को अपने यहाँ नियुक्त किया। उसने उन्हें बताया कि तुम लोग जहाँ हो वहाँ कभी किसी बड़ी बात की गुंजाइश नहीं है। वास्तविक अनुभव से, अनुभवी लोगों के साथ रहकर ही सीखा जा सकता है, अतः एक बार जब तुम लोग लॉस एन्जिल्स, हॉलीवुड देख लोगे तब तुम्हें पता चलेगा कि तुम किस संकुचित दुनिया में रह रहे हो। तुम्हें खुद पर शर्म आयेगी कि तुम यहाँ जल्दी क्यों नहीं आये। जल्द ही दोनों उसके स्टूडियो का हिस्सा बन गये। 1927 में उसने लेस क्लार्क, अपनी साली हेज़ल सेवेल को काम पर लगाया। उसने दूसरे तमाम लोगों को काम पर लिया। बाद में रॉय का बेटा और वॉल्ट का दामाद भी कम्पनी से जुड़े। कुछ वर्षों में उसके स्टूडियो में काम करने वालों की संख्या हजारों में पहुँच गयी।

वैसे उसका काम ही उसके लिए इतना महत्त्वपूर्ण था कि उसकी जिन्दगी में किसी अन्य बात या व्यक्ति के लिए स्थान न था। उसका असल में कोई घनिष्ट मित्र न था। सृजनात्मक व्यक्ति, स्वप्न दृष्टा का एकाकी होना कोई अजूबा नहीं है। वॉल्ट डिज़्नी के लिए परिवार भी स्टूडियो के बाद आता था। वह वर्कहोलिक था। वह दिन-रात अपने काम के विषय में सोचता रहता उसी में मगन रहता। जब भी किसी से बात करना चाहे वह उसकी पत्नी लिलियन या उसके बच्चे ही क्यों न हों वह अपने काम, अपने विजन की ही बात करता। वह सदा इसी में खोया रहता कि अब क्या करना है, आगे क्या करना है। जब देखो तब उसके पास नये-नये विचार होते। नये काम की योजनाएँ होतीं। उसके प्रोड्यूसर के अनुसार वॉल्ट को स्टूडियो के अलावा किसी अन्य विषय पर बात करना नहीं आता था।

'स्नो ह्वाइट' के बाद ऐनीमेशन की दुनिया की उससे अपेक्षाएँ बहुत बढ़ गयी थीं। उसे मालूम था कि इन अपेक्षाओं को पूरा करना आसान काम नहीं है। क्योंकि उसने सदा खुद से ही स्पर्धा की थी, अतः स्नो ह्वाइट की विशिष्टता से

उसे आगे निकलना था। इस दायित्व को लेकर वह काफी चिन्तित और परेशान था। इस कार्टून फिल्म ने कार्टून की, ऐनीमेशन की दुनिया में नये वितान खोल दिये थे। यह उस कम्यूनल गिल्ड का परिणाम था जिसकी वॉल्ट ने कल्पना की थी। सारा स्टूडियो एकजुट होकर इस काम को पूरा करने में कई वर्ष लगा रहा। एक टीम की तरह काम करता रहा। इसकी सफलता ने नयी चुनौतियों को जन्म दिया अब उन्हें इसके आगे की एक नयी शुरुआत करनी थी। इससे भी बेहतर काम देना था और यह एक कठिन चुनौती थी। कहाँ उसका स्टूडियो छः-सात मिनट की फिल्में बनाता था और कहाँ अब वह सत्तर-अस्सी मिनट की फीचर फिल्में बना रहा था। बहुत सारे नये कर्मचारियों की भर्ती हुई थी। अगर रेगुलर बेसिस पर ऐसी फिल्में बननी थीं तो ट्रायल एण्ड एरर विधि का प्रयोग सदा नहीं किया जा सकता था। यह महँगा खतरा हर बार नहीं उठाया जा सकता था। आगे क्या करना है और कैसे करना है इसको लेकर बहुत दिनों तक स्थिति स्पष्ट नहीं थी। काफी संशय था। पूरे स्टूडियो को फिर से बढ़ाना और संगठित करना था। नये स्टॉफ को स्टूडियो की संस्कृति में संस्कारित करना था। यह सब आसान न था। मगर वह काम ही क्या जो वॉल्ट डिज़्नी के बस का न हो। उसके यहाँ काम करने का मतलब था मेहनत के लिए तैयार रहना। परिश्रम करना और करवाना उसकी एक प्रमुख शर्त होती। वह संशय और चिन्ता की स्थिति से उबर आया और नये जोश से लोगों के साथ मिलकर आगे का काम करने लगा।

उसका बचपन एक छोटे स्थान मार्सेलाइन में गुजरा था और जैसा कि छोटे स्थानों की विशेषता होती है वहाँ लोगों में खूब भाईचारा था। यह भाईचारे की भावना वॉल्ट के व्यक्तित्व में समा गयी। बाद में भी वह अपने स्टूडियो में इसी भावना को काफी समय तक बनाये रख सका। उसने अपने बचपन में लोगों को एक-दूसरे की चिन्ता और समय पड़ने पर सहायता करते देखा था। यह भावना उसमें भी थी। उसके यहाँ खेती होती थी। किसानी का काम समूह भावना से चलता है। एक किसान वक्त-जरूरत दूसरे किसान की सहायता करने में पीछे नहीं रहता है। एक का घर छाया जा रहा है तो दूसरा हाथ बँटाने चला आता। एक के खेत की बाढ़ बन रही है तो बगल वाला सहायता को हाजिर रहता। कटाई-बुवाई और दौनी के समय किसान उसके यहाँ एकजुट हो जाते और काम के बाद उसके ओसारे में सोते। किसानों के पीछे-पीछे उनकी औरतें भी आतीं। वे अपने आदमियों के लिए खाना बनातीं। खूब रौनक रहती और यह सब बालक वॉल्ट के मन में रच-बस गया था। जिसे वह बाद में भी बड़े प्रेम से याद किया करता। मार्सेलाइन में उसके घर पर परिवार के अन्य सदस्यों, रिश्तेदारों का आना-जाना लगा रहता। बच्चों को इन लोगों से खूब लाड़-प्यार मिलता। इसलिए जब उसने अपने व्यापार की कमान

सँभाली तो यही समूह भावना कायम रखी। वह अपनी कम्पनी में टीम भावना उत्पन्न कर सका। टीम भावना बिजनेस की एक बहुत बड़ी शर्त होती है। एक अच्छे लीडर की यह विशेषता होती है कि वह टीम का निर्माण करता है और टीम स्पिरिट को बनाये रखता है। काम करते हुए उसके यहाँ शरारतें होतीं। एक-दूसरे का पैर खींचा जाता और खूब हँसी-मजाक होता। काम को मजे के साथ किया जाता। एक साथी ने बाद में बताया कि वे लोग अच्छे मजाक पर खूब हँसते थे और खुशी की भावना चारों ओर रहती थी। शुरू में पैसा न था मगर जिन्दगी खुशी से भरी हुई थी।

उसमें इंटरप्रन्योरियल स्पिरिट थी। वह उद्योग उपक्रमी था। एक अच्छा आयोजनकर्ता था। उसमें इंटरप्रन्योरशिप शुरू से थी। वह बचपन में भी अपनी ड्राइंग्स बेचा करता था। सेना में रहते हुए फ्रांस में भी उसने अपना व्यापार जारी रखा। वहाँ भी उसने कैण्टीन के मेन्यू, एम्बुलेंस सबको रंग डाला था। अन्य लोगों के लिए ग्रीटिंग कार्ड्स बनाकर देता। मगर यह सब उसने कभी मुफ्त में नहीं किया। वह इनके लिए फीस लेता। भले ही वह नाममात्र को होती। लोगों के जैकेट पेंट करता और उससे भी उसे आमदनी होती। स्कूल के दिनों में बहुत बचपन से उसने व्यापार शुरू कर दिया था। कमाई के लिए वह स्कूल के टिफिन टाइम में बच्चों के लिए छोटी-छोटी चीजें बेचा करता।

उसने अपनी सारी विपरीत परिस्थितियों से मजबूती पायी। सारी परेशानियों, सारी बाधाओं से वह और मजबूत हुआ। वह सदैव सफल रहा ऐसा न था। लेकिन असफलता उसे चुनौती देती। भले यह पता न चलता हो मगर असफलता शायद बहुत जरूरी है। एक पैर अतीत में दूसरा भविष्य में। असम्भव को करने में एक तरह का मजा है। वह खुद कहता कि यदि तुम किसी बात में विश्वास करते हो तो पूरी तरह निर्विवाद रूप से विश्वास करो, बिना किसी प्रश्न के विश्वास करो। यह उसकी विनम्रता का प्रतीक है कि अक्सर वह कहता हमें कभी नहीं भूलना चाहिए कि हमने एक चूहे से शुरू किया था। वह सर्वोत्तम से कम पर कोई समझौता न करता। एक्सलेन्स उसका हॉलमार्क था। यह न केवल उसके व्यापार की स्ट्रेटजी थी, वरन् यह एक कारण था कि वह स्टूडियो चलाता था। इसी के बल पर उसका जीवन संचालित होता था। उसके यहाँ एक लम्बे समय से काम करने वाला ऐनीमेटर वार्ड किमबॉल कहा करता कि यदि वॉल्ट की सफलता का रहस्य जानना है तो यह है कि वह कभी पैसे बनाने की कोशिश नहीं करता है। वह सदा ऐसी चीज बनाने का प्रयास करता, जिससे मनोरंजन हो साथ ही जिस पर गर्व किया जा सके। प्रोडक्ट की गुणवत्ता बनाये रखने के लिए रकम चाहिए होती है। इसके लिए वह उधार लेने में भी गुरेज न करता। अगर वह चाहता तो अपने चाचा के तेल

व्यापार में जुड़कर खूब पैसे बना सकता था। उन लोगों के कुछ शेयर थे भी। साथ ही उनके पास थोड़ी जमीन भी थी। मगर पैसे बनाना उसका उद्देश्य न था। वह अपने स्वप्न को साकार करना चाहता था। मन्दी के दिनों में घाटा उठाकर, परेशानियाँ सहकर भी उसने फिल्में बनायीं। मगर कभी भी फिल्मों की क्वालिटी से कोई समझौता नहीं किया।

विजनरी लीडर नकल नहीं करता है उसकी नकल की जाती है। उसमें मौलिक प्रतिभा होती है वह सृजन करता है। एक समय ऐसा भी आया कि अन्य स्टूडियो वॉल्ट डिज़्नी के काम की नकल कर रहे थे। यहाँ तक कि वार्नर ब्रदर्स भी। वे लोग नकल कर रहे थे, मगर उसकी ऊँचाई तक नहीं पहुँचे। **'सिली सिम्फनी'** की नकल पर **'मेरी मेलोडेज'**, **'हैप्पी हारमॉनेज'**, **'कलर क्लासिक्स'**, **'कलर रास्पोडीज'** बन रही थी। **'स्नो ह्वाइट'** की तर्ज पर **'गलीवर'स ट्रवेल्स'**, **'मिस्टर बैग गोज टू टाउन'**, **'अलादीन'** बनी। इसीलिए पॉल टेरी ने कहा कि डिज़्नी इस बिजनेस का 'टिफनी' है तो लोग वे 'बूलवर्थ'स' हैं।

कहा जाता है कि वॉल्ट डिज़्नी बिजनेस वर्ल्ड में योजना बनाकर (स्ट्रेटजिक प्लानर) काम करने वाले के रूप में सर्वोत्तम था। वह लोगों से पूरी प्रतिबद्धता चाहता था। लोग उसे प्रतिबद्धता देते भी थे। कई अन्य स्टूडियो में या तो ऐनीमेटर खुद बेसिक सिचुएशन चुन लेते या फिर उन्हें दे दी जाती थी और फिर वे मनमाना काम करते। उनके काम में कोई एकसूत्रता न होती। सब अच्छे गैग (मजाक, चुटकुले) होते। जरूरी नहीं कि दो ऐनीमेटर के गैग में कोई समानता हो। वे एक-दूसरे से विपरीत भी हो सकते थे। मगर वॉल्ट के यहाँ के गैग भले ही उसके अन्य प्रतिस्पर्धियों से बेहतर न हों लेकिन बेहतर तरीके से स्टेज किये जाते थे। उनके विस्तार की चिन्ता की जाती थी। स्थिति बनाने का प्रयास किया जाता। वे कॉमेडी तैयार करते। ताकि गैग का महत्त्व स्थापित हो सके। वॉल्ट बहुत सावधानी से चीजों की योजना बनाता ताकि पूरी बातें सबकी समझ में आयें। उसके यहाँ चीजें तार्किक ढंग से एक के बाद एक होती थीं। हर गैग अपने पिछले वाले गैग की अगली कड़ी होता। वह योजनाबद्ध तरीके से काम करने में विश्वास करता था योजनाबद्ध तरीके से काम करता। शुरू में मिक्की माउस को वितरकों और दर्शकों द्वारा नकार दिया गया। पर उसने हार नहीं मानी। वह मिक्की बनाता गया। उसने इसमें नये विचार जोड़े। सवाक् मिक्की बनाने की बात सोची। उसे इस तरीके से अपने स्टॉफ के सामने प्रस्तुत किया कि वे लोग उत्साहित हो उठे। विल्फ्रेड जैक्सन तो उत्तेजना के मारे सारी रात सो नहीं सका। फिर सबने मिलकर जो कमाल किया, आज वह सबको ज्ञात है।

खुद को वह लगातार शिक्षित करता रहा। विजनरी लीडर कोच का कार्य

करता है। एक लीडर होने के नाते वह गाहे-बगाहे अपने लोगों को शिक्षित करने का इन्तजाम करता रहता था। वह दूसरों को मजबूत बनाने, उनके सशक्तीकरण के लिए सदा प्रयास करता। उसने नये रंगरूटों को प्रशिक्षित करने का अभियान चलाया। प्रथम विश्वयुद्ध में फ्रांस से लौटने के बाद जब उसने अपना काम शुरू किया था तभी वह लाइब्रेरी से किताबें लाने लगा। खुद भी पढ़ता तथा दूसरों को भी पढ़ने के लिए बाध्य करता। उसने रात्रि कक्षाओं में जाना प्रारम्भ किया। **'लाफ ओ ग्राम'** के समय वह पॉल टेरी की फिल्में ले आता और वे उसे देखते। उसमें से कुछ हिस्सा काटकर रख लेते। उसका अध्ययन करते। **'क्रेजी कैट कार्टून'** ले आता उसे चलाकर उसका विश्लेषण करता। खुद सीखता। दूसरों को सिखाता। वह यह सिखाने को उत्सुक था कि आखिर न्यूयॉर्क के पेशेवर कार्टूनिस्ट कैसे काम करते हैं। वह चाहता था कि उसके लोग बेहतर रेखांकन करें। इसके लिए उसने अपने साथियों के लिए खुद रेखांकन की कक्षाएँ चलाई। जब उसके पास शुरू में प्रोजेक्टर रूम नहीं था। जब भी पॉल टेरी की कोई नयी फिल्म आती। सब लोग अपनी-अपनी कार में सवार हिल स्ट्रीट थियेटर में फिल्म देखने पहुँच जाते। वे मनोरंजन से ज्यादा उससे सीखने के लिए फिल्म देखते। वॉल्ट स्पष्ट स्वीकार करता कि उसमें महत्त्वाकांक्षा है और वह बेहतर फिल्म बनाना चाहता है। उसे सदा लगता उसके लोगों को बेहतर काम करने के लिए प्रशिक्षण की आवश्यकता है। 1929 में वह अपने ऐनीमेटर को खुद लॉस एन्जिल्स ले जाता। वे वहाँ श्वानर्ड आर्ट संस्थान में शुक्रवार की रात की कक्षाएँ किया करते। उन्हें वहाँ छोड़कर वह स्टूडियो लौट आता। स्टूडियो में काम करता। फिर वापस जाता, क्लास के बाद उन्हें लेकर आता। इस तरह 1931 तक वह अपने कलाकारों को सप्ताह में एक दिन प्रशिक्षण के लिए ले जाता और ले आता रहा। बाद में इन्हीं कलाकारों में से एक को लगा कि वह उन्हें प्रशिक्षित कर सकता है तो आर्ट बैबिट लाइव मॉडल के साथ अपने घर पर इनकी क्लास लेने लगा।

जो व्यक्ति रात की क्लासेस चलाता था कुछ दिनों के बाद उसे डिज़्नी ने अपने यहाँ क्लास चलाने के लिए आमन्त्रित किया। और इस तरह डोनाल्ड ग्राहम उसके यहाँ आकर प्रशिक्षण देने लगा और **'ग्रेट डिज़्नी आर्ट स्कूल'** की नींव पड़ी। बीस से तीस लोग सप्ताह में दो दिन सीखने के लिए इस स्कूल में आते। इसकी ख्याति ऐसी फैली कि महीना बीतते सीखने वालों की संख्या इतनी बढ़ गयी कि ग्राहम को सहायता के लिए एक और प्रशिक्षक फिल डाइक को बुलाना पड़ा और समानान्तर कक्षाएँ चलने लगीं। यह सिलसिला अगले दो साल चलता रहा और सीखने वालों की संख्या हर क्लास में पचास के आस-पास हुआ करती। नौबत यहाँ तक आ जाती कि ग्राहम को अक्सर तीसरा प्रशिक्षक बुलाना पड़ता। बाद

में यह सप्ताह में दो रात से बढ़कर पाँच रात हो गयी। उपस्थिति लाजमी नहीं थी फिर भी लोग आते थे। वह खुद सीखने के लिए सदा तत्पर रहता। जब मूर **'थ्री लिटिल पिग्स'** की बहुत सुन्दर ड्राइंग बनाने लगा तो वह अक्सर जाकर उसके पास खड़ा हो जाता और देखता कि मूर कैसे काम करता है। वह अपने लोगों को सर्वोत्तम शिक्षा देना चाहता था। इस काम के लिए सम्बन्धित विषय के विशेषज्ञों को आमन्त्रित करना चाहता था। उसने उत्साह में आकर प्रशिक्षण के लिए एक प्रोफेसर को बुला लिया। प्रोफेसर का सारा ध्यान सिद्धान्तों पर था। वह थियरी की बात करता जबकि स्टूडियो के लोग प्रयोग के लिए उत्सुक थे। वे प्रायोगिक बातें सीखना चाहते थे, अतः कुछ दिन के बाद उसे हटा दिया गया। बरसों तक प्रोफेसर की बातें उनके लिए मजाक का विषय बनीं रहीं। वॉल्ट के इंटेंशन पर किसी को कोई शक न था कि वह उनके भले के लिए सब काम करता। प्रोफेसर बुलाना भी उनमें से एक था। विजनरी लीडर एक सच्चा प्रशिक्षक होता है। वॉल्ट डिज़्नी ने अपने लोगों को प्रशिक्षित करने का काम सदैव किया। इस दृष्टि से भी वह एक विजनरी लीडर के रूप में खरा उतरता है।

विजन को साकार करने के लिए कुछ बातें अति आवश्यक होती हैं, जैसे कि अपने काम की पूरी जानकारी होना। इसके लिए जरूरी है कि अपने विजन के अनुरूप अन्य संगठनों का अध्ययन किया जाये। संगठन के सकारात्मक पक्ष और उसकी सीमाओं का ज्ञान हो। आने वाली चुनौतियों को स्वीकारने की क्षमता हो। जो लोग विजन में सहयोगी होने वाले हैं और जिनके लिए विजन है, उन सब तक अपनी बात विभिन्न माध्यमों से पहुँचाना। कोई जरूरी नहीं कि आपका विजन आपका अपना मौलिक विचार हो। वॉल्ट डिज़्नी ने यूरोप में अम्यूजमेंट पार्क देखे थे और वहीं से उसे डिज़्नीलैण्ड की प्रेरणा मिली थी। जब वह अपनी बच्चियों को अपने यहाँ के पार्कों में ले जाता तो देखता कि वहाँ बच्चों के लिए झूले और मनोरंजन के अन्य सामान हैं। मगर संग आये अभिभावकों को व्यस्त रखने का कोई उपाय, कोई साधन नहीं है। तभी उसके मन में सम्पूर्ण परिवार के साथ मनोरंजन का विचार आया। उसने अपने मिलने-जुलने वालों से अपने स्वप्न के बाबत बात की। साथ ही उसने टेलीविजन का सहारा लिया। अपने स्वप्न को दूर-दूर तक दिखाने और प्रसारित करने का तरीका खोज निकाला। वह विभिन्न कम्पनियों के पास अपना विचार लेकर गया ताकि वे उसके पार्क को प्रायोजित कर सकें। वह जनता के साथ-साथ विभिन्न अन्य संगठनों को अपने स्वप्न में शामिल कर रहा था। अमेरिकी बैंक, जी ई, कोकोकोला, पेप्सी, रेलरोड, अमेरिकी सरकार सबको अपने स्वप्न से अवगत करा रहा था। उसने बहुत बार रेल मेलों में शिरकत की। पार्क के उद्‌घाटन के नौ महीने पहले से वह इसके लिए टी.वी. प्रोग्राम चला रहा था।

एबीसी में 40,000 डॉलर का पूरे पन्ने का विज्ञापन इसके लिए निकाला। इस तरह उसने तमाम लोगों के सहयोग से अपने विजन को मूर्त रूप दिया। वह एक सफल विजनरी लीडर था। वॉल्ट के विजन की सीमाएँ नहीं हैं। उसने असीमित स्वप्न देखे। वह चाहता था कि डिज़्नीलैण्ड का विकास कभी न रुके। इसीलिए उसने कहा कि डिज़्नीलैण्ड कभी पूरा नहीं होगा। जब तक दुनिया में कल्पना बची है, तब तक यह विकसित होता रहेगा। उसका प्लान सदा बड़ा होता था। बड़ी योजना उसके मन में दिन-रात चलती रहती थी। डिज़्नीलैण्ड के बाहर एक तख्ती लगी है जिस पर लिखा है, ''जब तक दुनिया में कल्पना है, डिज़्नीलैण्ड कभी पूरा नहीं होगा।''

वह एक स्वप्न द्रष्टा था। और उसे विश्वास था कि वह अपने स्वप्नों को पूरा कर सकता है। उसने खुद कहा था कि अगर स्वप्न देख सकते हो, तो वह पूरा हो सकता है। स्वप्न देखना, उसके बारे में दूसरों से बात करके उन्हें अपने स्वप्न के प्रति आश्वस्त करना ठीक है। लेकिन एक समय आता है जब बातें बन्द करके स्वप्न को साकार करने के लिए काम प्रारम्भ करना होता है। यह बात वॉल्ट भली-भाँति जानता था। इसीलिए वह कहा करता कि काम शुरू करने का तरीका है उसके विषय में बातें बन्द करके काम शुरू कर देना। वह खुद भी यही करता। उसे अपने विचार में पूरा विश्वास था। अपने ऐसे पार्क के विषय में विश्वास था जहाँ बच्चे और बड़े सब एक साथ मनोरंजन कर सकें। उसके मालूम था कि अधिकतर लोग इसे बहुत बड़ा आर्थिक घाटा मान रहे थे। ऐसा काम जो एक साल के भीतर बुरी तरह से असफल होकर बन्द हो जायेगा। और जिसे जल्द ही लोग भूल जायेंगे। मगर अपने विश्वास के बल पर न केवल वह इसे पूरा कर सका वरन् इसने मनोरंजन के उद्योग की एक नयी परिभाषा गढ़ी। इसके लाभ से आज सब परिचित हैं। यह प्रतिवर्ष करोड़ों का लाभ देता है। भविष्य में इसके बन्द होने की कोई सम्भावना नहीं है। बल्कि इसकी तर्ज पर रोज नये-नये अम्यूजमेंट पार्क दुनिया के हर कोने में बन रहे हैं।

एक लीडर के लिए कुछ दिखावा शोमैनशिप जरूरी होती है। वॉल्ट में वह खूबी थी वह दिखावा करता नहीं था। यह उसके व्यक्तित्व का अंग था। कुछ बातों को लेकर वह बहुत सावधान रहता। उसे अच्छी वस्तुओं का शौक था। वह दूसरों पर प्रभाव डालना चाहता था और इसके लिए उपाय भी करता था। जब वह हॉलीवुड गया उसके पास न किराया था, ना ही कपड़े। वह फर्स्ट क्लास में सफर करके आया था। ड्रेस माँगी हुई थी मगर अच्छी थी। इसी तरह एक बार जब वह अपने माता-पिता को लेने स्टेशन गया तो किराये की बढ़िया गाड़ी लेकर गया। वह जिन्दगी में सर्वोत्तम चीजों का उपयोग करना चाहता था। शुरू में केवल वॉल्ट और उसका

भाई ही थे। तब भी उसने अपना साइनबोर्ड लगा रखा था और स्टूडियो का दिखावा कर रखा था। स्टेशनरी प्रिंट करवाना तो उसका शौक था। सबसे पहले वह लेटरहेड छपवा लेता था। उसमें हर नये काम के लिए बच्चों जैसा उत्साह होता।

उसमें सफल व्यापारी के सारे गुण थे। जरूरत पड़ने पर अपने काम को दूसरों की नजरों से बचाना जरूरी होता है। अन्यथा इसका भय है कि कहीं लोग विचार को चुरा न लें। जब तक विचार स्थूल कार्य में परिणत न हो जाये उसे छिपाकर रखना आवश्यक होता है। जब उसके स्टूडियो में **'ऑसवॉल्ड'** बन रहा था तब वॉल्ट और इवरिक मिलकर मिक्की बना रहे थे। और यह काम गुप्त रूप से किया जा रहा था। क्योंकि वॉल्ट नहीं चाहता था कि लोगों को इसकी भनक लगे। उसे डर था कि कोई उसका प्लान चुराकर उससे पहले यह काम न कर डाले। इसी तरह इवरिक एक बन्द कमरे में बैठकर सबकी नजरों से दूर **'प्लेन क्रेजी'** बनाता था। साथ में दिखावे के लिए अन्य कार्टून अपनी टेबल पर रखता कि यदि कोई अचानक आ गया तो वह मिक्की की ड्राइंग्स को तत्काल छिपा सके। वे लोग रात को सबके चले जाने के बाद काम करते। वे स्टूडियो के बाहर गैराज में भी काम करते ताकि लोगों की नजर उन पर न पड़े।

पूत के पाँव पालने में ही दिख जाते हैं। वॉल्ट डिज़्नी में बचपन से ही लीडरशिप के गुण नजर आने लगे थे। वह स्कूल में तरह-तरह के करतब करके लोगों का मनोरंजन करता। लोगों का ध्यान अपने ऊपर, अपने काम पर आकर्षित करता। वह वॉल्ट फिफर के साथ मिलकर चार्ली चैप्लिन तथा काउण्ट का अभिनय करता। लीडर टीम बनाने में कुशल होता है उसने अपने हमनाम के साथ अपनी पहली टीम बना ली थी। बाद में भी वह सदा टीम बनाकर काम करता रहा। वह टीम का निर्माण करता, समूह में समूह भावना (टीम स्पिरिट) उत्पन्न करता। टीम से मनचाहा काम लेता और टीम के सदस्यों की उन्नति, प्रगति और विकास के लिए सदा तत्पर रहता। टीम स्पिरिट का एक बहुत प्यारा और खूबसूरत नमूना है स्टूडियो में कई लोगों का वॉल्ट की जैसी मूँछें रखना। शरमन, आइसिंग की मूँछें वॉल्ट की मूँछों के डिजाइन की थीं। डिज़्नी के कर्मचारी स्वयं को कलाकार समूह का हिस्सा मानते। रात को चलने वाले स्टोरी सेशंस, हँसी-मजाक, वॉल्ट का अभिनय, सप्ताहान्त में पिकनिक या फिर पार्क में खेल। उन लोगों का कहना था कि उन्हें पता ही न चलता दिन कैसे पार हो जाते।

उसके यहाँ टीम वर्क होता था। इसका एक उदाहरण है। जब **'थ्री लिटिल पिग्स'** के लिए संगीत बनाना था तो फ्रैंक चर्चिल उसका संगीत बनाने वाला था। उसने पियानो पर एक ट्यून शुरू की। टेड सीयर्स ने दो पंक्तियाँ बनायीं और इसके बाद उसे सूझ नहीं रहा था कि आगे क्या होगा। उसी समय आगे बढ़कर

पिंटो ने सीटी बजाकर आगे का हिस्सा सुझाया। जबकि पिंटो स्टोरी मैन और ब्वॉएज आर्टिस्ट था। बाद में दो फ्रीलांस सिंगर ने इसे गाया और इसकी रिकॉर्डिंग हुई। जो गाना बनकर तैयार हुआ वह अमेरिका के संगीत इतिहास में दर्ज हो गया। जैसे एक समय जीन केली के साथ सारा अमेरिका नाच रहा था। उसी तरह इस गाने को सारा अमेरिका गा रहा था। गाना था **'हू इस अफ्रेड ऑफ द बिग बैड बुल्फ'।** इस गाने के प्रभाव को लेकर शोध कार्य हुआ और माना गया कि मन्दी के दौर में यह लोगों को जीने की प्रेरणा देने वाला गाना था। ऐसे होता था टीम वर्क के द्वारा डिज़्नी स्टूडियो में काम और सर्वोत्तम चीजें बनकर निकलतीं। उसने अपने यहाँ काम को स्ट्रीम लाइंड कर रखा था। उसके यहाँ एक स्टोरी विभाग था, इन बिटवीनर थे और उनके मातहत काम करने वाले असिस्टेंट लोग हुआ करते। नये ऐनीमेटर अनुभवी लोगों के साथ काम करते और काम करते हुए प्रशिक्षण भी पाते चलते। गैग जमा करने का काम सारा स्टूडियो मिलकर करता। साउण्ड स्टेज पर गैग मीटिंग हुआ करती। उसने एक नये पद का निर्माण किया था। यह पद था **'स्केच आर्टिस्ट'** का। यह आदमी स्टोरीमैन के साथ काम करता और स्टोरीबोर्ड का उत्पादन किया करता। स्टोरीमैन और स्केच आर्टिस्ट डायरेक्टर के साथ मिलकर काम करते ताकि काम में तारतम्यता बनी रहे। स्टोरीबोर्ड वॉल्ट को दिखाया जाता उसकी स्वीकृति से काम आगे बढ़ता।

उसके यहाँ वातावरण अनौपचारिक होता था, मगर काम में चुस्ती-फुर्ती होती। इसीलिए जब बेन शार्पस्टीन न्यूयॉर्क से काम छोड़कर उसके स्टूडियो में आया तो पहले उसे लगा कि यहाँ भला क्या काम होगा। उसे न्यूयॉर्क का अनुभव था जहाँ चीजें बहुत अनुशासन के साथ होती थीं। स्टूडियो में सब कुछ निश्चित रहता, विभाजित रहता। अतः पहले उसने सोचा कि वॉल्ट बेकार में इतनी महत्त्वाकांक्षा पाल रहा है। उसके स्टूडियो का वातावरण इतना अनौपचारिक है। यहाँ कैसे बढ़िया काम हो सकता है। लेकिन जल्द ही उसका भ्रम टूट गया। उसने देखा कि जब काम की बात आती है तो वॉल्ट के स्टूडियो में सब कुछ बहुत करीने से होता है। गम्भीरता के साथ होता है। पहले सबसे विचार आमन्त्रित (ब्रेन स्टोर्मिंग) किये जाते हैं। फिर हरेक की जिम्मेदारी उसे सौंप दी जाती है। हर व्यक्ति का काम निश्चित होता है। कोई केवल स्केचेज बनाता है तो कोई केवल बैकग्राउण्ड तैयार करता है। किसी के जिम्मे बेसिक ऐनीमेशन का काम होता है। हरेक कार्टून की एक्सपोजर शीट प्रत्येक सीन, प्रत्येक मूवमेंट और ड्राइंग्स के साथ तैयार की जाती है।

न्यूयॉर्क और वॉल्ट के स्टूडियो में मूल अन्तर था। वॉल्ट के यहाँ सर्वोत्तम की अपेक्षा होती। उसने **'ओसवॉल्ड'** तथा **'एलिस'** के साथ अपेक्षाएँ जाग्रत कर ली थीं और उसे उन पर खरा उतरना था। इसके लिए उसे नये कर्मचारियों को

प्रशिक्षित करने में काफी मशक्कत करनी पड़ती थी। उसके काम करने के तरीके में उन्हें पारंगत होना पड़ता था। एक लीडर के रूप में वह इस मामले में बहुत सख्त था। काम जब तक सर्वोत्तम, विशिष्ट न होता वह कभी भी उसे ओ.के. नहीं करता। वह अपने साथ काम कर रहे लोगों में यह विश्वास उत्पन्न कर पाता कि वे असम्भव को सम्भव कर सकते हैं। यह उसने अपने सहयोगियों के साथ मिलकर कर दिखाया। जब जरूरत होती वह लोगों की भर्ती करने में कोई कोताही नहीं करता। नये-नये लोगों को स्टूडियो में लाता जाता। वह उन्हीं लोगों को अपने यहाँ काम करने के लिए आमन्त्रित करता जो अपने विषय के जानकार होते। अपने क्षेत्र में विशेषज्ञ होते। पहले उसके यहाँ मात्र बीस लोग काम कर रहे थे। जब वह **'फेलिक्स'** बना रहा था उसने आठ और लोग जोड़े। ये आठों उस समय के बेहतरीन ऐनीमेटर थे। वह बेहतरीन प्रतिभाओं को खोज-खोज कर अपने यहाँ लाता। सदा प्रतिभा की खोज में रहता और जब भी कहीं प्रतिभा देखता उसे अपने यहाँ लाने की चेष्टा करता। उन्हें अपने संस्थान के मूल्यों में संस्कारित करता। उसके यहाँ प्रशिक्षित कलाकार अगर किसी कारण से उसका स्टूडियो छोड़ गये तो भी वे अपने क्षेत्र में विशिष्ट बने रहे।

वॉल्ट के यहाँ पहले कोई औपचारिकता न थी। वह बड़े गर्व से कहा करता कि उसके यहाँ कोई प्रेसीडेंट या ऑफिसर नहीं है। यहाँ तक कि उसके यहाँ कॉरपोरेशन की बात भी न थी। इसलिए उसे कम्पनी कहना कठिन था। सब लोग अपना विचार रखने के लिए स्वतन्त्र थे। कभी-कभी बल्कि अक्सर बहस-विवाद भी होता। मगर अन्त में वे कुछ ऐसा कर गुजरते जिस पर सबको अभिमान होता। किसी का मजाक, सुझाव पसन्द आ जाता तो वह उसे 3.5 डॉलर, 2.5 डॉलर के पुरस्कार देता। विश्वसनीयता इतनी अधिक थी कि हर व्यक्ति के पास स्टूडियो के मुख्य दरवाजे की चाभी थी। वह जब चाहे वहाँ आ-जा सकता था। वॉल्ट खुद जब मन करे किसी से भी बतियाता और यह केवल ऐनीमेशन से सम्बन्धित बातें न होतीं। वह उनसे सुझाव माँगता। उनकी बातें ध्यान से सुनता और उपयोगी होने पर उन्हें लागू करता। इसका क्रेडिट भी उन्हें देता। वह तत्काल उन्हें पुरस्कार देकर प्रोत्साहित करता। मगर इस तरह की अनौपचारिक लीडरशिप सदा सम्भव न थी। यह तभी तक ठीक था जब कर्मचारियों की संख्या कम थी। एक बार जब स्टूडियो का आकार बढ़ गया तब वॉल्ट के लिए सबको निजी तौर पर जानना सम्भव नहीं रह गया। यह अपेक्षा की भी नहीं जा सकती है। दूसरी बात हड़ताल से हुई। वॉल्ट का लोगों पर विश्वास कम हो गया। वह लोगों से औपचारिक तरीके से बातें करने लगा। काम सटीक न होने पर डाँटने-फटकारने लगा। काम से लोगों को निकालने लगा।

वह एक टफ लीडर था। दूसरों से जमकर काम लेता और खुद भी जमकर काम करता था। अपने स्वास्थ्य की परवाह न करते हुए कड़ी मेहनत करने वाला। लोगों से कठिन परिश्रम करवाने वाला लीडर। भीतर से वह बहुत संवेदनशील और नाजुक व्यक्ति था। परेशानी और चिन्ता उसे रात को सोने न देती। वह मानसिक रूप से इतना कोमल था कि जब लोगों ने उसे धोखा दिया तो वह इसे बर्दाश्त न कर सका। उन दिनों वह फोन पर बात करते-करते रोने लगता था। उसे सबके कामों में सिर्फ खामियाँ ही खामियाँ नजर आने लगीं। वह मानसिक रूप से टूट गया। शारीरिक रूप से भी वह बीमार पड़ गया। इतना बीमार कि भाई को उसकी चिन्ता होने लगी। यहाँ तक कि उसका नर्वस ब्रेक डाउन हो गया। रॉय को डर था कि कहीं वॉल्ट को टी.बी. तो नहीं हो गयी है। वह स्वयं इस बीमारी को भोग रहा था वह नहीं चाहता था कि उसका छोटा भाई इससे ग्रसित हो। वॉल्ट को टी. बी. तो न हुई मगर उससे भी बुरी बीमारी हो गयी उसे कैंसर हुआ। रॉय टी.बी. के साथ भी वॉल्ट के बाद तक जिन्दा रहा। वॉल्ट लीडर के साथ एक संवेनदनशील और भावुक मनुष्य भी था।

मन्दी के दौरान भी उसने अपनी फिल्मों की गुणवत्ता से कोई समझौता नहीं किया। जिस समय सब लोग लागत मूल्य कम करने के चक्कर में थे, उस समय भी वॉल्ट ऐसी कोई बात नहीं सोच रहा था। बल्कि उसकी फिल्मों की लागत बढ़ रही थी। लेकिन वह इस कठिन समय को भी बेहतर ढंग से पार कर गया और व्यापारियों को एक सबक भी सिखा गया। उसने अपने व्यापार से होने वाले लाभ को सदा पूँजी की तरह पुनः अपने व्यापार में निवेश किया। वह शेयर बाजार में पैसा लगाने के पक्ष में कभी नहीं था। उसने शेयर नहीं खरीदे, अतः जब शेयर बाजार गिरा तो उसका वॉल्ट डिज़्नी पर कोई असर न पड़ा। जहाँ रातों-रात लोग अर्श से फर्श पर आ गये वहीं वॉल्ट न केवल स्थिर रहा बल्कि उसने इस दौरान भी प्रगति की। लाभ कमाया। इस दौरान उसने अपने माता-पिता को भी लिखा कि हम लोग जुआ खेल रहे हैं। पर पिछले तीन साल हमारे लिए एक पाठ, एक सीख रहे हैं। एक ऐसी सीख जिससे और लोग भी सीख ले सकते हैं। सीख है कि खुद के लिए ही निवेश करना। अपने लाभ को पूँजी में परिवर्तित कर देना। आज के लीडर, आज के व्यापारी और सामान्य जनता के लिए यह एक बड़ी भारी सीख है।

यदि महान विजनरी लीडर के जीवन को देखें तो हम पाते हैं कि उन्होंने किसी संस्थान से प्रशिक्षण नहीं लिया था। उन्होंने जीवन की पाठशाला, अपने काम के अनुभव से सीखा था। उन्होंने इस विजन को खुद चुना था। अधिकतर विजनरी लीडर सेल्फ मेड होते हैं। यदि ऐसे लोगों के व्यक्तित्व का विश्लेषण किया जाये

तो इनमें कुछ गुण समान रूप से पाये जाते हैं। जैसे सक्रिय कौतूहल, सामान्य बुद्धि। सपने कैसे देखने हैं यह उन्होंने खुद तय किया। दूसरों की रुचि उन्होंने अपने स्वप्न में उत्पन्न की और खुद निश्चय किया कि इस विजन को कैसे साकार करना है। ये सारे गुण वॉल्ट डिज़्नी में देखने को मिलते हैं। उसने बहुत कम स्कूली शिक्षा पायी थी। बिजनेस मैनेजमेंट का कोर्स नहीं किया था। वह अति तीव्र बुद्धि का व्यक्ति भी नहीं था। मगर उसमें सूझ थी। अपने अनुभव से उसने अपना काम सीखा था। कौतूहल उसकी रग-रग में भरा हुआ था। वह बात की जड़ तक जाता। उसका कौतूहल मात्र बौद्धिक व्यायाम न होकर सक्रिय कौतूहल था। उसने एक स्वप्न देखा और उसे साकार भी किया। विजनरी लीडर के पास दूरदर्शिता के साथ सूझ होती है। आज भी डिज़्नीलैण्ड वॉल्ट डिज़्नी के विजन पर ही चल रहा है। जो लोग सेल्फ मेड होते हैं, अक्सर वे बहुत घमण्डी होते हैं। वे अपने सामने किसी को कुछ नहीं समझते हैं। दूसरों से बहुत अकड़कर बात करते हैं। वॉल्ट डिज़्नी भी अपनी लगन से आगे बढ़ा था। उसने अपनी मेहनत और अध्यवसाय से सफलता प्राप्त की थी। वह एक सेल्फ मेड विजनरी लीडर था। मगर वह दूसरों से अकड़कर बात नहीं करता था। वह लोगों से घमण्ड से नहीं विनीत होकर बात करता। वह कभी नहीं भूला कि उसने बहुत नीचे से काम शुरू किया है। वह कहा करता कि उसने एक चूहे से काम शुरू किया है। वह अपने बचपन की कठिनाइयों को सदैव स्मरण करता और इसी कारण दूसरों की कठिनाइयों को समझता था। उसे जरूरतमन्द लोगों से सहानुभूति थी। वह सदा उनकी सहायता करने का प्रयास करता।

डिज़्नी कम्पनी की सारी सफलताओं का श्रेय इनके जनक वॉल्ट डिज़्नी को जाता है। जिसने विपरीत परिस्थितियों में भी कभी हार नहीं मानी। कभी निराश होकर हाथ पर हाथ रखकर नहीं बैठ गया। उसने अपनी आशावादिता और अपनी असीमित कल्पना के बल पर असम्भव को सम्भव कर दिखाया। यह उसकी लीडरशिप का ही कमाल था कि लोग उसके लिए काम करते। उसके साथ जुड़कर गर्व और खुशी अनुभव करते। वह एक चमत्कारी लीडर था। इसी कारण जिन्दगी भर एक-एक कर सारी सफलता उसकी झोली में आती गयी। और वह इतना कुछ बना सका। दुनिया को स्वस्थ पारिवारिक मनोरंजन के साधन दे सका। उसका विजन और मिशन निश्चित था। उसका मिशन बहुत स्पष्ट था। 'लाखों लोगों के लिए खुशी लाना,' वह दुनिया को स्वस्थ मनोरंजन प्रदान करना चाहता था। इसके लिए सर्वोत्तम कार्टून फिल्में बनाना चाहता था। बाद में स्वस्थ पारिवारिक मनोरंजन के लिए **'थीम पार्क'** बनाना चाहता था। उसने **'डिज़्नीलैण्ड'** थीम पार्क बनाया। अपने उद्देश्य की प्राप्ति के लिए वह जीवन भर निष्कम्प शिखा की तरह जलता

रहा, प्रकाश बिखेरता रहा। वह मनोरंजन की दुनिया का बेताज बादशाह था। बिजनेस के इतिहास में उसके जोड़ का दूसरा कोई नहीं है। ऐसे ही बार-बार उसे **'टाइम मैगज़ीन'** ने अपनी कवर स्टोरी नहीं बनाया। इस पत्रिका ने 27 दिसम्बर, 1937, 27 दिसम्बर, 1954 तथा अप्रैल, 1988 में वॉल्ट डिज़्नी को अपनी कवर स्टोरी बनाया। वह एक बड़ा लीडर था। अगर ऐसा न होता तो आज विश्व के प्रसिद्ध और हर बड़े बिजनेस मैनेजमेंट संस्थान में उसके विषय में न पढ़ाया जाता। लीडरशिप के उदाहरण के रूप में बार-बार उसे प्रस्तुत न किया जाता। उस पर मैनेजमेंट तथा लीडरशिप का अध्ययन करने वाले लोग शोध-कार्य न करते। वॉल्ट की लीडरशिप का विश्लेषण करने पर यह निष्कर्ष निकाला जा सकता है कि उसमें विजनरी लीडरशिप और दैवी लीडरशिप के गुण बहुतायत से थे। निस्सन्देह उसे पश्चिमी लीडरशिप की भाषा में विजनरी लीडर और भारतीय लीडरशिप शब्दावली में दैवी लीडर कहा जा सकता है।

7

वॉल्ट डिज़्नी : चुनिन्दा ऐनीमेशन फिल्में

मिक्की माउस

"किसी स्त्री को मैंने कभी भी जितना प्रेम किया है उससे ज्यादा मैं मिक्की माउस को प्रेम करता हूँ।"

–वॉल्ट डिज़्नी

वॉल्ट डिज़्नी ने कुछ बेजोड़ ऐनीमेशन फिल्में बनायीं। ऐनीमेशन में कई सफल प्रयोगों और कई मामलों में अग्रणी होने का श्रेय उसे मिलता है। उसने **'स्नो ह्वाइट'**, **'बैम्बी'**, **'मिक्की माउस'**, **'थ्री बेयर्स'**, **'फैंटासिया'** जैसी कुछ बेहतरीन फिल्में बनायीं जिनका आज भी उदाहरण दिया जाता है और गुणवत्ता की दृष्टि से आज भी जिनका सानी नहीं है। ये फिल्में ऐसे ही उत्कृष्ट नहीं बन गयीं, इनके पीछे कल्पनाशक्ति, विचार, कड़ी मेहनत और टीम वर्क लगा था। ये तमाम लोगों की दिन-रात की मेहनत का प्रतिफल है। इनमें से कई फिल्म बनने में बरसों का समय लगा। बहुत पूँजी लगी। बहुत लोग पूँजी लगा सकते हैं। बहुतों के पास टीम होती है, मगर वे ऐसी फिल्में बनाने में कामयाब नहीं हो पाते हैं। ये फिल्में सर्वोत्तम बन सकीं, क्योंकि ये एक ऐसे व्यक्ति की कल्पना हैं जो ऐनीमेशन जीता था। ऐनीमेशन सोता-बिछाता और ओढ़ता था। उसके सम्पूर्ण जीवन का एक बहुत बड़ा हिस्सा इन फिल्मों की आहुति चढ़ गया। ये फिल्में वॉल्ट डिज़्नी के जुनून (पैशन) का नतीजा हैं।

प्रारम्भ में जब वह हॉलीवुड आया तो उसके पास आत्मविश्वास, उत्साह के अलावा कुछ और न था। वह उधार के कपड़े और दान की टिकट के साथ वहाँ पहुँचा था। वह कोई भी काम करने को राजी था, क्योंकि हॉलीवुड में रहना चाहता था। मगर यह आसान न था। वह शुरू से चूहे से जुड़ा हुआ था। उसकी पहले के तमाम छोटे-छोटे कार्टून में चूहा कुछ-न-कुछ कर रहा था। कहीं पैराशूट से तैरता हुआ उतर रहा था। कहीं रस्सी काट रहा था, तो कहीं वॉशटब में खेल रहा था। मगर जब उसने मिक्की माउस बनाया तो यह एक अलग कहानी है। चूहे को केन्द्रीय पात्र बनाने का इरादा असल में क्लिफटन मीक की हास्य पत्रिकाओं **'लाइफ'** और **'फैज़'** से आया। वॉल्ट, रॉय और उनके साथी बराबर ये पत्रिकाएँ देखते थे।

हालाँकि वॉल्ट का चूहा भिन्न है। उसके कान ज्यादा गोलाई लिये हुए हैं। वॉल्ट के चूहे का शरीर नाशपाती के आकार का, पतली टाँगों वाला और गंजे सिर वाला है। सारी विशेषता इसके कान में है। यही कान यदि लम्बे कर दिये जायें तो यह खरगोश बन जायेगा। यदि कान छोटे कर दिये जायें तो इसे बिल्ली बनने में देर नहीं लगेगी। और यदि इन्हीं कानों को नीचे की ओर लटका दिया जाये तो यह कुत्ते का रूप धारण कर लेगा। मिक्की के कान गोल हैं। इसकी दूसरी विशेषता इसकी नाक है। मिक्की की नाक लम्बी है। मिक्की कई मामलों में स्वयं वॉल्ट का ही प्रतिरूप है और यह नाक भी शायद वॉल्ट के गर्व का प्रतीक है। गोलाई वाली आकृति को ऐनीमेट करना सरल था। इसे बड़ी आसानी के साथ ऐनीमेशन के लिए डिजाइन किया गया था। मूल आकृति वॉल्ट ने स्वयं बनायी थी। मगर आज जिस मिक्की को हम देखते हैं वह वॉल्ट के सहयोगी उबे इवरक्स 'हिलबिली' के हाथों का कमाल है।

इसे मिक्की नाम कैसे मिला इसके विषय में बहुत सारी बातें प्रचलित हैं। मगर तथ्य यह है कि खूब विचार-विमर्श के बाद यह नाम चुना गया। इसकी सफलता को देखते हुए बहुत सारे लोग इसके नामकरण का श्रेय लेना चाहते हैं। और तो और वॉल्ट की पत्नी लिलियन भी यह दावा करती कि यह नाम उसने सुझाया। जो भी हो यह सच है कि मिक्की की उत्पत्ति वॉल्ट की हताशा से बाहर निकलने और बाजार की नब्ज जानने का परिणाम था। वॉल्ट कुछ समय से परेशान था, उसे मन लायक काम नहीं मिल रहा था। एक बार मिक्की का विचार मन में आया तो वह उत्साह से भर उठा। इसके साथ ही उसने मिक्की को निर्मित करते समय दर्शकों की रुचि, बाजार की माँग का पूरा-पूरा ख्याल रखा। पूरे हिसाब-किताब के साथ उसने इसे बनाया। मिक्की माउस न केवल वॉल्ट डिज़्नी का प्रतीक है, वरन् वह पूरे अमेरिका का प्रतीक भी है। स्वयं वॉल्ट के लिए मिक्की

माउस स्वतन्त्रता का प्रतीक है इसकी कल्पना उसने तब की थी जब वह हताशा के दौर से गुजर रहा था। मिक्की ने उसे तत्काल सारी चिन्ताओं से दूर कर दिया।

अभी उनका इसके लिए किसी से कोई करार नहीं हुआ था, मगर मिक्की को बनाने की प्रक्रिया प्रारम्भ हो गयी थी। वैसे इस समय पूरा स्टॉफ **'ओसवॉल्ड'** की किस्त पूरी करने में जुटा हुआ था। उबे इवरक्स जिसे वॉल्ट **'हिलबिली'** नाम से बुलाता था, लेस क्लार्क, जॉनी केनॉन और विल्फ्रेड जैक्सन उसके विश्वासपात्र थे। हिलबिली चुपचाप एक कमरे में बैठा मिक्की बनाता। वे लोग इस बात को गुप्त रखना चाहते थे। बात खुल जाने का डर था। बात खुलने से विचार किसी दूसरे के ले उड़ने का खतरा था। इसलिए कुछ विश्वासपात्र लोग एक परदे के पीछे चुपचाप मिक्की को रूप दे रहे थे। वे रात को और जरूरत पड़ने पर स्टूडियो के बाहर गैराज में भी काम करते। बारह लोगों ने मिलकर पहला **'मिक्की माउस'** बनाया। इन बारह व्यक्तियों में से केवल हिलबिली ही ऐनीमेशन करना जानता था। हिलबिली को पता चला था कि एक व्यक्ति बिल नोलान एक दिन में छः सौ ड्राइंग बनाता है और वॉल्ट उसे नियुक्त करने की योजना बना रहा है। हिलबिली के लिए यह निजी सम्मान का मामला था। उसने इसे चुनौती माना और खूब मेहनत और लगन से अपने काम की गति बढ़ा दी। वह एक दिन में सात सौ ड्राइंग बनाने लगा। जब उसने रेखांकन समाप्त किया वॉल्ट ने गैराज में बेंच लगा दीं और लिलियन, एडिना तथा वॉल्ट की साली हेज़ल सेल पर इंक और पेंट लगाने का काम करने लगे। माइक मारकस कैमरा सँभालने लगा। मिक्की के लिए कोई पूँजी न थी। आलू उन दिनों सस्ते थे। वॉल्ट और लिलियन स्टू और भुने आलुओं पर गुजारा कर रहे थे। गरीबी में आटा गीला इसी बीच सीढ़ियों से फिसलकर लिलियन ने अपनी एकमात्र सिल्क स्टोकिंग नष्ट कर ली। पहला मिक्की माउस बहुत क्रूर ढंग से निर्मित हुआ था। उसके वृत्ताकार शरीर से पतली-पतली टाँगें और हाथ निकल रहे थे। **'प्लेन क्रेजी'** नाम के इस मिक्की माउस की कहानी भी कोई खास न थी। वह ओसवॉल्ड का ही एक अंश थी। फर्क इतना ही था कि यहाँ ट्रॉली के स्थान पर जहाज था। मिक्की का व्यक्तित्व भी कुछ खास न था बल्कि यूँ कहा जाये कि काफी आक्रामक, पुरुष अहंकार से भरा हुआ था। वह मिनी के प्रति बहुत क्रूर था।

इस मिक्की में चाहे जितनी भी खामियाँ रही हों वॉल्ट ने इसे तेजी से बेचने का प्रयास किया। उसे यह प्रयास करना ही था। क्योंकि यह उसके और स्टूडियो के जीवन के लिए आवश्यक था। वह खुद फिल्म के डिब्बे लेकर जगह-जगह गया और उसने लोगों को इसे दिखाया। दिखाते समय वह दर्शकों से कह देता कि यदि कार्टून अच्छा लगे तो वे तालियाँ बजायें और दर्शकों ने तालियाँ बजायीं। खूब

तालियाँ बजायीं। किसी फीचर फिल्म से ज्यादा तालियाँ मिक्की माउस के लिए बजीं। मगर वितरकों ने इसे लेने से इनकार कर दिया।

एक लीडर के रूप में वह सारे लोगों से विचार आमन्त्रित करता। इस ब्रेन स्टॉर्मिंग का नतीजा अक्सर बहुत लाभदायक रहता। जैसा कि इस सन्दर्भ में भी हुआ। रॉय और वॉल्ट बात कर रहे थे कि अब क्या किया जाये? रॉय मिक्की की आकृति से असन्तुष्ट था। उसी समय वॉल्ट के मुँह से अचानक निकला कि वे मिक्की को आवाज के साथ बनायेंगे। वैसे रॉय के अनुसार वे लोग अल जोलसन की कार्टून फिल्म **'द जाज़ सिंगर'** देख रहे थे। इस फिल्म को बोलने और आकृति को जोड़ने का श्रेय दिया जाता है। जबकि विलफ्रेड जैक्सन के अनुसार इसे देखते हुए वॉल्ट कहने लगा, "यही है, यही है।" "यह यथार्थ लगता है हमें यही करना है।" "आज से अब मूक फिल्में बन्द।" उन लोगों ने मिक्की को सवाक् करने का निश्चय कर लिया। निश्चय करना एक बात है और उसे कार्य रूप में परिणित करना दूसरी। यह इतना आसान नहीं होता है। वॉल्ट धुन का पक्का था वह जो सोच लेता उसे पूरा करके ही दम लेता।

1928 में वॉल्ट ने अपने घर पर दूसरा मिक्की माउस बनाने की मीटिंग रखी। सब लोग इस बात से खूब उत्साहित थे। सबमें खूब ऊर्जा भर गयी थी। नये विचार ने सबको काम के लिए नयी स्फूर्ति दे दी। उस जमाने में सस्वर कार्टून बहुत अनोखी बात थी। दर्शक फिल्म में लोगों से आवाज और गाना सुनना चाहता था। मगर वह ड्रॉइंग से आवाज की बात के लिए अभी तैयार न था। ड्रॉइंग सस्वर नहीं हो सकती। "भला कार्टून करेक्टर से आवाज क्यों आये?" जैसे प्रश्न लोगों के मन में थे। लोगों को इसके कृत्रिम, अप्राकृतिक लगने का डर था। इसीलिए वॉल्ट ने जोर दिया कि कार्टून जो कर रहा है आवाज ठीक वहीं से और वैसी ही आनी चाहिए। तकनीकी भी अभी इसके लिए उपलब्ध न थी। कैसे आवाज और ड्रॉइंग का तालमेल बैठाया जाये यह एक बड़ी समस्या थी। किसी को इस विषय में दक्षता प्राप्त न थी। जैक्सन की माँ एक पियानो टीचर थी और उसकी सहायता से **'डोप शीट'**, जिसे बाद में **'बार शीट'** कहा गया, बनी और इस तरह आकृति और स्वर को जोड़ा गया और बोलते कार्टून मिक्की माउस का निर्माण हुआ।

सारा स्टॉफ खूब उत्साहित था। और तीसरा मिक्की **'स्टीमबोट बिल'** सस्वर मिक्की बनकर तैयार था। पढ़ने पर लग रहा है सब कितना आसान काम था। मगर यह इतना आसान न था। इसके लिए पहले उसने एक रात अपने स्टूडियो के पिछवाड़े चादर टाँगकर स्क्रीन बनायी। खिड़की से प्रोजेक्टर द्वारा इमेज डाली गयी और जैक्सन अपने हारमोनियम के साथ, जॉनी कैनन मुँह से तरह-तरह की आवाज निकालने के लिए और बहुत सारे लोग दरवाजे के पीछे पीकदान पर चम्मच

से आवाज निकालने को खड़े हुए। सब मिक्की के क्रियाकलापों के अनुसार आवाज दे रहे थे। वॉल्ट ने दर्शक भी जुटाए थे। लिलियन, एडना, मिल्ड्रेड, हेज़ल, जेन तमाम लोग इस ऐतिहासिक क्षण के गवाह बने। वॉल्ट बहुत प्रसन्न था। वह कह रहा था, ''हम इतिहास बना रहे हैं।'' सच में उसने इतिहास बनाया था। उन लोगों ने अपना स्टूडियो हाइपेरियन गिरवी रखकर पैसे उगाहे और पूरा मिक्की बना डाला। फिर से इसका प्रदर्शन किया गया। और इसे लेकर वॉल्ट इसमें आवाज डलवाने तथा इसके लिए वितरक खोजने निकला।

अपनी बगल में मिक्की माउस फिल्म दबाये हुए वह न्यूयॉर्क पहुँचा और अपने मेंटर जैक एलिकोट की सहायता से पैट ए. पॉवर्स से मिला। पॉवर्स के पास फिल्म पर साउण्ड जोड़ने की खास विधि **'सिनेफोन'** का लाइसेंस था। यह व्यक्ति बहुत चालाक किस्म का था, मगर शुरू में वॉल्ट को उसकी चालाकी पता नहीं चली। मानसिक रूप से उसके यहाँ वॉल्ट को बहुत परेशानी उठानी पड़ी, लेकिन अन्ततः वह अपना काम करवाने में कामयाब रहा। उसे इसके लिए उधार लेना पड़ा और काफी पैसा लगा। यहाँ भी वॉल्ट को स्वयं नयी तकनीक ईजाद करनी पड़ी, तब जाकर मनचाहा काम हो सका। संगीत और आकृति के तालमेल के लिए उसने साउण्ड ट्रैक और फिल्म दोनों पर बॉल प्रिंट कर दी। इसी बॉल के उठने-गिरने से संगीतकार को संकेत मिलता और वह ऑर्केस्ट्रा का स्वर बदलता। यह विधि कारगर रही। उसे पॉवर्स की चालाकी पता चल रही थी मगर कोई उपाय न था। उसी की सहायता से वह कुछ विशिष्ट लोगों को मिक्की दिखाने का इन्तजाम कर सका। उसे **यूनिवर्सल** के ऑफिस से करारनामे के लिए बात करने का ऑफर मिला। वॉल्ट ने अपने उत्साह में आकर यह बात पॉवर्स को बता दी। उसने मौके का फायदा उठाया और दो साल के लिए दस प्रतिशत पर वॉल्ट का सेल्स एजेण्ट बन बैठा। युनिवर्सल के साथ भी खूब आँख-मिचौनी का खेल चला। वे लोग वॉल्ट को लटकाये रखना चाहते थे। खूब मोल-भाव चला। इस बीच उसने **पारामाउण्ट** से भी बात चलाई, मगर वहाँ भी बात नहीं बनी।

वॉल्ट का कोई काम कभी आसानी से नहीं होता था। प्रत्येक कार्य में खूब मुसीबतें, अड़चनें आतीं। पैसे की किल्लत सदा बनी रहती। मिक्की माउस के समय भी यह सब हुआ। मगर इन बातों से अगर हार जाये तो वॉल्ट ही क्या? उसने हिलबिली को कहा कि वह चौथा मिक्की **'द बार्न डांस'** बना ले। इन सबका संगीत उसका पुराना साथी कार्ल स्टैलिंग तैयार कर रहा था। पैसे की तंगी सारे समय मुँह बाये खड़ी थी। उसने अपना मकान गिरवी रखा और तो और जिसमें उसने लिलियन से प्रेम की पींगें बढ़ायी थी, अपनी वह प्रिय कार भी उसने बेच दी। उसके चार सस्वर मिक्की माउस बनकर तैयार थे। मगर वितरक का कहीं

पता-ठिकाना न था। समय, पैसा, धैर्य सब चुक रहा था। मगर जो अपनी सहायता करता है भगवान उसकी सहायता करता है। जब वॉल्ट निराश होकर न्यूयॉर्क से वापस लौटने की सोच रहा था वह हैरी रेचनबाख से टकराया।

हैरी रेचनबाख ने उसे सुझाया कि वितरक जब दर्शकों और समीक्षकों की प्रतिक्रिया सुनते हैं तभी वे हाथ आगे बढ़ाते हैं। सो उसके कहे पर वॉल्ट उसके थियेटर में दो सप्ताह तक मिक्की माउस दिखाने के लिए राजी हो गया। हैरी रेचनबाख उसे 500 डॉलर प्रति शो देना चाहता था, मगर वॉल्ट ने 1,000 डॉलर प्रति शो माँगा। उसने दाँव लगाया था। यह उस समय ब्रॉडवे का सबसे ज्यादा दाम था। मगर वॉल्ट के आश्चर्य के लिए हैरी रेचनबाख तैयार हो गया। उस समय ब्रॉडवे पर स्थित हैरी रेचनबाख के थियेटर **'कॉलोनी थियेटर'** में **'गैंग वार'** नाम की फिल्म चल रही थी। दर्शकों की प्रतिक्रिया जानने के लिए वॉल्ट और स्टालिंग वहीं नर्वस बैठे हुए थे। मगर दर्शक मिक्की माउस को देखकर बहुत प्रसन्न हुए पूरे समय उनकी हँसी सुनाई देती रही। वॉल्ट पूरे दो सप्ताह हर शो देखता रहा। फिल्म ट्रेड पत्रिकाओं से उसे खूब सकारात्मक प्रतिक्रिया मिली। यहाँ तक कि दो सप्ताह खतम होते न होते उससे वे वितरक सम्पर्क करने को उत्सुक थे जिन्होंने उसे पहले घास नहीं डाली थी। सस्वर मिक्की माउस का प्रभाव ऐसा गजब का था कि लोग इसे देखते हुए अपनी सीट पर से गिर पड़ते। हँस-हँसकर दोहरे हुए जाते। मिक्की की रग-रग में संगीत भरा हुआ है। उसका हर कदम संगीत की बीट पर उठता गिरता है। बाद में बहुत लोगों ने मिक्की की नकल की। मगर काफी समय तक बाकी सब कार्टून बनाने वाले लोगों का व्यापार ठप रहा। सब लोग केवल मिक्की की बातें कर रहे थे, उसे देख रहे थे। आज इतने दशकों के बाद भी मिक्की का प्रभाव ज्यों का त्यों है। ऐसा है वॉल्ट डिज़्नी का काम।

मिक्की माउस ने ऐसी धूम मचाई जैसी पहले कभी किसी अन्य कार्टून ने नहीं मचाई थी। हर जगह मिक्की का कटआउट लहरा रहा था। चारों ओर उसकी चर्चा थी। इन सबसे वॉल्ट इतना उत्साहित हो गया कि उसने अपना साउण्ड स्टूडियो खोलने का फैसला कर लिया। पॉवर्स भी उसे उकसा रहा था। पॉवर्स का इसमें अपना फायदा था। उसने अपने सहयोगी कैमरामैन जिमी लॉरेंस को साउण्ड सिस्टम में प्रशिक्षित होने के लिए कहा। अब उसका एक पैर अपने स्टूडियो में, लॉस एन्जिल्स में रहता दूसरा पैर न्यूयॉर्क में रहता। उसका साउण्ड सिस्टम न्यूयॉर्क में था।

मिक्की माउस ने धूम मचा रखी थी। सोने पर सुहागा यह हुआ कि ओसीयन पार्क के फॉक्स थियेटर के मैनेजर हैरी वुडिन ने मिक्की क्लब शुरू कर दिया। वह शनिवार को बच्चों को अपने थियेटर में बुलाता उनसे मिक्की माउस की प्लेज

लिवाता, मिक्की माउस बैण्ड बजाता और तब बच्चों को मिक्की माउस कार्टून दिखाता। उसने एक शनिवार वॉल्ट को भी आमन्त्रित किया। वॉल्ट यह देखकर अभिभूत हो गया। करीब चार हजार बच्चे मिक्की माउस का गुणगान कर रहे थे। उसके लिए खुशी से तालियाँ बजा रहे थे। फिर तो मिक्की माउस क्लब पूरे अमेरिका में और विश्व के अन्य देशों में भी पहुँच गया। हर मीटिंग में गाया जाता—**'मिक्की माउस डू नॉट स्योर, स्मोक, चीट ऑर लाई।''** तमाम तरह की प्रतियोगिताएँ आयोजित की जातीं और मिक्की बटन, बैनर और तरह-तरह की चीजें बनने और बिकने लगीं। समय से पहले थियेटर के सामने बच्चों की कतार लगने लगी। कई बार ज्यादा बच्चे आने के कारण स्थान कमी के लिए स्टूडियो को माफी माँगनी पड़ती। एक-एक क्लब में बच्चों की संख्या हजारों में होने लगी। अमेरिका में गर्ल स्काउट और ब्वॉएज स्काउट से ज्यादा संख्या में मिक्की माउस क्लब के सदस्य थे। आठ सौ से ज्यादा क्लब बन गये थे। यह एक आन्दोलन का रूप धारण कर चुका था।

1930 में अखबार में मिक्की माउस कॉमिक स्ट्रिप प्रारम्भ हो गयी। इसी साल जब वह लिलियन के साथ न्यूयॉर्क में था। एक आदमी ने उसने 300 डॉलर में स्कूल के बच्चों के लिए पेपर बनाने की अनुमति चाही। और इस तरह मिक्की माउस का लाइसेंस बन गया। मिक्की चारों ओर से वॉल्ट के लिए धन वर्षा कर रहा था। गुड़िया, टॉफी और तमाम खिलौने मिक्की की तस्वीर और उसके आकार में बनने लगे। मिक्की के नाम हजारों खत आने लगे। मैडम टुसाड अपने यहाँ मोम का मिक्की माउस बनाना चाहती थी। पूरे यूरोप में मिक्की की प्रशंसा हो रही थी। वह चार्ली चैप्लिन तथा मोज़ार्ट से ज्यादा प्रसिद्ध हो गया। इतनी प्रसिद्धि के कारण उसकी नकल होना स्वाभाविक था। वॉल्ट को कई अन्य नकलचियों पर केस करना पड़ा। जिन पर केस किया गया उनमें पाथे और वैन ब्यूरेन जैसे धाकड़ लोग भी शामिल थे। जब मिक्की माउस की पच्चीसवीं वर्षगाँठ मनाई जा रही थी वॉल्ट ने एक साक्षात्कार में कहा कि मिक्की इतना सरल है कि उसे प्यार न करना नामुमकिन है। छोटे-छोटे स्टूडियो से लेकर राष्ट्रपति भवन तक मिक्की की पहुँच हो गयी। बीसवीं सदी के तीसरे दशक को मिक्की दशक तक कहा जाने लगा। हॉर्वर्ड प्रोफेसर उस पर बात करने लगे। उसका मनोवैज्ञानिक अध्ययन होने लगा।

शुरुआत में भले ही वह चार्ली चैप्लिन और फेयरबैंक्स के आधार पर बना हो मगर बाद में वह केवल वॉल्ट डिज़्नी का प्रतिरूप हो गया। लोग कहने लगे, **'वॉल्ट वाज़ मिक्की एण्ड मिक्की वाज़ वॉल्ट'**। वॉल्ट का खुद भी कहना था जब तक वॉल्ट डिज़्नी स्टूडियो है तब तक मिक्की रहेगा। वह उसके बिना जी नहीं

सकता था। और सच में मिक्की वॉल्ट की आवाज बन गया। नौवें मिक्की **'द कार्निवाल किड'** से वॉल्ट ने मिक्की की आवाज देनी शुरू कर दी और जब तक उसकी आवाज फट नहीं गयी वह मिक्की की आवाज देता रहा। मिक्की प्रसन्नता का प्रतीक है वह हर मुसीबत से निकल आता है और आशा का संचार करता है। उसने मन्दी के समय अमेरिकी जनता को सहारा दिया और मन्दी के बाद आज भी वह लोगों का मनोरंजन कर रहा है और आगे भी करता रहेगा इसमें कोई शक नहीं है।

स्नो ह्वाइट : सृजन की लम्बी प्रक्रिया

"मैं अपने प्रत्येक कार्टून करेक्टर का पूर्ण व्यक्तित्व निर्मित करने का प्रयास करता हूँ—उसकी निजी विशिष्टताओं के साथ।"

—वॉल्ट डिज़्नी

बीसवीं सदी के तीसरे दशक में जब अमेरिका मन्दी से जूझ रहा था, वॉल्ट की स्थिति बेहतर थी। वे लोग अपने सारे बिल अदा कर पा रहे थे। अपने लोगों को वेतन दे पा रहे थे। फिर भी वॉल्ट को मालूम था कि **'शॉर्ट फिल्म'** का भविष्य बहुत उज्ज्वल नहीं है। शॉर्ट केवल फिलर का काम करते हैं। इसलिए यह आवश्यक था कि वह कुछ और सोचे कुछ और करे। वैसे भी वॉल्ट जैसे सृजनात्मक लोग कब तक एक काम कर सकते हैं। उन्हें कदम-कदम पर चुनौतियाँ चाहिए होती हैं। उसने अपने साथियों से बात की। उसका विचार था कि उसे **'फुल फीचर लेंथ'** फिल्म बनानी चाहिए। ऐनीमेशन की दुनिया में अग्रणी बने रहने के लिए भी यह आवश्यक था। अब यह उसके अहम की भी जरूरत थी। सम्मान का प्रश्न था। एक तरह का काम उसे उबा देता। वह अपने लोगों और खुद को झकझोरना चाहता था। एक बार वह यूरोप में था और उसने देखा कि दर्शक एक के बाद एक लाइन से बिना रुके हुए, निरन्तर **'मिक्की माउस'** फिल्म देखे जा रहे हैं। वहीं से फुल लेंथ फीचर फिल्म बनाने का विचार उसके मन में कौंधा। उसने इस विचार के संकेत प्रेस को देने शुरू कर दिये।

जब उसने इसके बारे में गम्भीरता से चर्चा प्रारम्भ की तो उसे तमाम सुझाव मिले। किसी ने कहा कि वह दुनिया के हर देश की **'लोक गाथाओं'** पर फिल्म बनाये। किसी ने सुझाव दिया कि क्यों नहीं होमर के **'इलियड'** या **'ओडिसी'** पर काम किया जाये। किसी का कहना था कि **'गुलिवर की यात्राएँ'** इसके लिए बड़ा मौजूं विषय रहेगा। फेयरबैंक्स की एक्ट्रेस पत्नी मेरी पिकफोर्ड वॉल्ट पर जोर डालने लगी कि वह इस काम के लिए **'एलिस इन वण्डरलैण्ड'** को चुने। इसी बीच 1933 में उसकी नयी फिल्म **'थ्री लिटिल पिग्स'** का उद्घाटन हुआ। वॉल्ट धुन का पक्का था। उसने यूनाइटेड आर्टिस्ट्स के यहाँ **'स्नो ह्वाइट'** टाइटिल रजिस्टर करा लिया। एक तो यह कहानी लोगों की जानी-पहचानी थी, दूसरे उसे पूरा विश्वास था कि वह सात बौनों के साथ काफी कुछ कर सकता है। उसकी कल्पना और सर्जना के लिए यहाँ आकाश काफी खुला हुआ था।

कहीं उसके मन में पन्द्रह साल की उम्र में देखी स्नो ह्वाइट फिल्म की स्मृति अटकी हुई थी। शायद उसने मार्गुरिट क्लॉर्क की फिल्म अपने पुराने शहर के छोटे

से थियेटर में देखी थी। उसने यह फिल्म ऊँची गैलरी में बैठकर इस कोण से देखी थी कि वह दो स्क्रीन को एक साथ देख पा रहा था और आने वाले दृश्यों को पहले से देख पा रहा था। इसलिए उसे उस समय यह फिल्म बहुत जादुई लगी थी। उस समय फिल्म चार स्क्रीन पर एक साथ दिखाई जा रही थी। इस फिल्म को हाथ में लेने के निश्चय के पीछे इस सुखद स्मृति का भी हाथ था। शायद इससे भी ज्यादा एक और कारण था। यह मनोवैज्ञानिक कारण था। क्रूर माँ, बचपन में निरन्तर काम करने की मजबूरी, बचपन में एक सुखद भविष्य के लिए किया गया वादा। सब कुछ उसके अपने बचपन से मिलता-जुलता था। खासकर पिछली पीढ़ी को अपने काम से जीत पाने की आकांक्षा। कठिन मेहनत का पुरस्कार। लोगों का विश्वास करने के खतरे और सबसे ज्यादा यथार्थ से पलायन कर फंतासी की दुनिया में विचरना। उसने यह फिल्म क्यों चुनी इस बात की बहुत सारे लोगों ने अपने-अपने तरीके से व्याख्या की है। बच्चे के वयस्क होने और माता-पिता के उम्रदराज होने पर जिम्मेदारियाँ हस्तान्तरित हो जानी चाहिए, परन्तु सदा ऐसा नहीं होता है। पिछली पीढ़ी अपना वर्चस्व कायम रखना चाहती है, जबकि अगली पीढ़ी अपना हक लेने के लिए कुछ भी करने को तैयार रहती है। इसमें शक नहीं कि स्नो ह्वाइट और डिज़्नी के प्रारम्भिक जीवन में बहुत सारी समानताएँ थीं।

पिता के क्रूर व्यवहार, कंजूस स्वभाव और सर्वेसर्वा बने रहने की आकांक्षा, बेटों की कमाई पर छाये रहना। वॉल्ट ने अपने पिता की इन्हीं विशेषताओं के कारण पलायन किया और अपनी एक समानान्तर दुनिया—ऐनीमेशन की दुनिया खड़ी की। वह इस दुनिया का बादशाह था। एकछत्र सम्राट था। यहाँ वह आत्मनिर्भर था, अधिकारपूर्ण था। यहाँ उसे लोगों का प्यार और आदर मिलता था। यह उसकी अपनी रची, अपनी बनायी दुनिया थी जहाँ किसी अन्य का हस्तक्षेप न था। स्नो ह्वाइट वॉल्ट डिज़्नी की अपनी कहानी थी। उसके विकास, उसकी प्रगति और उसकी उपलब्धियों का प्रतीक।

उस समय भी स्नो ह्वाइट के कई संस्करण उपलब्ध थे। वॉल्ट को इसमें से किसी एक को चुनना था। मूल कहानी ग्रिम भाइयों के द्वारा पुनर्रचित की गयी थी। मगर वह बहुत सामान्य कहानी थी। कहानी बताने का तरीका इतना सामान्य था कि उसमें बौने मात्र बौने थे। उनके कोई नाम तक न थे। जो फिल्म उसने अपनी किशोरावस्था में देखी थी और जिसकी स्मृति पर वह इस कहानी की ओर आकर्षित हुआ था, वह या तो खो चुकी थी या नष्ट हो चुकी थी। उसका मिलना कठिन ही नहीं असम्भव था। वॉल्ट ने उस नाटककार से सम्पर्क साधना चाहा, जिसके नाटक के आधार पर यह फिल्म बनी थी। वह इस नाटककार विनथ्रोप एमेस से अधिकार भी प्राप्त करना चाहता था क्योंकि उसे डर था कि कहीं वह

उस पर कानूनी दावा न ठोंक दे। उसने एक और नाटक को ध्यान में रखा। 1913 में एक स्त्री नाटककार जेस्सी ब्राहम ह्वाइट ने भी एक नाटक इसी थीम पर रचा था। वॉल्ट ने उससे बहुत काम लिया। काम पर जाते हुए बौनों को चुम्बन देकर विदा करना, दुष्ट रानी जो स्नो ह्वाइट को मारना चाहती है उसका अपने स्थान को सुन्दरता का साम्राज्य कहना और वेष बदलकर मासूम लड़की के पास जाना आदि दृश्य उसने इसी जेस्सी ह्वाइट के नाटक से लिये। उसने खूब अध्ययन किया और उसका अपना दिमाग तो था ही। उसने खूब जुगाली की और बनी लुगदी से अपनी एक अलग कहानी तैयार की। 1933 के पूरे बसन्त वह लोगों से दिन-रात स्नो ह्वाइट की बात करता रहा। अब वह स्नो ह्वाइट के संग जाग-सो रहा था, खा-पी रहा था। मगर स्नो ह्वाइट का सृजन एक लम्बी प्रक्रिया थी।

कहानी कहना एक कला है। यह प्रतिभा किसी-किसी के पास होती है। वॉल्ट डिज़्नी इस कला में निपुण था। 1933 की शुरुआत में एक दिन उसने अचानक अपने सहयोगियों को मीटिंग के लिए बुलाया। एक सहयोगी के अनुसार यह मीटिंग बहुत ही मजेदार थी। वॉल्ट ने सबसे कहा कि वह स्नो ह्वाइट की कहानी विकसित कर रहा है और उसने उन लोगों को कहानी सुनाई। सुनाई कहना गलत होगा। असल में उसने उन्हें कहानी दिखाई। क्योंकि जब वह कहानी बताता तो पूरी तरह अभिनय करके बताता। अभिनय कला में वह पारंगत था। जिन लोगों ने बचपन से यह कहानी कई-कई बार पढ़ी थी और इसे खास तवज्जो नहीं दी थी। उनकी आँख में भी पानी आ गया। उस दिन जिन लोगों ने वॉल्ट से कहानी सुनी-देखी थी उनका विचार था कि यदि इसका दस प्रतिशत भी फिल्म में आ जाये तो कमाल हो जायेगा। वह कितने प्रभावशाली ढंग से कहानी वर्णित करता, इसका एक उदाहरण उसके एक ऐनीमेटर डिक ह्यूमर के कथन से ज्ञात होता है। एक दिन वह वॉल्ट के कमरे में बैठा था कि वॉल्ट ने स्नो ह्वाइट की कहानी प्रारम्भ कर दी। कहानी के दौरान कई बार डिक का गला रुँध गया उसकी आँखें नम हो गयीं। वह बहुत चमत्कारिक तरीके से कहानी प्रस्तुत करता। इसीलिए फिल्म बनने के दौरान जब किसी को कहीं दिक्कत आती तो वह याद करता कि इसे वॉल्ट ने कैसे करके दिखाया था और वह उसी की अनुकृति करने का प्रयास करता।

इसी तरह एक बार वह अपने बचपन के दोस्त वॉल्ट फिफर के साथ एक म्यूजियम में घूम रहा था कि वॉल्ट डिज़्नी ने स्नो ह्वाइट बतानी शुरू कर दी। जब वह बताने लगा कि कैसे गिद्ध दुष्ट रानी के ऊपर झपट्टा मारते हैं तो वह इतना उत्तेजित होकर अभिनय कर रहा था कि म्यूजियम के रखवाले ने सोचा कि हो न हो ये आदमी अपने साथी को मारने का प्रयास कर रहा है। 1934 की सर्दियों

में एक दिन उसने अपने लोगों से कहा कि वे जल्दी से खाना खाकर साउण्ड स्टेज पर जमा हो जायें। खाने के लिए उसने सबको पचास-पचास सेंट भी दिये ताकि लोग इधर-उधर न हो जायें। करीब साढ़े सात बजे के आस-पास करीब पचास सहयोगी जमा हो गये। किसी को मालूम न था कि क्या होने वाला है। वॉल्ट एक अँधेरे स्थान पर खड़ा था। चारों ओर अँधेरा था। एक मात्र रोशनी उस पर पड़ रही थी। उसने घोषणा की कि वह स्नो ह्वाइट ऐनीमेटेड फीचर फिल्म बनाने जा रहा है और उसने तीन घण्टे तक अभिनय करके दिखाया। अपने मन में पकी हुई स्नो ह्वाइट की कहानी को मूर्त रूप दिया। उसने सारे चरित्रों को सजीव कर दिया। कभी वह स्नो ह्वाइट बनता। कभी दुष्ट रानी की आवाज निकालता। कभी बौनों का अभिनय करता, उनके हाव-भाव की नकल उतारता। कभी पशु-पक्षी की बोली बोलता। और इस तरह उसने अपनी स्नो ह्वाइट के प्रथम दर्शकों को घण्टों जड़वत बनाये रखा। जो कुछ भी परदे पर बाद में प्रोजेक्टर की सहायता से आने वाला था उसे उन लोगों ने उस रात देखा। जब शो (हाँ इसे शो ही कहा जाना चाहिए) समाप्त हुआ लोग अभिभूत थे। वे लोग ऐनीमेशन फीचर फिल्म बनाने को लेकर बहुत उत्साहित थे।

देखने वाले लोग स्नो ह्वाइट के साथ हँस-रो रहे थे। तीन साल तक, जब तक वह फिल्म बनती रही बनाने वाले उस रात के जादू में बँधे काम करते रहे। उनके मन में उस रात का अभिनय खुद गया था, अंकित हो गया था। किसी और के मन में कोई और रूपरेखा स्नो ह्वाइट को लेकर न आती। उसका इरादा इस फिल्म को एक साल हद-से-हद डेढ़ साल के भीतर पूरा करने का था। मगर वॉल्ट जिस तरह तमाम कामों में उलझा हुआ था, उसे और अन्य लोगों को यह होना कठिन लग रहा था। लोगों के मन में यह भय भी था कि वॉल्ट की आदत है काम को बार-बार करना उसमें सुधार लाते जाना। उस हिसाब से इस फिल्म की लागत कितनी आयेगी? और क्या इतनी ज्यादा मात्रा में किसी एक नये विचार पर पैसा लगाना जुआ खेलने जैसा नहीं है? वैसे हर तरह का व्यापार एक तरह का जुआ ही होता है। वॉल्ट ने पहले भी कई दाँव लगाये थे और वह अब भी दाँव लगाने को तैयार था। पैसे को लेकर उसने काम की गुणवत्ता में कभी भी कोताही नहीं की थी। इस बार भी वह ओखल में सिर देने को तैयार था। उसने मूसलों की न पहले कभी परवाह की थी और न ही अब उसे इसकी चिन्ता थी। यह विभाग रॉय का था उसे ही रकम का इन्तजाम करना था और उसने इस बार भी किया। फिल्म बनने में कुल कितना समय लगेगा, उसकी कुल लागत कीमत कितनी होगी, इन सब बातों से वॉल्ट का उत्साह कम होने वाला नहीं था। उसे बस एक चिन्ता थी कि सब इस कल्पना को साकार करने में पूरा-पूरा योगदान दे पायेंगे या नहीं।

यूनाइटेड आर्टिस्ट्स इसमें पैसा लगाने को राजी न था। रॉय पायनियर पिक्चर्स, ट्वैन्टींथ सेंचुरी पिक्चर्स आदि के चक्कर काट रहा था ताकि कोई तो इसे फाइनेंस करने को तैयार हो जाये। यह काम काफी कठिन था।

व्यापार के दाँव-पेंच खेले जाने लगे। जो भी पैसा लगाने को राजी होता उसकी अपनी शर्तें होतीं। उसे लाभांश में हिस्सा चाहिए होता। एक हाथ आगे बढ़ा। एक-तिहाई लाभ पर राजी हुआ। मगर तभी उसको अपने व्यापार में घाटा हो गया और बात अटक गयी। रॉय आर्थिक मोर्चे पर डटा हुआ था। इसी बीच 1934 में वॉल्ट ने फिल्म पर काम शुरू कर दिया। कहानी को सजाने-सँवारने का काम शुरू हो गया। स्क्रीनप्ले लिखा जाने लगा। यहाँ भी उसका काम करने का तरीका अन्य स्टूडियो से भिन्न था। उसने अपने यहाँ एक समूह को परिकथा के विभिन्न रूप सौंपने प्रारम्भ किये। कई प्रारूपों पर एक साथ काम होने लगा। कहीं राजकुमार दुष्ट रानी द्वारा कैद किया जा रहा था। कहीं रानी स्नो ह्वाइट की जिन्दगी पर कई-कई हमले कर रही थी तो कहीं रानी के मरने के अलग-अलग तरीके अपनाये जा रहे थे। परन्तु जैसा कि सदा होता आया था इस बार भी यदि कोई कहानी तय हुई तो वह वॉल्ट के अपने द्वारा बनायी और स्वीकृत कहानी थी। कहानी कोई भी तैयार कर रहा हो उसमें वॉल्ट की कल्पना का हाथ होता। और सच में उसी की कल्पना का प्रतिफल स्नो ह्वाइट बनकर निकली और ऐसी उच्च कोटि की निकली कि आज भी ऐनीमेशन बनाने वाले लोग उसका लोहा मानते हैं। पक्षी काम करते बौनों को तंग करते हैं। स्नो ह्वाइट के मरने पर वे रोते-सिसकते हैं। प्रार्थना करते हैं और दुष्ट रानी कैसे मरती है यह सब उसी की कल्पना का परिणाम है।

अब मिक्की माउस और डोनाल्ड डक उसके ध्यान में कहीं पीछे छूट चुके थे। उसका सारा ध्यान स्नो ह्वाइट पर केन्द्रित था। वह पूरे महीने तक हर सप्ताह इस कहानी के सह लेखकों से कई-कई बार मिलता रहा। हर बार की मीटिंग कई-कई घण्टे चलती। उन लोगों ने मिलकर बौनों के नाम चुनने शुरू किये। सारा शब्दकोश उलट-पुलट डाला गया। कितने नाम आये-गये। कई बार सूची बनी और खारिज हुई। अन्त में उनकी विशेषताओं के अनुरूप ग्रम्पी, हैप्पी, डॉक, बैसफुल, डोपी, स्नीज़ी, स्लीपी, बौनों के नाम हुए। स्लीपी को सदा नींद आती तो स्नीज़ी वक्त-बेवक्त छींकता रहता। ग्रम्पी गुस्से से भरा रहता तो हैप्पी खुश-खुश रहता। बहुत सोच-समझकर उनके नाम चुने गये थे। इस काम में महीनों लगे। फिर उसने कहानी को नैरेटिव ब्लॉक्स में बाँटा। उसने स्नो ह्वाइट के बौनों के परिचय से काम शुरू किया। लेकिन वास्तव में काम शुरू वहाँ से हुआ जहाँ स्नो ह्वाइट सातों बौनों का घर पा जाती है। वहाँ से काम शुरू हुआ पर उसके पहले क्या होगा स्पष्ट न था। मगर काम शुरू हो गया। अक्टूबर में पहला डॉयलॉग लिखा गया और तीन दिन

में क्रीडन ने पूरा सीन विकसित कर लिया। फिर अगले सप्ताह तीन घण्टे की मीटिंग हुई। जिसमें प्लॉट का और विस्तार तय हुआ। अभी तय नहीं हुआ था कि रानी कार्टून की तरह मोटी होगी या सच की रानी जैसी घमण्डी और खूबसूरत होगी। मगर स्टोरी विभाग ने सीन और डॉयलॉग लिखने चालू कर दिये थे। संगीत विभाग संगीत के बारे में सोच रहा था। गाने तैयार हो रहे थे। टेड सीयर को कहानी विभाग सौंप दिया गया था और सारे स्टूडियो से 'गैग' जमा किये जा रहे थे। हर सीन के लिए गैग की फरमाइश हो रही थी। इसी से सारे लोगों के जोश और उत्साह का पता चलता है कि बैग भर-भरकर गैग आने लगे। वॉल्ट के स्टूडियो को गैग में महारत हासिल थी। शुरू में स्नो ह्वाइट में भी सारे समय गैग की बात सोची जा रही थी। लेकिन जैसे-जैसे कहानी आकार ग्रहण करती गयी उसका विकास होता गया, गैग की मात्रा कम होने लगी। उन्हें लगने लगा कि वे गैग के अलावा भी ऐनीमेशन में काफी कुछ कर सकते हैं। रोज नया रेखांकन हो रहा था। रोज नये विचार आ रहे थे। विचारों की बाढ़ में निश्चित करना कठिन था कि क्या रखा जाये और क्या छोड़ा जाये।

रात-दिन कहानी पर काम हो रहा था। हर लाइन, हर बिन्दु पर विचार-विमर्श होता। 1935 का बसन्त आ गया था और अभी तक कहानी ने पूरा आकार नहीं लिया था। वॉल्ट ने स्पष्ट कह दिया था कि चाहे जो हो जाये स्नो ह्वाइट हड़बड़ी में नहीं बनेगी। फिल्म जब तक पूरी तरह सींझ नहीं जायेगी तब तक वह आगे बढ़ने को राजी न था, भले ही दुनिया इधर से उधर हो जाये। वॉल्ट पर्फेक्शनिस्ट था। मुसीबत यह हुई कि वॉल्ट की तबीयत खराब रहने लगी। वह थॉयराइड के लिए सुइयाँ ले रहा था। जिनके असर से वह चिड़चिड़ा हो गया था। उसकी शारीरिक दुर्बलता उसे परेशान किये हुए थी। वह महीनों से लगातार काम कर रहा था। रॉय ने सुझाव दिया कि वे लोग अपनी शादी की दसवीं सालगिरह मनाने बाहर चलें। असल में सालगिरह तो मात्र एक बहाना था, रॉय वॉल्ट के स्वास्थ्य को लेकर चिन्तित था। वह उसे स्टूडियो से कहीं दूर ले जाना चाहता था। न चाहते हुए भी वॉल्ट को उन लोगों के साथ जून, 1935 में यूरोप की यात्रा पर निकलना पड़ा। जहाज पर और जहाँ भी वे गये उनको लोगों से घिरा रहना पड़ा। अब वह एक सेलीब्रेटी था। उसे देखने उससे मिलने लोग टूटे पड़ते। लिलियन उसे चिढ़ाती कि अब वह एक बड़ा आदमी है। वह सच में एक बड़ा आदमी था। चारों ओर उसके चर्चे थे। वे लोग इंग्लैण्ड, फ्रांस, स्कॉटलैण्ड, जर्मनी, स्विट्जरलैण्ड, इटली सब घूमते रहे। उन्होंने पोप और मुसोलिनी से भी मुलाकात की। इस सैर-सपाटे का उसके स्वास्थ्य पर अच्छा प्रभाव पड़ा। वह थक गया, मगर वह खुश था। सब स्थानों पर उसे मान-सम्मान मिला। उसका भव्य स्वागत हुआ। वह इतना खुश और स्वस्थ

अनुभव कर रहा था कि जब उसके डॉक्टर ने उसे चेकअप के लिए बुलाया, तो उसने कह दिया कि डॉक्टर से कह दो कि अब ये सारे इंजेक्शन वह खुद को लगा ले। इस समय यूरोप में बड़ा तनाव का वातावरण था, मगर वॉल्ट इससे तनिक भी प्रभावित न था। उसका कहना था कहाँ कुछ तनाव है? सब काम यथावत् चल रहा है।

जब वह लौट आया वह फिर से अपने काम में जुट गया। वह फिल्म में कम-से-कम डॉयलॉग रखना चाहता था, क्योंकि उसे लग रहा था कि लोग हँसना चाहते हैं और अमेरिकी गैग और अमेरिकी मजाकों को किसी अन्य भाषा में अनूदित करना सम्भव नहीं है। अतः वह फिल्म को ज्यादा-से-ज्यादा मूक हास्य से सजाना चाहता था। पहले उसने सोचा कि वह एक सप्ताह स्नो ह्वाइट पर काम करेगा और एक सप्ताह अपनी अन्य शॉट फिल्म पर काम करेगा। पर स्नो ह्वाइट का नशा ऐसा था कि जल्द ही वह इस नियम का उल्लंघन करने लगा। जल्द ही एक समय आया कि वह सब छोड़-छाड़कर स्नो ह्वाइट में जुट गया। वह दिन में अपने सहयोगियों के साथ बैठता। रात को बैठता और तो और उसने शनिवार को भी आधे दिन काम करना शुरू कर दिया। सर्दियों में उसे भयंकर जुकाम हो जाया करता। वह उससे भी परेशान रहता। उसने सारी फिल्म का क्रम ऐनीमेटर बिल टाइटला को दे दिया। वॉल्ट सोच रहा था कि एक साल में फिल्म बनकर तैयार हो जायेगी, मगर उसका अनुमान गलत था। अभी फिल्म में बहुत ज्यादा वक्त लगना था।

काम समाप्त करने के लिए उसे और सहयोगियों की आवश्यकता थी। वह स्टूडियो में भर्ती करने में जुट गया। जब नियुक्ति होने लगी तो इसमें भी उसने रिकॉर्ड तोड़ काम किया। लोगों का उसमें अपार विश्वास था, अतः जब उसने नियुक्ति के लिए विज्ञापन निकाला और ऐनीमेशन स्कूल में खबर की तो काम वालों की लाइन लग गयी। लोग उसके यहाँ काम पाने को उतावले थे। वे टूट-टूटकर आने लगे। विज्ञापन से भी ज्यादा उम्मीदवार लोगों के मुँह से वॉल्ट के स्टूडियो की तारीफ सुन-सुनकर आ रहे थे। वह सदा प्रतिभा की खोज में रहता और जरूरत पड़ने पर खत लिखकर लोगों को अपने यहाँ काम करने के लिए आमन्त्रित करता। उसका पुराना साथी कारमैन मैक्सवेल उसके यहाँ कम पैसे पर काम करने को राजी था, क्योंकि उसे लग रहा था कि यहाँ उसके हुनर की कद्र होगी। आर्ट बैबिट, डिक हूमेर, ग्रिम नैटविक, बिल टाइटला, वूली, एरिक लार्सन, किमबॉल, मिल्ट, फ्रैंक थॉमस, जॉन लाउंसबेरी, मार्क डेविस और न मालूम कितनों ने इस बीच वॉल्ट के स्टूडियो में काम करना शुरू किया। जो लोग अपने काम को बहुत अच्छी तरह जानते थे लेकिन कहीं और काम कर रहे थे और वॉल्ट उन्हें अपने यहाँ लाना चाहता

था उन्हें किसी-न-किसी बहाने से स्टूडियो घुमाया जाता और एक बार डिज़्नी स्टूडियो देखने के बाद कौन ऐनीमेटर ऐसा था जो यहीं न रह जाना चाहे। कुछ लोगों को वॉल्ट ला रहा था। कुछ को रॉय और कुछ को इनके सहयोगी ला रहे थे। मगर स्टूडियो में काम करने वालों की संख्या तेजी से बढ़ रही थी।

बेन शार्पसट्बेन शार्सटीन नियुक्तियों और नये लोगों को प्रशिक्षित करने के लिए नियुक्त था। लोगों को इस स्टूडियो का आकर्षण था, मगर एक और भी तथ्य इसका जिम्मेदार था। मन्दी के कारण बेरोजगारी बढ़ गयी थी। ऐसे समय में काम पाना सौभाग्य की बात थी, अतः वॉल्ट को आसानी से लोग उपलब्ध हुए। हजारों की संख्या में लोगों ने आवेदन किया। जिसमें से पहली स्क्रीनिंग के लिए एक हजार पाँच सौ लोगों को छाँटा गया। उसमें से मात्र पचहत्तर को एक सप्ताह के लिए ट्रायल पर रखा गया और अन्त में इनमें से केवल बीस को प्रशिक्षण के लिए भेजा गया। नये लोगों को स्टूडियो के अनुरूप संस्कारित करना आवश्यक था। तीन स्तर पर लोग काम कर रहे थे। 'मास्टर ऐनीमेटर', 'इन बिटवीन' और 'बिल्कुल कच्चे' लोग। 'इन बिटवीन' वाले ऐनीमेटर को मास्टर ऐनीमेटर की श्रेणी में पहुँचने में करीब दस साल लग जाते। जो मँजे-मँजाये लोग आते उन्हें भी प्रशिक्षित करना पड़ता। उनके काम करने के ढब को बदलना पड़ता। वे अपना काम जानते थे मगर उनके काम का तरीका इस स्टूडियो के अनुरूप न होता। नये लोगों को प्रशिक्षण देना भी कम मुसीबत न था।

डॉन ग्राहम के जिम्मे नये लोगों को ट्रेनिंग देना था। वह उन्हें प्रतिदिन सुबह-शाम मिलाकर आठ घण्टे ट्रेनिंग देता। कई सप्ताह की लाइफ क्लास के बाद ये लोग 'इन बिवीननर' बनते। वे ऐनीमेटर की सहायता करने लगते, मगर शिक्षा जारी रहती। प्रति बुधवार की शाम उन्हें ग्राहम की क्लास में आना पड़ता। वह उन्हें चरित्र, ऐनीमेशन, लेआउट, बैकग्राउण्ड और तमाम बातों पर लेक्चर देता। केवल नये लोग ही ट्रेनिंग क्लास में नहीं जा रहे थे। स्नो ह्वाइट के निर्माण में जो भी जुड़ा था सब लोगों के लिए वॉल्ट स्वयं मंगलवार की रात क्लास लेने लगा। इन क्लासों में एक्शन एनालिसिस होता तथा नयी-से-नयी लाइव एक्शन फिल्म को दिखाया जाता। उस पर विचार-विमर्श होता। देखकर स्नो ह्वाइट से उसे जोड़ने की बात सोची जाती। ग्राहम उनके लिए सप्ताह में दो-तीन दिन फिल्म के छोटे-छोटे भागों का विश्लेषण करता। बार-बार एक ही फिल्म के टुकड़े को आगे-पीछे करके देखा-दिखाया जाता और विचार-विमर्श चलता रहता। यहाँ तक कि ग्राहम के लेक्चर को रिकॉर्ड कर लिया जाता और लोग उसे बार-बार सुनते। उस पर चिन्तन-मनन करते। पुराने अनुभवी ऐनीमेटर नये लोगों को निर्देश देते। काम समझाते। जो ग्राण्ट केरीकेचर का जानकार था। वह केरीकेचर की क्लास लेने लगा। इसी तरह

कम्पोजीशन, जानवरों के रेखांकन, रंगों के सिद्धान्तों पर क्लास होने लगी। गेस्ट लेक्चर आयोजित किये जाने लगे। वे लोग जानवरों का अध्ययन करने के लिए चिड़ियाघर जाने लगे। कोई अंश छोड़ा नहीं जा रहा था। वॉल्ट स्नो ह्वाइट का ऐनीमेशन शुरू करने से पहले लोगों को बिल्कुल तैयार कर लेना चाहता था। उसने विश्वविद्यालय से प्रोफेसर बुलाकर लोगों को प्रशिक्षित किया। असल में वॉल्ट लोगों को स्नो ह्वाइट के काम के प्रेम में अन्धा बना देना चाहता था ताकि जब वे काम करें तो यह सर्वोत्तम हो। ग्राहम की क्लास से यह हो रहा था। प्रोफेसर को लोगों ने उतना पसन्द नहीं किया, क्योंकि वह अपनी बौद्धिकता का दिखावा करता। और बातों को बहुत सैद्धान्तिक बना देता। जबकि उन्हें व्यवहार और प्रायोगिक बातों की जरूरत थी।

वे लोग लोगों का अध्ययन करने लगे ताकि जब फिल्म बनायें तो चरित्रों को व्यक्तित्व प्रदान कर सकें। और तो और उन लोगों ने सजीव के साथ-साथ निर्जीव वस्तुओं का भी निरीक्षण प्रारम्भ कर दिया। ईंट से शीशा टूटने पर क्या होगा? पानी में कैसे लहर उठेगी? इन्हें कैसे चित्रित किया जायेगा? सबका अध्ययन होने लगा। नवम्बर, 1935 में स्नो ह्वाइट के ऐनीमेशन को शुरू करने की पारी आयी। उसने लोगों की रुचि और क्षमता के अनुसार सीन का काम बाँटा। ऐनीमेटर की उसी तरह कास्टिंग हुई जैसे फिल्म के लिए एक्टर की कास्टिंग होती है। सबके जिम्मे अलग-अलग काम सौंपे गये। टाइटला को ग्रम्पी का काम मिला, क्योंकि उसका स्वभाव ग्रम्पी था। हैप्पी का काम एक खुशमिजाज व्यक्ति को मिला। फ्रैड मूर, लस्क, डिक लुंडी, जॉनी रॉबर्ट्स, नार्म फर्गुसन, लेस क्लार्क, ग्रिम निटविक, फ्रैंक चर्चिल सबको अलग-अलग काम मिले। किसी को रानी रेखांकित करनी थी तो किसी को बौनों की डिजाइन करनी थी। फ्रैंक चर्चिल संगीत बनाने में जुटा। लस्क, मूर, टाइटला और फर्गुसन को सुपरवाइजर का काम भी सौंपा गया। तय हुआ वे रिपोर्ट बनाकर देंगे। इनके ऊपर उसने सुपरवाइजर डॉयरेक्टर की नियुक्ति की। एक सिक्वेंस डॉयरेक्टर का पद भी बना। इस तरह पूरे काम को विभिन्न लोगों के बीच बाँट दिया गया। कुछ लोगों को करेक्टर बनाने का काम मिला तो कुछ को सीन तैयार करना था। मगर एक दिक्कत थी। करेक्टर और सीन में सामंजस्य होना चाहिए और जब दो अलग लोग ये दो काम कर रहे हों तो दिक्कत स्वाभाविक है। हर सीन अलग व्यक्ति बना रहा था और हर करेक्टर अलग आदमी के हाथ में था। इसलिए तारतम्यता और समग्रता में परेशानी होने लगी। उस पर तुर्रा यह कि वॉल्ट को सन्तुष्ट करना एक टेढ़ी खीर था। उसे एक बार में किया काम कभी पसन्द न आता। और एक समस्या खड़ी हुई 1936 में जब वास्तविक काम प्रारम्भ हुआ तो कलाकारों की कमी तब भी थी। वॉल्ट ने ग्राहम को बुलाकर

कहा कि उसे 300 आर्टिस्ट तत्काल चाहिए। जैसे भी हो इन्तजाम करो। विज्ञापन निकला और सात सौ उम्मीदवारों ने आवेदन किया। जिसमें से मात्र बत्तीस लोगों को चुना गया। वॉल्ट ने और की माँग की। ग्राहम अपने एक रिश्तेदार और दोस्त ड्रैक के साथ न्यूयॉर्क के एक होटल में रहकर यह काम कर रहा था। इस बार हजारों की संख्या में उम्मीदवार आये मगर उन लोगों ने केवल बाईस लोगों को चुना। मगर इस सारे चक्कर का खर्च काफी आया। स्टूडियो को 15,000 डॉलर की चपत लगी। नये लोगों की खूब रगड़कर ट्रेनिंग होने लगी। कुछ को निकाला गया। कुछ को रखा गया। मगर जो बच रहे वे आगे चलकर बहुत नामी-गिरामी ऐनीमेटर कहलाए। ऐसा निराला था वॉल्ट डिज़्नी का काम करने का ढंग।

करीब तीन सौ लोगों ने स्नो ह्वाइट का काम शुरू किया। लोग जोश और उत्साह से भरे हुए थे क्योंकि इस तरह के प्रयोग का अवसर कितनों को और कहाँ मिलता है। कला और मनोरंजन की दुनिया में काम करने को ऐसा सुनहरा मौका भाग्य से ही मिलता है। सब लोग विकास और प्रगति के पथ पर थे। सबको मालूम था कि जो वे कर रहे हैं वह जादू से कम नहीं है और इतिहास में दर्ज होने वाला है। खूब भाईचारे के साथ काम हो रहा था। लोग इससे जुड़कर गर्व अनुभव कर रहे थे। स्टूडियो का विस्तार हो रहा था। उसमें नये-नये विंग जुड़ रहे थे। रॉय के लिए नया ऑफिस, काम करने वालों के लिए डाइनिंग रूम, कॉन्फ्रेंस रूम, एकाउण्टिंग विभाग, एक-एक कर तमाम चीजें जुड़ रही थीं। हाइपेरियन एक लैण्ड मार्क बन गया। और तो और पार्किंग प्लेस भी अब ऐनीमेशन के काम के लिए प्रयोग किया जा रहा था। अब स्टूडियो के पास पाँच एकड़ में बारह बिल्डिंग थीं। इसकी सुन्दरता के क्या कहने। जो भी देखने आता मोहित होकर जाता। इमारत अन्दर और बाहर सब तरफ से आकर्षक रंगों में थी। लोगों को काम के साथ खाने-पीने, मनोरंजन की भरपूर सुविधाएँ प्राप्त थीं। काम के साथ आराम के लिए वॉलीबॉल, बेसबॉल, स्टूडियो बैण्ड और बहुत कुछ था। कोई इसे **'क्रेजी हाउस'** कहता। कोई **'मैड हाउस'** और कोई **'साइकेट्रिक्स का स्वर्ग'**। लोग मौज-मस्ती के साथ काम करने लगे। मगर आदमी एक विचित्र प्राणी है। उसे सुविधाएँ मिलती हैं तो वह बहकने लगता है। कुछ लोग खूब पीने लगे। वैसे सफाई यह दी जाती कि पीकर नये-नये विचार सूझते हैं। सृजनात्मकता के लिए यह आवश्यक है आदि, आदि। कुछ लोग पोर्नोग्राफी का रेखांकन करने लगे। कई प्रेम-प्रसंग भी चल निकले। कुछ लोगों ने अपने इन्हीं साथियों से शादी की। कुछ लोगों के प्रसंग अपने आप कुछ समय में ठण्डे पड़ गये। वॉल्ट का यह बड़ा और सुखी परिवार था।

सब होते हुए भी प्राथमिकता 'सर्वोत्तम' काम की थी। स्नो ह्वाइट के साथ

मिक्की माउस और सिम्फनी को भी बनता रहना था। मतलब स्टूडियो में हर दिन पचहत्तर फीट फिल्म बननी थी। यह काम आसान न था। रात को भी काम होने लगा। मगर लोग थक जाते। वॉल्ट ने वादा किया था कि यदि स्नो ह्वाइट दर्शकों को पसन्द आयी तो सब लोगों को इनाम दिया जायेगा। यह भी लोगों के जुटे रहने का एक कारण था। लोगों के काम का निरीक्षण करके उन्हें श्रेणी दी जाती और उसी के अनुसार उन्हें बोनस दिया जाता। स्नो ह्वाइट का हर सीन समाप्त होने के बाद उसका मूल्यांकन होता। और उसे ग्रेड दिया जाता। गुणवत्ता के आधार पर आठ डॉलर, चार डॉलर बोनस दिया जाता। वैसे सब लोग इस सिस्टम से खुश नहीं थे। जो भी हो इस समय स्नो ह्वाइट वॉल्ट डिज़्नी की जान थी। एक-एक सीन पर कई मीटिंग होती। हर बार वॉल्ट उसमें कुछ नया जोड़ता। कुछ परिवर्तन करता। उसी ने तय किया कि यह ग्रम्पी होगा जो स्नो ह्वाइट के विषैला फल खाने पर मर जाने से रोयेगा। बाकी बौने सिर्फ आँखों में नमी लायेंगे। ग्रम्पी बाहर से कठोर है, मगर भीतर से नरम दिल है। यही मौका है उसके चरित्र की विशेषता दिखाने का। वॉल्ट छोटी-छोटी बातों का ध्यान रख रहा था। हमिंग बर्ड कितनी बार फूल पर बैठेगी, डोपी क्या करेगा, स्नीज़ी कितनी बार छींकेगा। सब पर उसका ध्यान था।

वॉल्ट जो भी सुझाव देता उसे लिखकर हर व्यक्ति को दे दिया जाता। सारी फिल्म उसी की दृष्टि से निर्मित हो रही थी। इसी बीच नये और पुराने लोगों के बीच स्पर्धा और दुश्मनाई भी पनप रही थी। एक और समस्या थी। ये लोग छोटे कार्टून फीगर बनाने में माहिर थे। मगर आदमी का रेखांकन करना कठिन था। इसमें इनका अनुभव भी न था। और स्नो ह्वाइट में आदमी-औरत, पशु-पक्षी सबका रेखांकन होना था। एक आर्टिस्ट स्नो ह्वाइट का रेखांकन बच्ची के रूप में करना चाहता था तो दूसरा उसे युवा दिखाना चाहता था। अन्त में वॉल्ट ने तय किया कि वह मासूम, गरिमामयी बच्ची होगी। उसका रेखांकन भी आसान था। स्नो ह्वाइट से भी ज्यादा कठिन था बौनों की आकृति को तय करना। दो साल तक उनकी रूपरेखा पर बहस चली। तय हुआ कि डोपी गूँगा होगा। वॉल्ट ने कई लोगों से बात की और अन्त में एड्डी कोलिंस नामक कमेडियन डोपी का मूक अभिनय करने के लिए स्टूडियो में आया ताकि ऐनीमेटर उसे देखकर प्रेरणा प्राप्त कर सकें और डोपी का रेखांकन हो सके। ऐनीमेटर बौने जो जैक्सन को देखने गये कि एक बौना कैसे व्यवहार करता है। बौनों के स्वर के लिए ऑडिशन होने लगा। बौनों को एक जैसा दिखते हुए भी भावात्मक और मनोवैज्ञानिक रूप से भिन्न होना था। हरेक की अपनी विशिष्टता होनी थी। और एक-दो नहीं पूरे सात बौनों का रेखांकन होना था। अन्त में सच के बौनों को बुलाया गया। मेजर जॉर्ज, एर्नी तथा

टॉम आये। मगर वॉल्ट को निराशा हुई क्योंकि वे उसकी कल्पना के बौनों से मेल नहीं खाते थे। उसके बौने बहुत प्यारे-प्यारे थे। अन्त में निश्चय हुआ कि वास्तविक एक्टर से केवल उनका चरित्र लिया जाये।

डॉक के लिए रॉय एटवेल, हैप्पी के लिए ओटिस हारलान, स्नीज़ी के लिए स्टेपिन फेचिट, बाशफुल के लिए बिल रोजर्स, डोपी के लिए हैरी लैंगडन का चुनाव किया गया। फ्रेड मूर ने एक दिन बौनों की व्याख्या की। डॉक गुलथुल होगा, बड़ा होता हुआ भी अपना वजन सँभालेगा। हैप्पी मोटा होगा, भार से नीचे की ओर गिरा हुआ। ग्रम्पी का सीना बाहर की ओर निकला होगा, उसके पैर टेढ़े होंगे, वह जरा आक्रामक स्वभाव का होगा। बाशफुल के पैर छोटे होंगे और वह भी मोटा होगा, वह अपना सिर सदा नीचे झुकाकर चलेगा, अपनी ठोड़ी सीने रखे हुए आँखों के कोने से देखा करेगा। स्लीपी का शरीर लम्बा होगा, आगे की ओर झुका हुआ, देखते समय उसका सिर एक ओर को झुका होगा। स्नीज़ी की नाक विशिष्ट होगी। डोपी की पोशाक की बाँहें इतनी लम्बी होंगी कि उसके हाथ सदा ढँके होंगे, उसकी आँखें बड़ी और नाक छोटी होगी। डोपी सबसे ज्यादा कठिन था क्योंकि उसी से सारा हास्य आना था। डोपी नाम को लेकर भी बात चली क्योंकि उसका अर्थ उतना अच्छा नहीं है। नशा-पानी करने वाला नशे में धुत्त रहने वाला डोपी कहलाता है। मगर वॉल्ट ने इसे हैरी लैनडन, बस्टर कीटन, और चार्ली चैप्लिन को मिलाकर गढ़ा था। मगर अन्त में वह कुछ और ही बनकर निकला। एक स्वतन्त्र व्यक्तित्व। वह सब बातों को सोचने-समझने में धीमा है। यहाँ तक कि वह चम्मच भी ठीक से नहीं पकड़ सकता है। वॉल्ट के मन में अपने चाचा एड का भी ध्यान था। वह प्यारा है। वह बड़ा नहीं हुआ उसमें एक तरह का बचपना बना रहता है। डोपी के निर्माण में एक कुत्ते की आदतों-व्यवहार को भी ध्यान में रखा गया। उसके कान एक-दूसरे से स्वतन्त्र हैं। वह एक कान उठा सकता है, जैसा कुत्ते करते हैं। बौनों पर 1933 से शुरू होकर जनवरी 1937 में जाकर बात पक्की हुई।

स्वर और संवाद को पहले रिकॉर्ड होना था। सारे बौनों के लिए अलग-अलग लोग आवाज दे रहे थे। इसी तरह रानी की आवाज के लिए दर्जन भर लोग जाँचे गये। लुसिले ला वर्ने को इस काम के लिए चुना गया। स्नो ह्वाइट के स्वर के लिए करीब 150 लड़कियों ने ऑडिशन दिया। वॉल्ट उन्हें बिना देखे हुए उनकी आवाज सुनता। वह उन्हें देखता नहीं ताकि उसका चुनाव निष्पक्ष हो। अन्त में एक 18 साल की लड़की एडरीना कैसोलोटी इस काम के लिए चुनी गयी, क्योंकि उसकी आवाज सुनने में एक चौदह साल की लड़की की भाँति थी और वॉल्ट के मन में स्नो ह्वाइट इसी उम्र की थी। विभिन्न लोग अलग-अलग चरित्रों के लिए लाइव एक्शन करके दिखा रहे थे। बौनों के लिए नेस्टर पाविआ तथा मोरोनी ओलसेन, स्नो ह्वाइट के लिए

मार्जरी बेलचर। मार्जरी का कटआउट बौनों के घर के सामने रखा गया ताकि ऐनीमेटर को प्रेरणा मिल सके। बाद में वे लोग खुद उनकी एक्टिंग करने लगे। पिंटो नाक लगाकर कभी ग्रम्पी बनता, कभी स्नीज़ी। एड्डी कोलिंस डोपी, डेव हैंड और कई लोग बौने बने घूमते। ऑडियो प्ले बैक पर डॉयलॉग चलते रहते। इस पर भी वॉल्ट का आदेश था कि लोग लाइव एक्शन देखें, मगर उनकी नकल न करें। केवल उनकी भावना को पकड़ने का प्रयास करें। संगीत पर भी जमकर काम चल रहा था। सारा काम म्यूजिकल पैटर्न पर होना था। वह उस समय के प्रचलित पॉप संगीत के पक्ष में नहीं था। मगर गाने पेपी होने चाहिए थे। जब गानों का चुनाव हो रहा था वॉल्ट उन पर स्वयं नृत्य करके देखता-दिखाता। बोतल, जग बजाये जाते अन्त में एक खुशनुमा गीत–यू आर नेवर टू ओल्ड टू बी यंग–चुना गया। वॉल्ट की माँग थी कि गाते समय हर बौने का व्यक्तित्व भी उभरकर झलकना चाहिए। साल भर लग गया गीत-संगीत के चुनाव में।

इसी तरह रंगों के उपयोग पर जमकर मेहतन हुई। अभी तक वे लोग मिलर पेंट कम्पनी के रंग प्रयोग कर रहे थे जिनसे वे खुश नहीं थे। अतः अब उन्होंने अपना बाइंडर बनाया। वे अपने रंग खुद घोंटने लगे। और तो और स्टूडियो ने रंगों के सही माप के मिश्रण के लिए अपना स्पैक्ट्राफोटोमीटर स्थापित किया जो उन दिनों एक अजूबा था। उस समय पूरी दुनिया (?) में केवल बीस ही स्पैक्ट्राफोटोमीटर थे। उसके यहाँ बारह सौ विशिष्ट पिगमैंट थे। ये रंग स्क्रीन पर कैसे दिखेंगे उसने इसका भी प्रबन्ध कर रखा था। शॉर्ट के लिए वे लोग बोल्ड रंगों का प्रयोग कर रहे थे। मगर इस बार वह यहाँ भी विशिष्टता उत्पन्न करना चाहता था। वह लोगों के कार्टून की तरह हर जगह रंग नहीं भर देना चाहता था। यह उसे बहुत सस्ता और बाजारू लगता। उसने स्नो ह्वाइट के लिए सौम्य रंगों, शालीन रंगों को प्रयोग करने का निश्चय किया। उसने इसमें रंगों का धूपछाँही प्रयोग किया। मगर यह एक कठिन काम था। इसके लिए विशेष सावधानी की जरूरत थी। इस पूरी फिल्म के लिए पृष्ठभूमि भी रचनी थी। इसके द्वारा फिल्म में गहराई और यथार्थता आनी थी। एल्बर्ट हर्टर हजारों की संख्या में रेखांकन कर रहा था। वह पूरे-पूरे दिन बैठकर काम करता रहता। प्रतिदिन सुबह ठीक आठ बजे आ जाता, निरन्तर सिगार धूँकता और पाँच बजे शाम तक पचास से सौ स्केच बनाता। वह अपने काम से काम रखता। किसी से ज्यादा बोलता-चालता नहीं। कुछ लोगों के अनुसार उसे दिल की बीमारी थी, अतः वह बात करके अपनी ऊर्जा कम नहीं करना चाहता था। वॉल्ट उसका बहुत सम्मान करता था। यह शॉर्ट फिल्म से अलग काम था। जब वे लोग 9½''-12'' के स्थान पर साढ़े बारह बाई बारह इंच के पेपर का उपयोग कर रहे थे। कागज पर ट्रीटमेंट भी किया जा रहा था

ताकि रंग ठीक तरह से फैल सके। यह फीचर लेंथ फिल्म थी। इसे सपाट नहीं बनाया जा सकता था। दर्शक अस्सी मिनट सपाट, एक आयामी दृश्य देखते बैठे नहीं रह सकते थे।

इसके लिए मल्टीप्लेन कैमरा चाहिए था। यह बहुत बड़ा और भारी होता था। इसे चलाने के लिए कम से कम चार से आठ लोगों की आवश्यकता होती थी। इसे चलाने का बहुत कम लोगों को ज्ञान था। इसके काम करते वक्त, पाँच सौ वाट के आठ बल्ब की जरूरत पड़ती थी। साथ ही एक डॉर्क रूप भी चाहिए होता था, सब मिलाकर भयंकर गर्मी होती थी, इस कैमरे से काम करते समय। मगर इसका नतीजा बहुत चमत्कारिक था। इस कैमरे के प्रयोग द्वारा सूक्ष्मता और गहराई दोनों आँकी जा सकती थी। हवा, वर्षा और तरह-तरह बादलों की सुन्दरता और कोमलता को अनुभव किया जा सकता था। वॉल्ट जिस यथार्थवाद को लाना चाहता था वह इस कैमरे के सहयोग से काफी हद तक ला सका। यहाँ तक कि इसने स्नो ह्वाइट को लाइव एक्शन फिल्म की गुणवत्ता को भी पार कर लिया। नतीजे देखकर वह बहुत खुश था। यह सारा कुछ बहुत खर्चीला था। मगर बिना गुड़ डाले मिठास कहाँ?

नवम्बर, 1937 में स्नो ह्वाइट को प्रदर्शित होना था और समय बहुत कम था। कुछ लोगों ने नतीजा निकाल लिया कि यह असम्भव है। मगर वॉल्ट के शब्दकोश में यह शब्द न था। जब बौने अपने घर में घुसते हैं और उन्हें लगता है कि घर में भूत है तो वे कैसा व्यवहार करेंगे इसी बात को लेकर बीसियों मीटिंग हुईं। वॉल्ट पूरे-पूरे दिन तैयार काम का निरीक्षण करते हुए स्वेटबॉक्स में बैठा रहता। सब लोग बहुत तनाव में थे, नतीजा जरा-जरा सी बात पर उखड़ जाते। सुपरवाइजर खूब चिल्लाते। यहाँ तक कि वे लोग वॉल्ट की आलोचना करने लगे। वॉल्ट ने तनाव कम करने के लिए उन लोगों को डिनर कराया। समय की कमी को देखते हुए ऐनीमेटर वॉल्ट के आदेश को नजरअन्दाज करते हुए लाइव एक्शन को कॉपी (रोटोस्कोपिंग) करने लगे। मगर इस बात को जनता से छिपाया गया। विज्ञापन में केवल इतना ही बताया जाता कि लाइव मॉडल को मात्र अध्ययन के लिए रखा गया है। समय का फन्दा कसता जा रहा था। अब फिल्म की काट-छाँट होने लगी। चाहे सीन या डॉयलॉग जो भी फालतू था सब हटाये जाने थे। कुछ लोगों को यह काट-छाँट खल रही थी, क्योंकि जिस काम पर उन्होंने पूरा साल लगाया था उसे काट कर निकाल दिया जा रहा था। मगर उपाय क्या था? जुलाई आ पहुँचा था और अभी भी फिल्म का अन्त कैसे हो तय नहीं हुआ था। आठ-आठ घण्टों की शिफ्ट में चौबीसों घण्टे काम हो रहा था। यहाँ तक कि कुछ लोग शनिवार-रविवार को भी काम कर रहे थे।

ऐनीमेशन लाइटबोर्ड इतना गरम हो जाता कि लोगों के हाथ जल जाते। कैमरा विभाग बारह-बारह घण्टे काम कर रहा था। बीमारी में भी छुट्टी लेने की मोहलत न थी। एक समय ऐसा आया जब स्टूडियो और कुछ बाहर से बुलाये लोग केवल स्नो ह्वाइट ही बनाने में जुटे हुए थे। बाकी सारे कार्टून का निर्माण स्थगित कर दिया गया। स्नो ह्वाइट को हर हाल में क्रिसमस से पहले रिलीज होना था। सब पर दबाव था, मगर सबसे ज्यादा इसके प्रभाव में खुद वॉल्ट था। यह स्वाभाविक भी था। उसने अपने सारे कार्यक्रम रद्द कर दिये थे। कहीं से बुलावा आता तो वह माफी माँग लेता। फिल्म बनने में जितना समय लग रहा था खर्च उसी हिसाब से बढ़ता जा रहा था। वॉल्ट ने इस फिल्म के लिए अपना सब कुछ गिरवी रख दिया था। होते-होते स्नो ह्वाइट का खर्च एक मिलियन डॉलर को पार गया। बाद में वॉल्ट मजाक करता कि रॉय को इतनी बड़ी गिनती आती ही नहीं थी और जब यह रकम बढ़कर डेढ़ मिलियन पहुँच गयी तो रॉय पलक झपकना भूल गया क्योंकि उसे लकवा मार गया, वह मजाक में कहता। वह इतने सारे शून्य देखकर हतप्रभ था। रॉय बजट कम रखना चाहता था। उसने इसके लिए वॉल्ट पर बैंक ऑफ अमेरिका से भी दबाव डलवाया। मगर वॉल्ट को काम से मतलब था। उसे कभी पैसों की परवाह न थी। उसे मालूम था कि पैसा कहीं-न-कहीं से आ ही जायेगा। और पैसा आया भी, भले ही काफी मुश्किलों से। दूसरे स्टूडियो में जो व्यक्ति पैसे का इन्तजाम करता है वह सर्वेसर्वा बन जाता है। मगर यहाँ ऐसा न था। रॉय पैसे लाता, मगर सब मामलों में वॉल्ट प्रमुख था।

वह किसी को पूरी होने से पहले फिल्म दिखाना नहीं चाहता था। पर उसे दिखानी पड़ी। उसने अधबनी फिल्म बैंकर रोसनबर्ग को दिखाई तो काम नहीं बना। बाद में उसने स्टूडियो के लोगों को दिखाई और फिल्म दिखाकर जैसा कि उसके यहाँ रिवाज था सबको फीड बैक के लिए प्रश्नावली दी। 359 लोगों में से केवल एक व्यक्ति को फिल्म अच्छी न लगी। बाकी लोग थ्रिल्ड थे। फिल्म देखकर उत्तेजित थे, बहुत खुश थे। उन्होंने ऐसा कुछ कभी पहले नहीं देखा था। यह एक बड़ी उपलब्धि थी। ऐसा न केवल वॉल्ट बल्कि सबका विचार था।

वह काम करने वालों को पैसे देने में कभी कोताही नहीं करता। स्नो ह्वाइट के लिए जो भी लोग काम कर रहे थे उसने उन सबका वेतन बढ़ा दिया। जिसको भी एडवांस की जरूरत होती वह उन्हें एडवांस देता। मगर काम जितनी तेजी से होना चाहिए था उतनी तेजी से नहीं हो रहा था। नवम्बर का अन्त आ पहुँचा था और फिल्म पूरी नहीं हुई थी। समय पर फिल्म न दी गयी तो नतीजा सोचकर लोग काँप रहे थे। स्नो ह्वाइट के फल खाकर मरने के बाद बौनों का शोक बहुत महत्त्वपूर्ण था। क्योंकि यहीं दर्शक को उनके साथ रोना था। दर्शकों को भावनात्मक

रूप से फिल्म से पूरी तौर पर यहीं जोड़ना था। यह सीन अन्त में ऐनीमेशन के लिए रखा गया था। इसी से फिल्म का प्रभाव बनना था। दर्शकों की सहानुभूति बौनों के साथ होनी आवश्यक थी। यहीं ग्रम्पी के भीतर की कोमलता को प्रदर्शित होना था। जो भी काम इस दृश्य को लेकर हो रहा था वॉल्ट की पसन्द का नहीं हो रहा था। मगर उसे मन मारकर हाँ करनी पड़ रही थी। फिल्म में इतना समय लग चुका था कि सारे लोग थक चुके थे। वे इससे ऊबने लगे थे। इसे जल्द-से-जल्द समाप्त करना चाहते थे। समाप्त करना ही था। यह जल्दबाजी फिल्म के अन्त में स्पष्ट दिखाई देती है। उन्होंने हड़बड़ी में इसे समाप्त किया। मगर यह दर्शकों की आँख से न छुप सका। राजकुमार का आना, स्नो ह्वाइट का जगना और उसके साथ जाना, सब बहुत तेजी से होता है।

फिल्म के इसके पहले हिस्से से इसकी गति बहुत भिन्न है। यहाँ आकर फिल्म की गति बहुत बदल जाती है। इतने लोगों की, इतने दिनों की मेहनत, इतने खर्च से बनकर जो स्नो ह्वाइट तैयार हुई उससे वॉल्ट डिज़्नी बिल्कुल प्रसन्न न था। स्नो ह्वाइट से वह इतना निराश था कि उसने एक पत्रकार से कहा कि मैं पूरी फिल्म को दोबारा बनाना चाहता हूँ। उसे फिल्म में तमाम खामियाँ ही खामियाँ नजर आ रही थीं। मगर एक तो सुधार का समय नहीं था, दूसरे सुधार का मतलब था और बहुत ज्यादा रकम की जरूरत, जो अब बिल्कुल सम्भव नहीं था। सो इस तरह एक लम्बी सृजन प्रक्रिया के बाद यह फिल्म बनकर तैयार हुई। क्रेडिट के समय वॉल्ट डिज़्नी ने निजी तौर पर अपने ऐनीमेशन स्टॉफ के सब सदस्यों को उनकी लगन और इतना सुन्दर काम साकार करने के लिए धन्यवाद दिया है।

उन लोगों को शॉर्ट फिल्म के प्रचार-प्रसार का अनुभव था मगर फीचर फिल्म के प्रचार-प्रसार का कोई अनुभव नहीं था। मगर वॉल्ट और रॉय होशियार थे उन्होंने इस फिल्म की अप्रत्यक्ष रूप से इसके विषय में अखबार और पत्र-पत्रिकाओं में लिखवाना शुरू कर दिया। नवम्बर के अन्त में इसका ट्रेलर चला। स्टूडियो से कुछ लोग इसे देखने कार में भरकर पहुँचे। कुछ लोग बस में भरकर गये। ट्रेलर समाप्त होने पर सब खुशी-खुशी नाचते हुए थियेटर से बाहर निकले। वे लोग इतने उत्साहित थे कि स्टूडियो से पोस्टर लेकर सब पूरे शहर में चिपकाने निकल पड़े। दिसम्बर तीसरे सप्ताह में यह थियेटर में थी। 1929 में कैथी सर्किल थियेटर में **'द स्केलिटन डांस'** का उद्घाटन हुआ था यहीं 21 दिसम्बर, 1937 को स्नो ह्वाइट का प्रीमियर होना तय हुआ। ऐनीमेशन इतिहास की यह बड़ी घटना थी। एक बड़ा समारोह था। वॉल्ट के प्रशंसकों के अलावा जानी-मानी हस्तियाँ वहाँ मौजूद थीं। वॉल्ट अमेरिका ही नहीं विश्व का जाना-माना नाम था, फिर भी उसका दिल धड़क रहा था। उसने एक साक्षात्कार में बताया कि इस फिल्म को बनाना मजेदार था और

इतने सारे लोग देखने आये हैं यह भी बहुत प्रसन्नता की बात है। उसने उम्मीद जताई कि ये लोग निराश नहीं लौटेंगे और लोग निराश नहीं बल्कि बड़ी प्रसन्नता के साथ बाहर निकले। मगर वॉल्ट कितना नर्वस था यह बात इससे पता चलती है कि जब उससे किसी ने पूछा कि क्या वह भी फिल्म देखेगा? उसका उत्तर था कि वह अवश्य देखेगा, मगर अपनी पत्नी से कहेगा कि वह उसका हाथ पकड़े रहे।

यह घबराहट जल्द ही दूर हो गयी। बरसों की कल्पना, निरीक्षण, दिन-रात का काम, लाखों का कर्ज, लोगों का तनाव सबका शमन हो गया। पहले प्रदर्शन में ही यह पक्का हो गया कि फिल्म बहुत बड़ी सफलता लेकर आयी है। शुरू से ही स्नो ह्वाइट उन्हें अपने साथ ले चली और वे बौनों के साथ-साथ थे। उनके साथ खुश हो रहे थे, उनके साथ दुःखी हो रहे थे, उनके साथ हँस रहे थे, उनके साथ रो रहे थे। हॉल में बार-बार वाहवाही उठ रही थी, तालियाँ बज रही थीं। जब परदे पर ऐनीमेशन न आ रहा था केवल बैकग्राउण्ड और लेआउट था तब भी लोग प्रशंसा कर रहे थे। दर्शक उत्तेजना में अपनी सीट पर उछल रहे थे। क्लार्क गैबल और कैरोल लोम्बार्ड जैसे एक्टर रो रहे थे, नाक सिनक रहे थे। दर्शकों में चार्ली चैप्लिन, अपुलेट गोडार्ड, शिर्ले टेम्पल, मेरी पिकफोर्ड, डगलस फेयरबैंक्स, जूडी ग्रालैण्ड, जिंजर रोज़र, जैक बेनी, जॉन बेरीमोर, मरलैन डिट्रिच, कैरोल लोम्बार्ड जैसी जानी-मानी सिने हस्तियाँ बैठी थीं। फिल्म की समाप्ति पर इतनी ज्यादा तालियाँ बजी कि लग रहा था कि छत उड़ जायेगी। खुद ऐनीमेटर चकित थे और उन्हें विश्वास नहीं हो रहा था कि उन्होंने यह सब रचा है। अभी तक वे टुकड़ों में काम देख रहे थे आज उन्होंने सम्पूर्ण काम 'वन गो' में देखा। और टुकड़ों को जोड़ने पर जो काम बना था वह मात्र जोड़ नहीं टुकड़ों के कुल योग से बहुत ज्यादा था। वह एक सम्पूर्ण काम था। काम इतना सुन्दर था कि प्रतिस्पर्धा में काम करने वाले भी खुले दिल से प्रशंसा कर रहे थे, वॉल्ट को बधाइयों के तार मिल रहे थे, जिनका ढेर लगता जा रहा था। लोग इसे मील का पत्थर मान चुके थे। दूसरे निर्देशक अभिलाषा कर रहे थे कि काश! वे भी स्नो ह्वाइट जैसी फिल्म बना पाते। रोसेनबर्ग जिसने नाउम्मीदी जताई थी वह भी कह रहा था कि इन लोगों ने वाकई महान काम किया है। अगले दिन पत्र-पत्रिकाओं में चारों ओर स्नो ह्वाइट छाई हुई थी। **'न्यूयॉर्क टाइम्स'**, **'टाइम'**, **'द न्यू रिपब्लिक'**, **'डेली वर्कर'** सब जी भरकर इसकी प्रशंसा कर रहे थे। टाइम मैगज़ीन ने वॉल्ट डिज़्नी को उसके बौनों के मॉडल के साथ अपनी कवर स्टोरी बनाया। कहा जा रहा था कि मेट्रो गोल्डविन को अपना स्टूडियो बन्द कर देना होगा। और तो और कम्युनिस्ट अखबार **'डेली वर्कर'** को बौने मिनियेचर कम्युनिस्ट सोसाइटी नजर आये और गिद्धों का रानी पर हमला

उन्हें बड़ा अच्छा लगा, क्योंकि इसमें उन्हें अपने आदर्श फलीभूत होते नजर आये। अब तक किसी ऐनीमेटेड कार्टून में एक साथ इतनी भावनाएँ, संवेदनाएँ नहीं गूँथी गयी थीं। किसी ने कहा कि यह तो गोथिक कैथेड्रल की सिनेमाई प्रतिकृति है फर्क इतना ही है कि इसमें लोगों की मेहनत भगवान की ग्लोरी में नहीं मात्र एक आदमी वॉल्ट डिज़्नी की महिमा और गौरव गान में लगी है। ढाई लाख ड्राइंग बनायी गयी थीं स्नो ह्वाइट के लिए और करीब छः सौ लोगों का परिश्रम इस दिन सफल हो गया था। उस समय तक किसी ने कभी इतना धन, समय और ऊर्जा किसी एक काम पर नहीं लगाई थी। इसके बाद से ऐनीमेशन कार्टून फिल्म की एक नयी राह खुल गयी। इसने एक आन्दोलन ला दिया। इसकी तकनीकी, थीम, पॉवर, रंग पर डिज़्नी के नियन्त्रण ने इस क्षेत्र में काम करने वालों के लिए नयी चुनौतियाँ खड़ी कर दीं। समीक्षक स्नो ह्वाइट का अपने-अपने तरीके से विश्लेषण कर रहे थे। मनोवैज्ञानिक अपने ढंग से। यह मील का पत्थर साबित हुई और आज भी अपने स्थान पर ज्यों की त्यों स्थिर है।

स्नो ह्वाइट को आशातीत सफलता मिली, न केवल उसने अपनी लागत निकाली वरन् स्टूडियो को इतना ज्यादा लाभ दिया, जिसकी कोई उम्मीद न थी। अमेरिका और कनाडा में ही एक महीने के भीतर इसकी लागत निकालकर शुद्ध दस लाख डॉलर का लाभ हुआ। जबकि मन्दी के कारण टिकट के दाम कम थे और बच्चों के लिए यह और भी सस्ता था। बच्चे ही इसके प्रमुख दर्शक थे, मगर वयस्क भी झुण्ड के झुण्ड इसे देखने जा रहे थे। यूरोप में भी इसका ऐसे ही बड़े पैमाने पर स्वागत हुआ। लन्दन में एक थियेटर में यह अट्ठाईस सप्ताह चली और खूब मुनाफा हुआ। तीन सप्ताह पहले से एडवांस बुकिंग की जा रही थी। पेरिस, सिडनी, हॉलैण्ड सबमें इसकी धूम थी। हॉलैण्ड की सरकार ने इसे भयंकर मानकर चौदह साल से नीचे के बच्चों के लिए प्रतिबन्धित कर दिया। बस फिर क्या था दर्शकों ने हड़ताल कर दी, उन लोगों ने 'डच स्नो ह्वाइट चॉकलेट बार' का बहिष्कार कर दिया नतीजा हुआ कि सरकार को झुकना पड़ा। 1939 में इसे उनचास देशों में दिखाया जा चुका था और यह दस भाषाओं में डब की जा चुकी थी।

थियेटर के अलावा इसकी ख्याति अन्य क्षेत्र में भी पहुँची। दो हजार से ऊपर उपभोक्ता वस्तुएँ स्नो ह्वाइट को लेकर बाजार में उपलब्ध थीं। वॉल्ट स्नो ह्वाइट नाटक और कॉमिक स्ट्रिप भी चलाना चाहता था। मगर यह थियेटर से स्पर्धा होती, अतः इस विचार को छोड़ दिया गया। इसी तरह इस पर आधारित नेशनल रेडियो प्रोग्राम भी आगे न बढ़ा। सेन फ्रांसिस्को की एक आर्ट गैलरी को इसके मूल सेल बेचकर वॉल्ट ने पन्द्रह हजार डॉलर कमाये। दो मिलियन के स्नो ह्वाइट खिलौने बिके। दो मिलियन के तो रूमाल ही बिक गये। ऐसा था स्नो ह्वाइट का जादू। यह सब

हो रहा था मन्दी के दौर में। नेशनल बोर्ड ऑफ रिव्यू ने इसे 'आउटस्टैंडिंग पिक्चर ऑफ दि इयर' की संज्ञा से विभूषित किया और न्यूयॉर्क फिल्म क्रिटिक्स ने इसे विशिष्ट सम्मान से नवाजा। फरवरी, 1939 में ऑस्कर पुरस्कार प्रदान किये गये तो स्नो ह्वाइट बच्ची थी, अतः वॉल्ट को एक छोटी बच्ची, मात्र दस साल की अभिनेत्री शिरली टेम्पल के हाथ से ऑस्कर की एक बड़ी आकृति और सात छोटी मूर्तियाँ दिलाई गयीं। वॉल्ट ने पुरस्कार लेते हुए कहा कि यह कितना सुन्दर है, उस पर अभिनेत्री ने पूछा कि क्या आपको इसका गर्व है तो उसने उत्तर में कहा कि मैं इतना गर्वित हूँ डर है कहीं फट न जाऊँ। इस पर बच्ची ने कहा, ''ओह, मिस्टर डिज़्नी ऐसा मत कीजिएगा!'' और यह सुनते ही हॉल ठहाकों से गूँज उठा।

'स्नो ह्वाइट' ने वॉल्ट के निजी जीवन को भी बदल दिया। पहली बार उसने माता-पिता को उनकी शादी की पचासवीं वर्षगाँठ पर अपने नजदीक एक घर खरीदकर दिया। इलियास के लिए यह एक बड़ा दिन था। इस फिल्म ने वॉल्ट डिज़्नी को मन्दी से दूर रखा। इसी बीच उसने अपनी दूसरी बेटी शैरॉन को गोद लिया। इस तरह उसका परिवार पूरा हुआ और वे लोग एक-दूसरे के निकट आ गये। इतना होने पर भी वॉल्ट को हॉलीवुड की हवा नहीं लगी, अभी भी वह पार्टियों में जाने से बचता। हाँ, इस फिल्म ने उसे एक नया आत्मविश्वास दिया। इससे उसे आर्थिक लाभ और ख्याति सम्मान सब प्राप्त हुए। आगे के लिए उसकी राह कठिन हो गयी। वॉल्ट सदैव खुद से ही स्पर्धा करता, इसलिए इस बार भी उसे अब **'स्नो ह्वाइट'** की ऊँचाई से और ऊपर जाना था और उत्कृष्ट काम करके दिखाना था। यह एक बड़ी चुनौती थी और उसे चुनौतियाँ अच्छी लगतीं थी।

बैम्बी : एक निरीह नन्हे की दास्तान

"मैं सदैव जीवन के आशावादी पक्ष को देखना चाहता हूँ, मुझे ज्ञात है जीवन एक जटिल विषय है, मैं इतना यथार्थवादी हूँ।"

–वॉल्ट डिज़्नी

'स्नो ह्वाइट' के साथ उसके मन में एक और प्रोजेक्ट चक्कर काट रहा था। वह इस प्रोजेक्ट को बार-बार हाथ में लेने की सोचता, मगर हर बार उसे आगे के लिए टाल देता। प्रारम्भ होने के पूर्व कई बार यह काम रुका। 1935 में उसने पहली बार **'बैम्बी'** के विषय में सोचना प्रारम्भ किया। वह प्रोड्यूसर डायरेक्टर सिडनी फ्रैंकलिन से मिला। फ्रैंकलिन के पास **'बैम्बी'** के अधिकार थे और वह इस फिल्म को लेकर काफी उत्सुक था। मगर वॉल्ट उस समय **'स्नो ह्वाइट'** को लेकर उलझा हुआ था। फ्रैंकलिन दबाव डालता और वॉल्ट उसे आगे के लिए सरका देता। बेल मेढ़े चढ़ती नजर नहीं आ रही थी। एक समय ऐसा आया जब फ्रैंकलिन ने कहा कि उसे मजबूर होकर यह प्रोजेक्ट एमजीएम को देना होगा। 1937 में वॉल्ट ने इस पर थोड़ा काम शुरू किया। मेकीनले हाईस्कूल की उसकी एक क्लासमेट बिनाका माजोली उसे इस काम के लिए बराबर उकसा रही थी। आजकल वह उसके स्टोरी विभाग में काम कर रही थी। उसने **'बैम्बी'** की सिनोप्सिस बनायी और आगे काफी दिनों तक वह इसे सुधारती रही। इसी साल जब स्नो ह्वाइट का काम समाप्ति की ओर था वह लैरी मोरे तथा डोरोथी एन ब्लैंक से मिला। ये लोग माजोली की सिनोप्सिस को स्क्रिप्ट में ढाल रहे थे। वॉल्ट ने इस काम के लिए स्टॉफ जमा करना शुरू किया।

उसने 4 सितम्बर, 1937 को **'बैम्बी'** के लिए औपचारिक मीटिंग बुलाई जिसमें घोषणा हुई कि दिसम्बर में **'बैम्बी'** का काम प्रारम्भ होगा। और एक साल बाद 1938 में यह रिलीज की जायेगी। मतलब इसे एक साल के अन्दर बनकर तैयार होना था। जाहिर सी बात थी कि यह **'स्नो ह्वाइट'** से भिन्न तरीके से बननी थी। इसमें उसकी तरह बरसों बरस नहीं लगना था। **'स्नो ह्वाइट'** की कहानी पर बरसों काम चला था। घोषणा के समय सब लोग उत्साहित लग रहे थे। अगर कहीं हिचक थी तो वह वॉल्ट के मन में थी। वह निश्चय नहीं कर पा रहा था कि काम कहाँ से और कैसे शुरू किया जाये। फ्रैंकलिन ने जहाँ से कहानी उठाई थी वहाँ कुछ खास नहीं हो रहा था। कहानी बहुत सपाट थी। वॉल्ट कहानी को ज्यों-का-त्यों नहीं लेना चाहता था। यह उसकी प्रवृत्ति में न था। कोई सृजनशील व्यक्ति यदि किसी कृति को हाथ में लेता है तो वह उसमें अपनी ओर से कुछ

जोड़ता है। उसे नयी दिशा देता है। वरना काम करने का मजा क्या और फायदा क्या? **'स्नो ह्वाइट'** के समय काम में जो मोमेन्ट्स आया था वॉल्ट को उसका लाभ भी उठाना था। उसी जोशो-खरोश में यह फिल्म बननी थी। इस उत्साह का उपयोग करना जरूरी था। जब **'बैम्बी'** पर काम की बात आयी तो प्रश्न उठा कहाँ से प्रारम्भ किया जाये? किसी का कहना था कि **'बैम्बी'** और उसकी माँ जब जंगल में चल रही है, वहीं से शुरुआत करना उचित होगा। लेकिन वॉल्ट का मानना था कि इसके साथ हमें आवाज की कास्टिंग भी कर लेनी चाहिए। इस बार वह सावधान था। उसने स्पष्ट कह दिया कि यह जल्दी होना चाहिए, बहुत लम्बे समय तक इसे घिसटना नहीं चाहिए। वह करेक्टर डिजाइन करने के फेर में अभी नहीं पड़ना चाहता था। उसका कहना था कि पहले की आधी फिल्म बनाकर ही डॉयलॉग रिकॉर्ड करेंगे और संगीत भी बाद में रिकॉर्ड किया जायेगा। स्केच उसके भी बाद में बनाये जायेंगे। इस बार वह कान से आँख की ओर जाना चाहता था और तेजी से जाना चाहता था। उसके आदेशानुसार स्टॉफ तेजी से काम करने लगा।

कहानी को लेकर काम शुरू हो गया। मीटिंग होने लगी। दो सप्ताह के भीतर फिल्म का प्रथम भाग तैयार था। इसमें बैम्बी के जनम से लेकर जंगल में उसके खड़े होकर पहला कदम चलने तक का वर्णन था। कहानी विभाग के विभिन्न लोगों को यह बाँट दिया गया। जब फ्रैंकलिन के पास विचार-विमर्श हुआ तो उसने सुझाया कि पूरी कहानी में एक मजाकिया खरगोश बैम्बी के साथ-साथ चले जो उसे एक कहानी सुनाना चाहता है। मगर एक लोमड़ी कहानी सुनाने में उसे सदा बाधा पहुँचाती है और अन्त में वह कहानी नहीं सुना पाता है। और अन्त में कहता है कि कोई बात नहीं। यह कोई मजेदार कहानी नहीं थी। हालाँकि यह फिल्म में नहीं लिया गया। मगर उस शुरुआती दौर में इसका प्रभाव पड़ा। उन लोगों को एक दिशा मिली। उन लोगों को ऐनीमेशन के लिए एक नया विचार मिला कि ड्रामा के साथ एक विचार का सम्प्रेषण दर्शकों को फिल्म से जोड़ेगा। उनकी संवेदनशीलता को जगायेगा। इसके द्वारा वे **'स्नो ह्वाइट'** से आगे जा सकते थे। इससे वॉल्ट को भी फिल्म की एक नयी सूझ मिली। उसने कहा कि जैसे उन लोगों ने **'स्नो ह्वाइट'** फिल्म में मौसम का परिवर्तन विस्तार से प्रदर्शित किया है वैसे ही वे लोग **'बैम्बी'** में भी जंगल की आग के बाद विस्तार से प्रकृति के परिवर्तन को दिखायेंगे। इस तरह उसने ऐनीमेशन फिल्म में एक नया अध्याय जोड़ने की बात सोची। वह सदैव अपने समय से आगे चलता था। दूसरों के लिए राह खोलता था। वॉल्ट की बात से न केवल लोग सहमत थे वरन् वे उसकी संवेदनशीलता से प्रभावित भी थे।

इस फिल्म में बैम्बी ही सबसे बड़ा गैग होना था। उसके ऊपर कोई अन्य

गैग नहीं होगा। ऐसा सोचा गया। शुरू से अन्त तक बैम्बी फिल्म में सब स्थानों पर रहता है। वह हर चीज का हिस्सा है। बात बहुत संवेदनशील थी। मगर इसके लिए अभी स्टॉफ का कोई सदस्य तैयार नहीं था। इस तरह के काम में कोई सदस्य माहिर नहीं था। और इसी आधार पर वॉल्ट ने इसको एक बार और आगे सरका दिया। उसने कहा कि वह इसे आगे के लिए छोड़ रहा है। अभी वे लोग एक दूसरी फिल्म **'पिनाकिओ'** पर काम करेंगे। और इस तरह **'बैम्बी'** फिल्म एक बार और टल गयी। एक लम्बे समय तक इस फिल्म ने वॉल्ट को भरमाये रखा। वह निश्चित नहीं कर पा रहा था कि आखिर इसे बनाया जाये तो कैसे बनाया जाये। यह सोचना आसान था कि उन्होंने **'स्नो ह्वाइट'** बना ली, अतः अब कोई भी फीचर लेंथ फिल्म बनाना उनके लिए आसान होगा। वॉल्ट तो यहाँ तक सोच रहा था कि वे हर छः महीने में एक फीचर फिल्म का उत्पादन कर सकेंगे। पर सोचने और करने में फर्क होता है। और लोग भी वॉल्ट से सहमत थे। उन्हें भी पता नहीं चल रहा था कि इसे कैसे बनाया जाये।

खैर! बात आगे बढ़ी। स्टूडियो में कई काम एक साथ चल रहे थे, अतः सबको एक स्थान पर हाईपिरियन में रखना सम्भव न था। **'बैम्बी'** पर काम करने वालों को पहले तो सड़क के उस ओर भेज दिया गया, बाद में उन्हें एक किराये की बिल्डिंग में जमाया गया। पहले उन्हें मुख्य स्टूडियो की गहमागहमी से दूर जाना अच्छा न लगा, परन्तु बाद में उन्हें इसका महत्त्व पता चला। अब वे लोग दूसरों के हस्तक्षेप से दूर शान्ति से काम कर सकते थे। अब उनके सिर पर वॉल्ट दिन-रात सवार नहीं रह पाता। वह सप्ताह में तीन-चार बार वहाँ आता। उसके स्थान पर अब एक अन्य व्यक्ति पर्स पीर्से उनके संग कहानी पर विचार-विमर्श करता और उन्हें गाइड करता। वह व्यक्ति वॉल्ट की स्पिरिट में ही काम कर रहा था। वह सीन को अभिनीत करके दिखाता। उसका विस्तार करता। फ्रैंक चर्चिल जिसने **'स्नो ह्वाइट'** का संगीत तैयार किया था, वही **'बैम्बी'** का संगीत तैयार कर रहा था। यह बहुत उदास और नशेबाज आदमी था।

वॉल्ट जो भी काम करता उसके सब पहलू पर ध्यान रखता और आवश्यकतानुसार अपने लोगों के लिए प्रशिक्षण की व्यवस्था करता। **'बैम्बी'** के लिए भी उसने यही किया। स्टूडियो में ऐनीमेटरों के प्रशिक्षण के लिए जानवर लाये जा रहे थे ताकि वे उनका अध्ययन कर सकें। उनके व्यवहार को समझ सकें। वे लोग चिड़ियाघर जाकर अध्ययन करते। कुछ लोगों को हिरण के अध्ययन पर लगा दिया गया। इसी बीच एक चीनी 'इन बिटवीन ऐनीमेटर' टाई वोंग ने अपने मन से हिरण का रेखांकन करके वॉल्ट को दिखाना शुरू किया। वॉल्ट को यह डिजाइन पसन्द आया। इस तरह बैम्बी पर काम आगे सरकने लगा। एक बार

रेखांकन सामने आ गया तो उन लोगों के मन में तस्वीर साफ होने लगी। अभी भी उन लोगों के मन में एक बात पूरी तौर पर स्पष्ट नहीं थी कि यह फिल्म **'स्नो ह्वाइट'** की तरह कसे वर्णन के साथ बनेगी अथवा इसे लचीला रखा जायेगा। एक बार फिर **'बैम्बी'** की स्क्रिप्ट को नये सिरे से रचा जाने लगा।

वॉल्ट की नजरों से दूर रहने के फायदे और नुकसान दोनों थे। जो लोग नयी बिल्डिंग में थे शुरू में वे खुश थे कि वे वॉल्ट की निगाह से दूर चैन से काम कर सकेंगे। पर शीघ्र ही उन्हें भान हुआ कि वॉल्ट की सरपरस्ती के बिना काम करना आसान नहीं है। वे लोग उस पर निर्भर रहने के इतने आदी हो गये थे कि बिना उसके निर्देशन के काम करने का आत्मविश्वास उनमें न था। उन्हें लगता कि वे कहानी को सही ढंग से भावात्मक पॉवर के साथ नहीं बना सकते हैं। कहानी को सही दिशा में न ले जा सकेंगे। अगर फिल्म को सफल होना है तो वॉल्ट के निर्देशन की पग-पग पर आवश्यकता है। कुछ लोगों को तो यह भी लगने लगा कि यदि वॉल्ट उनसे दूर रहा तो क्या यह फिल्म कभी बन भी पायेगी? उसके सामने न रहने पर उन्हें अपने आप पर भी भरोसा न रह पाता। ऐसा था वॉल्ट का उन पर प्रभाव और वॉल्ट पर उनकी आस्था। हालाँकि लीडरशिप की विशेषताओं के अनुसार इस तरह की स्थिति उसका अवगुण कही जायेगी। क्योंकि एक अच्छा लीडर वह है जो अपने नीचे काम करने वाले सब लोगों को इस तरह तैयार करता है कि वे स्वतन्त्र होकर आत्मविश्वास के साथ काम कर सकें। वह अपने लोगों का सशक्तीकरण करता है न कि उन्हें और कमजोर बनाता है। खैर! जो भी हो, लोग वॉल्ट की सलाह, उसके निर्देशन के बिना खुद को बैम्बी के लिए सक्षम नहीं पा रहे थे।

एक साथ कई काम हो रहे थे। **'पिनाकिओ', 'द कंसर्ट फीचर'** और **'बैम्बी'** पर जमकर काम हो रहा था कि तभी एक ऐसी घटना घटी जिसने काफी कुछ उलट-पुलट दिया। सबको भावात्मक और संवेदनात्मक स्तर पर हिला दिया। डिज़्नी भाइयों ने अपने माता-पिता को नया घर खरीदकर उपहार दिया था। सब बहुत खुश थे। इस नये घर का हीटिंग सिस्टम सही ढंग से काम नहीं कर रहा था। वॉल्ट ने उसे सही करने के लिए मिस्त्री भेजा। 26 नवम्बर, 1938 को वॉल्ट की माँ फ्लोरा बाथरूम गयीं और जब वह काफी समय तक बाहर नहीं निकलीं तो वॉल्ट का पिता इलियास पता करने गया। वह बाथरूम के फर्श पर पड़ी हुई थीं। उसे देखने गया पिता भी बेहोश हो गया। उनकी हेल्पर को भी कुछ अनकुस लगा। उसने पड़ोसियों को बुलाया। रॉय को फोन किया गया। मगर देर हो चुकी थी। पिता बच गया मगर उनकी माँ चल बसीं। हीटिंग सिस्टम की खराबी के कारण गैस रिस रही थी और मोनो ऑक्साइड से घुटकर फ्लोरा की मृत्यु हुई। इस अपराध

बोध से वॉल्ट जीवन भर न उबर सका। वॉल्ट इतना व्यस्त था। काम समय पर समाप्त करने का इतना दबाव था कि उसे अपनी माँ की मृत्यु का शोक मनाने का समय न मिला। लेकिन उसने इस शोक को अमर कर दिया। उस समय के अपने गहन अनुभव को उसने फिल्म में पिरो दिया। उसे अपनी माँ के मरने का जो दुःख-कष्ट हुआ उसी की परिणति बैम्बी की माँ के मरने के बाद बैम्बी के बेचैनी और परेशानी में मूर्तिमान हुई। वॉल्ट ने अपने दुःख को, अपनी तकलीफ को बैम्बी में समो दिया। एक कलाकार अपने निजी सुख का इसी प्रकार उदात्तीकरण करता है और अपनी व्यथा से कला सृजित करके, अपने दर्द को एक नया आयाम, एक नया रूप देकर दुनिया को कुछ नया, कुछ नायाब थमा जाता है।

वह बार-बार कहता कि हमें **'बैम्बी'** का काम तेजी से करना है। मगर हर बार वह खुद रुक जाता। कभी उसे लगता कि दर्शकों को खूब नयी-नयी बातें देनी हैं। कभी सोचता कि यह उचित नहीं है। एक साथ बहुत सारी नयी बातें दर्शक पचा नहीं सकेंगे। अतः फिल्म को बहुत सीधी-सादी रखना है। जो भी हो एक बात उसके मन में स्पष्ट थी कि जो भी देना है वह उच्च कोटि का होना चाहिए। वह सोच रहा था कि मई तक वे लोग बैम्बी की माँ के मरने का दृश्य समाप्त कर लेंगे और अगस्त तक पूरी फिल्म समाप्त हो जायेगी। वह खुद **'पिनाकिओ'** और **'फैंटासिया'** के उत्पादन में पूरी तौर से डूबा हुआ था और सोच रहा था कि **'बैम्बी'** का काम अन्य लोग अपने आप पूरा कर लेंगे। पहले वह उन्हें कह चुका था कि वे लोग ऐनीमेशन बाद में करें। काफी समय बीत जाने के बाद उसने अचानक उनसे कहा कि वे लोग ऐनीमेशन पहले करें और तब बाद में और काम करें। वह चाहता था कि पहले वे 'लइका रील' पर काम करें और तब उसे रिवाइज करें। इसके बाद ही मुख्य ऐनीमेटर अपना काम शुरू करेंगे। इसका फायदा यह हुआ कि वे 'लइका रील' पर पहले प्रयोग करने लगे और जो भी अनावश्यक लगता उसे छाँटने लगे। मगर इससे बहुत 'ट्रायल एण्ड एरर' होने लगा। जब उसने चार 'लइका रील' देखी तो वे उसे पसन्द नहीं आयी। कहीं एक्शन बहुत धीमी गति से हो रहा था। कहीं सीन में तनिक भी तनाव न था। ध्वनि भी उचित मात्रा में न थी। उन लोगों का काम देखकर वह बहुत निराश हुआ।

कई परेशानियाँ थीं। कई बातें अस्पष्ट थीं। एक ऐनीमेटर को पूरी फिल्म के लिए एक करेक्टर पर काम करने दिया जाये अथवा एक ऐनीमेटर को एक सीन के सारे करेक्टर का ऐनीमेशन करने दिया जाये? फिल्म को सिक्वेंस में बाँटा जाये और हर सिक्वेंस का एक अलग स्टोरी क्रू हो, या फिर एक स्टोरी समूह और ऐनीमेशन समूह पूरी फिल्म पर काम करे? इस तरह के तमाम प्रश्न सामने आ रहे थे। इनका उत्तर सितम्बर, 1939 की एक मीटिंग के समय तय हुआ। वॉल्ट

ने एक टीम बना दी इसमें कॉल्ह, फ्रेड मोरे तथा फ्रैंक थॉमस रखे गये। कारण था इनका दिमाग विश्लेषण क्षमता के लिए उपयुक्त था। कॉल्ह और थॉमस उस समय तक 'पिनाकिओ' में भी लगे हुए थे, अतः एक सप्ताह के बाद लार्सन ने फ्रैड मोरे का स्थान ग्रहण कर लिया। तीन ऐनीमेटर पूरी फिल्म के ऐनीमेशन का नियन्त्रण करेंगे। वे लोग ही विचार को आकार देंगे, चरित्रों को आकृति देंगे। सारे काम का निरीक्षण भी वे लोग ही करेंगे। वॉल्ट ने स्पष्ट कर दिया था कि कोई हड़बड़ी नहीं है जब तक करेक्टर का पूरा फील न मिल जाये काम आगे नहीं बढ़ाया जायेगा। सही काम होने के लिए सही फील मिलनी आवश्यक है। भले देर हो मगर काम दुरुस्त होना चाहिए। इस बीच कई अन्य काम होने थे। इस तरह बैम्बी का काम एक बार और आगे सरक गया। जब उससे पूछा गया कि आखिर कब काम शुरू होगा उसने उत्तर दिया कि जब भी वे लोग खुद को काम के लायक तैयार समझें तभी काम शुरू कर दिया जायेगा। उसने कह दिया कि आराम से काम करो और जब सबको बैम्बी की फील मिल जाये तब आगे बढ़ो।

जैसा कि उसके स्टूडियो का स्टाइल था इस बार भी बैम्बी से जुड़े सब लोग हिरण का अध्ययन करने लगे। कच्चा माल जुटाया जाने लगा। स्नो ह्वाइट में जो हिरण बनाया गया था उससे वे लोग खुश नहीं थे। तीन-चार महीने हिरण का रेखांकन होता रहा। हजारों फिट की हिरण फिल्म जुटाई गयी। यह दूसरे स्टूडियो से उधार लेकर हुआ और फोटोग्राफर को किराये पर रखकर हुआ। नवजात हिरण को फिल्माया गया। ऐनीमेशन बिल्डिंग के ठीक सामने दो हिरणियों को रखा गया। खूब तमाशे भी हुए। इन हिरणियों से मिलने कहीं से दो हिरण आ गये और सब मिलकर जंगल भाग गये। जिन्हें खोजने लोग जंगल गये। इस बीच रिको लेबरन हिरण की बनावट पर कक्षाएँ चलाने लगा। इसके लिए उसने कहीं से माँग-मूँग कर एक मृत हिरण का जुगाड़ कर लिया। हर दिन वह उसकी एक परत उतारता और उसके शरीर, उसकी मांसपेशियों का वर्णन करता। मगर जब तक वह कंकाल तक पहुँचा बदबू के मारे किसी का वहाँ ठहरना कठिन हो गया। हिरण के किस पैर को उठाने से कौन-सी पेशी हिलेगी शरीर की आकृति उस समय कैसी होगी सारी बातें ड्राइंग द्वारा सब लोगों में वितरित की गयी।

इस बीच वॉल्ट ने इस ओर न के बराबर ध्यान दिया। हाँ, उसने तीनों मुख्य लोगों के ऊपर डेव हैंड को बिठा दिया। बहुत सारे महत्त्वपूर्ण निर्णय बिना वॉल्ट के लिए जाने लगे। हैम लस्के ने सुझाव दिया कि खरगोश बैम्बी के गाइड का काम करें इसे मान लिया गया। फिल्म का यह एक अहम हिस्सा हो गया और इससे प्रभाव पड़ा। यह असल में पिनाकिओ की नकल थी। **'पिनाकिओ'** में **'जिमी क्रिकेट'** उसे राह दिखाता है। वहीं से थोड़ा बदलकर इस विचार को बैम्बी में रखा

गया। इस तरह बैम्बी के दोस्त **'थम्पर'** को काफी प्रमुख भूमिका मिली। वही बैम्बी का जंगल से परिचय कराता है। यह भाग बच्चों के लिए काफी आकर्षक बन पड़ा है क्योंकि इसमें तमाम बच्चे हैं पशु शावकों के रूप में। वे बहुत मासूम हैं भविष्य की चिन्ता से अनजान। यथार्थ से बेखबर। अपनी खूबसूरत दुनिया में खोये हुए।

असल में वॉल्ट ने **'बैम्बी'** का दायित्व कई लोगों में बाँट दिया और लोग सोच रहे थे कि वह खुद इसमें शामिल नहीं है। वह इसमें रुचि नहीं ले रहा है। मगर बात ऐसी नहीं थी। सच्चाई यह थी कि वॉल्ट के भीतर बैम्बी फिल्म पक रही थी। वह इसे सेने का काम कर रहा था। उसके दिमाग में इससे जुड़ी तमाम बातें दिन-रात चल रही थीं वह एक जीनियस था और ऐसे लोग मल्टी टास्कर होते हैं। वह भी अन्य कामों के साथ बैम्बी पर बराबर चिन्तन-मनन कर रहा था। सृजनात्मक मस्तिष्क बड़े निराले ढंग से काम करता है, जब और लोग सोचते हैं कि यह खाली बेकार बैठा है तब वह पूर्ण रूप से सक्रिय होता है। जब वॉल्ट के भीतर बैम्बी स्पष्ट रूप धारण कर चुका, उसने इस पर काम शुरू कर दिया। जब उसने हाथ लगाया तो यह एक अनोखी फिल्म बनकर निकली। वैसे यह एक टीम वर्क था। हर फिल्म निर्माण एक टीम वर्क है। मगर लीडर का रोल बहुत महत्त्वपूर्ण होता है, वह एक लीडर था इसमें कोई शक नहीं है। उसके सुझाव पर बैम्बी को बर्फ पर खेलने का अवसर मिला। उसने कहा, यह ऐसे होना है मानो प्लूटो को स्केटिंग के साथ बर्फ पर उतार दिया गया हो। फिल्म का यह अंश बहुत खूबसूरत बन पड़ा है। इस सीन ने फिल्म में जान डाल दी है। उसे अर्थवत्ता प्रदान कर दी है।

जहाँ भी सृजन की सम्भावना नजर आती वॉल्ट का मन वहाँ रमता। बैम्बी के निर्माण के दौरान उसने अपने नये स्टूडियो बरबैंक का निर्माण भी किया। यह एक भव्य कार्य है। हाईपेरियन से कई गुणा बड़ा और सुन्दर बना। इसका आकर्षण निराला था। कई चमकीले रंगों का प्रयोग। बाग, लॉन और तमाम सुख-सुविधाएँ यहाँ उपलब्ध थीं। स्टूडियो उसका परिवार था वह उन्हें हर तरह से खुश रखना चाहता था। इस बीच **'पिनाकिओ'** रिलीज हुई उसे स्नो ह्वाइट जैसी प्रशंसा न मिली। मगर इससे वॉल्ट निराश होकर बैठ नहीं गया। वह बैम्बी के निर्माण में जुट गया। करीब दो साल से इसका काम रुक-रुककर चल रहा था। बैम्बी की टीम को सबसे पहले नये स्टूडियो बरबैंक में स्थापित किया गया। बैम्बी लोगों में रचने-बसने लगा था। इसके डॉयलॉग का प्रयोग वे लोग करने लगे थे। जब वॉल्ट आ रहा होता, वे कहते, 'मैन इन द फोरेस्ट'। वैसे यह भी पता चलता है कि वे उससे खौफ खाते थे। हालाँकि वह सदा कहता कि मुझसे डरने की जरूरत नहीं है जो भी कहना

है खुलकर निर्भय होकर कहो। पर वास्तविकता यह नहीं थी लोग उससे डरने लगे थे। उसके सामने अपनी बात रखने से बचने लगे थे।

वॉल्ट जनता था कि **'बैम्बी'** अन्य फिल्मों से अलग है। यह जकड़ने वाली फिल्म नहीं है। यह तो जीवनचक्र को प्रदर्शित करने वाली फिल्म है। उसे मालूम था कि इसे बनाना इतना आसान नहीं है। निर्माण की दृष्टि से यह एक कठिन फिल्म है। यह फिल्म एक काव्यात्मक फिल्म है। इस काव्यात्मकता को बरकरार रखने के लिए बहुत सूक्ष्मता की आवश्यकता है। इसमें करेक्टर को बहुत विस्तार नहीं दिया जा सकता है। अब वह इसमें वैसे ही पूरे मन से जुट गया जैसे वह **'स्नो ह्वाइट'** से जुड़ा था। वह एक महान फिल्म बनाना चाहता था और **'बैम्बी'** की विषयवस्तु इसके माकूल थी। इस लक्ष्य के लिए मौजूद थी। इसलिए भी वह इस फिल्म के निर्माण पर समय लगाने की इजाजत दे रहा था। वह इसे उन थियेटर के लिए बना रहा था जिनमें 'फैंटासाउण्ड मल्टीस्पीकर सिस्टम' की सुविधा हो। इसके साथ ही इस फिल्म का भरपूर आनन्द पाने के लिए खास 'वाइड स्क्रीन प्रोजेक्शन' की सुविधा होनी भी आवश्यक है। इन्हीं बातों को ध्यान में रखते हुए वह **'बैम्बी'** का निर्माण कर रहा था। बैम्बी टीम को उसने बता दिया था कि यह फिल्म बहुत सारे काम और बहुत सारे विचार का परिणाम है। यह कोई ऐसी-वैसी फिल्म नहीं है जिसे कोई ऐरा-गैरा नत्थू खैरा बना लेगा। यह हॉलीवुड से निकलने वाली फिल्मों से अलग अपनी एक खास पहचान रखने वाली फिल्म होगी। और ऐसा ही हुआ भी। **'बैम्बी'** आज भी अपने ढंग की निराली फिल्म है। यह कई लोगों की कल्पना और मेहनत का अनोखा संगम है। उसके लिए उसकी फिल्म का महान् के साथ सर्वश्रेष्ठ और उत्कृष्ट होना भी आवश्यक था। निर्देशक को उसने फिल्म का अन्त भी सुझाया। वह केवल आदेश नहीं देता, बल्कि पूरी बात को कैसे लागू करना है इसके विस्तार में जाता। वह पागलपन की सीमा तक जाता, उत्कृष्टता के लिए जुनून का होना जरूरी है। जुनून एक तरह का पागलपन है। ऐसा पागलपन जिससे तमाम कला निकलती है।

बैम्बी जीवन चक्र को दर्शाती है यह मासूमियत की ओर लौटने की हमारी दिली तमन्ना का प्रतीक है। फूलों, पशु-पक्षियों को गाते-नाचते देखना अपने आप में एक सुखद, खुशनुमा अनुभव है। आज जब पर्यावरण खतरे में है बैम्बी एक बहुत महत्त्वपूर्ण सन्देश देता है। आज से बरसों पहले वॉल्ट ने चेताया था कि आदमी प्रकृति का दुश्मन है। पहले शायद आदिमानव कहता होगा, 'शेर आ रहा है।' आज भी बच्चों को भयंकर जानवरों का भय दिखाकर डराया जाता है। मगर बैम्बी में कहा गया है 'आदमी आ रहा है'। 'आदमी जंगल में है'। कहीं उसे दिखाया नहीं जाता है मगर उसके आने की आहट मात्र से सम्पूर्ण जंगल थर्रा उठता है।

बदहवास होकर भागने लगता है। छिपने की जगह खोजने लगता है। और उसका आना नन्हे, नाजुक, मासूम बैम्बी के जीवन में हादसा ला देता है। उसे यतीम बना देता है। उससे उसकी माँ, उसकी मासूमियत सदा के लिए छीन लेता है। क्या बिगाड़ा था बैम्बी ने आदमी का? मगर इसी बात से उस समय कुछ लोग वॉल्ट से नाराज थे। उन्हें शिकायत थी कि इससे शिकारियों की छवि बिगड़ती है। छवि बिगड़ने की चिन्ता है। लेकिन किसी की जान लेने में गुरेज नहीं है। इस फिल्म की एक विशेषता है कि इसमें कहीं भी क्रूरता नहीं दिखाई गयी है। कहीं खूनखराबा नहीं है। यहाँ तक कि बैम्बी की माँ का शव भी नहीं दिखाया गया है, फिर भी दर्शक इसकी अनुभूति करता है। हत्या हुई है पर खून की एक बूँद कहीं नहीं दिखती है। फिर भी हत्या दर्शक के दिल में उतर जाती है। उसकी कहानियों में विचार होते हैं। एक दृष्टिकोण होता है। वह जानबूझकर नैतिकता का पाठ नहीं पढ़ाता है, लकिन उसकी थीम सार्थक होती है। यह है फिल्म का कमाल जो बैम्बी में वॉल्ट डिज़्नी ने कर दिखाया है। कुछ रंगों और थोड़ी-सी रेखाओं और उचित गति से वह इस दुःख को सजीव कर देता है। इसी तरह प्रेम का रेखांकन हुआ है, मगर कहीं सेक्स चित्रण नहीं है। और जीवन का यह सारा व्यापार नयनाभिराम प्रकृति की गोद में चलता है। यहाँ तक कि जंगल की आग का दृश्य इतना सजीव बन पड़ा है कि आज भी वैसा दृश्य फिल्मों में मिलना दुर्लभ न हो, पर आम नहीं है। यह एक क्लासिक फिल्म है। इसे तीन अकादमी पुरस्कारों के लिए नामित किया गया। इसमें रंगों, गति और जीवन-सौन्दर्य का अद्भुत नमूना है। इसकी सादगी पर कौन न मर मिटे। कुछ लोग इसे वॉल्ट डिज़्नी की सर्वोत्तम कार्टून फिल्म का दर्जा देते हैं। डिज़्नी बहुत सजग था। वह अपनी फिल्मों में कहीं भी फूहड़ता या अश्लीलता नहीं आने देता था। ऐसी साफ-सुथरी फिल्में वह उस दौर में बना रहा था जब हॉलीवुड इसके ठीक विपरीत ढंग की फिल्में दर्शकों पर ठेल रहा था। आज भी पूरे परिवार के साथ बैम्बी को देखा और सराहा जा सकता है।

❑

परिशिष्ट

1. वॉल्ट डिज़्नी की चुनी हुई फिल्मों की सूची

मिक्की माउस
स्नो व्हाइट एंड द सेवेन ड्वार्फ़्स
फैंटासिया
थ्री लिटिल पिग्स
विंड इन द विलोज
ऑसवॉल्ड द लक्की रैबिट
मेरी पोपिंस
डम्बो
बैम्बी
सालुडोज अमिगोज
सॉन्ग ऑफ द साउथ
मैलोडी टाइम
मेक माइन म्यूजिक
पिनोकिओ
द एडवेंचर्स ऑफ इचाबोड एंड मिस्टर टोड
सिंड्रैला
एलिस इन वंडरलैंड
स्लीपिंग ब्यूटी
ट्वंटी थाउजंड लीग्स अंडर द सी

पीटर पैन
द सोर्ड इन द स्टोन
द जंगल बुक
वन हंड्रेड एंड वन डाल्मेशियन्स
रोबिन हुड
द फॉक्स एंड द हाउंड
द रेस्क्युर्स
ओलिवर एंड कंपनी
द लिटिल मरमेड
ब्यूटी अंड द बीस्ट
द लायन किंग
अलादीन
द रेस्क्युर्स डाउन अंडर
पोकाहोंटाज
टॉय स्टोरी
द हंचबैक ऑफ नोत्र डेम
मुलान
ए बग्स लाइफ
कुंदन
हर्क्यूलिस
सो डीयर टू माई हार्ट
द घोस्ट एक्सटर्मिनेटिंग कंपनी
सिल्ली सिम्पसन्स
सिली सिम्फनीज
द स्कैलिटन डाँस
मेरबेबीज

2. वॉल्ट डिज़्नी : सम्मान

वॉल्ट डिज़्नी को सबसे अधिक बार, 59 बार अकादमी पुरस्कार के लिए नामित किया गया तथा उसने 22 ऑस्कर पुरस्कार जीते। उसे चार बार ऑनरेरी ऑस्कर भी मिला।

1932 बेस्ट शॉर्ट सब्जेक्ट, फ्लावर्स एंड ट्रीज कार्टून के लिए

1932 ऑनरेरी एवार्ड मिक्की माउस बनाने के लिए
1934 बेस्ट शॉर्ट सब्जेक्ट, थ्री लिटिल पिग्स कार्टून के लिए
1935 बेस्ट शॉर्ट सब्जेक्ट, द टोर्टोइज एंड द हेयर कार्टून के लिए
1936 बेस्ट शॉर्ट सब्जेक्ट, थ्री ऑर्फन किटन्स कार्टून के लिए
1937 बेस्ट शॉर्ट सब्जेक्ट, द कंट्री कजिन कार्टून के लिए
1938 बेस्ट शॉर्ट सब्जेक्ट, द ओल्ड मिल कार्टून के लिए
1939 बेस्ट शॉर्ट सब्जेक्ट, फर्डिनेन्ड द बुल कार्टून के लिए
1939 ऑनरेरी अवार्ड स्नो व्हाइट एंड सेवेन ड्वॉर्फ़्स के लिए
1940 बेस्ट शॉर्ट सब्जेक्ट, अग्ली डक्लिंग
1941 ऑनरेरी अवार्ड फैंटासिया के लिए
1942 बेस्ट शॉर्ट सब्जेक्ट, लेंड अ पॉ कार्टून के लिए
1943 बेस्ट शॉर्ट सब्जेक्ट, डेर फुरर्स फेस
1949 बेस्ट शॉर्ट सब्जेक्ट, सील आइलैंड
1949 इर्विंग जी थैलबर्ग मेमोरियल अवार्ड
1951 बेस्ट शॉर्ट सब्जेक्ट, बीवर वैली
1952 बेस्ट शॉर्ट सब्जेक्ट, नेचर्स हॉफ एकर
1953 बेस्ट शॉर्ट सब्जेक्ट, वाटर बर्ड्स
1954 बेस्ट डॉक्यूमेंट्री, द लीविंग डेजर्ट फीचर्स
1954 बेस्ट डॉक्यूमेंट्री, द अलास्का एस्कीमो
1954 बेस्ट शॉर्ट सब्जेक्ट, टू विसिल प्लंक एंड बूम
1954 बेस्ट शॉर्ट सब्जेक्ट, बेयर कंट्री
1955 बेस्ट डॉक्यूमेंट्री, द वैनिशिंग क्रेयरी
1956 बेस्ट डॉक्यूमेंट्री, मैन अगेंस्ट द आर्टिक
1959 बेस्ट शॉर्ट सब्जेक्ट, गैंड कैनियन लाइव एक्शन सब्जेक्ट्स के लिए
1959 बेस्ट शॉर्ट सब्जेक्ट, विनी द पूह एंड द अब्लुस्ट्री डे कार्टून के लिए

इसके अलावा उसे तमाम और पुरस्कार-सम्मान मिले हैं जिनमें हॉलीवुड वॉक ऑफ फेम के लिए दो स्टार, कॉन्ग्रेसनल गोल्ड मेडल, लीग ऑफ ऑनर (फ्रांस), लीग ऑफ नेशंस, प्रेसिडेंसियल मेडल ऑफ फ्रीडम प्रमुख हैं।

1968 मृत्योपरांत सर्वोतम ऐनीमेटेड शॉर्ट फिल्म विनी द पू एंड ब्लटरी डे के लिए अकादमी पुरस्कार मिला।

1968 में उसके नाम पर पोस्टेज स्टैम्प निकला।

2003 में उसके सम्मान में कैलीफोर्निया में वॉल्ट डिज़्नी कॉन्सर्ट हॉल खुला।

रूस के एक एस्ट्रोनॉट ने 1980 में एक माइनर प्लेनेट खोजा जिसे 4017 डिज़्नी नाम दिया गया।

2006 में द कैलीफोर्निया म्यूजियम फॉर हिस्ट्री, वीमेन, एंड दि आर्ट्स के कैलीफोर्निया हॉल ऑफ फेम में वॉल्ट डिज़्नी को शामिल किया गया है।

3. वॉल्ट डिज़्नी एक नजर में

पूरा नामः वॉल्टर इलियास डिज़्नी
जन्मः 5 दिसम्बर 1901
मृत्युः 15 दिसम्बर 1966
पिताः इलियास डिज़्नी
माताः फ्लोरा काल्स डिज़्नी
भाई : हर्बर्ट ऑर्थर डिज़्नी,
रेमंड ऑर्नाल्ड डिज़्नी,
रॉय ओलिवर डिज़्नी
बहनः रूथ फ्लोरा डिज़्नी
भतीजाः रॉय एडवर्ड डिज़्नी
पत्नीः लिलियन बाउंड्स डिज़्नी
बेटियाँः डायने तथा गोद ली हुई शेरॉन
दामादः रॉनाल्ड विलियम मिलर
रॉबर्ट ब्राउन
नाती-नातिनः क्रिस्टोफर, जुआना, वॉल्टर डायने के बच्चे

वॉल्ट होने के अर्थ की तलाश

हिन्दी में रचनाधर्मिता का अर्थ उपन्यास, कहानी, कविता से लगाया जाता रहा है। विजय शर्मा का लेखन इसी यथास्थितिवादी मनःस्थिति और वैचारिकी को तोड़ता, पाठक के लिए सरहदों के पार की रचनात्मक खिड़की खोलता है। चिन्तन की गहराई और विषय की व्यापक समझ उन्हें महत्त्वपूर्ण रचनाकार में परिवर्तित करती है। देश-दुनिया के साहित्य, इतिहास, सिनेमा पर विपुल लेखन इस बात का प्रमाण है। 'वॉल्ट डिज़्नी : ऐनीमेशन का बादशाह' विजय शर्मा की वाणी प्रकाशन से प्रकाशित पुस्तक न केवल वॉल्ट डिज़्नी की ज़िन्दगी का लेखा-जोखा प्रस्तुत करती है बल्कि द्वितीय विश्वयुद्ध के पश्चात महाशक्ति के रूप में उभर रहे अमेरिका के बारे में तफ़्सील से बात करती है। जीवनी प्रायः उल्लिखित व्यक्ति के जीवन का तथ्यात्मक ब्योरा बन कर रह जाती है। 'वॉल्ट डिज़्नी : ऐनीमेशन का बादशाह' इस बात का अतिक्रमण करती है। कृति का प्रवाह पुस्तक को आद्योपान्त पढ़ने को विवश करता है। सात अध्यायों में विभक्त पुस्तक में परिशिष्ट के तहत वॉल्ट डिज़्नी की चुनी हुई फ़िल्मों की सूची दी गयी है।

पुस्तक रचनाकार के बनने की प्रक्रिया गहराई से विश्लेषित करती है। वॉल्ट के बचपन के बारे में लिखती हुई विजय शर्मा एक क़िस्सागो में रूपान्तरित हो जाती हैं। बाल मनोविज्ञान को उन्होंने बड़ी बारीकी से पकड़ा है। पिता इलियास डिज़्नी असुरक्षित, जीवन से उदास, चिड़चिड़ा और लालची था, वॉल्ट चाचा रॉबर्ट डिज़्नी को अपना आदर्श मानने लगता है। मिस्टर शेरवुड की बात—'अपना अज्ञान मानने से कभी डरो मत।' को वॉल्ट हमेशा अपने मन में रखा। फ़ौजी बनने का स्वप्न रेडक्रॉस से जुड़ कर पूरा हुआ।

पुस्तक वॉल्ट के बड़बोलेपन को रेखांकित करती है। 'वह प्रौढ़ता की दहलीज पर क़दम रख चुका था। अपने निर्णय स्वयं लेने में सक्षम था। पक्का मालूम था कि वह जेली फ़ैक्टरी में काम नहीं करने वाला है। या तो एक्टर बनेगा या चित्रकार। यह भी मालूम था कि काम का मिलना आसान न होगा। वह आत्मनिर्भर और स्वतन्त्र हो चुका था।' वॉल्ट को बचपन से ही समूह में रहना, लोगों का ध्यान आकर्षित करना अच्छा लगता था। पिता के विपरीत प्रसन्न रहना उसका स्वभाव था।

पढ़ने में औसत, चित्रकारी में उत्कृष्ट था। वॉल्ट के प्रिंसिपल ने कहा, 'अगर आप चाहते हैं तो वह आपकी पेंटिंग बना सकता है।' 'संघर्ष' में लेखिका वॉल्ट के जीवन के बहाने अमेरिका में पनप रहे पूँजीवाद पर विस्तार से बात करती हैं। वॉल्ट उत्साही अमेरिका के स्वप्न में निजी स्वप्न मिला देता है।

कार्टूनिस्ट बनने के दौरान 'वह पागल की तरह काम कर रहा था। सीखने की अदम्य भूख थी, कहीं से भी सीखने को तत्पर था। मन लायक काम हो तो वह शक्ति से ज़्यादा मेहनत करता। एक बार पेसमेन ने उसे विज्ञापन का मुखपृष्ठ बनाने का आदेश दिया और शाम को वॉल्ट खीसें निपोरे अगला और पिछला दोनों कवर बना कर खड़ा था।' विश्वयुद्ध, शान्ति वार्ता, हड़ताल, चीनी की कमी जैसे मुद्दे वॉल्ट की कला में उभरने लगे। रोज़मर्रा की ज़िन्दगी से उठाये सन्दर्भ वॉल्ट को महत्त्वपूर्ण कलाकार के रूप में परिवर्तित करते हैं। उसने कार्टूनों को फ़िल्म में रूपान्तरित किया। बड़ा भाई राय डिज़्नी न केवल भाई, बल्कि घनिष्ठ मित्र और प्रेरक भी था। उसके जीवन का सूत्रवाक्य है, 'कितना भी अच्छा हमें मिले, कितनी भी सफलता हमें मिल जाये, सर्वोत्तम आना अभी शेष है।'

पुस्तक अध्याय 'वॉल्ट डिज़्नी : प्रोपगण्डा' वॉल्ट के नाज़ीवाद विरोध एवं पूँजीवाद समर्थन में झुक जाने की व्याख्या करता है। कार्यालय में हड़ताल हुई, उसके विश्वासपात्र लोगों ने भी उसके ख़िलाफ़ झण्डा बुलन्द किया। वॉल्ट पर इसके असर को लेखिका ने बहुत बारीकी से उभारा है। हिटलर का उपहास करने के लिए 'डोनाल्ड इन नटजी लैंड' बनायी। अमेरिका के हुक्मरानों को वायुसेना की महत्ता बताने के उद्देश्य से 'विक्ट्री थ्रू एयर पावर' बनायी। 'बैम्बी' अतियथार्थवादी ऐनीमेशन फ़िल्म थी। वॉल्ट ने बड़े औद्योगिक घरानों के लिए विज्ञापन फ़िल्मों का निर्माण किया। यहाँ कला पर धन हावी हो गया।

वॉल्ट ने 'अमेरिका से जो सबसे बड़ी चीज़ निर्यात की है वह है मनोरंजन, हँसी, प्रसन्नता।' 'आदिम चिन्तन और वॉल्ट डिज़्नी' में वॉल्ट की सरहदों के पार फैली लोकप्रियता, कला मर्मज्ञों द्वारा की गयी प्रशंसा का वर्णन है। वह सिर्फ़ कार्टूनिस्ट ना होकर मुक्ति की कामना के पैरोकार के रूप में उभरता है। 'मिक्की माउस' का सृजन कर हमनाम कवि वॉल्ट ह्विटमैन की लोकप्रियता का अतिक्रमित करता है। 'वॉल्ट डिज़्नी परिवार में' में लेखिका बताती हैं कि वॉल्ट एकनिष्ठ पति, स्नेहिल, ज़िम्मेदार पिता एवं सहृदय भाई था। माता के प्रति उसका कोमल भाव था।

'वॉल्ट डिज़्नी : एक विजनरी लीडर' में विजय शर्मा कहती हैं कि वह बेहतरीन स्वप्न द्रष्टा था। अध्याय 'वॉल्ट डिज़्नी : चुनिन्दा ऐनीमेशन फ़िल्में' में वॉल्ट की महत्त्वपूर्ण फ़िल्मों की चर्चा है। रोचकता इस पुस्तक की ख़ासियत है। यह हिन्दी का विस्तार है, कथात्मक साहित्य से इतर लेखन का विशिष्ट सूचक!

–विपिन शर्मा

सिने अध्येता